JN410716

十三經注疏

傳 毛亨 箋 鄭玄 疏 孔穎達
책임번역 林在完 공동번역 金明煥
현 토 吳圭根

譯註 毛詩正義 7

모시정의

전통문화연구회

東洋古典現代化와 十三經注疏 譯註

본회가 東洋古典의 飜譯과 教育, 情報化 등 古典現代化 사업을 시작한 지 어느덧 25년이 되었다. 그간 우리나라의 고전국역 상황을 보면, 東洋古典에 대한 번역문제는 1960년 중반에 한국고전번역을 정부에서 추진하면서 우선 四書五經 등 기본고전을 모범 번역하자는 논의가 있었지만 우리 고전이 아니라고 무산되었다.

1980년대에 韓國學 연구와 한국고전번역의 先決課題는 물론, 國際政治 관계나 經濟상의 이유로도 필요하다는 논의가 제기되었다. 그 후 1988년 본회가 발족하면서 東洋古典 번역을 착수하여, 1990년대 말경 본회에서 소위 '新注'의 四書三經을 註까지 懸吐完譯함으로써 東洋學과 韓國學徒들의 袖珍本이 되고 教育界와 文化界까지 파급되었다.

그 후 본회 창립 20주년이 되면서 다시 동양고전현대화의 과제와 목표를 논의하면서, 단순한 韓國學의 선결과제를 넘어 東洋文化에 대한 源泉的이며 體系的인 檢討의 필요성이 대두되었으니, 이제 우리는 東洋文化의 先導的 역할을 담당할 준비를 갖추고 21세기에 先進文化强國 건설로 새 歷史를 이루자는 것이었다.

일반적으로 十三經은 核心的 儒家經典의 總稱이지만, 이는 東洋文化의 뿌리라 하겠다. 우리 역사상으로 十三經은 저 멀리 삼국시대에 이미 高句麗의 太學에서 기본 교과로 채택하였고, 百濟에서는 五經博士 制度를 두었고, 新羅 薛聰은 九經을 方言으로 읽었고, 高麗에서는 國子監이나 九齋學堂에서 교육하였으며, 朝鮮朝 成均館과 鄕校, 書堂과 書院에서는 四書五經 등을 교육하여 人材 등용과 국가정책에 절대적 영향을 끼쳤다.

이 十三經의 代表的 註釋書는 漢 · 唐時期의 '古注'라 일컬어지는 十三經注疏와, 그 후 宋代의 朱子的 世界觀이 반영된 '集註'와 '集傳' 등의 '新注'가 두 개의 軸이라 할 수 있다.

그런데 우리는 조선조에서부터 朱子學 일변도의 學風으로 경도되어, 그 偏向性이 오늘에까지 이르렀음은 심히 不幸이라 하겠다. 中國에서는 明 · 淸 시기에 訓詁學, 考證學이라는 學風이 일어 十三經注疏가 經學硏究의 標準이 되었고, 日本에서는 反朱子的 見解와 陽明學의 영향을 받아 明治維新 때 이미 漢文大系 등의 古典整理 사업으로 '古注' 연구가 一般化된 사실을 간과해서는 안 되겠다.

이에 東洋文化의 核心이라 할 수 있는 十三經注疏를 譯註하고, 이를 통해 우리 文化의 傳統에 대해 體系的으로 이해하고 復元함으로써, 그간 편협했던 학술 風土를 넘어 多樣性과 客觀性을 모색하고, 아울러 古典現代化의 水準을 높이고 融合的이고 自生的인 韓國學을 진작시켜야 할 것이다.

오늘날 중국과 일본에서 번역하지 못한 십삼경주소를 본회에서 130여 책으로 10년 안에 完譯하고, 이와 이울러 韓中日 三國의 東洋古典語彙 情報網을 구축함으로써, 우리의 東洋學과 韓國學 연구에 礎石과 架橋가 되어 우리나라가 先進文化强國으로 昇華되고 世界文化 발전에까지 기여하기를 기대한다.

이 十三經注疏의 번역은 三經과 三禮와 春秋三傳과 ≪論語≫, ≪孟子≫, ≪孝經≫, ≪爾雅≫ 등의 十三經을 經은 물론이요 注와 疏까지 譯註하는 것으로, 原典의 傳統性과 번역의 現代性을 기본으로 하여 漢學元老와 新進學者의 協同硏究飜譯으로 추진하고자 한다.

또한 註釋은 宋代의 소위 '新注'와 비교하고, 明淸代의 注와 韓國 先賢의 注와 見解, 그리고 日本의 注를 가급적 반영하며, 深度 있는 硏究解題를 하기로 하였다. 한편 古典의 우리식 讀解文法인 懸吐를 經과 注에 달고 방대한 疏에는 편의상 構文을 이해할 수 있는 標點을 달며, 經・注・疏 전체에 대한 內容索引을 할 계획이다.

끝으로 오랫동안 飜譯과 校閱에 종사하여 오신 元老漢學者와 10여 년 이상 漢學을 연수한 新進學者로서, 이 십삼경주소의 연구번역에 참여하여 難解한 注疏의 譯註에 헌신하시는 모든 분들께 무한한 감사를 드린다.

또한 고전현대화에 대한 政府의 지대한 關心과 支援에 감사를 드리며, 그간 직간접으로 지도편달하여 주신 학계와 교육계 및 문화계 인사 여러분께 심심한 謝意를 표하며, 앞으로도 따뜻한 관심과 엄정한 叱正을 부탁드리며 내내 평강과 행복을 기원한다.

社團法人 傳統文化硏究會 理事長 李啓晃

凡 例

1. 본서는 十三經注疏 중 ≪譯註 毛詩正義≫의 제7책이다.
2. 본서는 원전의 傳統性과 번역의 現代性을 구현하기 위해 노력하였다.
3. 본서의 底本은 阮元 校刻本 ≪毛詩正義≫(淸 嘉慶 21년(1816) 阮元 校刻 十三經注疏, 中華書局, 2009, 이하 '阮刻本'으로 약칭)로 하되, 北京大 整理本 ≪毛詩正義≫(十三經注疏整理委員會 整理, 北京大學出版社, 2000, 이하 '北京大本'으로 약칭)를 참고하였다.
4. 原文의 經과 각 시편의 序 및 毛亨의 傳과 鄭玄의 箋은 우리나라 전통 방식으로 懸吐하고, 疏는 經에 대한 字句 해석이 중심이므로, 본서에서도 간략하게 標點만 하였다.
5. 原文은 저본의 체제에 따라 經, 序, 傳, 箋, 疏를 구분하되, 經은 大字로 표기하고, 序, 傳, 箋, 疏는 【序】, 【傳】, 【箋】, 【疏】로 표시하여 구분하였다. 陸德明의 音義는 ○로 표시하여 箋이나 傳의 원문에 병기하고, 번역문은 ○를 붙여 별행하였다.
6. 저본은 卷 단위로 별면을 하였으나, 번역서에서는 독자의 편의를 위해 卷뿐만 아니라 周南・召南 등 각각의 風, 雅, 頌 단위로도 별면하였다. 또한 별면에는 '毛詩注疏卷第○(○之○)'과 '○○○○詁訓傳第○'도 함께 표기하였다.
7. 毛詩에는 詩의 제목이 각 편의 말미에 표기되어 있으나, 독자의 편의를 위하여 각 편의 앞에도 제목을 표기하였다.
8. 原文의 分節은, 經과 序, 傳, 箋, 音義는 저본의 분절을 따르고 疏는 단락이 길 경우에 의미의 단락에 따라 역자 재량으로 분절하였다.
9. 글자의 음에 대한 저본의 反切 注는 문맥의 이해를 위해 필요한 경우만 싣고, 讀音이 특수하거나 僻字인 경우에는 원문의 해당 글자 뒤의 ( ) 속에 한글로 音을 달았다.
10. 疏에서 설명 대상으로 인용한 經, 序, 傳, 箋의 구절은 번역하지 않고 원문 그대로 쓰되, 뜻을 풀이하는 부분은 ' '로 묶어주었다.

   예 또 序에서 '勉之以正'이라 칭하였으니, 그렇다면 이는 庶人의 처가 아니요,……
11. 序에 대한 疏에서 범위를 지정한 부분의 편명에 붙어 있는 '몇 장 몇 구'는 편제상 편말에 기재되어 있으므로 원문에는 ( ) 안에 넣어 표기하고 번역문에서는 생략하였다.

   예 원문 – 【疏】'六月(六章章八句)'盡'中國微矣' ○正義曰：………

   예 번역문 – 序의 〔六月〕에서 〔中國微矣〕까지

   ○ 正義曰：………

12. 飜譯은 原義에 충실하게 하되, 이해가 어려운 부분은 意譯 또는 補充譯을 하였다.
13. 飜譯文은 한글과 漢字를 혼용하였으며, 맞춤법과 띄어쓰기는 한글 맞춤법과 표준어규정을 따르는 것을 원칙으로 하였다.
14. 譯註는 校勘, 異說, 인용문의 出典, 故事, 人物, 制度, 官職, 역사적 사건, 전문용어, 難解語, 難解文 등에 관한 사항을 밝혔다.
15. 원문의 誤字, 脫字, 衍字, 倒文은 저본의 교감기를 반영하여 번역하고 譯註하였다. 그 외에도 北京大本을 비롯한 여러 原典 자료를 참고하였으며 이를 譯註에 밝혔다.
16. 본서에 사용된 주요 부호는 다음과 같다.

“ ” : 對話, 각종 引用
‘ ’ : “ ” 안의 再引用, 强調
「 」 : ‘ ’ 안의 再引用, 强調
( ) : 原文에서의 讀音이 특수한 글자나 벽자의 音
번역문에서의 간단한 역주
저본의 衍字 표시
〔 〕 : 번역문과 뜻은 같으나 音이 다른 漢字나 句節
疏에서 설명 대상으로 제시한 經이나 序·傳·箋의 단어나 구절
역주에서 인용한 原文
저본의 脫字 보충
( )〔 〕 : (저본의 誤字)〔교감한 正字〕
≪ ≫ : 書名, 典據
〈 〉 : 篇章名, 作品名 표기, 補充譯
【 】 : 序, 傳, 箋, 疏의 표시
○ : 저본에 사용된 단락 구분 표시 準用
陸德明의 音義 앞

17. 본서에서 사용된 標點符號는 다음과 같다.

. : 문장의 종결
, : 한 문장 안에서 句나 節의 구분이 필요한 곳
· : 대등한 명사나 구절의 병렬
“ ” : 인용
‘ ’ : “ ” 안의 재인용
「 」 : ‘ ’ 안의 재인용
: : ‘正義曰’ 뒤, ‘箋云……’의 번역문 앞, 주석의 제시어 뒤

目 次

譯註 毛詩正義 7

모시정의

毛詩注疏 卷第十(十之二)

毛詩小雅 鄭氏箋 孔穎達疏

六月(유월)

【序】六月은 宣王北伐也라

〈六月〉은 宣王이 북방을 정벌한 것을 읊은 시이다.

【傳】從此至無羊十四篇은 是宣王之變小雅라

이 시부터 〈無羊〉까지 14篇은 宣王의 變小雅이다.

【序】鹿鳴廢則和樂缺矣요 四牡廢則君臣缺矣요 皇皇者華廢則忠信缺矣요 常棣廢則兄弟缺矣요 伐木廢則朋友缺矣요 天保廢則福祿缺矣요 采薇廢則征伐缺矣요 出車廢則功力缺矣요 杕(체)杜廢則師衆缺矣요 魚麗(리)廢則法度缺矣요 南陔(해)廢則孝友缺矣요 白華廢則廉恥缺矣요 華黍廢則蓄積缺矣라 由庚廢則陰陽失其道理矣요 南有嘉魚廢則賢者不安하고 下不得其所矣요 崇丘廢則萬物不遂矣요 南山有臺廢則爲國之基隊(추)矣요 由儀廢則萬物失其道理矣요 蓼蕭廢則恩澤乖矣요 湛露廢則萬國離矣요 彤(동)弓廢則諸夏衰矣요 菁菁者莪廢則無禮儀矣요 小雅盡廢則四夷交侵하여 中國微矣라

〈鹿鳴〉이 폐해지자 화락함에 흠이 생겼고, 〈四牡〉가 폐해지자 군신의 도리에 흠이 생겼고, 〈皇皇者華〉가 폐해지자 충성과 믿음에 흠이 생겼고, 〈常棣〉가 폐해지자 형제의 도리에 흠이 생겼고, 〈伐木〉이 폐해지자 친구의 도리에 흠이 생겼고, 〈天保〉가 폐해지자 복록에 흠이 생겼고, 〈采薇〉가 폐해지자 정벌함에 흠이 생겼고, 〈出車〉가 폐해지자 軍務에 功力을 다함에 흠이 생겼고, 〈杕杜〉가 폐해지자 무리를 통솔하는 데 흠이 생겼고, 〈魚麗〉가 폐해지자 법도에 흠이 생겼고, 〈南陔〉가 폐해지자 효성과 우애에 흠이 생겼고, 〈白華〉가 폐해지자 염치에 흠이 생겼고, 〈華黍〉가 폐해지자 식량을 저장함

에 흠이 생겼다.

〈由庚〉이 폐해지자 음양이 그 도리를 잃었고, 〈南有嘉魚〉가 폐해지자 현자는 편안하지 못하고 아랫사람들은 제자리를 얻지 못했고, 〈崇丘〉가 폐해지자 만물이 생장하지 않았고, 〈南山有臺〉가 폐해지자 나라를 다스리는 기반이 무너졌고, 〈由儀〉가 폐해지자 만물이 그 도리를 잃었고, 〈蓼蕭〉가 폐해지자 은택이 미침이 어그러졌고, 〈湛露〉가 폐해지자 萬國이 떨어져 나갔고, 〈彤弓〉이 폐해지자 여러 제후가 쇠약해졌고, 〈菁菁者莪〉가 폐해지자 예의가 없어졌고, 〈小雅〉가 모두 폐해지니 사방의 오랑캐들이 다투어 침입하여 중국이 미약해졌다.

【箋】 六月은 言周室微而復興이니 美宣王之北伐也라

〈六月〉 시는 周나라 왕실이 쇠약해졌다가 부흥함을 말한 것이니, 宣王이 북방을 정벌한 것을 찬미하였다.

【疏】 '六月(六章章八句)'盡'中國微矣' ○ 正義曰：此經六章, 皆在北伐之事. 序又廣之, 言宣王所以北伐者, 由於前厲王小雅盡廢, 致令四夷交侵, 以故汎敍所廢之事焉. 鹿鳴言"和樂且耽", 故廢則和樂缺矣. 以下廢缺, 其義易明, 不復須釋. 由庚以下, 不言缺者, 敍者因文起義, 明與上詩別主. 見缺者爲剛, 君父之義, 不言缺者爲柔, 臣子之義. 以文・武道同, 故俱言缺. 周公・成王則臣子也, 故變文焉. 由儀言萬物之生, 各得其宜, 故廢則萬物失其道理矣. 此與由(夷)〔庚〕[1]全同. 由庚言陰陽, 此言萬物者, 由庚言由陰陽得理, 萬物得其道, 由儀則指其萬物生得其宜, 本之於陰陽, 所以異也. 此二十二篇, 小雅之正經, 王者行之, 所以養中國而威四夷. 今盡廢, 事不行, 則王政衰壞, 中國不守, 四方夷狄來侵之, 中夏之國微弱矣. 言北狄所以來侵者, 爲廢小雅故也. 厲王廢之而微弱, 宣王能禦之而復興, 故博而詳之, 而因明小雅不可不崇, 以示法也. 此篇'北伐', 下篇'南征', 蠻狄之侵則有之矣. 其戎夷, 則小雅無其事. 厲王之末, 天下大壞, 明其四夷俱侵也. 江漢命召公平淮夷, 明是厲王之時, 淮夷亦侵也. 唯無戎侵之事, 蓋作者所以不言耳. 假使無戎侵, 亦得言四夷矣. 定本此序注云 "言周室微而復興, 美宣王之北伐也." 案集本及諸本竝無此注. 首章傳曰 '日月爲常', 周禮"王建太常". 二章傳曰 '出征以佐其爲天子', 是自於己之辭, 觀此, 則毛意此篇王自征也. 卒章傳曰 '使文武之臣征伐, 與孝友之臣處內', 言'與', 似共留不去之辭者. 王肅云 "宣王親伐玁狁, 出

鎬京而還, 使吉甫迫伐追逐, 乃至於太原." 如肅意, 宣王先歸於京師, 吉甫還時, 王已處內, 故言"與孝友之臣處內"也. 肅以鎬爲鎬京, 未必是毛之意. 其言宣王先歸, 或得傳旨. 不然, 不得載常簡閱, 遣將獨行也. 則毛意上四章說王自親行, 下二章說王還之後, 遣吉甫行也, 故三章再言"薄伐". 上謂王伐之, 下謂吉甫伐之也. 鄭以爲, 獨遣吉甫, 王不自行. 王基[2]卽鄭之徒也, 云 "六月使吉甫, 采芑命方叔, 江漢命召公, 唯常武宣王親自征耳." 孔晁云 "王親自征耳.", 孔晁, 王肅之徒也, 言"六月王親行, 常武王不親行, 故常武曰'王命卿士, 南仲太祖, 太師皇父', 非王親征也." 又曰 "'王奮厥武', '王旅嘽嘽', 皆統於王師也." 又"'王曰還歸', 將士稱王命而歸耳, 非親征也." 案出車文王不親, 而經專美南仲, 此篇亦專美吉甫, 若將(師)〔帥〕[3]之從王而行, 則君統臣功, 安得言不及王而專歸美於下. 若王自親征, 飮至大賞, 則從軍之士莫不在焉, 何由吉甫一人獨多受祉. 故鄭以此篇爲王不親行也. 常武言王旅, 容可統之於王. 經云 "赫赫業業, 有嚴天子", 說天子之容, 復何統乎. 又遣將誓師, 可稱王意, 經言"王曰還歸", 事在旣克之後, 事平理自當還, 在軍將所專制, 何當假稱王命始還師也. 以此知常武親征, 爲得其實. 孫毓(육)亦以此篇王不自行, 鄭說爲長.

1) (庚)〔庚〕: 저본에는 '庚'로 되어 있으나, 阮元의 校勘記에 의거하여 '庚'으로 바로잡았다.
2) 王基: 魏나라 학자이다. 저서로 ≪毛詩駁≫이 있는데, 鄭玄의 설을 위주로 하고 王肅을 비판하였다.
3) (師)〔帥〕: 저본에는 '師'로 되어 있으나, 阮元의 校勘記에 의거하여 '帥'로 바로잡았다.

序의 〔六月〕에서 〔中國微矣〕까지

○ 正義曰: 이 시의 經文 6章의 내용에는 모두 北伐의 일이 있다. 序에서 다시 그것을 확대해석하여 宣王이 북벌한 것이라고 말한 것은, 先王인 厲王 때 〈小雅〉가 모두 폐해져서 사방의 오랑캐가 서로 침범하게 하는 데 이르렀기 때문에 폐해진 사실을 두루 서술한 것이다.

〈鹿鳴〉에서 "和樂하고 길이 즐겁다.〔和樂且耽〕"라고 하였기 때문에, 〈녹명〉이 폐해지자 화락에 흠이 생긴 것이다. 이하의 '廢'자와 '缺'자는 그 뜻이 매우 분명하니, 다시 풀이할 필요가 없다. 〈由庚〉 이하의 시에 '缺'이라고 말하지 않은 것은, 서술하는 자는 문장에 근거해서 뜻을 세우기 때문에, 위의 시와 주제가 구별된다는 것을 분명히 하기 위해서이다. '缺'이라고 말한 시는 剛이 되니 君父의 義理이고, '缺'이라고 말하지 않은 시는 柔가 되니 臣子의 義理임을 나타낸 것이다. 文王과 武王은 道가 같기 때문에 모두 '缺'이라고 말했고, 周公과 成王은 곧 신하이고 아들이므로 글자를 바꾸었다.

〈由儀〉에 "만물이 생장하여 각각 그 마땅함을 얻었다.〔萬物之生 各得其宜〕"라고 하였기 때문에, 〈유의〉가 폐해지자 만물이 그 도리를 잃어버렸다. 이 시는 〈유경〉과 완전히 같다. 그런데 〈유경〉에서 陰陽을 말하고 이 시에서 萬物을 말한 것은, 〈유경〉은 음양이 이치를 얻음으로 말미암아 만물이 그 도를 얻은 것을 말했고, 〈유의〉는 만물이 생장함에 마땅함을 얻은 것은 음양에 근본하였음을 가리켰기 때문에 달리하였다.

이 22편은 〈小雅〉의 正經이니, 왕이 시행해서 중국을 성장시키고 사방의 오랑캐에게 위엄을 보였다. 그런데 지금 모두 폐해져서 政事가 시행되지 않으니, 왕도 정치가 쇠퇴하고 중국이 수호되지 못하였고, 사방의 오랑캐가 와서 침탈해서 中夏의 나라가 미약해졌다. 말하자면 北狄이 와서 침탈한 것은 〈소아〉를 폐했기 때문이다.

厲王이 〈소아〉를 폐지해서 周나라 王室이 미약해졌으나, 宣王이 북적을 막아 주나라 왕실이 부흥하였다. 그러므로 그것을 확대하고 자세하게 해서, 〈소아〉를 숭상하지 않을 수 없음을 밝혀서 法을 보였다. 이 시에서는 '北伐'이라 하고, 아래 시에서는 '南征'이라고 하였으니, 南蠻과 北狄의 침략이 있었다. 西戎과 東夷는 〈소아〉에 그 사건이 없다. 여왕 말에 천하가 크게 붕괴되었으니, 사방의 오랑캐가 모두 침략했음이 분명하다. ≪詩經≫ 〈大雅 江漢〉에서는 召公에게 명하여 淮夷를 평정하게 하였으니, 여왕 때에 회이도 침략했음이 분명하다. 오직 서융이 침략한 일이 없는 것은, 작자가 말하지 않았기 때문일 뿐이다. 가령 서융의 침략이 없었더라도 역시 四夷라고 말할 수 있다.

顔師古의 ≪五經定本≫에서는 이 시 序의 注에 "주나라 왕실이 미약해졌다가 부흥한 것을 말하였으니, 宣王의 北伐을 찬미한 것이다."라고 하였는데, 崔靈恩의 ≪毛詩集注≫와 여러 異本을 살펴보니 모두 이 注가 없다. 첫 章의 毛傳에서 '해와 달의 문양이 있는 깃발을 常이라고 한다.〔日月爲常〕'라고 한 것은, ≪周禮≫ 〈司常〉에서 "왕은 太常을 세운다.〔王建太常〕"라고 했기 때문이다. 둘째 章의 모전에서 '정벌하러 나가서 천자의 일을 수행하는 것을 도왔다.〔出征以佐其爲天子〕'라고 한 것은, 자기의 말에서 나온 것이니, 이것을 본다면 毛亨은 이 시를 왕이 스스로 정벌한 것이라고 여긴 것이다. 마지막 章의 모전에서는 '文德과 武功을 갖춘 신하에게 정벌하게 하고, 孝誠과 友愛가 있는 신하와 국내의 일을 처리한다.〔使文武之臣征伐 與孝友之臣處內〕'라고 하였는데, '與'라고 말한 것은 함께 머무르며 정벌을 나가지 않았다는 말인 듯하다.

王肅은 "宣王이 직접 험윤을 정벌하러 鎬京을 나갔다가 돌아올 때, 尹吉甫로 하여금 서둘러 정벌하고 추격하게 해서 곧 太原에 이르렀다."라고 하였다. 만약 왕숙의 뜻과 같다면 선왕은 먼저 京師로 돌아왔고, 윤길보가 돌아왔을 때 王은 이미 궁궐 안에 거처했을 것이다. 그러므로 '與孝友之臣處內'라고 말한 것이다. 왕숙이 鎬를 鎬京이라고 생각했는데, 반드시 毛亨의 뜻은 아니다. 선왕이 먼저 돌아왔다고 말한 것은, 아마도 모전의 취지를 이해한 듯하다. 그렇지 않다면 常을 실은 채 군대를 검열하고 장수를 파견해 홀로 정벌을 행하게 할 수 없기 때문이다. 그렇다면 모형은, 위의 네 章은 왕이 직접 정벌한 것을 말했고, 아래의 두 章은 왕이 돌아온 후에 윤길보를 보내 정벌하게 한 것을 말한 것이라고 여겼다. 그러므로 3章에서 거듭 '薄伐'이라고 했는데, 위의 薄伐은 왕이 정벌한 것을 말하고, 아래의 薄伐은 윤길보가 정벌한 것을 말한다.

鄭玄은 다만 윤길보만 보내고, 왕이 직접 정벌하지 않았다고 생각했다. 王基는 정현의 門徒인데, ≪毛詩駁≫에서 "〈六月〉은 윤길보를 시킨 것이고, 〈采芑〉는 方叔에게 命한 것이고, 〈江漢〉은 召公에게 명한 것이다. 오직 〈常武〉만이 宣王이 직접 출정한 것일 뿐이다."라고 하였다. 孔晁는 〈유월〉에 대해 "왕이 직접 출정했을 뿐이다."라고 하였는데, 공조는 왕숙의 문도이다. 그래서 "〈유월〉은 왕이 직접 출정한 것이고 〈常武〉는 왕이 직접 출정한 것이 아니다. 그러므로 〈상무〉에서 '왕이 卿士에게 명할 때 태조의 묘에서 南仲을 장군으로 임명하고, 皇父를 태사로 임명했네.〔王命卿士 南仲太祖 太師皇父〕'라고 하였으니, 왕이 직접 출정한 것이 아니다."라고 말하였고, 또 "'왕이 무용을 떨치니〔王奮厥武〕'라고 하고 '왕의 군대는 많고 많네.〔王旅嘽嘽〕'라고 한 것은, 모두 왕의 군대를 거느린 것이다."라고 하였으며, 또 "'왕께서 군대를 돌려 돌아가자고 하셨네.〔王曰還歸〕'라고 한 것은, 장수가 왕명을 일컬어 돌아온 것일 뿐이지 직접 정벌 간 것은 아니다."라고 하였다.

살펴보건대 〈出車〉는 문왕이 직접 정벌한 것이 아니어서 經文에서 전적으로 南仲을 찬미하였고, 이 시편에서도 전적으로 윤길보를 찬미하였다. 만약 장수가 왕을 따라서 갔다면 임금이 신하의 공을 총괄하니, 어떻게 왕을 언급하지 않고 전적으로 휘하의 장수에게 아름다운 명성을 돌리겠는가? 만약 왕이 직접 정벌 가서, 개선한 후 공로를 축하하는 잔치인 飮至에서 크게 포상했다면 從軍한 병사도 그 자리에 있었을 것인데, 무슨 까닭으로 윤길보 한 사람이 유독 많은 상복을 받았겠는가? 그러므로 정현은 이 시편을 왕이 직접 정벌 가지 않은 것이라고 여겼다.

〈常武〉에서 "왕의 군대〔王旅〕"라고 말한 것은, 그들이 왕에게 통솔될 만하다는 것을 내포한다. 경문에서 "밝고 위대하니 천자가 위엄이 있으시네.〔赫赫業業 有嚴天子〕"라고 한 것은 天子의 용모를 말한 것이니, 다시 누가 통솔하겠는가? 또 장수를 파견하고 군사들에게 맹세할 때 왕의 뜻을 일컬을 수 있으니, 경문에서 "왕께서 군대를 돌려 돌아가자고 하셨네.〔王曰還歸〕"라고 말한 것은, 그 일이 이미 승리한 후에 있었던 것이니 일이 바로잡히면 이치상 당연히 돌아와야 하는데, 군대의 수장이 전적으로 통솔하는 경우라면 어찌 왕명이라고 사칭한 후에야 비로소 군대를 돌리겠는가? 이것으로 〈상무〉는 왕이 직접 정벌한 시가 되어야 그 사실에 적합하게 됨을 알 수 있다. 孫毓도 이 시편을 가지고 왕이 직접 정벌 간 것이 아니라고 하였는데, 정현의 설이 낫다.

六月棲棲하여 **戎車旣飭**하며 **四牡騤騤**어늘 **載是常服**하니

유월에 閱兵해서
융거를 정비하며,
네 마리 말들은 씩씩하거늘
여기에 깃발과 군복을 실었네

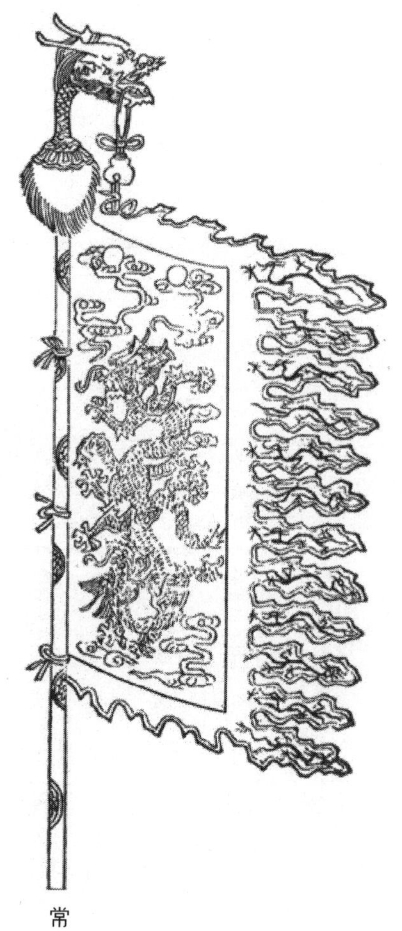
常

【傳】棲棲는 **簡閱貌**라 **飭**은 **正也**라 **日月爲常**이라 **服**은 **戎服也**라

棲棲는 '군대를 검열하는 모양'이다. 飭은 '바르다'이다. 해와 달의 문양이 있는 깃발을 常이라고 한다. 服은 '군복'이다.

【箋】箋云 記六月者는 **盛夏出兵**이니 **明其急也**라 **戎車**는 **革輅之等也**니 **其等有五**[1]라 **戎車之常服**은 **韋弁服也**라

1) 其等有五 : 戎車에는 5가지 종류가 있다는 말이다. ≪周禮≫ 〈春官 車僕〉에 "車僕은 戎路의 萃(호위하는 수레), 廣車의 萃, 闕車의 萃, 苹車의 萃, 輕車의 萃를 관장한다.〔車僕 掌戎路之萃 廣車之萃 闕車之萃 苹車之萃 輕車之萃〕"라고 하였으니, 戎路, 廣車, 闕車, 苹車, 輕車 등의 다섯 가지이다.

箋云 : '六月'이라고 기록한 것은 한여름에 군대를 출동시킨 것이니 그 위급함을 밝힌 것이다. 戎車는 戰車인 革輅의 종류이니, 그 종류에 다섯 가지가 있다. 융거에 딸린 병사들의 일반적인 제복은 무두질한 가죽으로 만든 모자와 복장이다.

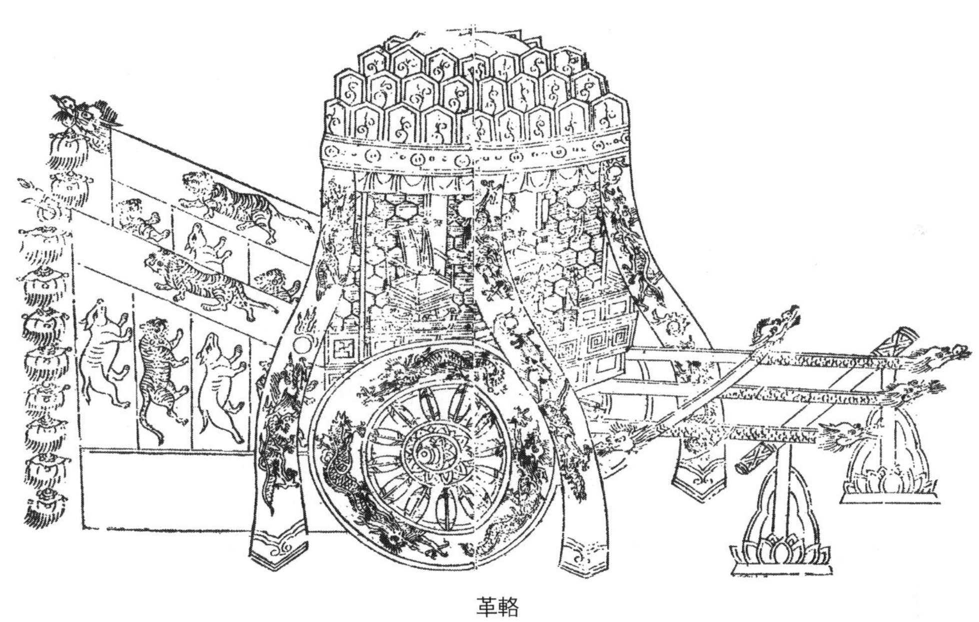

革輅

玁狁孔熾하여 **我是用急**이라

험윤이 매우 강성해서
나를 급히 파견하였네

【傳】 熾는 盛也라

熾는 '강성하다'이다.

【箋】 箋云 此序吉甫之意也라 北狄來侵甚熾라 故王以是急遣我라

箋云 : 이것은 尹吉甫의 뜻을 서술한 것이다. 북적의 침범이 매우 강성했기 때문에, 왕이 이 일로 나를 급히 파견한 것이다.

王于出征하여 **以匡王國**호라

왕이 정벌군을 보내어
왕국을 바로잡았네

【箋】 箋云 于는 曰이라 匡은 正也라 王曰今女出征玁狁하여 以正王國之封畿라하노라

箋云 : 于는 '말하다'이다. 匡은 '바로잡다'이다. 왕께서 "지금 네가 나가서 험윤을 정벌하여 왕국에서 분봉한 영토를 바로잡아라."라고 하셨다.

【疏】 '六月'至'王國' ○ 毛以爲"正當盛夏六月之時, 王以北狄侵急, 乃自征而禦之, 簡選閱擇, 其中車馬士衆棲棲然, 其所簡練戎車, 旣皆飭正矣. 戎車所駕之四牡, 又騤騤然强盛. 王乃載是日月之常, 建之於車, 及兵戎之服, 以此而伐玁狁也. 王所以六月簡閱出兵者, 由玁狁之寇來侵甚熾, 我王是用之故, 須急行也. 王於是出行征伐, 以匡正王之國也." 鄭以爲"吉甫受命, 六月北征, 卽閱士衆棲棲然. 所簡戎車旣齊正矣, 所乘四馬皆强壯騤騤然, 乃載是常從戎韋弁之服以出征也. 吉甫意云 '所以六月行者, 以北狄來侵甚盛, 我王是用遣我之急也. 王曰「今女出征玁狁, 以正王國之封畿」, 我故盛夏而行也.'"

經의 〔六月〕에서 〔王國〕까지

○ 毛亨은 "바로 한여름인 6월에 왕이 북적의 침입을 위급하다고 여겨 스스로 정벌을 나가 그들을 대적했는데, 군대를 선발하여 그중 수레, 말, 장수, 군졸 등이 긴장하고 있었고, 검열한 융거는 이미 모두 잘 관리되어 있었으며, 융거를 매는 네 마리의 말도 건강하고 군셌다. 왕은 곧 해와 달의 문양이 그려진 常이란 깃발을 실어 수레에 세우고 군복을 입고 험윤을 정벌하였다. 왕이 6월에 군대를 검열하고 출병시킨 까닭은, 험윤의 도적이 와서 침탈하는 것이 매우 강성했기 때문이니, 우리 왕이 이때 병사를 쓴 까닭은 급하게 정벌 가야 하기 때문이다. 왕이 이 때문에 군대를 출병하여 정벌해서 왕의 나라를 바로잡았다."라고 여긴 것이다.

鄭玄은 "윤길보가 왕명을 받아서 6월에 북쪽으로 정벌하러 간 것이다. 즉 군사를 검열하니 긴장하고 있었고, 검열한 수레는 이미 잘 정비되어 있었으며, 타는 수레의 네 마리 말은 모두 건장하여 씩씩하므로 곧 융거를 탈 때 입는 일반적인 군복인 무두질한 가죽으로 만든 모자와 복장을 싣고 출정한 것이다. 윤길보가 생각하기를 '6월에 행군하는 것은 北狄의 침략이 매우 강성해서, 우리 왕이 이 때문에 급하게 나를 파견한

것이다. 왕께서 「지금 네가 출병해서 험윤을 정벌하고 왕국의 封畿를 바로잡아라.」라고 하셨다. 내가 그 때문에 한여름에 가는 것이다.'라고 하였다."라고 여긴 것이다.

【疏】 ○ 傳'棲棲'至'戎服' ○ 正義曰：以棲棲非六月之狀, 故爲簡閱貌也. '日月爲常', 春官司常文, 謂之王旌畫日月也. '服, 戎服也', 卽以韋弁服也. 但分爲二事, 故與鄭異.

○ 傳의 〔棲棲〕에서 〔戎服〕까지

○ 正義曰：棲棲는 6월의 자연 현상이 아니다. 그러므로 검열하는 모양이라고 하였다. '日月爲常'은 ≪周禮≫ 〈春官 司常〉의 내용인데, 해와 달이 그려진 왕의 깃발이라고 하였다. '服 戎服也'는 바로 무두질한 가죽으로 만든 모자와 복장이다. 다만 〈깃발을 세우는 것과 군복을 싣는 일〉 두 가지 일로 나누어 보았기 때문에 鄭玄과 다르다.

【疏】 ○ 箋'六月'至'服' ○ 正義曰：以征伐之詩多矣, 未有顯言月者. 此獨言之, 故云"記六月者, 盛夏出兵, 明其急也". 春官巾車"掌王之五路. 革路以卽戎", 故知"戎車, 革路之等也." 春官車僕"掌戎路之倅, 廣車之倅, 闕車之倅, 屛車之倅, 輕車之倅", 注云"此五者皆兵車, 所(設)〔謂〕[1]五戎也. 戎路, 王在軍所乘. 廣車, 橫陣之車. 闕車, 所用補闕之車也. 屛車, 所用對敵自蔽隱之車也. 輕車, 所用馳敵致師之車也." 是其等有五也. 吉甫用所乘兵車亦革路, 在軍所乘與王同, 但不知備五戎以否. 鄭因事解之, 不必備五也. 言戎車之常服韋弁服者, 以上言'戎車旣飭', 卽'載是常服', 是則戎車載之, 故云 '戎車之常服'也. 言載之者, 以戎服當戰陳之時乃服之, 在道未服之. 司服云 "凡兵事, 韋弁服.", 注云 "韋弁, 以韎韋爲弁, 又以爲衣〔裳〕[2]. 春秋'晉郤至衣韎韋之跗注', 是也." 周禮(云)〔志〕[3]"韋弁・皮弁服, 皆素裳白舃.", 又雜問志云 "韎韋之不注, '不'讀如幅, 注, 屬也, 幅有屬者. 以淺赤韋爲弁, 又以爲衣, 而素裳白舃也." 知淺赤者, 以詩言"韎韐有奭", 以韎韐, 茅蒐染之, 而奭爲赤貌. 若不淺則絳, 故知淺赤也. 聘禮"君使卿韋弁, 歸饔餼", 注云 "韋弁, 韎(韐)〔韋〕[4]之弁. 其服蓋韎布以爲衣而素裳." 不韎皮爲衣者, 以卿之歸饔餼當用皮弁, 以權事之宜, 而用韋弁, 故彼注云 "兵服也, 而服之者, 皮・韋同類也, 取相近耳." 以皮弁〔白布〕[5]衣, 故彼韋弁衣用赤布也. 以皮・韋同類, 故孝經注曰 "田獵戰伐, 冠皮弁.", 援神契云 "皮弁素積, 軍旅也.", 皆以皮弁統韋言之. 若分別言之, 戰伐用韋, 不用皮也. 此所載者, 據將帥服耳. 其餘軍士之服, 下章言"旣成我服", 是也. 通皆韋皮, 故坊記注云 "唯在軍同服耳." 知者, 僖五年左傳曰 "均服振振, 取虢之旂." 是同也. 禮, 在朝及齊祭, 君臣有同服多矣. 鄭獨言在軍者, 爲僕右(無)〔服〕[6]也. 以君各以時服, 僕在恒朝服, 至在軍則同, 故言唯耳, 不謂通於他事.

1) (設)〔謂〕: 저본에는 '設'로 되어 있으나, 阮元의 校勘記에 의거하여 '謂'로 바로잡았다.
2) 〔裳〕: 저본에는 '裳'이 없으나, 阮元의 校勘記에 의거하여 보충하였다.
3) (云)〔志〕: 저본에는 '云'으로 되어 있으나, 阮元의 校勘記에 의거하여 '志'로 바로잡았다. '周禮志'는 鄭玄의 ≪鄭志≫를 가리킨다.
4) (韐)〔韋〕: 저본에는 '韐'으로 되어 있으나, 阮元의 校勘記에 의거하여 '韋'로 바로잡았다.
5) 〔白布〕: 저본에는 '白布'이 없으나, 阮元의 校勘記에 의거하여 보충하였다.
6) (無)〔服〕: 저본에는 '無'로 되어 있으나, 阮元의 校勘記에 의거하여 '服'으로 바로잡았다.

○ 箋의 〔六月〕에서 〔服〕까지

○ 正義曰 : 征伐을 읊은 시는 많으나 분명하게 달〔月〕을 말한 것이 없는데, 이 시만 달을 말하였다. 그러므로 "六月이라고 기록한 것은 한여름에 군대를 출동시킨 것이니 그 위급함을 밝힌 것이다."라고 하였다.

≪周禮≫ 〈春官 巾車〉에서 "王의 五路를 관장하는데, 革路를 타고 전쟁에 나간다.〔掌王之五路 革路以卽戎〕"라고 하였다. 그러므로 鄭箋에서 "戎車는 革路의 종류이다."라고 한 것임을 알 수 있다. 〈春官 車僕〉에서 "戎路의 무리, 廣車의 무리, 闕車의 무리, 屛車의 무리, 輕車의 무리를 관장한다."라고 하였는데, 注에서 "이 다섯 가지는 모두 전쟁에서 사용하는 수레이니, 이른바 五戎이다. 戎路는 왕이 전쟁터에서 타는 수레다. 廣車는 가로로 진을 칠 때 사용하는 수레다. 闕車는 빠진 수레를 보충할 때 사용하는 수레이다. 屛車는 적을 상대하여 자신을 은폐할 때 사용하는 수레다. 輕車는 적을 쫓거나 전쟁을 도발할 때 사용하는 수레다."라고 하였는데, 이러한 종류가 5가지이다. 윤길보가 타는 전쟁 수레도 革輅이니, 군대에서 타는 수레는 왕과 같다. 다만 다섯 가지 수레를 갖추었는지의 여부는 알 수 없다.

鄭玄은 전쟁에 근거해서 해석하였으니, 다섯 가지의 수레를 갖출 필요가 없다. 말하자면 戎車에서 항상 가죽으로 만든 고깔모자와 군복을 입는 것은, 위에서 '융거를 정비했다.'라고 하고, 곧 '일반적인 제복을 실었다.'라고 하였으니, 이것은 戎車에 실은 것이다. 그러므로 '융거의 일반적인 제복'이라고 하였다. '싣는다'고 말한 것은, 戎服은 싸우기 위해 진을 칠 때 입는 것이니, 정벌 가는 길에서는 아직 입지 않기 때문이다.

≪周禮≫ 〈司服〉에서 "모든 군사의 일에는 붉은색의 무두질한 가죽으로 고깔모자와 군복을 만든다.〔凡兵事 韋弁服〕"라고 하였는데, 注에서 "韋弁은 붉은색 가죽으로 고깔

모자를 만들고 다시 군복의 衣裳을 만든 것이다. ≪春秋左氏傳≫에서 '晉나라 郤至가 붉은색 가죽 군복을 입었다.'라고 한 것이 이것이다."라고 하였다. ≪鄭志≫에서 "韋弁과 皮弁服은 모두 흰색 아랫도리와 흰색 신을 신는다.〔韋弁皮弁服 皆素裳白舃〕"라고 하였고, 또 정현의 ≪雜問志≫에 "'韎韋之不注'의 不는 幅과 같이 읽어야 하고, 注는 '부착하다〔屬〕'이니 붉은색 가죽 군복에 착용하는 것이 있다. 옅은 붉은색 가죽으로 고깔모자를 만들고 나서 다시 웃옷을 만들고, 흰색 아랫도리와 흰색 신발을 신는다."라고 하였다.

韋弁　　皮弁

옅은 붉은색인 줄 아는 이유는 ≪詩經≫ 〈小雅 瞻彼洛矣〉에서 "韎韐有奭"이라고 하였는데, 가죽 슬갑〔韎韐〕을 꼭두서니로 물들여서 奭이 붉은 모양이 되는 것이다. 만약 옅지 않으면 짙은 붉은색인 '絳'이라고 한다. 그러므로 옅은 붉은색이라는 것을 알 수 있다.

≪儀禮≫ 〈聘禮〉에서 "임금이 卿으로 하여금 가죽으로 만든 고깔모자와 의복을 입고, 빈객에게 죽인 희생 饔과 살아있는 희생 餼를 보내게 하였다.〔君使卿韋弁 歸饔餼〕"라고 하였는데, 注에서 "韋弁은 옅은 붉은색의 무두질한 가죽으로 만든 고깔모자이다. 그 복장은 일반적으로 붉은 베로 웃옷을 만들고, 흰색 아랫도리를 입는다.〔韋弁 韎韋之弁 其服蓋韎布以爲衣而素裳〕"라고 하였다. 韎皮(붉은 가죽)로 웃옷을 만들지 않는다는 것은, 卿이 饔과 餼를 보낼 때는 마땅히 가죽 고깔모자인 皮弁을 사용해야 하는데, 일의 마땅함을 헤아려 무두질한 가죽으로 만든 고깔모자인 韋弁을 사용한 것이다. 그러므로 〈빙례〉의 注에서 "韋弁은 군복인데 그것을 입은 것은, 皮와 韋가 같은 부류이어서 서로 가까운 것을 취한 것일 뿐이다."라고 하였다.

가죽 고깔모자인 皮弁에는 흰 베옷을 입은 까닭에, 〈빙례〉에서는 무두질한 가죽으로 만든 고깔모자와 군복에 붉은 베를 사용했다. 皮와 韋가 같은 부류이기 때문에, ≪孝經≫의 注에서는 "사냥과 전쟁에서는 가죽 고깔모자를 사용한다.〔田獵戰伐 冠皮弁〕"라고 하였고, ≪援神契≫에서는 “가죽 고깔모자를 쓰고 주름진 흰 명주 치마인 素積을 입는 것은 군인이다.〔皮弁素積 軍旅也〕”라고 하였으니, 모두 皮弁으로 韋를 총괄해서 말한 것이다. 만약 구별해서 말하면 전쟁에서는 韋를 사용하고 皮를 사용하지 않는다.

여기에서 싣는 것은 장수의 군복을 든 것일 뿐이다. 그 나머지 軍士의 군복은, 아래 장에서 “우리의 군복이 완성되었네.〔旣成我服〕”라고 한 것이 이것이다. 韋와 皮를 通稱했기 때문에, ≪禮記≫ 〈坊記〉의 注에서 “오직 군에 있을 때는 복장을 같게 입었을 뿐이다.〔唯在軍同服耳〕”라고 하였다. 이를 통해 알 수 있는 것은, ≪春秋左氏傳≫ 僖公 5년에 “같은 군복을 입고 씩씩하게 虢나라의 깃발을 빼앗는다.〔均服振振 取虢之旂〕”라고 한 것도 동일하게 군복을 입은 것이다.

禮에서는 조정에 있을 때와 제사를 지낼 때, 임금과 신하가 복식을 똑같이 입는 경우가 많다. 그런데 정현이 단지 군대에 있을 때만을 말한 것은 마부가 오른쪽에서 복역하기 때문이다. 임금은 각각 때에 맞게 입지만, 마부는 항상 조정에서 입는 朝服을 입다가 군대에서 동일하게 입기 때문에 ‘오직〔唯〕’이라고 말했을 뿐이고, 다른 일에도 통용된다고 말한 것은 아니다.

【疏】 ○ 箋‘于曰’至‘封畿’ ○ 正義曰：鄭以王不自親征, 吉甫述王之辭, 故言其曰. 毛氏於詩言于者, 多爲於爲往, 所以爲王自征耳. 言‘王國’者, 以率土之濱, 莫非王臣, 要服之內, 是‘王國之封畿’也.

○ 箋의 〔于曰〕에서 〔封畿〕까지

○ 正義曰：鄭玄은 왕이 직접 정벌하지 않고, 尹吉甫가 왕의 말을 기술했기 때문에, ‘其曰’이라고 말했다고 여겼다. 毛亨은 ≪詩≫에서 말한 ‘于’는 대체로 ‘於’의 용례로 쓰이거나 ‘가다〔往〕’의 뜻이라고 했기 때문에, 왕이 직접 정벌 갔다고 여겼을 뿐이다.

‘王國’이라고 말한 것은 ≪詩經≫ 〈小雅 北山〉의 “땅의 가장자리까지 왕의 신하가 아님이 없다.〔率土之濱 莫非王臣〕”라고 한 것에 대해 要服의 안이라고 하였는데, 이것이 ‘王國之封畿(왕국에서 분봉한 영토)’이다.

比物四驪하고 **閑之維則**(칙)이라

말을 비교해서 네 마리 말을 짝지우고
법도에 따라 그것들을 훈련시켰네

【傳】物은 毛物也라 則은 法也니 言先教戰然後用師라

物은 毛物(말)이다. 則은 '법'이다. 먼저 싸움을 가르치고 그 후에 군대에 사용하는 것을 말한다.

維此六月에 **既成我服**하고

我服既成에 **于三十里**라

이 유월에
우리 군복을 완성하였고
우리 군복이 완성되자
30리씩 행군했네

【傳】師行三十里라

군대는 하루에 30리를 행군한다.

【箋】箋云 王既成我戎服하고 將遣之에 戒之하여 曰 日行三十里에 可以舍息이라하니라

箋云 : 왕이 우리에게 군복을 완성하게 하고 나서, 파견할 때 경계하며 "하루에 30리를 가야 휴식을 취할 수 있다."라고 하였다.

王于出征하여 **以佐天子**시니라

왕이 정벌군을 보내어
천자의 일을 보좌하였네

【傳】出征以佐其爲天子也라

정벌하러 나가서 천자의 일을 수행하는 것을 도왔다고 한 것이다.

【箋】箋云 王曰 令女出征伐하여 以佐助我天子之事하여 禦北狄也라

箋云 : 왕이 "네가 나가서 정벌하여 우리 천자의 일을 도와서 북적을 막아내도록 명

하노라."라고 말한 것이다.

【疏】'比物'至'天子' ○ 毛以爲"宣王之征, 所簡車馬者, 乃比同力之物, 四驪之馬. 此四驪之馬, 先以閑習之, 維有法則矣, 所以今用之. 維此六月之時, 旣成我軍士之戎服. 我軍士戎服旣成, 於是師行日三十里耳. 王於是出行, 征伐玁狁, 成己爲天子之大功也." ○ 鄭唯以吉甫獨行, '王于'爲'曰'爲異. 餘同.

經의 〔比物〕에서 〔天子〕까지

○ 毛亨은 "宣王이 정벌 갈 때 검열한 수레와 말은 곧 힘이 같은 말과 4마리의 가리말을 짝짓는데, 이 네 마리의 가리 말을 먼저 훈련시키되 오직 법칙에 따랐기 때문에 지금 사용할 수 있는 것이다. 오직 이 6월의 시기에 우리 군사의 군복을 완성하였고, 우리 군사의 군복이 완성된 후에야 군대가 하루에 30리를 행군할 수 있다. 왕이 이때 변방에 나가서 玁狁을 정벌하여, 몸소 천자의 큰 공을 세운 것이다."라고 여긴 것이다.

○ 鄭玄은 윤길보가 홀로 정벌한 것이라 여겨 '王于'의 '于'를 '말하다'의 뜻으로 본 것만 毛亨의 해석과 다르고, 나머지는 같다.

【疏】 ○ 傳'物毛'至'用師' ○ 正義曰 : 夏官校人云 "凡大(事)[1]祭祀·朝覲·會同, 毛馬而頒之, 凡軍事, 物馬而頒之." 注云 "毛馬, 齊其色. 物馬, 齊其力." 是毛物之文也. 傳以直言物則難解, 故連言毛物, 以曉人也. 然則'比物'者, 比同力之物. 戎車齊力尙强, 不取同色. 而言'四驪'者, 雖以齊力爲主, 亦不厭其同色也, 故曰 "駟騵彭彭", 又曰 "乘其四騏", 田獵齊足而曰 "四黃旣駕", 是皆同色也. 無同色者, 乃取異毛耳. "騏騮是中, 騧驪是驂", 是也. 以言"閑之", 是以先閑習, 故知先教戰而後用師也. 書傳曰 "'征伐必因蒐狩以閑之', 閑之者何. 貫之. 貫之何. 習之." 是也.

1) (事) : 저본에는 '事'로 되어 있으나, 阮元의 校勘記에 의거하여 衍文으로 처리하였다.

○ 傳의 〔物毛〕에서 〔用師〕까지

○ 正義曰 : ≪周禮≫ 〈夏官 校人〉에서 이르기를 "大祭祀, 大朝覲, 大會同에는 털 색깔이 같은 말들을 나누어 주고, 군대의 일에는 힘이 같은 말을 나누어준다.〔凡大祭祀朝覲會同 毛馬而頒之 凡軍事 物馬而頒之〕"라고 하였는데, 注에서 "毛馬는 그 색을 같게 하는 것이고, 物馬는 그 힘을 같게 하는 것이다."라고 하였다. 이것이 毛와 物에 대해 설명하는 문장이다. 毛傳에서는 다만 物이라고 말하면 이해하기 어렵기 때문에 毛와 物을

연이어 말해서 사람들을 깨닫게 하였다. 그렇다면 '比物'이라는 것은 힘이 같은 동물을 비교하는 것이다. 戎車에는 힘을 똑같게 하니 강함을 숭상하고 색이 같은 것을 취하지 않는다. '四驪'라고 말한 것은 힘이 동일한 것을 위주로 하지만, 역시 색이 같은 것을 싫어하지 않는 것이다. 그러므로 〈大雅 大明〉에서는 "네 마리의 원마가 튼튼하다.〔駟騵彭彭〕"라고 하였고, 또 "네 마리의 검푸른 말을 탔네.〔乘其四騏〕"라고 하였으며, 사냥할 때에는 走力을 똑같게 하되 〈小雅 車攻〉에서 "네 마리 누런 말에 멍에를 매고서〔四黃既駕〕"라고 하였으니, 모두 색깔을 동일하게 한 것이다. 색깔을 동일하게 하지 않은 것은 곧 털 색깔이 다른 말을 취한 것이니, 〈秦風 小戎〉에서 "검푸른 말과 월따말이 복마고, 공골말과 가라말이 참마라네.〔騏騮是中 騧驪是驂〕"라고 한 것이 이것이다.

經文에서 "훈련시켰다〔閑之〕"라고 하였으니, 이것은 먼저 훈련한 것이기 때문에 '먼저 싸움을 가르치고 그 후에 군대에 사용한 것〔先教戰而後用師〕'임을 알 수 있다. ≪尙書大傳≫에서 "'정벌할 때는 반드시 사냥을 통해서 익힌다.〔征伐必因蒐狩以閑之〕'고 하였는데, '閑之'라는 것은 무엇인가? '貫之'이다. 貫之라는 것은 무엇인가? 익히는 것이다."라고 한 것이 이것이다.

【疏】○ 傳'師行三十里' ○ 正義曰：此述宣王之征，是師行之事．美事明得禮，故諸軍法皆以三十里爲限．漢書律曆志計武王之行亦準此也．

○ 傳의〔師行三十里〕

○ 正義曰：이것은 宣王이 征伐간 것을 서술한 것이니, 군대가 행군한 일이다. 일이 분명하게 예에 적합한 것을 찬미하였기 때문에, 여러 군법에서는 모두 30리로 제한하였다. ≪漢書≫〈律曆志〉에서 武王의 行軍을 계산할 때도 이것을 기준으로 하였다.

四牡修廣하니 其大有顒(옹)이라

四牡는 크고 몸집이 있으니
커다란 모습에 우렁차네

【傳】修는 長이요 廣은 大也라 顒은 大貌라

修는 '키가 크다'이고, 廣은 '몸집이 크다'이다. 顒은 '큰 모습'이다.

薄伐玁狁하여 **以奏膚公**이라

험윤을 정벌하여
큰 공적을 이루었네

【傳】 奏는 爲요 膚는 大요 公은 功也라

奏는 '이루다'이고, 膚는 '크다'이고, 公은 '공적'이다.

有嚴有翼하여 **共武之服**이라

위엄과 공경심이 있는 이들이
함께 전쟁의 일을 실행하네

【傳】 嚴은 威嚴也요 翼은 敬也라

嚴은 '위엄'이고, 翼은 '공경하다'이다.

【箋】 箋云 服은 事也니 言今師之群帥에 有威嚴者하고 有恭敬者하여 而共典是兵事라 言文武之人備라

箋云 : 服은 '일'이니, 지금 군대의 여러 장수 가운데 위엄이 있는 자가 있고 공경심이 있는 자가 있어서, 이 군대의 일을 함께 맡고 있다고 말한 것이다. 文德이 있는 신하와 武功이 있는 신하가 다 갖춰져 있음을 말한 것이다.

共武之服하여 **以定王國**이로다

함께 軍務에 힘을 쏟아
왕국을 안정시켰네

【箋】 箋云 定은 安也라

箋云 : 定은 '안정시키다'이다.

【疏】 '四牡'至'王國' ○ 毛以爲"王所將戎車, 所駕之四牡形容, 修長而又廣大, 其大之貌則有顒然. 以此之强, 薄伐玁狁之國, 以爲天子之大功也. 非直車馬之强, 又有威嚴之將・恭敬之臣, 而共典掌是兵武之事. 其嚴者威敵厲衆, 敬者撫和上下. 旣有此文武之臣共掌兵事, 以此而往, 故當克勝而安定王國也." ○ 鄭唯據吉甫爲異.

經의 〔四牡〕에서 〔王國〕까지

○ 毛亨은 "왕이 거느린 戎車에 멍에를 맨 네 마리 말의 모습은 크고 또 몸집이 있는데, 그 큰 용모에는 우렁찬 기운이 있다. 이 강력함으로 짧은 시일에 玁狁의 나라를 정벌하여 천자의 큰 공훈을 세웠다. 다만 수레와 말의 강함이 있을 뿐만 아니라 또 위엄 있는 장수와 공경하는 신하가 있어서 함께 이 전쟁의 일을 맡아 시행하고 있다. 그 위엄이 있는 장수는 적을 위협하고 무리를 독려하고, 공경심이 있는 신하는 위와 아래를 위로하고 화합하게 한다. 이미 이 문덕과 무공이 있는 신하가 함께 전쟁의 일을 맡아서 시행하고, 이로써 갔기 때문에 마땅히 전쟁에서 이겨 나라를 안정시킬 수 있다."라고 여긴 것이다.

○ 鄭玄은 윤길보를 근거로 하였다는 점만 〈毛亨과〉 다르다.

玁狁匪茹하여 整居焦穫(호)[1]호라 侵鎬及方하여 至于涇陽라

1) 穫(호) : ≪經典釋文≫에 "穫은 음이 護이니, ≪爾雅≫ 〈十藪〉에 '周나라에 焦와 護가 있다.' 하였다."라고 하였다.

험윤이 분수를 몰라
군대를 정비하여 焦와 穫를 점거하였네
鎬와 方에 침입하여
涇水의 이북에까지 이르렀네

【傳】焦・穫는 周地니 接於玁狁者라

焦, 穫는 周나라의 땅이니, 玁狁과 인접해 있는 지역이다.

【箋】箋云 匪는 非요 茹는 度(탁)也라 鎬也와 方也는 皆北方地名이라 言玁狁之來侵이 非其所當度爲也라 乃自整齊而處周之焦・穫하고 來侵至涇水之北이라 言其大恣也라

箋云 : 匪는 '아니다'이다. 茹는 '헤아리다'이다. 鎬와 方은 모두 북쪽의 지명이다. 말

하자면 험윤이 와서 침략하는 것은 그들의 기량으로 하기에는 합당한 일이 아니다. 그런데도 스스로 군대를 정비하여 周나라의 焦와 穫을 점거하고 涇水의 북쪽까지 와서 침략했으니, 말하자면 그 행동이 매우 방자하다는 것이다.

織(지)文鳥章이며 **白旆央央**이로다

　깃발엔 새의 문장이 있으며
　비단 술이 선명하였네

【傳】 鳥章은 錯(조)革鳥爲章也라 白旆는 繼旐者也라 央央은 鮮明貌라

鳥章은 '빠르게 나는 새를 그려넣어 紋章을 만든 것'이다. 白旆는 '깃발에 이어 매는 제비 꼬리 모양의 수식'이다. 央央은 '선명한 모양'이다.

【箋】 箋云 織는 徽織(지)也라 鳥章은 鳥隼之文章이니 將帥以下는 衣皆著(착)焉이라

箋云 : 織는 '휘장'이다. 鳥章은 '새매의 문장'이니, 장수 이하는 옷에 모두 그 휘장을 부착하였다.

元戎十乘으로 **以先啓行**이라

　큰 수레 10승으로
　먼저 길을 열었네

【傳】 元은 大也라 夏后氏曰鉤車라하니 先正也라 殷曰寅車라하니 先疾也라 周曰元戎라하니 先良也라

元은 '크다'이다. 夏나라에서는 鉤車라고 하였으니, 바르게 나아가도록 선도하는 것이다. 殷나라에서는 寅車라고 하였으니, 빠르게 나아가도록 선도하는 것이다.

元戎

周나라에서는 元戎이라 하였으니, 양호하게 〈작전이〉 진행되도록 선도하는 것이다.

【箋】 箋云 鉤는 〔鉤〕[1]鞶(반)이니 行曲直有正也라 寅은 進也라 二者及元戎은 皆可以先前啓突敵陳之前行(항)이니 其制之同異는 未聞이라

1) 〔鉤〕: 저본에는 '鉤'가 없으나, 阮元의 校勘記에 의거하여 보충하였다.

箋云: 鉤는 鉤鞶이니, 굽잇길과 곧은길을 갈 때 바르게 나아가도록 선도하는 것이다. 寅은 '나아가다'이다. 鉤車와 寅車 두 수레 및 元戎은 모두 군대의 맨 앞에서 적진의 선봉을 뚫고 돌격할 수 있는 것이다. 그 제도의 차이점에 대해서는 듣지 못하였다.

【疏】 '玁狁'至'啓行' ○ 毛以爲"王師已行, 數狄之罪, 故陳其放恣. 言玁狁之所侵者, 非其意所當度, 乃整齊而處我周之焦穫之地, 又侵鎬及北方之地, 至於涇水之北, 侵及近地, (石)〔恣〕[1]爲大甚, 故以當合征之. 而將帥以下皆有徽織(지)之象, 其文有鳥隼之章, 以帛爲行旆, 央央然鮮明, 皆有致死之備以行也. 又有戎車十乘, 以在軍先, 欲以啓突敵陳之前行. 由玁狁之恣而用伐之." 鄭唯據吉甫爲異.

1) (石)〔恣〕: 저본에는 '石'으로 되어 있으나, 阮元의 校勘記에 의거하여 '恣'로 바로잡았다.

經의 〔玁狁〕에서 〔啓行〕까지

○ 毛亨은 "왕의 군대가 갈 때 적의 죄상을 낱낱이 나열하였기 때문에 그 방자함을 진술한 것이다. 말하자면 玁狁이 침략한 것은 그 의도가 기량에 맞는 일이 아닌데도, 곧 군대를 정비하고 우리 周나라의 焦와 穫 지역을 점거하고 다시 鎬와 북방 지역을 침략하여 涇水의 북쪽까지 이르러, 수도에서 가까운 지역까지 침략했으니 방자함이 매우 심하다. 이 때문에 합당한 道로 정벌하였다.

장수 이하는 모두 휘장〔徽織〕의 상징이 있는데 그 문양에는 새매의 문장이 있으며, 비단으로 군대의 기를 만들어 매우 선명하였으니, 모두 죽을 각오를 하고서 행군하였다. 또 戎車 10乘을 군대의 맨 앞에 배치했는데, 적진의 선봉을 뚫고 돌격하려고 한 것이다. 험윤의 방자한 행동으로 인해서 그들을 정벌하려고 한 것이다."라고 여긴 것이다.

鄭玄은 尹吉甫를 근거로 하였다는 점만 〈毛亨과〉 다르다.

【疏】 ○ 傳'焦〔穫〕[1]'至'玁狁' ○ 正義曰: 釋地云 "周有焦穫.", 郭璞曰 "今扶風池陽縣瓠中, 是也." 其澤藪在瓠中, 而藪外猶焦穫, 所以接于玁狁也. 孫炎曰 "周, 岐周也." 以焦穫繼岐周言之, 則於鎬京爲西北矣. 以北狄言之, 故爲北方耳."

1) 〔穫〕: 저본에는 '穫'가 없으나, 阮元의 校勘記에 의거하여 보충하였다.

○ 傳의 〔焦穫〕에서 〔玁狁〕까지

○ 正義曰: ≪爾雅≫ 〈釋地〉에서 "周나라에는 焦와 穫가 있다."라고 하였는데, 郭璞은 "지금의 扶風 池陽縣 瓠中이 이곳이다."라고 하였다. 그 습지에 瓠中이 있고, 습지 밖은 焦와 穫의 지역과 같으니, 玁狁에 인접한 곳이다. 孫炎은 "周는 岐周이다."라고 하였다. 焦와 穫를 岐周와 연결해서 말하면, 鎬京에서 서북쪽이 된다. 이 시에서는 北狄을 기준으로 말하였기 때문에 北方이 될 뿐이다."라고 하였다.

【疏】 ○ 箋'匪非'至'大恣' ○ 正義曰: 以北狄所侵, 故知鎬也·方也, 皆北方地名也. 整齊而處之者, 言其居周之地無所畏憚也. 鎬·方雖在焦穫之下, 不必先焦穫乃侵鎬·方, 據在北方, 在焦穫之東北. 若在焦穫之內, 不得爲長遠也. 水北曰陽, 故言涇水之北. 涇去京師爲近, 故言大恣. 毛不解鎬·方之文, 而出車傳曰 "朔方, 近玁狁之國.", 鎬·方文連, 則傳意鎬亦北方地也. 王肅以爲鎬京, 故王基駁曰 "據下章云 '來歸自鎬, 我行永久', 言吉甫自鎬來歸. 猶春秋"公至自晉"·"公至自楚", 亦從晉·楚歸來也. 故(知嚮曰)〔劉向曰〕[1)]"千里之鎬, 猶以爲遠." 鎬去京師千里, 長安·洛陽代爲帝都, 而濟陰有長安鄕, 漢〔中〕[2)]有洛(陽)[3)]縣, 此皆與京師同名者也. 孫毓亦以箋義爲長.

1) (知嚮日)〔劉向曰〕: 저본에는 '知嚮日'로 되어 있으나, 阮元의 校勘記에 의거하여 '劉向曰'로 바로잡았다.
2) 〔中〕: 저본에는 '中'이 없으나, 阮元의 校勘記에 의거하여 보충하였다.
3) (陽): 저본에는 '陽'으로 되어 있으나, 阮元의 校勘記에 의거하여 衍文으로 처리하였다.

○ 箋의 〔匪非〕에서 〔大恣〕까지

○ 正義曰: 北狄이 침략했기 때문에 鎬와 方이 모두 북방의 지명임을 알 수 있다. 군대를 정비해서 점거했다는 것은, 그들이 周나라의 땅을 점거하는 것을 두려워하거나 꺼림이 없음을 말한 것이다. 鎬와 方은 비록 焦와 穫 아래에 있으나, 焦와 穫를 먼저 점거한 후에 鎬와 方을 침략할 필요는 없으니, 점거한 지역이 북방에 있는데 焦와 穫가 동북쪽에 있기 때문이다. 만약 焦와 穫가 내부에 있다면, 아득히 먼 곳이 될 수 없다. 물의 북쪽을 陽이라고 하기 때문에, 경문의 '涇陽'을 涇水의 북쪽이라고 하였다. 涇水는 수도와의 거리가 가까우므로 "매우 방자하다〔大恣〕"라고 말하였다.

毛亨은 鎬와 方자를 해설하지 않았으나, 〈出車〉의 毛傳에서 "朔方은 玁狁과 가까운 나라다.〔朔方 近玁狁之國〕"라고 하였고, 이 경문에서 鎬와 方의 문장이 이어져 있어, 傳에서는 鎬도 역시 북방의 지역이라고 생각했다. 王肅은 鎬를 鎬京이라고 여겼기 때문에, 王基가 ≪毛詩駁≫에서 "下章의 '鎬에서 돌아와서 우리의 행군이 길어졌다〔來歸自鎬 我行永久〕'라고 한 것에 근거하였다."라고 하였다. 말하자면 尹吉甫가 鎬에서 왔다는 것이다. 이것은 ≪春秋左氏傳≫에서 "공이 진나라에서 왔다〔公至自晉〕"라고 한 것과 "公이 楚나라에서 왔다〔公至自楚〕"라고 한 것과 같은데, 또한 晉나라와 楚나라에서 온 것이다. 그러므로 劉向은 "千里 떨어진 鎬도 오히려 멀다고 여긴다."라고 하였으니, 鎬는 京師와 千里 떨어져 있다. 그리고 長安과 洛陽이 번갈아 皇帝의 수도가 되었는데, 濟陰에 長安鄕이 있고 漢中에 洛縣이 있으니, 이곳은 모두 京師와 함께 수도의 명칭으로 사용된 곳이다. 孫毓도 역시 鄭箋의 의미가 낫다고 여겼다.

【疏】 ○ 傳'鳥章'至'旐者' ○ 正義曰：釋天云 "錯(조)革鳥曰旟.", 孫炎曰 "錯, 置也. 革, 急也. 畫急疾之鳥於縿也." 鄭志答張逸亦云 "畫急疾之鳥隼.", 是也. 故箋云 "鳥隼之文章." 正知隼者, 以司常云 "鳥隼爲旟." 釋天云 "繼旐曰旆", 故云 "白茷, 繼旟者也." 茷與旆, 古今字也, 故定四年左傳曰 "(蒨)〔綪〕[1]茷・旃旌", 亦旆也, 以其繼垂之, 因以爲狀, 故曰 "胡不旆旆". 此旟而言旐者, 散則通名.

1) (蒨)〔綪〕: 저본에는 '蒨'으로 되어 있으나, ≪春秋左氏傳≫ 定公 4년에 의거하여 '綪'으로 바로잡았다.

○ 傳의 〔鳥章〕에서 〔旐者〕까지

○ 正義曰：≪爾雅≫ 〈釋天〉에서 "革鳥(빠른 새)를 그려넣는 것을 旟라고 한다.〔錯革鳥曰旟〕"라고 하였는데, 그 注에서 孫炎은 "錯는 '놓다'이다. 革은 '빠르다'이다. 깃발에 빨리 나는 새를 그린 것이다."라고 하였다. ≪鄭志≫에서 張逸에게 대답하면서, 역시 "빨리 나는 새매를 그린 것이다."라고 한 것이 이것이다. 그러므로 鄭箋에서 "새매의 문장이다.〔鳥隼之文章〕"라고 하였는데, 隼이라고 한 것은 ≪周禮≫ 〈春官 司常〉에서 "새매를 그린 깃발을 旟라고 한다.〔鳥隼爲旟〕"라고 했기 때문임을 바로 알 수 있다. ≪이아≫ 〈석천〉에서 "기에 이어서 다는 것을 旆라고 한다."라고 하였기 때문에, "白茷는 기에 이어 다는 것이다.〔白茷 繼旐者〕"라고 하였다.

茷와 旆는 古今字이다. 그러므로 ≪春秋左氏傳≫ 定公 4년 조에는 "綪茷와 旃旌"이

라고 한 것 또한 旆이다. 이어 단 술을 드리우고 그로 인해서 형상했기 때문에, 〈出車〉에서 "어찌 펄럭이지 않는가.〔胡不旆旆〕"라고 하였다. 여기에서 말한 것은 旟인데 旐를 말한 것은 각각 따로 사용하면 명칭을 통용해서 쓰기 때문이다.

【疏】○ 箋'織徽'至'著焉' ○ 正義曰：言'徽織'者, 以其在軍爲徽號之織. 史記漢書謂之旗幟, 幟與織字雖異, 音實同也. 傳云'革鳥', 爲解不明, 故云"鳥隼之文章, 將帥以下衣皆著(착)焉", 謂此"織文鳥章, 白茷央央"也. 以絳爲縿, 畫爲鳥隼, 又絳爲旒, 書名於末, 以爲徽織. 知者, 司常"掌九旗之物名, 各有屬", 注云"物名者, 所畫異物則異名也. 屬, 謂徽織也, 大傳謂之徽號, 今城門僕射所被及亭長著絳衣, 皆其舊象也." 又曰"皆畫其象焉. 官府各象其事, 州里各象其名, 家各象其號", 注云"事・名・號, 織, 所以顯別衆官, 樹之於位, 朝者各就焉. 覲禮曰'公・侯・伯・子・男皆就其旂而立.' 此其類也. 或謂之事, 或謂之名, 或謂之號, 異外內也. 三者, 旌旗之細. 士喪禮曰'爲銘, 各以其物. 亡(무)則以緇, 長半幅, 赬末, 長終幅, 廣三寸, 書名於末.' 此蓋其制也. 徽織之書則云'某某之事・某某之名・某某之號', 今大閱禮象而爲之. 兵凶事, 若有死事者, 亦當以相別也." 由此言之, 則徽織者, 其制亦如所建旌旗而畫之, 其象但小耳. 故鄭云"旌旗之細, 以皆著(착)於衣, 理不宜長." 以無長短之制, 故引士喪長半幅以證之. 士喪注云"(牢)〔半〕[1]幅, 一尺, (絳)〔終〕[2]幅, 二尺." 除去(絳)〔縿〕[3], 直是銘長三尺也. 故士喪禮"竹杠長三尺, 置於宇西階上". 鄭云"此蓋其制. 以死之銘旌, 即生之徽織", 鄭引士喪禮以證自王以下旌旒雖有等差, 其徽織疑同長三尺. 以同著於衣, 不宜差降, 則此徽織亦縿長一尺, 畫鳥隼, 旂長二尺, 書名於末. 九旗之物皆用絳, 則此亦絳也. 言白旆者, 謂絳帛, 猶"通帛爲旃", 亦是絳也. 言各畫其象者, 以其徽雖短之令小, 皆本之建旗, 故司常云"大喪, 供銘旌." 注云"王則太常也." 又引士喪禮"爲銘, 各以其物", 是自王以下, 徽織皆畫其所當建也. 此獨言鳥章者, 周禮"軍行, 百官建旟". 擧百官者, 所以統其餘也. 言將帥以下者, 大司馬曰"仲夏, 教茇舍, 辨號名之用, 帥以門名." 注云"號名者, 徽織所以相別也. 在國以表朝位, 在軍又象其制而爲之, 被之以備死事. 帥謂軍將至(五)〔伍〕[4]長." 是將帥以下, 自伍長以上, 不見士卒, 其有無不明, 蓋亦各有之矣. 司常云"官府各象其事", 謂百官以職從王者, 象其所建旌旂畫之, 謂之爲事. "州里各象其名"者, 謂州長至比長, 象其所建之旌旂, 謂之爲名. "家各象其號"者, 謂卿大夫采地之臣, 象其所建之旌旂, 謂之爲號. 此唯有三. 案大司馬"仲夏, 辨號名之用. 帥以

門名, 縣鄙各以其名, 家以號名, (卿)〔鄉〕[5]以州名, 野以邑名, 百官各象其事." 雖有六, 與司常事名號三者不殊, 但司馬細別言之耳. '帥以門名'者, 帥, 謂六軍之將, 皆命卿, 營所治國門, 以在門所建之旌旂爲徽織之. 此帥從伍長以上, 但以卿統名(焉)〔爲〕[6]事, 則司常"官府各象其事", 是也. '縣鄙各以其名'者, 謂六遂[7]縣正[8]以下至隣長[9]. '(卿)〔鄉〕以州名' 者, 謂州長至比長[10]. '野以邑名'者, 謂六遂以外公邑[11]大夫. 此三者, 卽司常所云 "州裏各象其名"也. '家以號名'者, 卽司常云 "家象其號"也. '百官各象其事'者, 卽司常云 "官府各象其事"也.

1) (牢)〔半〕: 저본에는 '牢'로 되어 있으나, 阮元의 校勘記에 의거하여 '半'으로 바로잡았다.
2) (絳)〔終〕: 저본에는 '絳'으로 되어 있으나, 阮元의 校勘記에 의거하여 '終'으로 바로잡았다.
3) (絳)〔縿〕: 저본에는 '絳'으로 되어 있으나, 阮元의 校勘記에 의거하여 '縿'으로 바로잡았다.
4) (五)〔伍〕: 저본에는 '五'로 되어 있으나, 阮元의 校勘記에 의거하여 '伍'로 바로잡았다.
5) (卿)〔鄉〕: 저본에는 '卿'으로 되어 있으나, ≪周禮≫ 〈大司馬〉에 의거하여 '鄉'으로 바로잡았다. 아래도 같다.
6) (焉)〔爲〕: 저본에는 '焉'으로 되어 있으나, 阮元의 校勘記에 의거하여 '爲'로 바로잡았다.
7) 六遂 : 周나라 제도이다. 王畿 밖의 100리에서 200리 사이를 여섯으로 나누어 遂를 두고, 遂마다 遂人을 두어 그곳의 政令를 관장하게 하였다.
8) 縣正 : 周나라 때 遂大夫 아래의 벼슬이다. 遂에는 5개의 縣을 두었는데, 縣正이 한 현의 政令을 관장하였다.
9) 隣長 : 周나라 官職이다. 隣에서 구성원의 행실을 서로 바로잡고, 부민을 수용·안치하는 일을 관장하였다.
10) 比長 : 周나라 官職이다. 5戶에 거주하는 백성이 1比가 되는데, 比長이 관리하게 하였다.
11) 公邑 : 周나라 官職이다. 임금의 직할지로, 采邑地 이외의 토지를 가리킨다.

○ 箋의 〔織徽〕에서 〔著焉〕까지

○ 正義曰 : '徽織'라고 말한 것은, 군대에서는 휘장인 徽號를 새긴 織物을 만들기 때문이다. ≪史記≫와 ≪漢書≫에서는 그것을 旗幟라고 하였는데, 幟와 織는 글자는 다르지만 음은 실제로 같다.

毛傳에서 '革鳥'라고 했는데 풀이한 것이 분명하지 않기 때문에, "새매의 문장이니, 장수 이하는 옷에 모두 그 휘장을 부착하였다.〔鳥隼之文章 將帥以下 衣皆著焉〕"라고 하였다. 이것이 經文에서 “깃발엔 새의 문장이 있으며 비단 술이 선명하였네.〔織文鳥章白茷央央〕”라고 한 것을 이르는 것이다. 붉은색으로 깃발을 만들어 새매를 그려 넣고, 다시 붉은색 천으로 旐를 만들어 가장자리에 이름을 써서 徽織를 만든다.

알 수 있는 것은, ≪周禮≫ 〈春官 司常〉에서 “司常은 九旗의 物名을 관장하는데, 각자 휘장이 있다.”라고 하였는데, 注에서 “物名이란 것은 특이한 사물을 그리면 특이한 명칭이 있는 것이다. 屬은 ‘徽織’이다. ≪尙書大傳≫에는 그것을 ‘徽號’라고 하였다. 지금 성문에서 僕射가 입는 것과 亭長이 입는 진홍색의 군복은, 모두 옛 상징이다.”라고 하였고, 또 “모두 그 상징을 그린다. 官府는 각각 그 일을 형상화하고, 州里는 각각 이름을 형상화하고, 家는 각각 그 號를 형상화한다.”라고 하였는데, 그 注에서는 “事·名·號는 깃발에 여러 관직을 분명하게 구별하는 것으로, 각각의 위치에 세우면 조회하는 자가 각각 그곳에 나아간다. ≪儀禮≫ 〈覲禮〉에서 ‘公·侯·伯·子·男이 모두 그 깃발에 나아가 선다.’라고 한 것이, 이와 같은 類이다. 어떤 곳에서는 事라 하고, 어떤 곳에서는 名이라 하며, 어떤 곳에서는 號라고 하는 것은 안팎을 분별하는 것이니, 이 세 가지는 旌旗를 세분한 것이다. ≪의례≫ 〈士喪禮〉에서 ‘명정을 만들 때는 죽은 자가 각각 생전에 사용하던 물건을 사용한다. 그것이 없으면 검은 비단을 사용하는데 길이가 半幅(1척)이고, 붉은 비단으로 만든 명정의 부분은 길이가 終幅(2척)이며, 너비는 3촌인데 명정의 끝부분에 이름을 쓴다.’라고 하였다. 이것이 일반적인 제도이다. 徽織에 쓸 때 ‘某某之事·某某之名·某某之號’라고 하는데, 지금 대규모로 군대를 검열하는 禮에서도 형상화하여 만든다. 전쟁은 흉사이니 만약 나라를 위해 죽는 자가 있다면 또한 서로 구별해야 한다.”라고 하였다.

이 내용에 근거해서 말하자면, 徽織란 것은 그 제도가 또한 정기를 세울 때 그리는 것과 같으나 그 형상이 다만 작을 뿐이다. 그러므로 鄭玄은 “旌旗의 작은 것으로 모두 옷에 부착하니, 이치상 길게 만들 수 없다.”라고 하였다.

장단의 제도가 없기 때문에 ≪의례≫ 〈사상례〉의 ‘長半幅’을 인용하여 증명하였다. 〈사상례〉의 注에서 “半幅은 1尺이고, 終幅은 2尺이다.”라고 하였으니, 縿을 제외하면 銘의 길이는 다만 3척일 뿐이다. 그러므로 〈사상례〉에서 “대나무 깃대는 길이가 3척인데, 宇의 서쪽 계단 위에 둔다.”라고 하였는데, 정현은 “이것이 대략 그 제도이다. 죽은 자를 위한 명정으로, 곧 산 사람의 徽織이다.”라고 하였다. 정현은 〈사상례〉를 인용하여 왕으로부터 이하로 旌旗는 비록 차등이 있으나 그 徽織는 길이 3척으로 거의 같다는 것을 증명하였다. 똑같이 옷에 부착해서 차등을 두지 않았으니, 이 徽織도

술의 길이는 1척이고 새매를 그렸으며, 기의 길이는 2척이고 가장자리에 名을 쓴다.

아홉 깃발의 기는 모두 진홍색 비단을 쓰니, 이것도 진홍색 비단을 쓴다. '白旆'는 진홍색 비단을 말하는데, ≪周禮≫ 〈春官 司常〉에서 "무늬를 넣지 않은 단일색으로 만든 기〔通帛〕를 '旃'이라고 한다."라고 한 것과 같으니, 역시 붉은색 비단이다. '각각 그 상징물을 그린다.〔各畫其象〕'라고 한 것은, 徽를 비록 짧게 해서 작게 만들더라도 모두 세우는 깃발에 근본하기 때문에, 〈춘관 사상〉에서 "大喪에는 銘旌을 갖춘다.〔大喪供銘旌〕"라고 하였는데 그 注에서 "왕은 태상의 깃발을 갖춘다.〔王則太常也〕"라 하였고, 다시 ≪의례≫ 〈사상례〉를 인용해서 "명정을 만들 때는 죽은 자가 각각 생전에 사용하던 물건을 사용한다.〔爲銘各以其物〕"라고 하였으니, 이것이 왕으로부터 이하 신하는 徽織로 모두 그가 마땅히 세워야 할 것을 그린다는 것이다.

여기에서 다만 '새의 문장〔鳥章〕'을 말한 것은, ≪주례≫에서 "軍行에 百官이 旟를 세운다."라고 한 것에서, 백관을 거론한 것은 그 나머지를 통솔하기 때문이다. 鄭箋에서 '將帥以下'라고 말한 것은, ≪주례≫ 〈夏官 大司馬〉에서 "한여름에 야영하는 법을 가르치고 號名의 쓰임을 변별하며, 장수는 門名을 사용한다."라고 하였는데, 注에서 "호명이란 것은 徽織에 의해 서로 구별되는 것이다. 나라에 있을 때는 조정의 자리를 표시하고, 군대에 있을 때는 다시 그 제도를 형상하여 만드는데 국사를 위해 죽는 일에 대비하는 것이다. 帥는 軍將에서 伍長까지를 말한다."라고 하였으니, 여기서 將帥 이하는 伍長으로부터 이상이고, 士卒은 찾을 수 없으니 사졸의 유무는 분명하지 않으나, 일반적으로 각각 그것을 소유했다는 것이다.

≪주례≫ 〈춘관 사상〉에서 "官府는 각각 그 일을 형상화한다."라고 한 것은, '백관은 職分으로 왕에게 종사하는 자이니 그들이 세우는 깃발에 그 일을 형상화하여 그리는데, 그것을 事라고 한다.'는 것을 말한다. "州里는 각각 이름을 형상화한다."라고 한 것은, '州의 수장에서부터 比長에 이르기까지는 세우는 깃발을 형상화하는데, 그것을 名이라고 한다.'는 것을 말한다. "家는 각각 그 號를 형상화한다."라고 한 것은, '卿大夫는 采地를 받는 신하로서 그 세우는 깃발을 형상화하는데 그것을 號라고 한다.'는 것을 말한다. 여기에서는 오직 이 세 가지가 있다.

살펴보건대 〈대사마〉에서는 "한여름에 號名의 쓰임을 변별한다. 장수는 門名을 사용하고, 縣과 鄙는 각각 그 名을 쓰며, 家는 號名을 쓰고 鄕은 州名을 쓰며, 野는 邑名을 쓰고 百官은 각각 그 일을 형상화 한다."라고 해서, 비록 6가지가 있으나 〈사상〉에서 事·名·號 세 가지로 나눈 것과 다른 것이 없다. 다만 〈대사마〉에서는 자세하게 구별해서 말한 것일 뿐이다.

'장수는 門名을 사용한다.〔師以門名〕'라는 것에서, 師는 六軍의 장수로서 모두 조정에서 명을 받은 卿이다. 수도의 성문을 다스리는 일을 도맡아서 성문에 세우는 깃발로써 휘장을 만든다. 여기에서 將師는 伍長 이상의 장수인데 다만 卿으로 명칭과 일을 통칭했으니, 〈사상〉에서 "官府는 각각 그 일을 형상화한다."라고 한 것이, 이것이다.

'縣과 鄙는 각각 그 이름을 쓴다〔縣鄙各以其名〕'라는 것은 六遂의 縣正에서 아래로 隣長까지를 말한다. '鄕은 州名을 쓴다〔鄕以州名〕'라는 것은 州長에서 比長까지를 말한다. '野는 邑名을 쓴다〔野以邑名〕'라는 것은 六遂 이외의 公邑大夫이다. 이 세 가지는 곧 〈司常〉의 "州裏는 각각 그 名을 형상화한다.〔州裏各象其名〕"는 것이다. '家는 號名을 쓴다〔家以號名〕'라는 것은, 〈司常〉에서 "家는 그 號를 형상화한다.〔家象其號〕"라고 한 것이다. '百官은 각각 그 일을 형상화한다.〔百官各象其事〕'라는 것은, 곧 〈司常〉에서 "官府는 각각 그 일을 형상화한다.〔官府各象其事〕"라고 한 것이다.

【疏】 ○ 傳'夏后'至'先良' ○ 正義曰：'夏后氏曰鉤車, 殷曰寅車, 周曰元戎', 司馬法文也. 先疾·先良, 傳因名以解之.

○ 傳의 〔夏后〕에서 〔先良〕까지

○ 正義曰：'夏나라에서는 鉤車라고 하고, 殷나라에서는 寅車라고 하며, 周나라에서는 元戎이라 하였다.'라고 하는 것은, ≪司馬法≫의 내용이다. 先疾과 先良은 毛傳에서 이름을 따라 해석한 것이다.

【疏】 ○ 箋'鉤鉤鞶'至'未聞' ○ 正義曰：箋以毛因而增解, 遂解其名以明義. 春官巾車職曰"金路, 鉤, 樊纓", 注云"鉤, (讀如)[1]婁頷之鉤. 樊, 讀如鞶帶之鞶, 謂今馬大帶." 是鉤鞶之文〔也〕[2]. 定本鉤鞶作鉤般. 此實在馬駕乃設之, 巾車以爲車飾, 故得車取名焉. 鄭兼言鞶者, 竝擧其類以曉人, 猶上傳云"物, 毛物也". 周禮革路無鉤, 此特設鉤, 故以名車也. 此車備設鉤鞶, 其行曲直有正, 故云'先正'也. 或卽鄭云'曲直有正', 蓋謂此車行鉤曲般旋, 曲直有正, 不必爲馬飾也. '寅, 進也', 此車能進取遠道, 故云'先疾'也. 其元戎者, 傳已訓"元"爲"大", 故鄭不復解之. 言大車之善者, 故云'先良'也. 無文論其形, 故云同異(未制)〔制未〕[3]聞.

1) (讀如) : 저본에는 '讀如'로 되어 있으나, 阮元의 校勘記에 의거하여 衍文으로 처리하

였다.

2) 〔也〕: 저본에는 '也'가 '是鉤鞶之文'의 '是' 아래에 있었으나, 阮元의 校勘記에 의거하여 '文' 아래로 바로잡았다.

3) (未制)〔制未〕: 저본에는 '未制'로 되어 있으나, 阮元의 校勘記에 의거하여 '制未'로 바로잡았다.

○ 箋의 〔鉤鉤鞶〕에서 〔未聞〕까지

○ 正義曰: 鄭箋에서는 毛傳을 이어서 해석을 더하여 그 이름을 풀이하고 뜻을 분명히 하였다. ≪周禮≫ 〈春官 巾車〉에서 "金路는 鉤를 하고 樊과 纓을 〈아홉 겹으로〉 한다."라고 하였는데, 注에서 "鉤는 턱 아래 부분에 거는 갈고리이다. 樊은 鞶帶의 鞶과 같이 읽는데 지금 말의 큰 띠를 말한다."라고 하였다. 이것이 鉤鞶에 대한 문장이다. ≪五經定本≫에는 '鉤鞶'이 '鉤般'으로 되어 있다. 이것은 실제로 말에 멍에를 맬 때 설치하는 것인데, 〈건거〉에서는 수레 장식으로 여겼다. 그러므로 車가 그것에서 이름을 취할 수 있다. 鄭玄이 鞶을 아울러 말한 것은 그 종류를 아울러 들어서 사람들을 깨우치려는 것이니, 위의 毛傳에서 "物은 毛物이다."라고 한 것과 같다. ≪주례≫의 革路에는 鉤가 없는데, 여기 夏나라의 융거에는 특별히 鉤를 설치했다. 그러므로 鉤로써 수레의 이름을 지었다. 이 수레에는 鉤와 鞶을 모두 설치해서, 굽은 길이든 곧은 길이든 갈 때 똑바로 나아가도록 하였다. 그러므로 '바르게 나아가도록 선도하는 것이다.〔先正〕'라고 하였다. 혹자는 정현이 '曲直有正'이라고 한 것에 대해, '이 수레는 갈 때 굽은 갈고리처럼 선회할 수 있어서, 굽잇길과 곧은길을 갈 때 바르게 갈 수 있으니, 반드시 말의 장식이 되는 것은 아니다.'라고 하였다. '寅 進也'라고 하였으니, 이 수레는 먼 길을 달려서 공격할 수 있기 때문에 '빠르게 나아가도록 선도하는 것이다.〔先疾〕'라고 하였다. 元戎이라는 것은, 毛傳에서 이미 元은 '크다'라고 뜻풀이를 하였기 때문에 정현이 다시 해석하지 않았다. 큰 수레가 좋다고 말한 것이므로, '양호하게 진행되도록 선도하는 것이다.〔先良〕'라고 하였다. 그 형상을 논한 글이 없기 때문에 제도의 차이점에 대해서는 듣지 못하였다고 한 것이다.

戎車既安하니 **如輊如軒**이며 **四牡既佶**하니 **既佶且閑**이로다

戎車들은 이미 안정되어 있으니

앞으로 숙인 것 같고 뒤로 젖혀진 것 같으며

네 마리 말은 건장하니
건장한데 길들어져 있네

【傳】輊는 摯요 佶은 正也라

輊는 摯(앞부분이 무거워 앞으로 기울어진 수레)이고, 佶은 '바르다'이다.

【箋】箋云 戎車之安은 從後視之如摯하고 從前視之如軒하니 然後適調也라 佶은 壯健之貌라

箋云 : 戎車가 안정되어 있어서, 뒤에서 보면 摯와 같고 앞에서 보면 軒(앞부분이 높고 뒷부분이 낮은 수레)과 같으니, 그렇게 한 후에야 균형이 잡힌 것이다. 佶은 '건장한 모양'이다.

薄伐玁狁하여 至于大(태)原하니

험윤을 정벌해서
太原에 이르니

【傳】言逐出之而已라

그들을 쫓아내었을 뿐임을 말한 것이다.

文武吉甫는 萬邦爲憲이라

문덕과 무공이 있는 尹吉甫는
만방의 본보기가 되었네

【傳】吉甫는 尹吉甫也니 有文有武이라 憲은 法也라

吉甫는 尹吉甫이니 文德과 武功이 있었다. 憲은 '본받다'이다.

【箋】箋云 吉甫는 此時大將也라

箋云 : 윤길보가 이때 대장이었다.

【疏】'戎車'至'爲憲' ○ 毛以爲"王征玁狁, 旣出鎬方, 玁狁退, 王身還反, 而使吉甫逐之, 故此章更敍車馬之盛. 言兵戎之車旣安正矣, 從後視之如輊, 從前視之如軒, 是適調矣. 其所駕四牡之馬旣正大矣, 且須復閑習. 吉甫以此薄伐玁狁, 敵不敢當, 遂追奔逐北, 至於大(태)原之地. 王師所以得勝者, 以有文德武功之臣尹吉甫, 其才略可爲萬國之法. 受命逐狄, 王委任焉, 故北狄遠去也." ○ 鄭以爲元來吉甫獨行. 以佶爲壯健爲異. 餘同.

經의 〔戎車〕에서 〔爲憲〕까지

○ 毛亨은 "왕이 玁狁을 정벌하여 鎬와 方에서 쫓아내서 험윤이 물러나자, 왕 자신은 되돌아오고 尹吉甫에게 그들을 내쫓게 하였다. 그러므로 이 章은 다시 車馬의 융성함을 서술하였다. 말하자면 兵戎의 수레가 이미 안정되어서, 뒤에서 보면 앞으로 기울어진 輊와 같고, 앞에서 보면 앞이 높고 뒤가 낮은 軒과 같으니, 이것이 균형이 잡힌 것이다. 멍에를 맨 네 마리의 수말은 이미 반듯하고 큰데, 또 거듭 길들어져 있었다. 윤길보가 이 말로써 단번에 험윤을 치자 적군이 감당하지 못해 달아나니, 윤길보가 마침내 달아나는 적을 추격하여 북쪽까지 뒤쫓아가서 太原의 땅에 이르렀다. 왕의 군대가 승리를 할 수 있었던 까닭은 文德과 武功을 갖춘 신하 윤길보가 있었기 때문이니, 그의 才略은 萬國의 본보기가 될 수 있다. 命을 받아 북적을 뒤쫓아가는 일을, 왕이 그에게 위임하였기 때문에 북적이 멀리 간 것이다."라고 여긴 것이다.

○ 鄭玄은 원래 윤길보가 홀로 정벌한 것으로 여기고, 佶을 '건장한 모양'이라고 한 것이 毛亨의 해석과 다르다. 나머지는 같다.

【疏】○ 傳'言逐出之而已' ○ 正義曰 : 不言與戰. 經云 '至于大原', 是宣王德盛兵强, 玁狁奔走, 不敢與戰, 吉甫直逐出之而已. 采芑・出車皆言"執訊獲醜", 此無其事, 明其不戰也. 莊三十年, "齊人伐山戎", 公羊傳曰 "此蓋戰也. 何以不言戰. 春秋敵者言戰. 桓公之與戎狄, 驅之耳." 何休曰 "時齊桓公力, 但可驅逐之而已." 義與此同.

○ 傳의 〔言逐出之而已〕

○ 正義曰 : 玁狁이 대적하지 못했음을 말한 것이다. 經文에서 '태원에 이르니〔至于大原〕'라고 하였으니, 이것은 宣王의 文德이 높고 병력이 강해서 험윤이 급히 달아나고 감히 대적하지 못하니, 윤길보는 다만 내쫓기만 했을 뿐이었다. 〈采芑〉와 〈出車〉에서는 모두 "신문할 장수와 적의 포로를 잡았도다.〔執訊獲醜〕"라고 말했는데, 이 시에서 그 일이 없는 것은 험윤이 대적하지 못했음을 밝힌 것이다. ≪春秋≫ 莊公 30년에 "齊

人이 山戎을 토벌했다.〔齊人伐山戎〕"라고 하였는데, ≪春秋公羊傳≫에서 "이것은 대개 전쟁인데, 어째서 전쟁이라고 말하지 않은 것인가? ≪춘추≫에서는 대적했을 경우에 '戰'이라고 말하니, 桓公이 戎狄에 대해서 몰아내었을 뿐이기 때문이다."라고 하였는데, 〈注에서〉 何休는 "이때 齊나라 桓公의 병력으로는 다만 내쫓기만 할 수 있었을 뿐이다."라고 하였으니, 뜻이 이 시의 내용과 같다.

吉甫燕喜하니 既多受祉로다

尹吉甫가 연례에서 기뻐하니
이미 많은 상복을 받았다네

【傳】 祉는 福也라

祉는 '福'이다.

【箋】 箋云 吉甫既伐玁狁而歸하여 天子以燕禮樂之하니 則歡喜矣라 又多受賞賜也라

箋云 : 윤길보가 험윤을 정벌하고 나서 돌아오자 천자가 연례로써 그를 즐겁게 해주니, 윤길보가 기뻐한 것이다. 또 상으로 하사한 물품도 많이 받았다.

來歸自鎬하니 我行永久라하고 飲御諸友하니 炰鱉膾鯉로다

鎬에서 돌아오니
우리 행군이 오래 걸렸다고 하고
마실 것을 벗들에게 보내니
자라구이와 잉어회를 주네

【傳】 御는 進也라

御는 '보내다'이다.

【箋】 箋云 御는 侍也라 王以吉甫遠從鎬地來요 又日月長久하니 今飲之酒하고 使其諸友·恩舊者侍之요 又加其珍美之饌하니 所以極勸〔之〕[1]也라

1)〔之〕: 저본에는 '之'가 없으나, 阮元의 校勘記에 의거하여 보충하였다.

箋云 : 御는 '모시다'이다. 왕이 윤길보가 멀리 鎬에서 돌아왔고 또 세월이 오래 걸렸으니, 지금 그에게 술을 마시게 하고 그의 벗들과 오랜 지인에게 그를 모시게 했으며, 또 귀하고 맛있는 음식을 더 주었으니, 지극히 勸奬한 것이다.

侯誰在矣리오 張仲孝友로다

누가 있으리오
효성과 우애 있는 張仲이네

【傳】 侯는 維也라 張仲은 賢臣也라 善父母爲孝하고 善兄弟爲友라 使文武之臣征伐하고 與孝友之臣處內라

侯는 '維(문구의 첫머리에 쓰는 조사)'이다. 張仲은 '현명한 신하'이다. 부모를 잘 받드는 것을 孝라고 하고 형제와 잘 지내는 것을 友라고 한다. 문덕과 무공을 갖춘 신하에게 정벌하게 하고, 효성과 우애가 있는 신하와 국내의 일을 처리하는 것이다.

【箋】 箋云 張仲은 吉甫之友니 其性孝友로다

箋云 : 張仲은 윤길보의 친구이니, 그 성격이 효성스럽고 우애가 있다.

【疏】 '吉甫'至'孝友' ○ 毛以爲"吉甫逐出玁狁, 遠出中國, 有功而歸. 王以燕禮樂之, 則歡喜, 旣多受賞賜之福也. 王所以燕賜之者, 以其來歸自鎬, 其處逈遠, 我吉甫之行, 日月長久矣. 故今王飮之酒, 進其宿. 在家諸同志之友與俱飮, 以盡其歡. 又加之以炰鱉膾鯉珍美之饌, 燕賜厚矣. 其所進諸友之中, 維復(부)誰在其中間矣. 有張仲, 其性孝友, 在焉. 言吉甫之賢, 有此善友, 因顯所任得人. 外則使文武之臣征伐, 內則與孝友之臣處內, 亦所以爲美也." ○ 鄭唯吉甫元帥專征, 又以御爲侍, 言飮酒則有侍者, 諸友舊恩之人, 以此爲異. 餘同.

經의 〔吉甫〕에서 〔孝友〕까지

○ 毛亨은 "尹吉甫가 玁狁을 내쫓아 中國에서 멀리 내보냈으니, 功勳을 쌓아서 돌아온 것이다. 왕이 이 때문에 燕禮로써 그를 즐겁게 하였으니, 윤길보가 기뻐하였고, 이

미 하사품을 받는 복을 많이 누렸다. 王이 연례를 베풀고 물품을 하사한 것은, 그가 鎬에서 돌아왔는데 그곳이 매우 멀어서 '우리 길보의 행군이 오래되었다.'라고 하였다. 그러므로 지금 왕이 술을 마시게 하고 그가 머무는 곳에 술을 보내니, 家에 있는 여러 뜻을 함께하는 벗이 함께 마시면서 그 기쁨을 다하였다. 또 자라구이와 잉어회 등 진미 음식을 더하였으니, 연례와 하사품이 융성하였다. 그 자리에 나아간 여러 동료 중에 다시 누가 그 가운데 있는가? 성품이 효성스럽고 우애가 있는 張仲이 거기에 있었다. 현명한 윤길보가 이렇게 부모와 형제에게 잘하는 벗이 있음을 말하여, 임무에 적합한 사람이 있음을 드러내었다. 밖으로는 文德과 武功을 갖춘 신하에게 정벌하게 하고, 안으로는 효성과 우애를 지닌 신하와 국내의 일을 처리하니, 또한 아름답게 되는 까닭이다."라고 여긴 것이다.

○ 鄭玄은 윤길보가 元帥로서 전권을 위임받아 정벌하였고, 또 御를 '모시다'의 뜻이라고 여겨서, 술을 마실 때 모시는 자는 여러 벗과 오랜 지인이라고 말하였으니, 이것이 毛亨의 해석과 다르다. 나머지는 같다.

【疏】 ○ 箋'御侍'至'勸之' ○ 正義曰：鄭以'諸友侍之', 爲尊崇之意, 其義勝進, 故易傳也. 言加珍美之饌者, 以燕禮其牲狗, 天子之燕不過有牢牲, 魚鱉非常膳, 故云'加之'.

○ 箋의 〔御侍〕에서 〔勸之〕까지

○ 正義曰：鄭玄은 '여러 벗이 모셨다'는 것을 존숭의 뜻으로 여겼는데, 그 뜻이 '보내다'라고 하는 것보다 낫기 때문에 毛傳과 달리 해석한 것이다. 귀하고 맛있는 음식을 더 주었다고 말한 것은, 燕禮에서는 희생으로 개〔狗〕를 사용하니 天子의 연례에서도 牢牲을 두는 데 불과하다. 물고기와 자라는 평상시에 먹는 음식이 아니므로 '더 주었다.〔加之〕'라고 한 것이다.

【疏】 ○ 箋'張仲'至'孝友' ○ 正義曰：箋以'侯誰在矣', 是問吉甫諸友之辭. 故知張仲, 吉甫之友也. 爾雅李巡注云"張姓, 仲字, 其人孝, 故稱孝友."

○ 箋의 〔張仲〕에서 〔孝友〕까지

○ 正義曰：鄭箋에서는 '누가 있으리오〔侯誰在矣〕'를 尹吉甫의 여러 벗을 묻는 말이라고 하였다. 그러므로 張仲이 윤길보의 벗임을 알 수 있다. ≪爾雅≫ 李巡의 注에서는 "張은 성이고, 仲은 자이다. 그 사람됨이 효성스럽기 때문에, '孝友'라고 일컬었다."라고 하였다.

六月六章이니 **章八句**라

〈六月〉 6章이니 章마다 8句이다.

采芑(채기)

【序】 采芑는 **宣王南征也**라

〈采芑〉는 宣王이 남쪽을 정벌한 것을 읊은 시이다.

【疏】 采芑(四章章十二句)至'南征' ○ 正義曰：謂宣王命方叔南征蠻荊之國. 上言伐, 此云征, 便辭耳, 無義例也. 言伐者, 以彼有罪, 伐而討之, 猶執斧以伐木. 言征者, 已伐而正其罪. 故或竝言征伐, 其義一也.

序의 〔采芑〕에서 〔南征〕까지

○ 正義曰：宣王이 方叔에게 명하여 남쪽으로 가서 蠻荊의 나라를 정벌하게 한 일을 이르는 것이다. 위의 시에서는 伐이라고 말하였는데 이 시에서 征이라고 한 것은, 편의대로 하는 말일뿐이지 義例(저서의 체제)가 없어서이다. 伐이라고 말한 것은 저들에게 죄가 있어서 그들을 쳐서 벌한 것이니 도끼를 가지고 나무를 베는 것과 같다. 征이라고 말한 것은 치고 나서 그 죄를 바로잡는 것이다. 그러므로 간혹 征과 伐을 아울러 말하니 그 뜻은 동일하다.

薄言采芑를 **于彼新田**이며 **于此菑畝**로다

잠시 우리 상추를
저 신전에서 뜯고
이 개간한 밭에서 뜯네

芑

【傳】興也라 芑는 菜也라 田一歲曰菑요 二歲曰新田이요 三歲曰畬(여)라 宣王能新美天下之士하고 然後用之라

興이다. 芑는 '채소'이다. 밭이 개간한 지 1년 된 것을 菑라 하고, 2년 된 것을 新田이라 하고, 3년 된 것을 畬라 한다. 宣王이 천하의 군사를 새롭고 좋게 만든 후에 그들을 등용할 수 있었다.

【箋】箋云 興者는 新美之로 喩和治其家하고 養育其身也라 士는 軍士也라

箋云 : 興이라 한 것은 그것을 새롭고 좋게 만들었다는 것으로, 그 집안을 화목하게 다스리고 그 자신을 성장시킨 것을 비유하였다. 士는 '군사'이다.

方叔涖止하니 其車三千이로소니 師干之試로다

방숙이 임하니
그 수레가 3천승이니
군사가 방어에 사용하리라

【傳】方叔은 卿士[1]也니 受命而爲將也라 涖는 臨이요 師는 衆이라 干은 (杆)〔扞〕[2]이요 試는 用也라

1) 卿士 : 왕의 卿으로 정권을 잡은 사람이나 관리를 말한다.
2) (杆)〔扞〕 : 저본에는 '杆'으로 되어 있으나, 阮元의 校勘記에 의거하여 '扞'으로 바로잡았다.

方叔은 周王의 卿士이니 命을 받아서 장수가 되었다. 涖는 '임하다'이고, 師는 '무리'이다. 干은 '막다'이고, 試는 '사용하다'이다.

【箋】箋云 方叔臨視此戎車三千乘하니 其士卒皆有佐師扞敵之用爾라 司馬法에 兵車一乘에 甲士三人이요 步卒七十二人이라 宣王承亂하니 羨(연)卒盡起라

1) 沈 : 梁나라 학자 沈旋이다. 沈璇으로도 쓰며, 저서로 ≪爾雅集注≫가 있다.

箋云 : 방숙이 이 자리에 임해서 戎車 3천승을 시찰하니, 그 사졸들은 모두 장수를 도와서 적을 막아내는 쓰임을 갖추었다. ≪司馬法≫에, 兵車 1승에는 갑사가 3인이고

보졸이 72인이라고 하였다. 宣王은 厲王의 혼란기를 이어받았으므로 〈예비병인〉 羨卒까지 모두 동원되었다.

方叔率止하니 **乘其四騏**로되 **四騏翼翼**이라

방숙이 인솔하니
네 마리 털총이말을 탔는데
네 마리 털총이말이 건장하네

【箋】 箋云 率者는 率此戎車士卒而行也라 翼翼은 壯健貌라

箋云 : 率이란 이 융거와 사졸을 인솔해서 간 것이다. 翼翼은 '건장한 모양'이다.

路車有奭이로소니 **簟茀魚服**이며 **鉤膺鞗革**이로다

路車는 붉은색을 띠고 있으니
자리 문양의 가리개에 화살통이 실렸으며
멍에와 가슴걸이 띠, 가죽 고삐로 꾸몄네

【傳】 奭은 赤貌라 鉤膺은 樊(반)纓也라

奭은 '붉은 모양'이다. 鉤膺은 '큰 띠와 가슴걸이 끈'이다.

【箋】 箋云 茀之言은 蔽也니 車之蔽飾으로 象席文也라 魚服은 矢服也라 鞗革은 轡首垂也라

箋云 : 茀이란 말은 '가리다'의 뜻이니, 수레의 가리개 장식으로 자리의 무늬를 본뜬 것이다. 魚服은 '화살통'이다. 鞗革은 '고삐 머리에 드리운 술'이다.

【疏】 '薄言'至'鞗革' ○ 正義言：人須芑爲菜, 我薄采此芑於何處乎. 當於彼新田, 於此菑畝之中. 以新田・菑畝, 謂已和耕其田, 生長其芑, 必肥美可食, 故於此采之也. 以興須人爲軍士, 我薄取人於何處乎. 當於彼蒙敎, 於此被育之家, 以蒙敎・被育, 已和治其家, 養育其身, 士必勇武可用, 故於彼取之也. 旣於新美被養處, 召得軍士, 而大將方叔臨視之. 其車衆之多, 中有三千乘矣. 其士皆有佐師扞敵之用, 是取之得人也.

大將方叔率之以行, 乃自乘其四騏之馬. 此四騏之馬, 翼翼然甚壯健矣. 又此所駕路車, 有奭然而赤. 其車以方文竹簟之席爲之蔽飾. 其上所載, 有魚皮爲矢服之器. 其馬婁頷有鉤, 在膺有樊纓之飾, 又以鞗皮爲轡首之革而垂之. 方叔旣率士衆, 乘是車馬往征之.

經의 〔薄言〕에서 〔鞗革〕까지

○ 正義言 : 사람이 상추를 채취해서 나물로 만들려면, 나는 어느 곳에서 이 상추를 채취해야 하는가? 저기 개간한 지 2년 된 新田과 여기 개간한 지 1년 된 밭에서 채취해야 한다. 개간한 지 2년 된 밭과 개간한 지 1년 된 밭은, 이미 그 밭이 경작하기에 적합함을 말한 것이니, 상추를 심어 기르면 반드시 기름지고 맛이 있어 먹을 만하다. 그러므로 이곳에서 채취하는 것이다. 이것으로 '임금이 백성을 군사로 만들려면, 내가 어느 곳에서 사람을 선발해야 하는가? 저기에서 교육을 받고 여기에서 잘 양성된 집에서 선발해야 한다. 교육을 받고 잘 양성되어 이미 그 집을 조화롭게 다스리고 그 자신을 잘 성장시켰으니, 군사가 반드시 용맹하고 무공이 뛰어나 쓸 만하다. 그러므로 저기에서 뽑는 것이다.'라는 것을 비유했다.

이미 새롭고 잘 양성한 곳에서 군사를 불러 모을 수 있어서, 대장 方叔이 그 자리에 나아가 살펴보니 그 戎車와 그 군인의 무리가 많았고, 그중에 300승의 융거가 있었다. 그 군사는 모두 장수를 보좌하여 적을 막아내는 쓰임이 있었으니, 이것이 적합한 사람을 선발한 것이다.

대장 방숙이 그들을 인솔하여 정벌을 갈 때, 자신이 네 마리의 털총이말을 탔는데, 이 네 마리의 털총이말은 씩씩하여 매우 건장했다. 또 이 멍에를 맨 路車는 붉은빛을 띠고 있었는데, 그 수레는 네모난 문양의 대나무 자리 방석으로 가리개 장식을 만들었다. 그 위에 실은 것은 물고기 껍질로 만든 화살통의 기물이다. 그 말의 턱에는 금 장식이 있고, 가슴에는 큰 띠와 수술의 장식이 있고, 또 고삐의 가죽으로 고삐 머리의 가죽을 만들어서 드리웠다. 방숙이 먼저 군사의 무리를 인솔하여 이 수레를 타고 정벌하러 간 것이다.

【疏】 ○ 傳'(菜芑)〔芑菜〕[1]'至'用之' ○ 正義曰 : 陸璣疏云 "(菜)[2]芑, 似苦菜也. 莖靑白色, 摘其葉, 白汁出, 肥可生食, 亦可烝爲茹. 靑州人謂之芑, 西河・雁門芑尤美. 胡人戀之, 不出塞." 是也. '一歲曰菑, 二歲曰新田, 三歲曰畬', 釋地文. "菑者, 災也. 畬, 和柔之意. 故孫炎曰'菑, 始災殺其草木也, 新田, 新成柔田也. 畬, 和也, 田舒緩也.' 郭璞曰 '今江東呼初耕地反草爲菑.'" 是也. 臣工傳及易注皆與此同. 唯坊記注云 "二歲曰畬, 三歲曰新田." 坊記引易之文, 其注理不異, 當是轉寫誤也. 田耕二歲, 新成柔田. 采必於新田者, 新美其菜, 然後采之, 故以喩宣王新美天下之士, 然後用之也. 箋解(菜)〔采〕[3]之新田, 耕其田土. 所以得其新美者, 正謂和治其家, 救其饑乏, 養育其身, 不妄征役也. '二歲曰新田', 可言美. 菑始一歲, 亦言'於此菑畝'者, 菑對未耕, 亦爲新也. 且菑, 殺草之名, 雖二歲之後, 耕而殺草, 亦名爲菑也. 鄭謂熾菑南畝爲耕田, 是柔田之耕, 亦爲菑也. 于此菑畝文在新田之下, 未必一歲之田也.

1) (采芑)〔芑菜〕: 저본에는 '采芑'로 되어 있으나, 毛傳에 의거하여 '芑菜'로 바로잡았다.
2) (采) : 저본에는 '采'로 되어 있으나, 阮元의 校勘記에 의거하여 衍文으로 처리하였다.
3) (菜)〔采〕: 저본에는 '菜'로 되어 있으나, 阮元의 校勘記에 의거하여 '采'로 바로잡았다.

○ 傳의 〔芑菜〕에서 〔用之〕까지

○ 正義曰 : 陸璣의 ≪毛詩草木鳥獸蟲魚疏≫에서는 "芑는 苦菜와 비슷하며, 줄기는 청백색이다. 그 잎을 따면 하얀 즙이 나오며, 무르익으면 생으로 먹을 수 있고, 또 쪄서 먹을 수도 있다. 靑州 사람들은 그것을 상추인 芑라고 하는데, 西河와 雁門 지역의 상추는 더욱 맛이 좋다. 胡人은 그것을 그리워해서 변방을 벗어나지 않는다."라고 하였는데, 이것이다.

〈傳에서〉 '1년 된 밭을 菑라 하고 2년 된 밭을 新田이라 하고 3년 된 것을 畬라고 한다.'라고 한 것은, ≪爾雅≫ 〈釋地〉의 문장이다. 그 疏에서 "菑라는 것은 '불을 놓다〔災〕'이고, 畬는 '부드럽다〔和柔〕'는 뜻이다. 그러므로 孫炎은 '菑는 처음으로 불을 놓아 그곳의 초목을 죽이는 것이고, 新田은 새롭게 조성되어 부드러운 밭이다. 畬는 부드럽다는 뜻이니, 밭의 토양이 부드러운 것이다.'라고 하였다. 郭璞은 '지금 江東에서는 처음 개간한 땅에 풀을 갈아엎은 밭을 菑라고 부른다.'라고 하였다."라고 하였으니, 이것이다. 〈周頌 臣工〉의 毛傳과 ≪周易≫ 〈无妄〉의 注도 모두 이와 같다. 오직 ≪禮記≫ 〈坊記〉의 注에서는 "개간한 지 2년 된 밭을 畬라 하고, 3년 된 밭을 新田이라고 한다.〔二歲曰畬 三歲曰新田〕"라고 하였는데, 〈방기〉에서는 ≪주역≫의 문장을 인용하였고 그 注에서 언급한 내용의 이치가 다르지 않으니, 마땅히 옮겨 쓰다가 생긴 오류이다.

밭은 경작한 지 2년이 되면 새로 부드러운 토양의 밭이 만들어진다. 채집할 때 반드시 新田에서 하는 것은 그 채소가 신선하고 맛있기 때문이니, 그렇게 된 후에 채집

한다. 그러므로 이것으로 宣王이 천하의 군사를 새롭고 좋게 만든 후에 그들을 등용하는 것을 비유하였다.

鄭箋에서는, '新田에서 채소를 채집하는 것'은 그 밭의 흙을 갈아서 새롭고 맛있는 채소를 얻을 수 있기 때문이라고 해석하였으니, 바로 그 집안을 조화롭게 잘 다스려 궁핍함에서 구제하고 그 자신을 성장시켜 부질없이 정벌하는 일에 동원되지 않았음을 말한 것이다.

'개간한 지 2년 된 밭을 新田이라고 한다.'라고 하였으니 맛있다고 말할 만하고, 菑는 개간한 지 처음 1년 된 밭인데 역시 '이 1년 된 밭에서 채집하네'라고 한 것은, 菑는 개간하지 않았을 때와 대조하면 역시 새롭기 때문이다. 또 菑는 풀을 제거한다는 의미에서 붙여진 명칭이니, 2년이 지난 후에 밭을 갈아서 풀을 죽이는 것도 菑라고 한다. 〈周頌 良耜〉에서 鄭玄은, 농경지인 南畝에 불을 놓아 개간하는 것을 耕田이라고 하였으니, 이 부드러운 토양의 밭을 가는 것도 역시 菑이다. '于此菑畝'의 문장이 '新田'의 아래에 있다고 해서, 반드시 개간한 지 1년 된 밭이라고 할 필요는 없다.

【疏】 ○ 箋'宣王'至'盡起' ○ 正義曰：天子六軍千乘, 今三千乘, 則十八軍矣. 所以然者, 宣王承厲王之亂, 荊蠻內侵, 衆少則不足以敵之, 故羨卒盡起, 而有此三千也. 地官小司徒職曰"上地家七人, 可任者家三人. 中地家六人, 可任者二家五人. 下地家五人, 可任者家二人. 以其餘爲羨, 唯田與追寇竭作." 起軍之法, 家出一人, 故鄉爲一軍.[1)]唯田獵與追寇皆盡行耳. 今以敵強, 與追寇無異, 故羨卒盡起. 羨, 餘也. 以一人爲正卒, 其餘爲羨卒也. 若然, 彼三等之家, 通而率之, 家有二人半耳. 縱令盡起, 唯二千五百乘. 所以得有三千者, 蓋出六遂以足之也. 且言家二人三人者, 擧其大率言耳. 人有死生, 數有改易, 六鄉之內, 不必常有千乘. 況羨卒豈能正滿二千五百也. 當是於時出軍之數有三千耳. 或出於公邑, 不必皆鄉遂也.

1) 家出一人 故鄉爲一軍：周나라 제도에서 12,500家가 鄉이 되고, 군대 제도는 12,500명이 1軍이 되기 때문에 鄉이 1군이 된다.

○ 箋의 〔宣王〕에서 〔盡起〕까지

○ 正義曰：天子는 6軍과 1,000乘의 戎車를 거느리는데, 지금 3,000승이니 곧 18軍이다. 그렇게 한 이유는, 宣王이 厲王의 혼란기를 이어받았고 荊蠻이 침입해 들어왔으니, 군대가 적으면 그들을 대적할 수가 없으므로 예비병인 羨卒이 모두 출병해서 이

3,000승을 소유한 것이다.

≪周禮≫ 〈地官 小司徒職〉에서는 "上地는 7명의 식구가 있는 집에 주어지는 토지인데, 〈이러한 집에서〉 군역에 차출할 수 있는 사람은 한 집에서 3명이다. 中地는 6명의 식구가 있는 집에 주어지는 토지인데, 〈이러한 집에서〉 군역에 차출할 수 있는 사람은 두 집에서 5명이다. 下地는 5명의 식구가 있는 집에 주어지는 토지인데, 〈이러한 집에서〉 군역에 차출할 수 있는 사람은 2명이다. 그 나머지는 예비병인 羨卒이 되니, 오직 사냥과 外賊을 추격할 때만 모두 출동한다."라고 하였으니, 군대를 일으키는 법은 집에서 1명을 차출하기 때문에 1軍이 된다. 오직 사냥과 외적을 추격할 때만 모두 출동할 뿐이다.

지금 적이 강하니, 도적을 쫓는 것과 다름이 없으므로 예비병도 모두 출동한다. 羨은 '나머지〔餘〕'이다. 1사람을 正卒로 삼으면, 그 나머지는 예비병이 된다. 만약 그렇다면 저 세 등급의 집을 통틀어 평균을 내면 집마다 2.5명이 있을 뿐이다. 가령 모두 출병한다면 오직 2,500승인데, 3,000승을 소유할 수 있는 까닭은 대개 六遂에서 차출해서 채우기 때문이다. 또 집에서 2명, 3명이라고 말하는 것은 대략적인 수를 들어서 말한 것일 뿐이다. 사람에게는 삶과 죽음이 있어서 수는 바뀔 수 있으니, 六鄕의 내에 반드시 1,000승을 둘 필요는 없다. 하물며 예비병을 어찌 꼭 2,500명을 채울 수 있겠는가. 마땅히 이때 출병한 군사의 숫자가 3,000명일 뿐이다. 간혹 公邑에서도 나왔으니, 모두 향과 수에서 차출할 필요는 없다.

【疏】 ○ 傳'奭赤'至'樊纓' ○ 正義曰：瞻彼洛矣云 "韎韐有奭", 彼茅蒐染爲奭, 故知赤貌也. 言"鉤膺, 樊纓"者, 以此言鉤是金路, 故引金路之事以說之. 在膺之飾, 唯有樊纓, 故云"鉤膺, 樊纓也". 巾車注云"鉤, 婁頷之鉤也. 金路無錫有鉤, 亦以金爲之." 是鉤用金, 在頷之飾也. 彼注又曰"樊, 讀如鞶帶之鞶, 謂今馬大帶. 纓, 今馬鞅. 金路其樊及纓, 以五采罽飾之而九成." 是帶鞅在膺, 故言膺以表之也. 巾車"金路, 同姓以封也." 今方叔所乘者, 或方叔爲同姓也. 又下云 "方叔元老", 則方叔五官之長, 是上公也. 上公雖非同姓, 或亦得乘金路矣. 不乘革路者, 以革路臨戰所乘, 此時受命率車, 未至戰時, 故不言戎車也.

○ 傳의 〔奭赤〕에서 〔樊纓〕까지

○ 正義曰：〈小雅 瞻彼洛矣〉에서 "슬갑에 진홍빛이 있다.〔韎韐有奭〕"라고 하였는데,

저 꼭두서니로 물들여 진홍색을 만들었으므로 붉은 모양인 줄 알 수 있다. '鉤膺은 큰 띠와 가슴걸이 끈이다.'라고 말한 것은, 이 시의 경문에서 鉤를 말하였으니 金路이므로 金路의 일을 인용하여 설명한 것이다. 가슴에 있는 장식으로는 오직 큰 띠와 가슴걸이 끈이 있다. 그러므로 '鉤膺은 큰 띠와 가슴걸이 끈'이라고 하였다.

≪周禮≫ 〈春官 巾車〉의 鄭玄 注에서는 "鉤는 말의 턱에 매는 갈고리이다. 金路에는 鍚이 없고 鉤가 있는데, 또한 쇠로 만든다."라고 하였으니, 鉤는 쇠를 이용해서 만든 턱에 있는 장식이다. 〈건거〉의 注에서 "樊은 뱃대끈인 鞶帶(반대)의 鞶과 같이 읽으니, 지금 말의 큰 띠이다. 纓은 지금 말의 가슴걸이 끈이다. 金路의 그 큰 띠와 가슴걸이 띠는 다섯 가지 채색의 모직물로 꾸미는데 아홉 겹으로 한다."라고 하였으니, 이것이 '큰 띠와 가슴걸이 띠가 가슴에 있다.'라는 것이다. 그러므로 가슴을 말해서 드러낸 것이다.

≪주례≫ 〈춘관 건거〉에는 "金路는 동성의 제후를 封하는데 사용한다."라고 하였는데, 지금 方叔이 타는 수레이니, 아마도 방숙은 同姓의 제후인 것 같다. 또 아래에서 "방숙은 원로다〔方叔元老〕"라고 하였으니, 방숙은 五官의 우두머리이니, 上公인 것이다. 上公은 비록 동성의 제후가 아니더라도, 간혹 金路를 탈 수 있다. 革路를 타지 않는 것은, 革路는 전쟁에 나갈 때 타는 수레인데 이때는 명을 받고 수레를 인솔하는 것이니, 아직 戰時에 이르지 않았으므로 戎車라고 말하지 않은 것이다.

薄言采芑를 于彼新田하고 于此中鄉하노라

잠시 우리 상추를
저 2년 된 밭에서 뜯고
이 좋은 땅에서 뜯네

【傳】鄉은 所也라

鄉은 '장소'이다.

【箋】箋云 中鄉은 美地名이라

箋云 : 中鄉은 비옥하고 좋은 땅 이름이다.

方叔涖止하니 **其車三千**이요 **旂旐央央**이로다

방숙이 임하시니
그 수레가 3천이요
깃발은 선명하네

【箋】 箋云 交龍爲旂요 龜蛇爲旐라 此言軍衆將帥之車皆備라

箋云 : 두 마리 용이 서로 얽혀 있는 도안이 그려진 기를 旂라 하고, 거북이와 뱀의 도안이 그려진 기를 旐라 한다. 여기에서는 군사와 장수의 수레에 모두 갖추어져 있음을 말한 것이다.

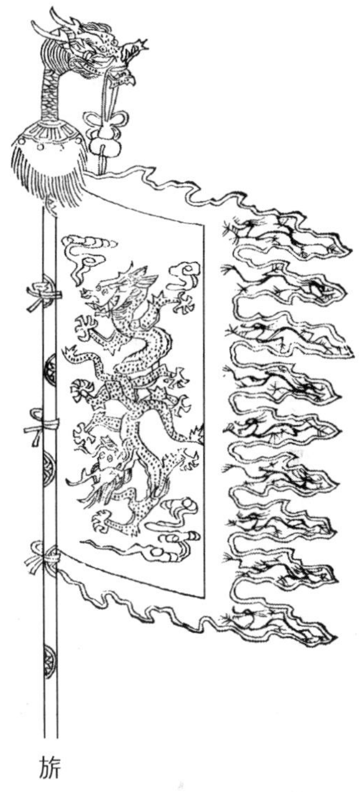
旂

方叔率止하니 **約(軝)〔軧〕**[1]**錯衡**이며 **八鸞瑲瑲**이로다

1) (軝)〔軧〕: 저본에는 '軝'로 되어 있으나, 阮元의 校勘記에 의거하여 '軧'로 바로잡았다.

방숙이 통솔하니
바퀴 굴대를 묶고 수레채 횡목에 문양을 새겼으며
여덟 개의 방울 소리 짤랑거리네

【傳】 軧는 長轂[1]之軧也니 朱而約之라 錯衡은 文衡也요 瑲瑲은 聲也라

1) 長轂 : 長車로, 수레바퀴의 굴대를 길게 하여 적군을 타격하는 데 쓴다.

軧는 長車의 수레바퀴 굴대이니, 붉게 칠한 가죽 끈으로 이것을 묶는다. 錯衡은 衡에 문양을 넣은 것이고, 瑲瑲은 방울 소리이다.

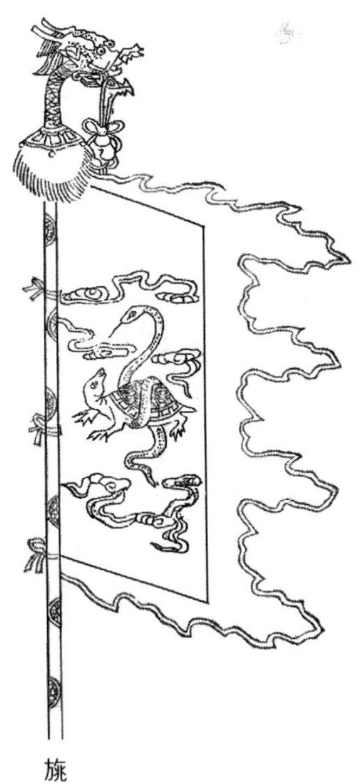
旐

服其命服하니 **朱芾斯皇**이며 **有瑲葱珩**이로다

그 명복을 입으니
주황색 슬갑은 찬란하며
푸른색 패옥은 짤랑거리네

【傳】 朱芾은 黃朱芾也라 皇은 猶煌煌也라 瑲은 珩聲也라 葱은 蒼也니 三命[1]葱珩이라 言周室之强과 車服之美也라 言其强美는 斯劣矣라

1) 三命 : 周나라는 9등급의 관작이 있는데, 제후인 公·侯·伯의 卿을 말한다.

朱芾은 주황색 슬갑이다. 皇은 '煌煌(빛나다)'과 같다. 瑲은 '패옥의 소리'이다. 葱은 '푸르다'이니, 3命이 푸른 패옥을 찬 것이다. 周나라 왕실의 강성함과 수레와 복장의 아름다움을 말한 것이다. 강성함과 아름다움을 말한 것은 이때 주나라가 쇠약했기 때문이다.

【箋】 箋云 命服者는 命爲將에 受王命之服也라 天子之服은 韋弁服이니 朱衣裳也라

箋云 : 命服이란 것은 명을 받아 장수가 될 때 왕명으로 받은 복장이다. 천자의 복장은 무두질한 가죽으로 만든 고깔모자에 군복이니, 붉은 윗옷과 아래옷이다.

【疏】 '方叔'至'葱珩' ○ 正義曰 : 言方叔爲將, 卽率戎車. 將率而行, 乃乘金車, 以朱纏約其轂之軝, 錯置文(王)〔彩〕[1]於車之上. 衡車行動, 其四馬八鸞之聲瑲瑲然. 其身則服其受王命之服, 黃朱之芾, 於此煌煌然鮮美. 又有瑲瑲然之聲, 所佩蒼玉之珩. 以此車服之美而往征伐也.

1) (王)〔彩〕 : 저본에는 '王'으로 되어 있으나, 阮元의 校勘記에 의거하여 '彩'로 바로잡았다.

經의 〔方叔〕에서 〔葱珩〕까지

○ 正義曰 : 方叔이 將軍이 되어 즉시 戎車를 인솔한 것이다. 인솔하여 가려 할 때 곧 金車를 탔는데, 붉은 끈으로 수레바퀴 굴대의 끝을 묶고 수레 위에 문양과 색채를 꾸며놓았으며, 가로선 수레가 움직이면 네 마리 말에 달린 8개의 방울이 짤랑거리며 소리를 낸다. 몸에는 왕명으로 받은 군복을 입었는데, 주황색의 슬갑이 이때 빛나서 선명하고 아름다웠다. 또 짤랑거리는 방울 소리가 있는데, 차는 푸른 패옥이다. 이 아름다운 수레와 군복을 가지고 가서 정벌하였다.

【疏】○ 傳'軝長'至'文衡' ○ 正義曰：說文云"軝, 長轂也.", 則轂, 謂之軝. 考工記說"兵車, 乘車, 其轂長於田車", 是爲長轂也. 言'朱而約之', 謂以朱色纏束車轂以爲飾. 輪人云"容轂必直, 陳篆必正." 注云"容者, 治轂爲之形容也. 篆, 轂約也." 蓋以皮纏之, 而上加以朱漆也. 知約以朱者, 以上言鉤膺, 是陳金路之事也. 金路以金爲飾, 轂色宜與金同. 且言路車有奭, 奭是赤貌, 故知約必用朱也. 知錯衡必爲文衡者, 错者, 雜也, 雜物在衡, 是有文飾. 其飾之物, 注無云焉, 不知何所用也.

○ 傳의 〔軝長〕에서 〔文衡〕까지

轂

○ 正義曰：≪說文解字≫에는 "軝는 '수레바퀴 굴대를 길게 한 것'이다."라고 하였으니, 수레바퀴 굴대를 軝라고 한다. ≪周禮≫〈考工記〉에서 "兵車와 乘車는 그 수레바퀴 굴대가 사냥할 때 타는 수레인 田車보다 길다."라고 하였으니, 이것이 '수레바퀴의 굴대를 길게 한 것'이 된다. '붉은 가죽 끈으로 그것을 묶는다.'라고 한 것은, 붉은색의 끈으로 수레바퀴 굴대를 묶어서 장식한 것을 말한다.

≪周禮≫〈考工記 輪人〉에서 말하기를 "바퀴 굴대를 정비할 때는 반드시 곧게 해야 하고, 바퀴 굴대의 끈을 진설할 때는 반드시 바르게 되어야 한다.〔容轂必直 陳篆必正〕"라고 하였는데, 注에서 "容이란 것은 바퀴 굴대를 정비할 때의 모양이다. 篆은 바퀴 굴대에 묶인 끈이다."라고 하였으니, 일반적으로 가죽 끈으로 묶고, 위에 붉은색 칠을 더한 것이다.

붉은색으로 묶은 줄 아는 까닭은 위에서 '鉤膺'을 말했으니, 이것은 金路와 관련된 일이기 때문이다. 金路는 金으로 장식을 하니, 수레굴대의 색도 마땅히 金과 같은 색으로 해야 한다. 또 經文에서 '路車는 붉은빛을 띤다.〔路車有奭〕'라고 했는데, 奭은 붉은 모양이다. 그러므로 묶을 때는 반드시 붉은색의 가죽끈을 사용했음을 알 수 있다.

'錯衡'이 반드시 衡을 꾸민 것인 줄 아는 이유는 錯이 뒤섞는 것이기 때문이다. 뒤섞인 물체가 衡에 있으니, 이것은 文飾이 있기 때문이다. 그 꾸민 물건에 대해 注에서는 언급한 것이 없어서 어떤 것이 사용되었는지 알 수 없다.

【疏】○ 傳'朱芾'至'斯劣矣' ○ 正義曰：以言斯皇, 故知黃朱也. 斯干(傳)〔箋〕[1]曰"天子純朱, 諸侯黃朱, 皆朱芾." 據天子之服言之也. 於諸侯之服, 則謂之朱芾耳. 玉藻云

"一命縕韍黝珩, 再命赤韍黝珩, 三命赤韍葱珩." 是據諸侯而言也. (彼云又)〔又彼文〕[2] 累一命至三命而止, 而云"葱珩", 則三命以上皆葱珩也, 故云"三命葱珩", 明至九命皆葱珩, 非謂方叔唯三命也. 此上三章, 皆云'其車三千', 言周室之强. 路車朱芾, 言車服之美也. 必言其强美者, 斯劣弱矣, 老子曰"國家昏亂有忠臣, 六親不和有孝慈." 明名生於不足. 詩人所以盛矜於强美者, 斯爲宣王承亂劣弱矣而言之也.

1) (傳)〔箋〕: 저본에는 '傳'으로 되어 있으나, 阮元의 校勘記에 의거하여 '箋'으로 바로잡았다.

2) (彼云又)〔又彼文〕: 저본에는 '彼云又'로 되어 있으나, 阮元의 校勘記에 의거하여 '又彼文'으로 바로잡았다.

○ 傳의 〔朱芾〕에서 〔斯劣矣〕까지

○ 正義曰: '斯皇'이라고 말했기 때문에 주황색임을 알 수 있다. 〈小雅 斯干〉의 鄭箋에서 "天子는 순수한 붉은색을 쓰고 諸侯는 주황색을 쓰니, 모두 붉은색 슬갑이다.〔天子純朱 諸侯黃朱 皆朱芾〕"라고 하였는데, 천자의 복식을 근거로 말한 것이다. 그러나 이 시에서는 제후의 복식에 대해서 朱芾이라고 말한 것일 뿐이다.

≪禮記≫ 〈玉藻〉에 이르기를 "1命은 적황색 슬갑에 검은색 珩을 차고, 2命은 적색 슬갑에 검은색 珩을 차며, 3命은 적색 슬갑에 청색 珩을 찬다."라고 하였는데, 이것은 제후를 근거로 말한 것이다. 또 저 〈옥조〉의 문장은 1命씩 포개 3命에 이르러서 그쳤는데, 3命에서 "청색 珩을 찬다〔葱珩〕"라고 하였으니, 3命 이상은 모두 청색 珩을 차는 것이다. 그러므로 여기에서 "3命은 청색 珩을 찬다."라고 한 것은, 9命에 이르기까지 모두 청색 珩을 찬다는 것을 밝힌 것이지, 方叔이 오직 3命이라고 말한 것은 아니다.

이 위의 3章에서 모두 '그 수레가 3천승이다.〔其車三千〕'라고 한 것은 周나라 왕실의 강성함을 말한 것이고, 경문에서 '路車'와 '朱芾'을 언급한 것은 수레와 복장의 아름다움을 말한 것이다. 그 강성함과 아름다움을 굳이 말한 것은, 이때 주나라가 쇠약했기 때문이다. ≪老子≫에서 "國家가 혼란스럽자 충신이 있게 되었고, 六親이 화목하자 孝道와 慈愛가 있게 되었다."라고 하였으니, 명성이 부족한 것에서 생겨남을 밝힌 것이다. 시인이 그 강성함과 아름다움에 대해 크게 자랑한 것은 이때 宣王이 혼란한 시기를 이어받아 쇠약했기 때문에 말한 것이다.

【疏】 ○ 箋'命服'至'衣裳' ○ 正義曰: 鄭解'服其命服'之節, 言此命服者, 今方叔爲受王命之服也. 言受王命之時, 王以此服命之, 故方叔服之而受命也. 知者, 春官司服云

"凡兵事, 韋弁.", 注云 "韋弁以韎韋爲弁, 又以爲衣裳." 是朱之淺者, 故得以朱表之. 周禮志云 "韋, 韋弁素裳." 此連言朱裳者, 以經云 "朱芾", 芾從裳色, 故知裳亦朱也. 不用戎服素裳者, 以其命將, 非在軍, 不可純如之也. 亦變爲美, 故雜以祭服之飾焉. 此本或云 "天子之服, 韋弁服, 朱衣纁裳"者, 誤. 定本亦無"纁"字.

○ 箋의 〔命服〕에서 〔衣裳〕까지

○ 正義曰 : 鄭玄은 '服其命服'의 구절을 해석하면서, 이 命服이란 것은 지금 方叔이 왕명으로 받은 복장이라고 말하였다. 말하자면 王命을 받을 때 왕이 이 복장으로 명했기 때문에 방숙이 그것을 입고 명을 받은 것이다.

이것을 알 수 있는 것은, ≪周禮≫ 〈春官 司服〉에서 "모든 군사의 일에는 무두질한 가죽으로 만든 弁을 쓴다.〔凡兵事韋弁〕"라고 하였는데, 그 注에서 "韋弁은 붉은색의 무두질한 가죽으로 弁을 만들고 또 衣裳을 만든다."라고 하였다. 이것이 옅은 붉은색이기 때문에, 붉은색이라고 표현할 수 있는 것이다.

≪周禮志≫에서 "韋는 무두질한 가죽으로 만든 고깔모자와 흰 아랫도리이다.〔韋弁素裳〕"라고 하였는데, 여기 鄭箋에서 朱와 裳을 연결해서 '朱衣裳'이라 말한 것은 經文에서 '朱芾'이라고 하였기 때문이다. 芾은 아랫도리의 색을 따르기 때문에, 아랫도리 역시 붉은색임을 알 수 있다.

戎服으로 흰색 아랫도리를 사용하지 않은 것은, 장수로 임명될 때는 군대에 있지 않으니 군대에 있을 때처럼 완전하게 입을 수는 없고, 또한 변화를 줘서 아름답게 했기 때문에 祭服의 수식으로 섞어 입은 것이다.

이것은 판본에 따라 "천자의 복식은 붉은색의 무두질한 가죽으로 만든 고깔모자에 군복이니, 붉은색 웃옷과 분홍색 아랫도리이다.〔天子之服 韋弁服 朱衣纁裳〕"라고 한 것이 있는데, 잘못되었다. ≪五經定本≫에도 '纁'자가 없다.

隼

鴥彼飛隼이여 **其飛戾天**이며 **亦集爰止**로다

휘익 나는 저 새매는
날아서 하늘에 이르고
또한 이에 머물 곳에 앉도다

【傳】戾는 至也라

戾는 '이르다'이다.

【箋】箋云 隼은 急疾之鳥也니 飛乃至天은 喩士卒勁勇하여 能深攻入敵也라 爰은 於也라 亦集於其所止는 喩士卒須命乃行也라

箋云 : 새매는 빨리 나는 새이니, 날아서 하늘에 이른다는 것은 사졸들이 굳세고 용감하여 적군에 깊이 공격해 들어갈 수 있음을 비유한 것이다. 爰은 '於(어조사)'의 용법으로 쓰였다. '또한 새가 머물 곳에 머문다.'라는 것은, 사졸들이 명을 기다린 이후에야 행하는 것을 비유하였다.

方叔涖止하니 其車三千이요 師干之試로다

방숙이 머물 곳에 임하니
그 수레가 3천승이고
군사들은 대적하는 법을 익혔네

【箋】箋云 三稱此者는 重師也라

箋云 : 세 번이나 이것을 일컬은 것은 군사를 중히 여겼기 때문이다.

方叔率止하니 鉦人伐鼓어늘 陳師鞠旅로다

방숙이 거느리니
정인은 북을 치거늘
군사를 진열하고 경계시키네

【傳】伐은 擊也라 鉦以靜之하고 鼓以動之라 鞠은 告也라

伐은 '치다'이다. 군대는 징으로 정지하게 하고 북으로 움직이게 한다. 鞠은 '경계하다'이다.

【箋】箋云 鉦也하고 鼓也에 各有人焉이니 言鉦人伐鼓는 互言[1]爾라 二千五百人爲師요 五

百人爲旅라 此言將戰之日에 陳列其師旅하고 誓告之也라 陳師告旅도 亦互言之라

1) 互言 : 互文으로도 쓴다. 두 개 이상의 문장이나 글귀에서, 두 개를 모두 쓰지 않고 한쪽에 한 가지씩만을 써서 뜻이 통하게 하는 서술법이다. 예를 들어 '鉦人伐鉦 鼓人伐鼓'라고 써야 할 것을 '鉦人伐鼓'라고 생략하여 쓰는 것이다.

箋云 : 징을 치고 북을 치는 일에 각자 따로 사람을 두는데, '鉦人이 북을 친다〔鉦人伐鼓〕.'라고 말한 것은 互文일 뿐이다. 2,500명이 師가 되고 500명이 旅가 된다. 이것은 전쟁할 때 그 군사를 진열하고 그들에게 맹세하며 경계시키는 것이다. '陳師鞠旅'도 互文이다.

顯允方叔이여 伐鼓淵淵이며 振旅闐闐(전전)이로다

밝고 진실한 방숙
둥둥 북을 치며
징징 징을 쳐서 군사들을 정돈하도다

【傳】 淵淵은 鼓聲也라 入曰振旅니 復長幼也라

淵淵은 '북소리'이다. 군대가 들어오는 것을 振旅라 하니, 長幼의 질서를 회복하는 것이다.

【箋】 箋云 伐鼓淵淵은 謂戰時進士衆也요 至戰止將歸하여 又振旅伐鼓闐闐然이라 振猶止也라 旅는 衆也니 春秋傳曰 出曰治兵이요 入曰振旅로되 其禮一也라하니라

箋云 : '둥둥 북을 친다〔伐鼓淵淵〕'는 것은 싸울 때 병사를 진격시키는 것을 말한다. 전쟁이 끝나고 돌아오려 할 때 이르러 또 군대를 정돈하고 북을 둥둥 친다. 振은 '그치다〔止〕'와 같다. 旅는 군대이다. ≪春秋公羊傳≫ 莊公 8년에 "출병하는 것을 治兵이라 하고, 군대를 거두어 들어오는 것을 振旅라고 하는데, 그 예는 동일하다."라고 하였다.

【疏】 '鴥彼'至'闐闐' ○ 正義曰 : 鴥然而疾者, 彼飛隼之鳥也, 其飛乃高至天. 雖能高飛, 亦集其所止之處, 不妄飛. 以興彼勇武之衆, 其勇能深入於敵. 雖則勇勁, 亦稟於將帥之命, 不妄動也. 以此勁勇之征伐, 故方叔臨視之行, 其車之衆, 有三千乘, 皆有佐師扞敵之用. 方叔旣臨視, 乃率之以行也. 未戰之前, 則陳閱軍士, 則有鉦人擊鉦以靜之,鼓人伐鼓以動之. 至於臨陳欲戰, 乃陳師陳旅, 誓而告之, 以賞罰使之, 用命明信之. 方叔既誓師衆, 當戰之時, 身自伐鼓率衆, 以作其氣淵淵然, 爲衆用力, 遂敗蠻荊. 及至戰止將歸, 又斂陳振旅, 伐鼓闐闐然. 由將能如此, 所以克勝也.

經의 〔鴥彼〕에서 〔闐闐〕까지

○ 正義曰 : 휘익하며 빨리 나는 것은 저기 나는 새매란 새이다. 그 새가 날면 곧 높이 하늘에 닿는다. 비록 높이 날 수는 있으나 또한 그쳐야 할 곳에 앉고 함부로 날지 않는다. 이것으로 '저 용맹하고 무공이 뛰어난 군사들은 그 용맹함으로 적진 깊숙이 들어갈 수 있다. 비록 용맹하고 굳세지만 또한 장수의 명을 받고 함부로 움직이지 않는다.'는 것을 비유하였다.

이 굳세고 용맹한 군사가 정벌하기 때문에, 方叔이 직접 자리해서 시찰하는 행사에 그 수레가 많아서 3,000승이 있었는데, 모두 장수를 보좌하고 적을 막는 쓰임이 있는 것이다. 방숙이 직접 와서 시찰한 후에 그들을 인솔하여 간 것이다.

싸우기 전에는 곧 군사를 진열해 살피니, 징을 치는 사람은 징을 쳐서 군사를 정지시키고 북을 치는 사람은 북을 쳐서 군사를 이동하게 한다. 군대가 진을 치고 전쟁하려고 할 때에는 곧 師와 旅를 진열하고 맹세하여 경계시키고, 賞과 罰을 이용해 따르게 하며 王命을 분명하게 밝혀서 믿음을 준 것이다. 방숙이 군사들에게 맹세하고 나서, 적과 싸울 때에는 자신이 북을 쳐서 군대를 인솔하여 북을 둥둥 쳐서 그 기운을 진작시켜, 군대가 힘을 써서 마침내 蠻荊을 물리쳤다. 전쟁이 끝나고 돌아올 때에는 다시 둥둥 북을 쳐서 군대를 정비하였다. 장수가 이처럼 할 수 있었기 때문에 승리한 것이다.

【疏】 ○ 箋'隼, 急疾之鳥' ○ 正義曰 : 釋鳥云 "鷹, 隼醜, 其飛也翬." 舍人曰 "謂隼鷂之屬. 翬翬, 其飛疾羽聲也." 郭璞云 "鼓翅翬翬然疾, 是急疾之鳥也." 說文曰 "隼, 鷙鳥也.", 陸璣疏云 "隼, 鷂屬也. 齊人謂之擊征, 或謂之題肩, 或謂之雀鷹, 春化爲布穀者, 是也." 定本 "士卒勁勇"作"至勇"

○ 箋의 〔隼 急疾之鳥〕

○ 正義曰 : ≪爾雅≫ 〈釋鳥〉에서 "鷹은 새매 가운데 큰 새인데, 그 새가 나는 것이 빠르다."라고 하였는데, 舍人은 "새매의 무리를 말한다. 翬翬는 그 새가 날 때 빨리 날갯짓하는 소리이다."라고 하였고, 郭璞은 "날개를 치며 휙휙 빨리 지나가니, 이것은 매우 빠른 새이다."라고 하였으며, ≪說文解字≫에서는 "隼은 사나운 새이다."라고 하

였고, 陸璣의 ≪毛詩草木鳥獸蟲魚疏≫에는 "隼은 새매의 부류인데, 齊나라 사람은 그것을 擊征이라고 한다. 어떤 이는 그것을 題肩이라고 하고, 어떤 이는 雀鷹이라고 한다. '봄에 변해서 포곡이 된다.'고 하는 것이 이것이다."라고 하였다.

≪五經定本≫에는 '士卒勁勇'이 '至勇'으로 되어 있다.

【疏】 ○ 傳'鉦以'至'動之' ○ 正義曰：周禮有錞鐲鐃鐸, 無鉦也. 說文云 "鉦, 鐃也, 似鈴, 柄中上下通." 然則鉦卽鐃也. 鼓人云 "以金鐃止鼓." 大司馬云 "鳴鐃且郤", 聞鉦而止, 是'鉦以靜之'. 大司馬又曰 "鼓人三鼓, 車徒皆作", 聞鼓而起, 是'鼓以動之也'. 說文又曰 "鐲, 鉦也, 鐃也." 則鐲·鐃相類, 俱得以鉦名之, 故鼓人注云 "鐲, 鉦也, 形如小鍾." 是鐲亦名鉦也. 鐲似小鍾, 鐃似鈴, 是有大小之異耳, 俱得名鉦. 但鐲以節鼓, 非靜之義, 故知'鉦以靜之', 指謂鐃也. 凡軍進退, 皆鼓動鉦止, 非臨陳獨然. 依文在陳師鞠旅之上, 是未戰時事也.

○ 傳의 〔鉦以〕에서 〔動之〕까지

○ 正義曰：≪周禮≫의 내용에 錞·鐲·鐃·鐸은 있는데, 鉦은 없다. ≪說文解字≫에서는 "鉦은 鐃(군대에서 쓰는 작은 징)인데, 방울〔鈴〕과 비슷하고 자루가 가운데에 있어 위아래로 통한다."라고 하였다. 그렇다면 鉦은 곧 鐃이다. ≪주례≫ 〈鼓人〉에서 "金鐃를 울려 북을 멈추게 한다."라고 하였고, ≪주례≫ 〈大司馬〉에서 "鐃를 울리면 물러난다."라고 하였는데, 鉦소리를 듣고 멈추는 것이다. 이것이 '징으로 정지하게 한다.〔鉦以靜之〕'는 것이다.

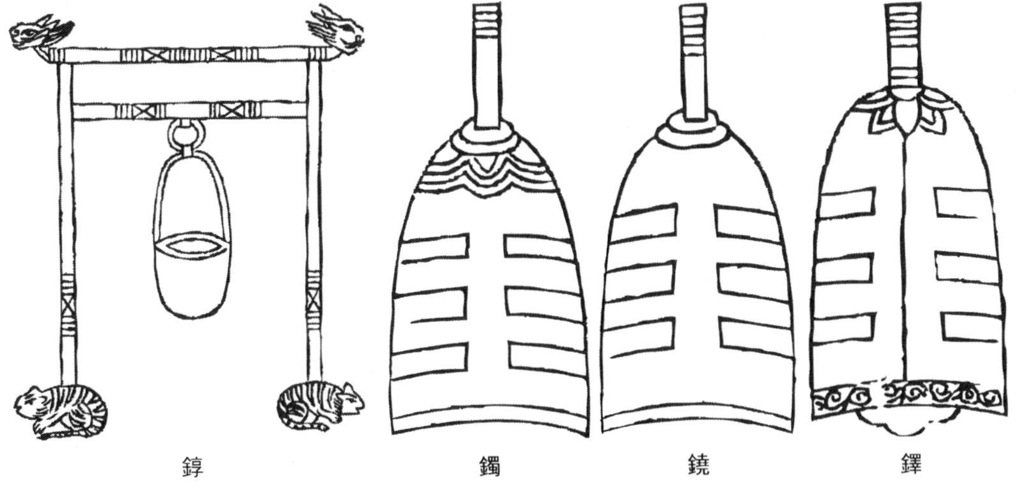

〈대사마〉에서는 또 “북치는 사람이 세 번 북을 울리면, 융거와 보졸이 모두 일어난다.”라고 하였는데, 북소리를 듣고 일어나는 것이다. 이것이 ‘북으로써 움직이게 한다.’라는 것이다.

≪설문해자≫에서 또 이르기를 “鐲은 鉦이고 鐃이다.”라고 하였으니, 鐲과 鐃는 서로 비슷한데, 모두 鉦으로 이름할 수 있다. 그러므로 〈고인〉의 注에서 “鐲은 鉦인데, 모양이 작은 종과 같다.”라고 하였으니, 이 鐲도 鉦이라고 이름할 수 있다. 鐲은 작은 鍾과 비슷하고 鐃는 鈴과 비슷하니, 이것은 크기의 차이가 있을 뿐이지, 모두 鉦이라고 이름할 수 있다. 다만 鐲은 節鼓로써 조용하게 한다는 뜻이 아니다. 그러므로 징으로 정지하게 한다.’라고 한 것이 鐃를 가리켜 말한 것임을 알 수 있다. 일반적으로 군대가 진격하거나 퇴각할 때 모두 북을 쳐서 움직이고 鉦을 쳐서 멈추니, 陣列에 임했을 때만 유독 그렇게 하는 것은 아니다. 이 經文이 “군사를 진열하고 경계시킨다.〔陳師鞠旅〕”라는 문장의 위에 있는 것에 의거하면 이것은 전쟁하기 전의 일이다.

【疏】 ○ 箋‘春秋’至‘禮一’ ○ 正義曰：古者春教振旅，秋教治兵，以戎是大事，又三年一教．隱五年左傳曰 “三年而治兵，入而振旅.”，是也．征伐之時，出軍至對陳用治兵禮，戰止至還歸用振旅法，名異而禮同也．以此出當用之，故以修治兵事爲名，入則休息，故以整衆爲名．其治兵振旅之名，周禮・左傳・穀梁・爾雅皆同．唯公羊以治兵爲祠兵，其禮治兵則幼賤在前，振旅則尊老在前．釋天云 “出爲治兵，尙威武也．入爲振旅，反尊卑也.” 孫炎曰 “出則幼賤在前，貴勇力也．入則尊老在前，復常法也.” 故此傳云 “入曰振旅，復長幼.” 是反爲尊卑也．此引春秋傳者，莊八年公羊文也．公羊爲祠兵，此言“出曰治兵”者，諸文皆作治兵，明彼爲誤，故經改其文而引之．必引此文者，取其禮一也．以淵淵・闐闐俱是鼓聲，淵淵謂戰時衆進，闐闐謂戰止將歸，而伐鼓之上不言治兵，振旅之下不言伐鼓，是二句自相互也．所以得互相發見，正由其禮一也，故引此傳以證之．長幼出入先後不同，而云禮一者，謂擊鼓動衆坐作進退如一也．

○ 箋의 〔春秋〕에서 〔禮一〕까지

○ 正義曰：옛날에는 해마다 봄에는 군대를 정비하는 것을 가르치고, 가을에는 군대가 출병하는 것을 가르쳤다. 전쟁은 큰일이기 때문에 또 3년마다 한 번 가르쳤다. ≪春秋左氏傳≫ 隱公 5년에 “3년마다 병사훈련을 하고, 훈련을 마치고 들어와서 군대를 정비한다.”라고 한 것이 이것이다.

정벌의 시기에 출병할 때는 진열한 군대에게 治兵의 禮를 가르쳤고, 전쟁이 끝났을 때는 개선하는 군대에게 振旅의 法을 가르쳤다. 명칭은 달랐으나 그 禮는 동일하다. 출병할 때는 마땅히 治兵의 禮를 운용해야 하므로 군대를 정비하는 일인 治兵으로 이름을 지었다. 들어올 때는 휴식을 취해야 하므로 군대를 정돈하는 일인 振旅로 이름을 지었다.

治兵과 振旅의 명칭은 ≪周禮≫, ≪春秋左氏傳≫, ≪春秋穀梁傳≫, ≪爾雅≫에도 모두 같다. 오직 ≪春秋公羊傳≫에서만 治兵을 祠兵으로 썼다. 그 禮는 治兵할 때는 젊고 비천한 이가 앞장서고, 振旅할 때에는 존귀하고 연로한 이가 앞장선다. ≪이아≫ 〈釋天〉에서 "출병할 때 군대를 정비하는 것은 위세와 무력을 높이는 것이다. 들어올 때 군대를 정돈하는 것은 尊卑의 법도를 회복하는 것이다."라고 하였는데, 孫炎이 말하기를 "출병할 때 젊고 미천한 이가 앞서는 것은 용맹함을 귀하게 여기기 때문이다. 들어올 때 존귀하고 연로한 사람이 앞서는 것은 일상의 법도를 회복하는 것이다."라고 하였다. 그러므로 여기 毛傳에서는 "들어오는 것을 振旅라고 하니, 長幼의 질서를 회복하는 것이다.〔入曰振旅 復長幼也〕"라고 하였으니, 이것이 존비의 법을 회복하는 것이다.

여기에서 인용한 春秋傳은 ≪춘추공양전≫ 莊公 8년의 문장인데, ≪춘추공양전≫에는 治兵이 祠兵으로 되어 있다. 그런데 여기에서 '出曰治兵'이라고 한 것은 여러 문장에서 모두 治兵으로 썼으니, ≪춘추공양전≫이 잘못되었음을 밝힌 것이다. 그러므로 經文에서는 그 문장을 고쳐서 인용하였다. 반드시 이 문장을 인용한 까닭은 '그 예가 동일하다.〔其禮一也〕'는 것을 취한 것이다.

淵淵과 闐闐은 모두 북소리인데, 淵淵은 싸울 때 군대가 진격하는 것을 말하고, 闐闐은 전쟁이 끝나고 돌아올 때를 말한다. 그런데 伐鼓의 앞에 治兵을 말하지 않고 振旅의 뒤에 伐鼓를 말하지 않은 것은, 이 2구가 자연스럽게 서로 그 뜻을 드러내기 때문이다. 서로 그 뜻을 드러낼 수 있는 이유는 바로 그 예가 동일하기 때문이다. 그러므로 ≪춘추공양전≫을 인용하여 증명하였다. 어른과 젊은이가 출병할 때와 들어올 때 선후가 같지 않은데 '禮가 동일하다〔禮一〕'라고 말한 것은, 북을 쳐서 군대를 움직일 때 모든 동작이 질서정연해서 하나같음을 말한다.

蠢爾蠻荊이 **大邦爲讎**로다

어리석은 蠻荊이
대국을 원수로 만들었구나

【傳】蠢은 動也라 蠻荊은 荊州之蠻也라

蠢은 '움직이다'이다. 蠻荊은 荊州에 있는 蠻의 部族이다.

【箋】箋云 大邦은 列國之大也라

箋云 : 大邦은 여러 나라 중에 큰 나라이다.

方叔元老라 克壯其猶로다

방숙이 원로여서
그 계책을 크게 하리라

【傳】元은 大也라 五官之長은 出於諸侯하니 曰天子之老라 壯은 大요 猶는 道也라

元은 '크다'이다. 五官의 우두머리는 제후에서 나오니, 天子之老라고 한다. 壯은 '크다'이고, 猶는 '도'이다.

【箋】箋云 猶는 謀也니 謀는 兵謀也라

箋云 : 猶는 '전략'이니, 전략은 '군대를 운용하는 전략'이다.

方叔率止하니 執訊獲醜로다

방숙이 통솔하니
신문할 장수와 적의 포로를 잡았도다

【箋】箋云 方叔率其士衆하고 執將可言問과 所獲敵人之衆하여 以還歸也라

箋云 : 방숙이 그 군사를 거느리고, 신문할 수 있는 장수와 사로잡은 적의 군대를 잡아서 되돌아온 것이다.

戎車嘽嘽(탄탄)하니 嘽嘽焞焞하여 如霆如雷로다

융거가 무수히 많으니

많으면서 또 융성해서
천둥과 같고 우레와 같네

【傳】嘽嘽은 衆也요 焞焞는 盛也라

嘽嘽은 '많다'이다. 焞焞는 '무성하다'이다.

【箋】箋云 言戎車旣衆盛하여 其威又如雷霆이니 言雖久在外나 無罷(피)勞也라

箋云 : 융거가 많고 융성해서 그 위엄이 천둥 번개와 같다는 것을 말하였다. 말하자면 비록 밖에 있은 지가 오래되었으나 피로함이 없는 것이다.

顯允方叔이여 征伐玁狁하니 蠻荊來威로다

밝고 진실한 방숙이여
험윤을 정벌하니
蠻荊이 와서 복종하도다

【箋】箋云 方叔先與吉甫征伐玁狁하고 今特往伐蠻荊하여 皆使來服於宣王之威하니 美其功之多也라

箋云 : 方叔이 앞서 尹吉甫와 함께 玁狁을 정벌하고, 지금은 단독으로 蠻荊에 가서 정벌해서 모두 宣王의 위엄에 와서 복종하게 하였으니, 그 공이 많음을 찬미한 것이다.

【疏】'蠢爾'至'來威' ○正義曰 : 上章未言所伐之國, 故於此本之. 言我所伐者, 乃蠢蠢爾不遜之蠻荊, 不遜王命, 侵伐隣國, 動爲寇害, 與大邦爲讐怨. 列國之大, 尙到讐怨, 其傍小國, 侵害多矣, 故我方叔, 天子之大老, 能光大其軍謀之道以討之. 旣得克勝, 方叔乃率其士衆, 執其可言問・所獲敵人之衆以還歸也. 方叔士衆所乘戎車, 嘽嘽然衆, 焞焞然盛, 如霆之發, 如雷之聲可畏. 言方叔善於用衆, 雖久不勞也. 如此明信之方叔, 其功大矣. 昔日共吉甫已征玁狁之國, 今又特往征伐蠻荊, 皆使之來服於宣王之威, 言其每有大功也. 毛爲"猶, 道", 鄭以爲"猶, 謀也", 軍之道亦謀也.

經의 〔蠢爾〕에서 〔來威〕까지

○ 正義曰 : 위의 장에서 정벌하는 나라를 아직 말하지 않았기 때문에, 이 장에 근본하여 말한 것이다. 말하자면 내가 정벌한 나라는 곧 소란스럽고 불손한 만형의 부족인데, 왕명을 공손히 따르지 않고 이웃 나라를 침범하여 걸핏하면 약탈하는 해를 끼쳐 큰 나라와 원수가 되었다. 열국 가운데 큰 나라는 오히려 원한이 지극하고 그 옆의 작은 나라는 침략을 당한 일이 많았다. 그러므로 우리 방숙은 天子의 大老로 군사 전략의 道를 발전시켜 토벌할 수 있었다.

이윽고 승리하게 되자, 방숙은 곧 그 군사들을 인솔하여 신문할 수 있는 자와 사로잡은 적군의 무리를 끌고 되돌아왔다. 방숙과 군사들이 탄 戎車가 무수히 많고 몹시 성대해서 마치 번개가 치는 것과 같고, 또 우레가 울리는 것과 같아 두려워할 만하였다. 말하자면 방숙이 군사를 운용하는 데 뛰어나서 비록 오랜 시간이 걸렸으나 수고롭지 않았다.

이같이 현명하고 믿음직한 방숙이니, 그 공로가 크다. 옛날 尹吉甫와 함께 이미 玁狁의 나라를 정벌하고, 지금 다시 단독으로 가서 만형을 정벌해서, 모두 와서 宣王의 위엄에 복종하게 하였으니 항상 큰 공이 있었음을 말한 것이다. 毛傳에서는 "猶는 '道'이다."라고 하였고, 鄭玄은 "猶는 '전략'이다."라고 하였는데, 군대의 道도 역시 전략이다.

【疏】 ○ 傳'蠢, 動' ○ 正義曰 : 釋詁文也. 釋訓云 "蠢, 不遜也." 郭璞曰 "蠢動爲惡, 不謙遜也."

○ 傳의 〔蠢 動〕

○ 正義曰 : ≪爾雅≫ 〈釋詁〉의 문장이다. ≪이아≫ 〈석훈〉에서는 "蠢은 '공손하지 않음이다.'이다."라고 하였는데, 郭璞의 注에 "함부로 날뛰며 악행을 저지르니 겸손하지 않은 것이다.〔蠢動爲惡 不謙遜也〕"라고 하였다.

【疏】 ○ 傳'五官'至'之老' ○ 正義曰 : 曲禮下文也. 引之者, 以證其稱老之意. 然則是時方叔爲五官[1]之伯, 故稱. 上傳云 "方叔, 卿士". 元老(皆)〔者〕[2], 兼官也, 以軍將皆命卿, 故言卿士爲元帥, 故以上公兼之.

1) 五官 : 司徒, 司馬, 司空, 司士, 司寇 등 천자의 관리로서, 은나라와 주나라 때 정사를 나누어 관장한 5개의 고급 관직을 말한다. ≪禮記≫ 〈曲禮 下〉에서 말하기를 "天子의 다섯 관직은 司徒, 司馬, 司空, 司士, 司寇를 말하는데, 다섯 가지에 소속된 무리들을 주관한다.〔天子之五官 曰司徒 司馬 司空 司士 司寇 典司五衆〕"라고 하였다.

2) (皆)〔者〕: 저본에는 '皆'로 되어 있으나, 阮元의 校勘記에 의거하여 '者'로 바로잡았다.

傳의 〔五官〕에서 〔之老〕까지

○ 正義曰: ≪禮記≫ 〈曲禮 下〉의 문장이다. 이 글을 인용한 까닭은 연로한 사람을 일컫는 뜻임을 증명하기 위해서이다. 그렇다면 이때 방숙이 五官의 우두머리가 되었기 때문에 일컬은 것이다. 위의 毛傳에서 "方叔은 '周王의 卿으로 정권을 잡은 관리'이다."라고 하였으니, 元老는 兼官이다. 軍將은 모두 卿에 임명하기 때문에 卿士가 元帥가 되었다고 말하였다. 그러므로 上公을 겸직하게 하였다.

采芑四章이니 **章十二句**라

〈采芑〉 4章이니, 章마다 12句이다.

毛詩注疏 卷第十(十之三)

毛詩小雅 鄭氏箋 孔穎達疏

車攻(거공)

【序】車攻은 **宣王復古也**라 **宣王**이 **能內修政事**하고 **外攘夷狄**하여 **復文武之境土**라 **修車馬**하고 **備器械**하여 **復會諸侯於東都**하고 **因田獵而選車徒焉**이라

〈車攻〉은 宣王이 古土를 회복함을 읊은 시이다. 宣王이 안으로 政事를 닦고 밖으로는 夷狄을 물리쳐 文王과 武王의 국경을 회복할 수 있었다. 車馬를 정비하고 器械를 구비해서 東都에서 제후들과 다시 會同하고, 그것을 기회로 삼아 사냥을 하고 兵車와 步卒을 헤아렸다.

【傳】都는 王城也라

都는 王城이다.

【疏】'車攻(八章章四句)'至'車徒焉' ○ 正義曰：以詩次有義, 故序者每乘上篇而詳之. 言'內修政事, 外攘夷狄'者, 由內事修治, 故能外平强寇, 卽上二篇南征北伐是也. 不言蠻, 言夷者, 摠名也. 旣攘去夷狄, 卽是復竟土, 是爲復古也. 案王制注(云)[1]以爲, "武王因殷之地, 中國三千, 海隅五千. 至周公成王, 斥大九州之界, 乃中國七千, 海隅萬里." 彼注者, 據文而言耳, 其實武王與成王之時, 土境不甚相遠也. 何則. 武王崩後, 王室流言, 四國皆叛, 不暇外討. 三監[2]旣定, 卽爲大平, 制禮便云大界, 以此知其境土廣狹不得相懸也. 王制據其初伐紂言耳. 武王之末, 境應稍大, 言'復文武之境土', 以文武, 周之先王, 擧以言之, 此當復成康之時也. 何則. 文王未得天下, 其境與武王不同, 而配武言之, 明爲先王而言也. 成初武末, 土境略同, 故擧文武而言大界, 王制之法, 據禮爲正耳. 不然, 豈周公數年攝政, 能使三倍大於武王, 宣王攘去夷狄, 仍小成王三倍. 且宣王, 中興明君, 美其復古, 比諸成康, 纔四分之一, 則"展也大成", 徒虛言耳.

若宣王復古, 始廣三千, 則厲王之末, 當城壞壓境. 以文逆意, 理在不然. 故知復古, 復成康之時, 以文武先生, 擧而言之耳. 言修車馬, 卽首章二章上二句, 是也. 言備器械攻戰之具, 三章建旐設旄之類, 是也. 復會諸侯於東都, 四章, 是也. 言復者, 對上篇爲復, 猶卷耳言又也. 因田獵, 卽六章七章, 是也. 而選車徒, 卽三章上二句, 是也. 經先言選徒, 序先言田獵者, 選徒然後東行, 故經先言之. 序以選徒本爲田獵, 故言'因田獵選車徒'也. 言因者, 以會爲主, 因會而獵也. 王者能使諸侯朝會, 是事之美者, 故以會諸侯爲主焉. 上三章先致其意. 首章致會同之意, 二章三章致田獵之意. 故云駕言搏獸, 皆致意之辭, 未實行也. 四章言旣至東都, 諸侯來會. 五章言田罷之後, 射餘獲之禽. 六章七章言田獵之事. 卒章總歎美之也. 班餘獲射[3], 在田獲之後, 而先田言之者, 以射是諸侯群臣之事, 因上章諸侯來會而卽說之, 令臣事自相次也.

1) 注(云) : 저본에 '注云'이라고 되어 있으나, 阮元의 校勘記에 의거하여 '云'을 衍文으로 처리하였다. '注'는 鄭玄의 注를 말하는데 지금의 ≪禮記正義≫에 있는 鄭玄 注와는 다소 차이가 있다.

2) 三監 : 殷나라의 후예인 武庚과 반역을 도모한 周公의 세 동생 管叔, 蔡叔, 霍叔을 말한다. 본래 이들에게 무경을 감독하게 하였으나, 유언비어를 믿고 난을 일으켰는데 이를 '三監의 亂'이라고 한다.

3) 班餘獲射 : 田獵을 마치고 왕이 포획물을 제후에게 하사하고 활 쏘는 예를 시행하는 것을 말한다. 獲은 과녁의 중앙을 맞히는 것을 뜻한다.

序의 〔車攻〕에서 〔車徒焉〕까지

○ 正義曰 : 詩의 순서를 배열하는 것에 의미가 있기 때문에, 小序에서는 항상 바로 앞의 시를 이어 받아서 상세히 설명하였다. '안으로 政事를 닦고 밖으로는 夷狄을 물리쳤다.'라고 말한 것은, 안으로 정무를 닦아 다스리는 것으로 말미암아서 밖으로 강한 도적을 평정할 수 있었으니, 바로 위의 2편인 〈采芑〉와 〈六月〉의 南征과 北伐이 이것이다. 蠻이라 말하지 않고 夷라고 말한 것은, 夷가 총칭이기 때문이다. 夷狄을 물리치고 나서 곧 國土를 수복하였으니 이것이 復古이다.

≪禮記≫ 〈王制〉의 鄭玄 注에 "武王이 殷나라의 땅을 이어받아 중앙은 3,000리, 변경은 5,000리까지 경계로 삼았다. 周公과 成王 때 이르러 九州의 경계를 개척해서 중앙은 7,000리, 변경은 1만 리까지 경계로 삼았다."라고 하였는데, 정현의 주석은 〈王制〉 本文에 근거하여 말하였을 뿐, 사실은 武王과 成王 시대의 국경은 그다지 차이나지 않았다. 어째서인가?

무왕이 崩御한 후에 왕실에 유언비어가 돌아서, 사방의 이웃 나라가 모두 배반해 외부로 토벌할 겨를이 없었다. 三監을 평정하고 나서 곧 태평하게 되었으며, 禮를 제정할 때는 곧 큰 경계를 말하니, 이런 사실을 근거로 하면 국경의 넓이에 서로 현격한 차이가 없음을 알 수 있다.

〈왕제〉는 紂를 정벌한 초기를 근거로 말하였을 뿐이니, 무왕의 말년에는 국경이 조금 확대되었는데 '文王과 武王의 국경을 회복했다.'라고 말한 것은, 문왕과 무왕으로 周나라 先王을 뭉뚱그려 언급한 것이다. 여기에서는 마땅히 成王과 康王 때 국경을 회복한 것이 되어야 한다. 어째서인가?

문왕은 천하를 얻지 못했고 그 국경이 무왕과 다르지 않지만 무왕과 짝해서 말하였으니, 先王을 가리키기 위해 말한 것이 분명하다. 또 성왕의 초기와 무왕의 말기 국경은 대략 같았으므로, 문왕과 무왕을 거론해서 큰 경계를 말한 것은, 〈왕제〉의 법도는 禮에 근거하는 것을 정도로 삼을 뿐이기 때문이다. 그렇지 않다면 어찌해서 주공이 몇 년 동안 섭정했는데 무왕보다 세 배 크게 만들 수 있으며, 宣王이 夷狄을 물리쳤는데 성왕보다 세 배 작게 만들 수 있겠는가? 또 宣王은 중흥한 명철한 군주로서, 그가 옛 국경을 회복한 것을 사람들이 아름답게 여겼는데, 성왕・강왕과 비교해 〈영토가〉 겨우 4분의 1이라면 8장의 "진실로 태평성대를 이루었다.〔展也大成〕"라는 말은 다만 헛된 말일 따름이다. 만약 宣王이 옛 영토를 회복해서 비로소 3,000리로 넓혔다면, 厲王의 말기에 성이 무너지고 적군이 들이닥쳤을 것이다. 시문을 통해서 작자의 의도를 엿보더라도 이치상 옳지 않은 것이 있다. 그러므로 옛 영토를 회복했다는 것은 성왕과 강왕 때 영토를 회복한 것이지만, 문왕과 무왕 등의 선왕을 거론해 말한 것일 뿐임을 알 수 있다.

車馬를 정비했다고 한 것은 1章과 2장의 앞 두 구의 내용이 이것이고, 器械 등 공격할 전쟁 도구를 구비했다고 말한 것은 3장의 "旐 세우고 깃대 장식을 설치한다.〔建旐設旄〕"라고 한 부류가 이것이다. 東都에 제후들과 다시〔復〕 회동했다고 한 것은 4장의 내용이 이것이다. 復라고 말한 것은 上篇의 상대해서 復라고 한 것인데, 〈周南 卷耳〉에서 〈"又當補佐君子"라고 했던〉 又와 같다.

그것을 기회로 삼아 사냥을 했다고 한 것은 6장과 7장의 내용이 이것이고, 兵車와 步卒을 헤아렸다는 것은 3장의 위 두 구의 내용이 이것이다. 시 경문에서 選徒를 먼저 말하였는데 小序에서 田獵을 먼저 말한 것은, 병거의 보졸을 먼저 헤아린 다음에 東都

로 갔으므로 경문에서 먼저 말한 것이다. 小序에서는 보졸을 헤아린 것은 본래 전렵을 하기 위한 것이므로, '因田獵 選車徒'라고 말한 것이다. 因이라고 말한 것은 회동을 주요한 일로 여겨, 회동을 기회로 삼아 사냥을 했기 때문이다.

군왕은 제후들이 朝會하도록 할 수 있는 것이 훌륭한 政事가 되므로, 제후들과 회동하는 것을 위주로 하였다. 위의 세 장에서 먼저 그 뜻을 드러내었으니, 1장에서는 회동하는 뜻을 드러냈고, 2장과 3장에서는 전렵하는 뜻을 드러냈다. 그러므로 2장의 "말을 타다〔駕言〕"라고 한 것과 3장의 "짐승을 잡다〔搏獸〕"라고 한 것은 모두 그 뜻을 드러낸 말이고, 실제로 행한 것은 아니다.

4장은 東都에 도착하고 나서 제후들이 와서 회동한 것을 말한 것이다. 5장은 전렵을 마친 후에 활을 쏘아 포획한 날짐승을 말한 것이다. 6장과 7장은 전렵한 일을 말한 것이다. 卒章은 종합해서 찬미한 것이다.

5장의 포획물을 나누어주고 활을 쏘는 것은 전렵한 이후에 해당하지만 전렵보다 먼저 말한 것은, 활을 쏘는 것이 諸侯와 群臣의 일이고, 위의 4장에서 제후가 와서 회동했다고 했기 때문에, 즉시 말해서 신하의 일에 저절로 서로 차례가 있도록 한 것이다.

我車旣攻하며 **我馬旣同**하여

나의 수레 견고하며
나의 말은 힘이 같으며

【傳】 攻은 堅이요 同은 齊也라 宗廟齊毫는 尙純也요 戎事齊力은 尙强也요 田獵齊足은 尙疾也라

攻은 '견고하다'이고, 同은 '가지런하다'이다. 宗廟에서 犧牲의 털색을 가지런히 하는 것은 순수함을 중시하기 때문이고, 軍事에 말의 힘을 가지런히 하는 것은 강함을 중시하기 때문이고, 田獵에서 말의 走力을 가지런하게 하는 것은 빠름을 중시하기 때문이다.

四牡龐龐하니 **駕言徂東**이로다

네 마리 말이 튼튼하니
이들을 타고서 동쪽으로 갈 것이로다

【傳】龐龐은 充實也라 東은 洛邑也라

龐龐은 '튼실하다'이다. 東은 '洛邑'이다.

【疏】'我車'至'徂東' ○ 正義曰：宣王言, "我會同之戎車旣堅致矣, 我戎馬旣齊力矣, 四牡之馬龐龐然充實矣, 當爲我駕. 我當乘之以往東都, 與諸侯行會同也."

經의 〔我車〕에서 〔徂東〕까지

○ 正義曰：宣王은 "내가 회동할 때 타는 전쟁 수레는 이미 견고하고 정치하며, 나의 戎馬는 이미 힘을 가지런하게 해서, 네 마리 말이 튼실하니 내가 타기에 적당하다. 나는 그것을 타고 東都로 가서 제후와 회동할 것이다."라고 말한 것이다.

【疏】○ 傳'宗廟'至'尙疾' ○ 正義曰："宗廟齊毫, 戎事齊力, 田獵齊足", 釋畜文也. 尙純·尙强·尙疾, 是毛以義增解之也. 齊其毫毛, 尙純色, 齊其馬力, 尙强壯, 齊其馬足, 尙迅疾也. 引之者, 證經旣同爲齊力之義, 因連引宗廟·田獵之全文. 李巡曰 "祭於宗廟, 當加謹敬, 取其同色也." 某氏曰 "戎事, 謂兵革戰伐之事. 當齊其力, 以載干戈之屬." 舍人曰 "田獵, 取牲於苑囿[1]之中, 追飛逐走, 取其疾而已."

1) 苑囿：고대 중국에서 왕후와 귀족들이 수렵을 통해 武藝를 연마하고 육체를 단련하기 위하여 넓은 지역 주위에 외곽 경계선을 만들어 새와 짐승을 기르던 곳이다.

○ 傳의 〔宗廟〕에서 〔尙疾〕까지

○ 正義曰："宗廟에서는 犧牲의 털색을 가지런히 하고, 軍事에는 말의 힘을 가지런하게 하며, 田獵할 때는 말의 走力을 가지런히 한다."라는 글은 ≪爾雅≫ 〈釋畜〉의 글이다. '순수함을 중시하고, 강함을 중시하며, 빠름을 중시한다.'라고 말한 것은 毛亨이 의미를 덧붙여 풀이한 것이다. 털색을 가지런하게 하는 것은 純色을 중시하기 때문이고, 말의 힘을 가지런하게 하는 것은 강하고 건장함을 중시하기 때문이고, 말의 주력을 가지런히 하는 것은 빠름을 중시하기 때문이다.

≪이아≫ 〈석축〉의 글을 인용한 것은, 경문의 '旣同'이 '힘을 가지런히 한다'는 뜻이 됨을 증명하기 위한 것이고, 이어서 宗廟와 田獵의 全文을 잇달아 인용하였다. 李巡은 "종묘에서 제사 지낼 때는 조심하고 경건한 자세를 더해야 하므로 희생은 같은 색을 취한다."라고 하였다. 某氏는 "軍事는 무기를 가지고 전쟁을 치르는 일을 말한다. 따라서 말의 힘을 가지런하게 해서 무기 등의 물건을 실어야 한다."라고 하였다. 舍人은

"전렵은 苑囿 안에서 짐승을 잡는 것이니, 날짐승을 뒤쫓고 길짐승을 쫓아야 하므로 말의 빠름을 취한 것일 따름이다."라고 하였다.

田車旣好하니 四牡孔阜로다

東有甫草어늘 駕言行狩로다

사냥용 수레가 좋으니
네 마리 말이 매우 건장하도다
동쪽에 甫草가 있으니
말에 멍에를 매고 사냥가도다

【傳】 甫는 大也라 田者는 大芟草以爲防하고 或舍其中이라 褐纏旃以爲門하고 裘纏質以爲槸(얼)이로되 間容握하고 驅而入에 擊則不得入이라 〔之〕[1]左者之左하고 〔之〕右者之右라 然後焚而射(석)焉이라 天子發然後諸侯發하고 諸侯發然後大夫士發이라 天子發抗大綏하고 諸侯發抗小綏하고 獻禽於其下라 故戰不出頃하고 田不出防하며 不逐奔走는 古之道也라

1) 〔之〕: 저본에는 '之'가 없으나, 阮元의 校勘記에 의거하여 보충하였다. 아래도 같다.

甫는 '크다'이다. 사냥을 하는 자는 크게 풀을 베어 외곽 경계선을 만들고 그 안에서 머물러 진을 치기도 한다. 삼베로 旃(기)를 묶어 〈2개의〉 문을 만들고, 가죽옷으로 밑에 괴는 나무인 質(모탕)을 묶어 문지방을 만드는데, 〈수레바퀴의 양축과 문의〉 사이는 1握(4寸)을 용납하도록 해서, 수레를 몰고 들어갈 때 부딪치면 들어갈 수 없게 한다. 또 좌군에 속한 사람은 왼쪽 문으로 들어가고 우군에 속한 사람은 우측 문으로 들어가게 한다. 그렇게 한 연후에 불을 지르고 화살을 쏜다. 天子가 화살을 쏜 후에 諸侯가 쏘고, 제후가 쏜 후에 大夫와 士가 쏜다. 천자가 쏠 때는 큰 기를 들어올리고 제후가 쏠 때는 작은 기를 들어올리는데, 그 기 아래에 잡은 짐승을 바친다. 그러므로 전쟁터에서는 상호 약속한 경계를 벗어나지 않고, 사냥터에서는 풀을 벤 외곽 경계선을 벗어나지 않으며, 도망가는 것을 쫓지 않는 것은 옛날의 도이다.

【箋】 箋云 甫草者는 甫田之草也라 鄭有甫田이라

箋云 : 甫草는 큰못인 甫田의 풀이다. 鄭나라에 甫田이 있다.

【疏】'田車'至'行狩' ○ 毛以爲"宣王言'我田獵之車旣善好, 四牡之馬又甚盛大, 東都之界有廣大之草, 可以就而田獵焉. 當爲我駕此車馬, 我將乘之而往, 狩獵於彼.' 言旣會諸侯, 又與田也." 鄭唯以'東有甫草'爲'圃田之草'爲異耳.

經의 〔田車〕에서 〔行狩〕까지

○ 毛亨은 "宣王이 '나의 사냥용 수레가 좋고 네 마리 말 또한 매우 건장하다. 東都의 경계에 광대한 초지가 있으니, 그곳에 가서 수렵을 할 수 있다. 나를 위해 이 車馬에 멍에를 매도록 해서, 내가 타고 그곳에서 가서 사냥할 것이다.'라고 하였으니, 제후와 회동하고 나서 또 그들과 사냥한다는 것을 말한 것이다."라고 여긴 것이다.

鄭玄은 '東有甫草'를 '圃田의 풀'이라고 여긴 것이 모형의 해석과 다를 뿐이다.

【疏】○ 傳'甫大'至'之道' ○ 正義曰 : 以田法芟草爲防, 是廣大之處, 故訓甫爲大也. 謂寬大之地, 有草可芟, 故言甫草也. 因而廣言田獵之法, 次在大草之意. 田獵者, 必大芟殺野草以爲防限, 作田獵之場, 擬殺圍之處, 或復止舍其中. 謂未田之前, 誓士戒衆, 故教示戰法, 當在其間止舍也. 其防之廣狹無文. 旣爲防(院)〔限〕,[1] 當設周衛而立門焉. 乃以織毛褐布, 纏通帛旃之竿, 以爲門之兩傍, 其門蓋南開, 竝爲二門, 用四旃四褐也. 又以裘纏椹質, 以爲門中之闑. 闑, 車(軌)〔軌〕[2]之裏, 兩邊約車輪者. 其門之廣狹, 兩軸頭去旃竿之間, 各容一握. 握, 人四指爲四寸, 是門廣於軸八寸也. 入此門, 當馳走而入, 不得徐也. 以教戰, 試其能否, 故令驅焉. 若驅之, 其軸頭擊著門傍旃竿, 則不得入也. 所以罰不一也. 以天子六軍, 分爲左右. 雖同舍防內, 令三軍各在一方, 取左右相應. 其屬左者之左門, 屬右者之右門, 不得越離部位, 以此故有二門也. 此屬夏苗之田也. 周禮"仲夏, 教茇舍." 鄭云 "茇舍, 草止也. 軍有草止之法." 此苗田卽草止, 明芟草止其中焉, 或舍其中也. 以教戰卽軍禮, 同, 故言軍有草止之法. 仲夏擧草舍之法, 田禮皆當然也. 故"仲冬教大閱" 云 "前期群吏, 戒衆庶, 修戰法. 虞人萊所田之野爲表, 百步則一, 爲三表, 又五十步爲一表.[3] 田之日, 司馬建旗于後表之中, 群吏以旗物鼓鐸鐲鐃, 各帥(솔)其民而致. 質明, 弊旗, 誅後至者. 乃陳車徒, 如戰之陳." 注云 "萊, 芟除可陳之處. 表, 所以識正行列也. 四表積二百五十步. 左右之廣, 當容三軍, 步數未聞." 鄭云 "芟除可陳之處", 是芟草爲教戰之所. 傳言"田者, 大芟草以爲防", 則芟草爲田獵之處. 明先獵以教戰, 合圍又在間焉, 二者同處也. 鄭以最南一表, 以北百步爲

二表, 又北百步爲三表, 又北五十步爲四表, 謂之後表, 是四表二百五十步也. 以下有“以旌爲左右和之門”, 故言“左右之廣, 當容三軍, 但步數未聞耳.” 彼又曰 “以旌爲左右和之門, 群吏各帥其車徒, 以敍和出左右.” 注云 “軍門曰和, 今謂之壘門, 立兩旌以爲之. 敍和出, 用次第出和門也.” 彼旌卽此旃也. 彼言‘敍和出’, 此言‘驅而入.’ 不同者, 此據質明時初入和門. 旣入, 同在後表之中, 將以教戰也. 旣誓, 從後表前至第二表, 一弊其旗, 車徒皆坐. 又從第二表至前第三, 又然. 又從前第三至最前, 退卻, 教振旅, 至後表. 禮畢, 當從是以出田, 故敍和出左右, 與此終始各擧其一, 故不同也. 計立旌爲門, 當在教戰之前. 周禮“以旌爲左右和之門”, 文在教戰下者, 以教戰之時, 直言建旌後表之中, 不說入門之事, 故不言立門. 教畢, 以敍和出, 因其將出而言立門, 故文在下. 其實戰之前, 門已先設也. 教戰旣畢, 士卒出和, 乃分地爲屯. 旣陳, 車驅(車)[4]卒奔, 驅禽, 內之於防, 然後焚燒此防草, 在其中而射之. 天子先發, 然後諸侯發, 然後大夫・士發. 發謂發矢射之也. 其天子發則先抗擧其大綏, 諸侯發則擧其小綏. 必擧此綏爲表, 天子諸侯殺之時, 因獻其禽於其下也. 故戰不出所期之頃, 田不出所芟之防, 不逐奔走. 謂出於頃防者, 不逐之, 古之道也. 抗綏, 謂旣射擧之, 因置虞旗[5]於其中, 受而致禽焉. 受禽獵止則弊之. 故王制曰 “天子殺則下大綏, 諸侯殺則下小綏.” 注云 “下謂弊之.” 是殺禽已訖, 田止而弊綏也. 各擧終始之一, 故與此不同也. 此等似有成文, 未知其事所出. 昭八年穀梁傳曰 “芟蘭以爲防. 以葛覆質爲槷.” 與此不同. 鄭志答張逸云 “戰有頃數, 不能盡其多少. 猶今戰場者不出其頃界, 田者不出其防也.” 王制云 “昆蟲未蟄, 不以火田.” 則用火田獵, 唯在冬耳. 此言焚而射之, 自焚所芟之草. 非放火田獵. 四時皆焚之也, 故地官山虞・澤虞皆云 “大田萊山田之野.” 言大田, 則天子四時之田皆然矣. 旣萊其地, 明悉焚之. 此時王仍未至本都, 非正田之時. 毛因大草, 廣言獵法, 不謂此時卽然也.

1) (院)〔限〕: 저본에는 ‘院’으로 되어 있으나, 阮元의 校勘記에 의거하여 ‘限’으로 바로잡았다.

2) (軏)〔軌〕: 저본에는 ‘軏’로 되어 있으나, 阮元의 校勘記에 의거하여 ‘軌’로 바로잡았다.

3) 表 : 標木, 즉 푯말이다. 행렬을 바로 잡기 위해 세운 나무인데 100보에 하나를 세운다. 예) 현재 위치(1表)——(100보)2表——(100보)3表——(50보)4表(後表)

4) 車驅(車) : 저본에는 ‘車驅車’로 되어 있으나, 阮元의 校勘記에 의거하여 ‘車’를 衍文으로 처리하였다.

5) 虞旗：虞人이 포획한 짐승을 모을 때 사용하는 깃발이다.

○ 傳의 〔甫大〕에서 〔之道〕까지

○ 正義曰：田獵하는 방법은 풀을 베어 외곽 경계선을 만드는데, 이곳은 광대한 지역이므로 甫를 '크다'는 뜻으로 풀이하였다. 넓은 지역에는 벨 만한 풀이 있으므로, 〈經文에서〉 甫草라고 말한 것이라 여긴 것이다.

이어서 전렵하는 방법이 大草地의 다음에 있는 의미를 광범위하게 말하였다. 전렵을 하는 자는 반드시 대단위로 들판의 풀을 베어 외곽 경계선을 삼아서 사냥터를 만들고, 사냥터로 포위하는 지역을 헤아려 간혹 그 속에서 다시 머물며 쉬기도 한다. 전렵하기 전에 병사들에게 맹세하고 무리에게 경계를 내려야 하므로, 戰法을 가르칠 때는 마땅히 그 안에서 머무르며 휴식을 취하는 것이라고 여긴 것이다.

외곽 경계선의 너비에 대해 언급한 글은 없다. 외곽 경계선을 만들고 나면, 바깥 둘레를 설치하고 門을 세워야 한다. 곧 모직이나 삼베로 붉은 깃대를 묶되 통하게 해서 문을 양쪽으로 만들고, 그 문은 남쪽을 향하게 해서 모두 두 개의 문을 만드는데, 네 개의 旃과 네 장의 褐(기를 묶는 삼베)을 사용한다. 또 갖옷으로 문을 괴는 나무인 모탕을 감싸서 문 가운데의 말뚝인 闑을 만든다. 말뚝은 수레바퀴 사이〔車軌〕 안에 있어서 양쪽으로 수레바퀴를 단속한다. 그 문의 너비는 수레 양쪽의 굴대 머리와 문 옆에 세운 붉은 깃대의 간격이 각 1握을 용납한다. 握은 사람의 손가락 넷을 합한 폭의 길이가 4寸이니, 여기서 門은 수레의 축보다 8寸이 넓다. 이 문에 들어올 때는 말을 빨리 몰아서 들어와야지 천천히 들어와서는 안된다. 전법을 가르칠 때는 능숙한지 능숙하지 않은지 시험해야 하므로 말을 몰도록 한 것이다. 만약 말을 몰다가 수레의 굴대 머리가 문 옆의 붉은 깃대에 부딪치면 들어갈 수 없다. 이런 까닭에 처벌이 하나가 아니다.

천자의 六軍을 左軍과 右軍으로 나눈다. 비록 외곽 경계선 안에 함께 있더라도, 三軍을 각각 한 방위에 있도록 해서 좌우가 서로 호응하게 한다. 그중 左軍에 속한 자는 왼쪽 문으로 가고, 右軍에 속한 자는 오른쪽 문으로 가야 하니 그 부대의 자리에서 벗어날 수 없다. 이런 까닭으로 두 개의 門을 두는 것이다.

이것은 여름철 사냥인 苗田에 속한다. ≪周禮≫ 〈夏官 大司馬〉에 "5월에 茇舍를 가르친다."라고 하였는데, 鄭玄의 注에 "茇舍는 〈야외에 머물며 宿營하는〉 草止이다. 군대에는 야외에서 숙영하는 법이 있다."라고 하였다. 여기서 말한 〈여름철 사냥인〉 苗

田이 곧 草止이니, 풀을 베고 그 안에서 머무르거나 혹은 그 안에 진을 치기도 한다는 뜻을 밝혔다. 戰法을 가르치는 것은 軍禮와 같으므로 군대에 草止의 법이 있다고 말한 것이다. 5월에 草舍(草止)의 법을 거행하니, 田禮에서도 모두 당연히 그렇게 해야 한다. 그러므로 〈대사마〉에 "仲冬에 대대적인 군사 검열 훈련을 한다."라고 하고, 이어서 말하기를 "미리 관리들이 병졸들을 경계시키고 전법을 익히도록 한다. 虞人이 사냥터의 들판에 풀을 제거하고 標木을 세우는데, 100보에 하나씩 3개의 표목을 세우고, 다시 50보에 하나의 표목을 세운다. 사냥하는 날에 司馬가 後表의 중앙에 기를 세우고, 관리들이 깃발・북・鐸・鐲・鐃를 가지고 각각 백성을 인솔해서 온다. 동이 틀 무렵에 기를 내리고, 늦게 오는 자는 처벌한다. 이어서 병졸에게 진을 치라고 하는데 전쟁터에서 진을 치는 것과 같게 한다."라고 하였다. 정현의 注에 "萊는 진을 칠 곳에 풀을 베어 제거하는 것이다. 表는 行列을 바로잡으려고 표시하는 것이다. 4개의 표목을 세우면 250步가 된다. 좌우의 너비는 마땅히 3군을 수용해야 하지만, 步의 수는 듣지 못하였다."라고 하였다. 정현이 "진을 칠 곳에 풀을 베어 제거했다."라고 한 것은, 풀을 베어 전법을 가르칠 장소로 만든다는 것이다. 毛傳에서는 "사냥을 하는 자는 크게 풀을 베어 외곽 경계선을 만든다."라고 하였으니, 풀을 베어서 사냥하는 장소를 만든 것이다. 이는 사냥에 앞서서 전법을 가르쳤고, 또 사방을 함께 에워싸는 것도 그 사이에 있으니, 사냥과 전법을 가르치는 곳이 같은 장소임을 밝혔다.

정현은 가장 남쪽을 1表, 북쪽 100보를 2表, 또 북쪽 100보를 3表, 또 북쪽 50步를 4表로 여겼는데, 〈四表를〉 後表라고 하였으니, 이것이 4개의 표목을 세우면 250步가 된다는 것이다. 아래 글에서 "旌로써 左右의 軍門으로 만든다.〔以旌爲左右和之門〕"고 하였기 때문에, 정현은 "좌우의 너비는 마땅히 3군을 수용해야 하지만, 다만 步의 수는 듣지 못했을 뿐이다."라고 하였다.

〈대사마〉에서 또 "旌으로써 좌우의 和門(軍門)을 만들고, 관리들이 각각 휘하 병졸을 인솔해서 차례대로 군문을 나와서 좌우로 간다.〔以旌爲左右和之門 群吏各帥其車徒 敍和出左右〕"라고 하였다. 鄭玄의 注에 "軍門을 和라고 하는데 지금은 壘門이라고 하며 2개의 旌을 세워서 만든다. 敍和出은 '차례대로 和門을 나오는 것'이다."라고 하였다. 〈대사마〉에서 말하는 旌이, 바로 毛傳의 旃이다.

〈대사마〉에서는 '敍和出'이라고 하였는데, 모전에서는 '驅而入'이라고 해서 같지 않은 것은, 모전에서는 동이 틀 무렵에 처음으로 군문으로 들어갔을 때를 근거로 했기 때문이다. 들어가고 나서 함께 後表 중앙에 있는 것은 전법을 가르치려 한 것이다. 병졸들에게 맹세를 하고 나서 후표 앞에서부터 제2表까지 한 차례 旗를 내려놓으면 병졸이 모두 앉는다. 또 제2표에서 앞 제3표까지 또한 그렇게 한다. 또 앞 제3표에서 가장 앞에까지는 퇴각해서, 군대를 정돈하는 것을 가르치고 후표에 이른다. 예식을 마치면 이때부터 수렵하러 나가야 하므로 차례로 군문을 나서서 좌우로 가는데, 모전에서는 시종일관 수렵 하나만 거론하였기 때문에 같지 않다.

헤아려보면, 旌을 세워 문을 만드는 것은 마땅히 전법을 가르치기 전에 해당한다. 그런데 ≪주례≫ 〈하관 대사마〉에서 "旌으로써 좌우의 軍門을 만든다."라는 문장이 '전법을 가르친다'고 한 것의 아래에 있는 것은, 전법을 가르칠 때는 단지 후표 중앙에 旌을 세우는 것만 말하고 문으로 들어가는 일은 말하지 않으므로 문을 세웠다고 말하지 않았다. 가르침이 끝나면 차례로 문을 나온다. 따라서 앞으로 나올 때 문을 세웠다고 말해야 하므로 글이 아래에 있는 것이다. 그러나 실제로는 전법을 가르치기 전에 문은 이미 앞서 설치되었다.

전법을 가르치는 것이 끝나면 병졸들이 문을 나와서 구역을 나누어 주둔한다. 진을 치고 나면, 수레를 몰고 병졸을 인솔해서 짐승을 몰아 외곽 방위선에 끌어 들인다. 그 후에 외곽 방위선의 풀을 태워서 그 속에서 화살을 쏜다. 천자가 먼저 화살을 쏜 후에 제후가 화살을 쏘고, 그 후에 大夫와 士가 화살을 쏜다. 發은 화살을 재어 쏘는 것을 말한다. 천자가 화살을 쏠 때는 먼저 자신의 큰 기를 들어서 올리고, 제후가 쏠 때는 작은 기를 들어서 올린다. 반드시 이 깃발을 들어서 표시하는 것은, 천자와 제후가 짐승을 죽일 때는 자신의 자리 아래에서 잡은 짐승을 바치기 때문이다. 그러므로 "전쟁터에서는 상호 약속한 경계를 벗어나지 않고, 사냥터에서는 풀을 벤 외곽 경계선을 벗어나지 않으며 도망가는 것을 쫓지 않는다."고 말하고, 약속한 전쟁터와 외곽 경계선을 벗어나는 것과 쫓지 않는 것을 옛날의 道라고 하였다.

抗綏는 화살을 쏘고 나서 깃발을 올리는 것을 말한다. 그 안에 虞旗를 설치했다가 거기서 잡은 짐승을 받아서 바친다. 짐승을 받고 사냥이 그치면 깃발을 내린다. 그러므로 ≪禮記≫ 〈王制〉에서 "천자가 짐승을 죽이면 큰 깃발을 내리고, 제후가 짐승을 죽이면 작은 깃발을 내린다.〔天子殺則下大綏 諸侯殺則下小綏〕"라고 하였는데, 注에서 정현이 "下는 깃발을 내리는 것을 말한다.〔下謂弊之〕"라고 하였다. 이것이 짐승 죽이기를 끝내고 나서 사냥을 끝내면 깃발을 내린다는 것이니, 각각 마칠 때와 시작할 때 중 하나를 들었으므로, 모전과 같지 않은 것이다.

이와 같은 것은 완성된 글이 있을 듯한데, 그 일의 출전을 알 수 없다. ≪春秋穀梁傳≫ 昭公 8년에 "蘭을 베어 외곽 방어선으로 만들고, 칡으로 모탕을 덮어 문지방을 만든다."라고 하였는데, 모전과 다르다. ≪鄭志≫에서 〈정현이〉 張逸에게 답하기를 "전쟁터에는 전쟁 지역의 너비가 있지만, 그 너비가 얼마나 되는지 다 헤아릴 수 없다. 그러나 지금까지도 戰場에는 그 싸우는 지역을 벗어나지 않고, 전렵할 때 그 외곽 경계선을 벗어나지 않는다."라고 하였다.

≪예기≫ 〈왕제〉에 "곤충이 겨울잠을 자기 전에는 불을 놓아 전렵을 하지 않는다."라고 하였으니, 불을 놓아 전렵을 하는 것은 오직 겨울에 해당한다. 모전에서 불을 지르고 화살을 쏜다고 한 것은, 본래 베어 놓은 풀을 태우는 것이지 일부러 불을 질러 전렵을 하는 것이 아니다. 사계절에 모두 불을 지르므로 ≪주례≫ 〈地官 山虞〉·〈地官 澤虞〉에 모두 "크게 사냥할 때는 산중의 수렵하는 들판에 풀을 벤다.〔大田萊山田之野〕"라고 하였는데, 大田이라 말한 것은 천자의 사계절 사냥이 모두 그렇다는 것이다. 그 지역의 풀을 베고 나서 모두 불에 태운다는 것을 분명히 하였다. 이 시기는 왕이 아직 本都에 당도하지 않았을 때이니, 바로 전렵할 때가 아니다. 毛亨은 대단위 草地를 근거로 전렵하는 방법을 광범위하게 말하였지만, 이때 곧바로 그렇게 했다고 말한 것은 아니다.

【疏】○ 箋'甫草'至'甫田' ○ 正義曰：以下云 '搏獸于敖.' 敖, 地名, 則甫草亦是地名, 不宜爲大. 故易之爲圃田之草. 且東都之地, 自有圃田, 故引爾雅以證之, '鄭有圃田', 釋地文也. 郭璞曰 "今滎陽中牟縣西圃田澤是也." 職方曰 "河南曰豫州, 其澤藪曰圃田." 宣王之時, 未有鄭國, 圃田在東都畿內, 故宣王得往田焉.

○ 箋의 〔甫草〕에서 〔甫田〕까지

○ 正義曰：아래 3장에서 '敖 땅에서 짐승을 잡는다.〔搏獸于敖〕'라고 하였는데, 敖가 地名이면 甫草도 역시 지명이니, 〈甫가〉 '크다'의 뜻이 되는 것은 합당하지 않다. 그러므로 바꿔서 '圃田之草'라고 한 것이다. 또 東都의 지역에는 본래 圃田이 있으므로, ≪爾雅≫ 〈釋地〉를 인용해서 증명하였으니, '鄭有圃田'이라고 한 것은 ≪이아≫ 〈석지〉의 글이다. 그 주에서 郭璞은 "지금의 滎陽 中牟縣 서쪽에 있는 圃田澤이 이것이다."라고 하였다. ≪周禮≫ 〈夏官 職方氏〉에 "河南을 豫州라 하고, 그곳의 澤藪를 圃

田이라고 한다."라고 하였다. 宣王 때는 아직 鄭나라가 있지 않았고, 圃田은 東都의 畿內에 있었기 때문에 宣王이 가서 田獵을 할 수 있었다.

之子于苗하니 **選徒囂囂**로다

관리들이 여름 사냥을 가려 하니
거마와 병졸들 세는 소리가 떠들썩하다

【傳】 之子는 有司也라 夏獵曰苗라 囂囂는 聲也니 維數車徒者爲有聲也라

之子는 有司이다. 여름 사냥을 苗라고 한다. 囂囂는 소리이니, 오직 거마와 병졸을 세는 사람만이 소리를 내는 것이다.

【箋】 箋云 于는 曰也라

箋云：于는 曰이다.

建旐設旄하여 **搏獸于敖**로다

거북과 뱀을 그린 旐를 세우고
소꼬리 모양의 旄를 매달아서
敖 땅에 가서 짐승을 잡도다

【傳】 敖는 地名이라

敖는 지명이다.

【箋】 箋云 獸는 田獵搏獸也라 敖는 鄭地니 今近滎陽이라

箋云：獸는 사냥해서 잡은 짐승이다. 敖는 鄭나라 땅이니, 지금의 滎陽 근처이다.

【疏】 '之子'至'于敖' ○ 毛言"宣王欲嚮東都之時, 其是子群吏之有司, 於是爲將夏田之苗, 選數車徒, 不爲讙嘩, 唯數者有聲

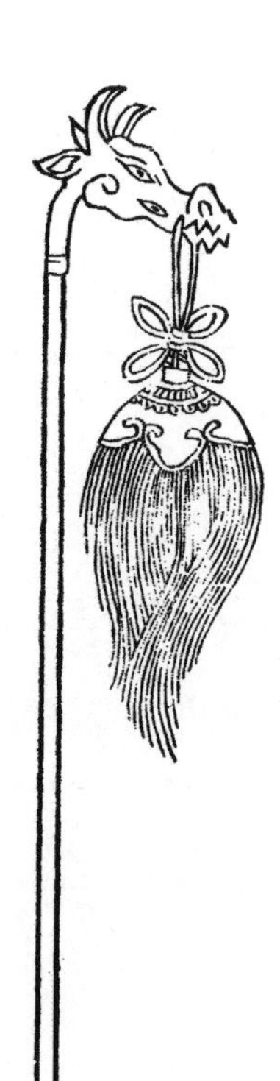
旄

囂囂然.” 言時官人皆能其事也, 旣選車徒, 王言當建立旐於車, 而設旄牛尾於旐之首, 與旄同建, 我當乘之, 往搏取禽獸於敖地也. ○ 鄭以于爲曰, 則之子斥宣王爲異耳.

經의 〔之子〕에서 〔于敖〕까지

○ 毛亨은 “宣王이 東都로 가려고 할 때 宣王의 여러 관리 중 有司가 이에 여름 사냥을 준비하였는데, 거마와 병졸들을 선발할 때는 시끄럽지 않았으나, 오직 수를 세는 자만 소리가 떠들썩하였다.”라고 하였으니, 말하자면 당시의 官人들은 모두 자신의 일에 능숙해서 거마와 병졸을 선발하고 나자, 왕은 ‘수레에 旐를 세우되, 旐의 꼭대기에 旄牛(털이 긴 소)의 꼬리 장식을 매달아야 한다. 旄와 함께 세우면 내가 그 수레를 타고, 敖 땅에 가서 날짐승과 길짐승을 잡을 것이다.’라고 말한 것이다.

○ 鄭玄은 ‘于’를 ‘曰’이라고 하였으니 之子는 宣王을 가리킨다고 한 것이 毛亨의 해석과 다를 뿐이다.

【疏】 ○ 傳‘之子’至‘有聲’ ○ 正義曰：大司馬 “仲夏, 教茇舍, 如振旅之陳. 群吏選車徒.” 謂數擇之也. 此時事與彼同, 則有司謂群吏有事者, 大司馬之屬矣. 傳以此子爲有司, 下文‘之子’亦非王身, 當謂凡從王者, 非獨司馬官屬也. 夏獵曰苗, 則此時宣王爲夏田也. 上云 “駕言行狩”者, 是獵之總名. 但冬獵大於三時, 故狩爲冬獵名耳, 非宣王發意嚮東, 許歷冬夏也. 下云 “有聞無聲”, 則在軍不得讙嘩, 而云囂囂之聲, 故知唯數者爲有聲.

○ 傳의 〔之子〕에서 〔有聲〕까지

○ 正義曰：≪周禮≫ 〈夏官 大司馬〉에 “5월에 야외에서 宿營하는 법을 가르치는데, 군대를 정돈하는 陣과 같게 하며, 관리들이 거마와 병졸을 계산해 선발한다.”라고 하였는데, 병졸을 계산해 선택하는 것을 말한 것이다. 이때의 일이 군대를 정돈할 때와 같으니, 有司는 여러 관리 중에 임무가 있는 사람이니 大司馬 소속의 관리를 말한다. 毛傳에서는 여기서의 子를 有司라고 여겼으니, 아래 글의 ‘之子’도 역시 王을 뜻하는 것이 아니고 왕을 侍從하는 모든 관리를 말하는 것이니, 司馬에 속하는 관리만을 말하는 것이 아니다.

여름 사냥을 苗라고 하니, 이때 宣王이 여름 사냥을 한 것이다. 윗글 2장의 “말에 멍에를 매고 사냥가도다〔駕言行狩〕”에서, 狩는 수렵의 총칭이다. 다만 겨울 사냥이 봄・여름・가을 사냥보다 크기 때문에 狩를 겨울 사냥의 이름으로 삼았을 뿐이지, 宣

王이 東都로 가자고 의견을 내어 겨울 사냥과 여름 사냥을 시행하자고 허락한 것은 아니다. 아래 8장에서 "좋은 소문만 있고 시끄러운 소리는 없다.〔有聞無聲〕"라고 하였으니, 군대에선 떠들 수 없는데 여기에서 시끄러운 소리라고 하였기 때문에, 오직 거마와 병졸을 세는 사람만이 소리를 내는 것임을 알 수 있다.

【疏】○ 箋'于, 曰' ○ 正義曰 : 傳之訓于爲於爲往, 無爲曰者. 箋以爲曰, 則與傳不同. 言之子曰, 曰則是命事之辭, 之子當斥宣王, 不得爲有司也. 下云"之子于征", 亦謂宣王行也. 但不訓于字, 則于征當爲往征矣.

○ 箋의 〔于 曰〕

○ 正義曰 : 毛傳에서는 于를 於나 往으로는 풀이하였으나, 曰로 풀이한 적은 없다. 그러나 鄭箋에서는 曰로 풀이하였으니 모전과 다르다. 말하자면 '之子曰'의 曰은 일을 명령하는 말이니, 之子는 마땅히 宣王을 가리키는 말이 되어야지 有司가 될 수 없다. 아래 8장에서 "宣王이 정벌하러 간다.〔之子于征〕"의 之子는 역시 宣王이 가는 것을 말한다. 다만 于자를 풀이하지 않았으니, 于征은 마땅히 '정벌하러 간다'는 뜻이 되어야 한다.

駕彼四牡하니 **四牡奕奕**이로다

저 네 마리 말을 타니
네 마리 말이 길들여져 있도다

【傳】言諸侯來會也라

제후가 와서 會同함을 말하는 것이다.

赤芾金舃으로 **會同有繹**이로다

붉은 슬갑에 黃朱色 신을 신고
회동에 지위에 따라 자리잡았도다

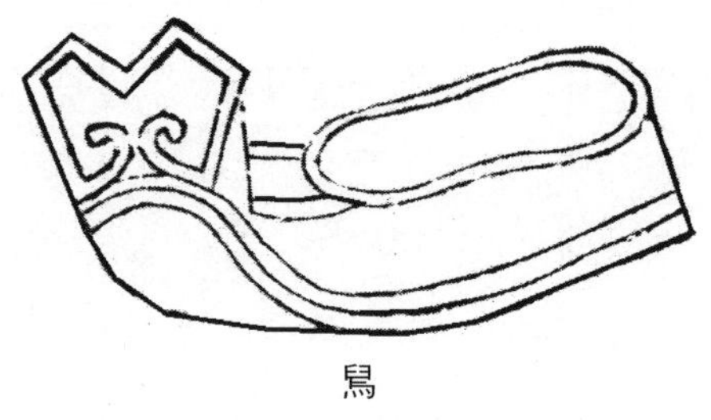
舃

【傳】諸侯는 赤芾金舃이니 舃은 達屨也라 時見(현)曰會요 殷見(현)曰同이라 繹은 陳也라

諸侯는 붉은 슬갑에 黃朱色 신을 신었는데, 舃은 '지위가 높은 사람의 신'이다. 제후

가 때때로 알현하는 것을 會라 하고, 여럿이 모여 알현하는 것을 同이라고 한다. 繹은 '여러 사람이 지위에 따라 자리잡았다'는 뜻이다.

【箋】 箋云 金舄은 黃朱色也라

箋云：金舄은 黃朱色이다.

【疏】 '駕彼'至'有繹' ○ 正義曰：言宣王之至東都, 四方諸侯駕彼四牡之馬而來, 其四牡之馬則奕奕然閑習. 旣朝見於王, 而服赤芾金舄之飾. 與王行會同之禮者, 有陳于會同之位. 言各以爵之尊卑, 陳列於其位次者.

經의 〔駕彼〕에서 〔有繹〕까지

○ 正義曰：宣王이 東都에 도착하자 四方의 제후들이 저 네 마리 말을 타고 왔는데, 네 마리 말이 씩씩하게 길들여져 있음을 말한다. 조정에서 왕을 알현하고 나서 붉은 슬갑에 黃朱色 신을 신는다. 왕과 會同의 예를 행하는 제후가 회동하는 자리에 자리잡고 있다. 말하자면 각각 爵位의 높고 낮음에 따라 位次에 자리잡았다는 것이다.

【疏】 ○ 傳'諸侯'至'曰同' ○ 正義曰：言"諸侯赤芾", 對天子當朱芾也. 言"金舄達屨"者, 天官屨人注云 "舄有三等, 赤舄爲上, 冕服之舄. 下有白舄黑舄." 此云 '金舄'者, 卽禮之赤舄也, 故箋云 '金舄, 黃朱色.' 加金爲飾, 故謂之金舄. 白舄黑舄猶有在其(上)〔下〕[1]者, 爲尊未達. 其赤舄則所尊莫是過, 故云 '達屨', 言是屨之最上達者也. 此舄也, 而曰屨, 屨, 通名. 以舄是祭服, 尊卑異之耳. 故屨人兼掌屨舄, 是屨爲通名也. '時見曰會, 殷見曰同', 大宗伯文也. 定本[2]云 "殷頫(부)[3]曰同", 誤也. 注云 "時見者, 無常期." 諸侯有不服者, 王將有征伐之事, 則旣朝覲, 王爲壇於國外, 合諸侯而命事焉. 殷, 衆也. 十二歲, 王如不巡狩, 則六服[4]盡朝. 朝禮旣畢, 王爲壇合諸侯, 以命政焉. 如是, 則會同其禮各別, 不得竝行之矣. 但此時王與諸侯會東都, 非十二年之事. 言同者, 以會同對文則別, 散則義通. 會者, 交會. 同者, 同聚. 理旣是一, 故論語及此連言[5]之.

1) (上)〔下〕：저본에는 '上'으로 되어 있으나, 문맥에 의거하여 '下'로 바로잡았다.
2) 定本：唐나라 훈고학자인 顔師古(581~645)가 唐 太宗의 명에 따라 저술한 ≪詩經≫, ≪書經≫, ≪易經≫, ≪禮記≫, ≪春秋≫의 주석서인 ≪五經定本≫을 말한다. 孔穎達 등과 ≪五經正義≫를 편찬하였다. 定本과 상대적인 말로 俗本도 있다.

3) 殷頫(조) : 천자가 일이 있을 때 제후가 자기 신하를 보내어 알현토록 하는 것을 말한다.
4) 六服 : 周나라 때 都城의 바깥에 있는 제후들이 다스리던 곳을 服이라고 한다. 복에는 여섯 가지 종류가 있는데, 侯服, 甸服, 男服, 采服, 衛服, 蠻服이다.
5) 連言 : 함께 붙여서 말하는 것이다. ≪論語≫ 〈先進〉에서 孔子가 제자인 公西華에게 자신의 뜻을 말해 보라고 했을 때, 공서화가 대답하기를 "제가 능하다는 것이 아니라, 배우기를 원합니다. 종묘의 일과 회동할 때 예복을 갖춰 입고 小相(執禮者)이 되기를 원합니다.〔非曰能之 願學焉 宗廟之事 如會同 端章甫 願爲小相焉〕"라고 하였는데, 會同이란 말을 함께 붙여서 사용하였다.

○ 傳의 〔諸侯〕에서 〔曰同〕까지

○ 正義曰 : "제후가 붉은 슬갑을 찬다."라고 말한 것은 천자를 대면할 때 붉은 슬갑을 착용한다는 뜻이다. "金舃은 지위가 높은 사람의 신발이다."라고 말한 것은 ≪周禮≫ 〈天官 屨人〉의 鄭玄 注에 "舃에는 세 등급이 있는데, 붉은색의 赤舃이 上品이며 冕服을 입을 때 착용하는 신발이다. 그 아래로 白舃과 黑舃이 있다."라고 하였다. 여기 4장에서 말하는 '金舃'은 예식을 거행할 때 신는 赤舃이다. 그러므로 鄭箋에서 '金舃은 黃朱色이다.'라고 하였는데, 여기에 金을 입혀 꾸몄으므로 金舃이라고 한 것이다. 白舃과 黑舃은 그 아래에 있는 자가 신는 것이니, 존귀한 지위에 오르지 못한 자의 신발이다. 따라서 赤舃을 신는 사람이 가장 존귀하기 때문에 '達屨'라고 하였으니, 이것은 이 신을 신는 사람이 가장 신분이 높은 사람임을 말한다. 여기의 舃은 屨라고도 하는데, 屨가 일반적으로 통용되는 명칭이다. 舃은 제례를 올릴 때 신으므로 尊卑를 달리한다. 그러므로 〈왕과 왕후의 의복과 신을 담당하는 관리인〉 屨人은 屨와 舃을 겸해서 담당하였는데, 屨가 일반적으로 통용되는 명칭이다.

'時見曰會 殷見曰同'은 ≪周禮≫ 〈春官 大宗伯〉의 글이다. ≪五經定本≫에서는 "殷頫를 同이라고 한다."라고 하였는데 잘못이다. 그 注에서 鄭玄은 "時見이란 정해진 시기가 없는 것이다."라고 하였다. 복종하지 않은 제후가 있으면 왕이 앞으로 군대를 통솔해 정벌할 일이 있지만, 제후가 알현했으면 왕이 나라 밖에 壇을 만들고 제후를 불러 모아 政事를 명한다. 殷은 많다는 뜻이다. 왕위에 올라 12년이 되는 해에 왕이 가서 제후국을 巡狩하지 않고, 六服의 제후들 모두가 왕을 〈알현하는 예인〉 朝會를 행한다. 알현하는 예가 끝나면 왕이 壇을 만들어 제후를 불러 모아 정사를 명한다. 이와 같다면 會와 同은 그 예가 각각 다르며 함께 시행할 수 없다. 다만 이때 왕과 제후가 東都

에서 회동한 것은 12년이 되는 해의 일이 아니다. 여기서 同이라고 말한 것은, 會와 同을 상대적인 글로 쓰면 구별되지만 따로 사용하면 뜻이 통하기 때문이다. 會는 서로 만나는 것이고, 同은 모두 모이는 것이다. 만나는 이치는 같으므로 《論語》〈先進〉과 이 시에서 會와 同을 함께 붙여서 말한 것이다.

決[1]拾既佽(차)하며 弓矢既調하니

1) 決 : 깍지로, 활을 쏠 때 시위를 잡아 당기기 위하여 엄지손가락에 끼는 뿔로 만든 기구이다.

깍지와 팔찌가 나란하며
활과 화살이 이미 적절하니

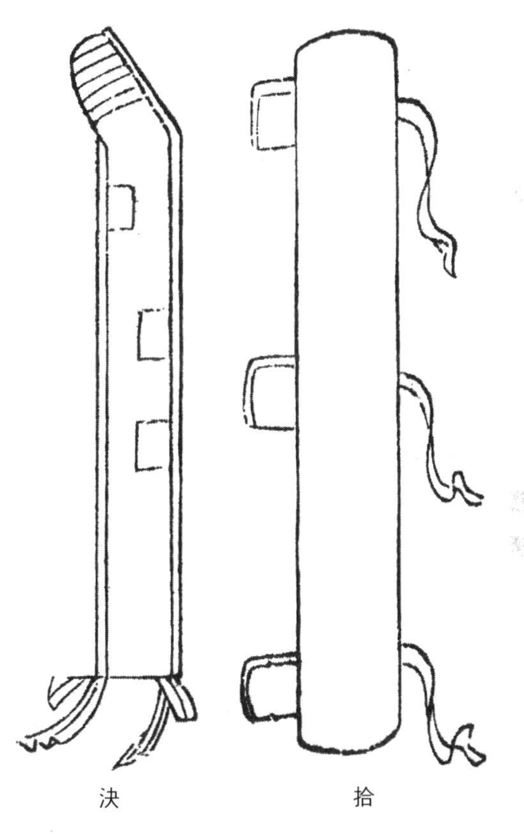
決　　拾

【傳】 決은 鉤弦也요 拾은 遂也라 佽는 利也라

決은 '깍지'이고, 拾은 '팔찌'이다. 佽는 '편리하다'이다.

【箋】 箋云 佽는 謂手指相佽比也라 調는 謂弓强弱與矢輕重相得이라

箋云 : 佽는 손가락이 서로 나란한 것을 말한다. 調는 활의 강약과 화살의 경중이 서로 잘 어울리는 것을 말한다.

射夫既同하여 助我擧柴로다

활쏠 제후들은 함께 자리로 돌아가고
나를 도와 함께 짐승을 쌓는다

【傳】 柴는 積也라

柴는 '쌓다'이다.

【箋】箋云 既同은 已射하여 同復將射之位也라 雖不中이라도 必助中者하여 擧積禽也라

箋云 : 旣同은 활을 쏘고 나서 함께 활을 쏠 자리로 되돌아가는 것이다. 비록 〈짐승을〉 맞히지는 못했더라도 반드시 맞히는 것을 도와서 함께 짐승을 쌓는다.

【疏】'決拾'至'擧柴' ○ 正義曰 : 此章言諸侯從王田, 罷賜射餘獲之事也. 言時諸侯所有決之與拾, 旣與手指相比次而和利矣, 弓之與矢, 旣强弱相得而調適矣, 旣田畢, 王以餘獲之禽賜之, 則以此射而取之. 此射夫皆已射一番, 若中得禽者, 旣同復將射之位, 欲更射以求禽也. 若以射之而不中者, 則又助我中者擧積禽. 此文承諸侯之下, 射夫卽諸侯也. 其大夫亦在獲射之中, 則此可以兼焉. 諸侯而謂之射夫者, 夫, 男子之摠名.

經의 〔決拾〕에서 〔擧柴〕까지

○ 正義曰 : 이 章은 제후가 왕을 따라가 사냥을 하고, 사냥을 마치자 왕이 활을 쏘아 잡은 짐승을 하사한 일을 말한 것이다.

말하자면 당시 제후들이 가지고 있는 깍지와 팔찌가 이미 손과 손가락에 서로 달라붙어 편리하였고, 활과 화살은 이미 강약이 서로 어울려 적절하게 되었다. 사냥을 마치고 나서 왕이 넉넉하게 포획한 짐승을 하사하였으니, 이때 활을 쏘아 잡은 짐승을 사용했다. 여기에서 射夫는 모두 이미 한 차례 활을 쏘았으니, 짐승을 맞혀 잡은 사람은 모두 활을 쏠 자리로 돌아가서 다시 활을 쏘아 짐승을 잡으려 하였고, 활을 쐈으나 맞히지 못한 사람은 또 우리가 맞히는 것을 도와서 함께 짐승을 쌓는다. 이 글은 諸侯의 아래를 이었으므로 사부는 제후이다. 그의 대부도 활을 쏴 짐승을 잡은 사람에 해당하면 여기에 포함시킬 수 있다. 제후를 사부라고 말한 것은 夫가 男子의 통칭이기 때문이다.

【疏】○ 箋'佽謂'至'相得' ○ 正義曰 : 鄭以佽爲利, 其義不明, 故申而成之. 決著(착)於右手大指, 所以鉤弦開體, 遂著(착)於左臂, 所以遂弦. 手指相比次, 而後射得和利. 故毛云佽, 利, 謂相次, 然後射利, 非訓佽爲利也. 言'調, 謂弓强弱與矢輕重相得'者, 弓體有强弱, 各其力之所便. 又弓矢之各有安危, 調之使相得.

○ 箋의 〔佽謂〕에서 〔相得〕까지

○ 正義曰 : 鄭玄은, 〈毛傳에서〉 佽를 '편리하다'의 뜻으로 풀이한 것이 그 의미가 분명하지 않았으므로 부연 설명해서 글을 완성했다. 깍지를 오른손 엄지손가락에 끼우

는 것은 활시위를 당겨 활의 몸체를 열려고 하는 것이고, 팔찌를 왼쪽 팔에 차는 것은 〈활시위를 당길 때 걸리지 않게 해서〉 현의 모양을 이루려는 것이다. 손가락이 서로 나란한 후에 활을 쏘아야 편리하게 되는 것이다. 그러므로 毛亨이 "佽는 '편리하다'이다."라고 하였으니, 서로 나란한 연후에 활을 쏘아야 편리하다고 말한 것이지, 佽를 利라고 해석한 것은 아니다. '調는 활의 강약과 화살의 경중이 서로 잘 어울리는 것을 말한다.'라고 말한 것은, 활의 몸체는 강약이 있어서 각각 자기 힘에 편한 것을 사용한다는 것이다. 또 활과 화살은 각각 적합한 것과 적합하지 않은 것이 있으니, 그것을 조절해서 서로 맞게 해야 한다.

【疏】 ○ 箋'旣同'至'積禽' ○ 正義曰：田無射禮, 唯旣田乃有班餘獲. 射在於澤宮[1], 言'同復將射之位', 在澤宮之位也. 以言助我擧積, 是不得利者, 助他人也. 故射雖不中, 必助中者, 擧積禽矣. 鄕射禮云 "禮射不主皮, 不勝者降", 卽此是也. 此謂士大夫以上有禮射[2]者. 庶人則以主皮當禮射, 故鄕大夫以五物詢衆[3], 三曰主皮, 是也.

1) 澤宮：周나라 때 활쏘기를 연습하던 궁을 말한다.
2) 禮射：祭禮를 행하고 음악을 연주하며 활을 쏘는 大射, 빈객을 접대할 때 활을 쏘는 賓射, 잔치 열고 활을 쏘는 燕射, 고을에서 원로와 활을 쏘는 鄕射 등을 말한다.
3) 五物詢衆：다섯 가지 일을 백성에게 묻는다. ≪周禮≫ 〈地官 鄕大夫〉에 "향사례에 다섯 가지 일을 백성에게 물으니, 첫째는 신체를 부드럽게 하는 和, 둘째는 용모를 의젓하게 하는 容, 셋째는 과녁을 뚫는 主皮, 넷째는 雅와 頌의 가락에 맞추는 和容, 다섯째는 일어나 춤을 추는 興舞이다.〔以鄕射之禮五物詢衆庶 一曰和 二曰容 三曰主皮 四曰和容 五曰興舞〕"라고 하였다. 여기서는 세 번째 主皮를 가리킨다.

○ 箋의 〔旣同〕에서 〔積禽〕까지

○ 正義曰：사냥에 射禮가 없고, 오직 사냥을 마친 뒤에 포획물을 나누어주는 것이 있다. 활쏘기는 澤宮에서 하니, '함께 활을 쏠 자리로 되돌아가는 것이다.〔同復將射之位〕'라고 말한 것은 澤宮의 자리에 있는 것이다. 〈경문에서〉 '나를 도와 함께 짐승을 쌓는다.〔助我擧積〕'라고 한 것은, 활쏘기에서 맞히지 못한 자가 타인을 도와준다는 것이다. 그러므로 활쏘기에서 비록 〈짐승을〉 맞히지는 못했더라도 반드시 맞히는 자를 도와서 함께 짐승을 쌓는다고 하였다. ≪儀禮≫ 〈鄕射禮〉에 "禮射는 과녁의 가죽을 뚫는 것을 위주로 하지 않으며 이기지 못한 자는 내려온다."라고 한 것이 이것이다. 이것은 사대부 이상으로 禮射가 있는 경우를 말한 것이다. 일반 사람은 과녁의 가죽을

뚫는 것이 禮射에 해당된다. 그러므로 鄕大夫가 다섯 가지 일로 백성에게 물을 때 세 번째가 主皮라고 한 것이 이것이다.

四黃既駕하니 **兩驂[1)]不猗**로다

1) 驂 : 수레를 모는 네 마리 말 가운데 양쪽 가의 두 마리 말을 말한다. 가운데 두 마리는 服馬라고 한다.

네 마리 누런 말을 타고 가니
두 마리 驂馬가 기울지 않도다

【傳】 言御者之良也라

수레를 모는 사람이 뛰어남을 말한 것이다.

不失其馳어늘 **舍矢如破**로다

말 모는 법도를 잃지 않거늘
화살을 쏘아 물건을 부술 듯하도다

【傳】 言習於射御法也라

활을 쏘고 말을 모는 방법에 숙달되었음을 말한 것이다.

【箋】 箋云 御者之良은 得舒疾之中이라 射者之工은 矢發則中이 如椎破物也라

箋云 : 말 모는 사람은 실력이 뛰어나 속도가 법도에 맞을 수 있고, 활을 쏘는 자는 기교가 뛰어나 화살을 쏘면 적중해서 마치 쇠몽치로 물건을 깨뜨리는 것 같다.

【疏】 '四黃'至'如破' ○ 正義曰 : 王既會諸侯, 乃與之田. 言王乘四黃之馬既駕矣, 兩驂之馬不相依猗. 御者節御此馬, 令不失其馳驟之法. 故令射者舍放其矢, 則如椎破物, 能中而駃也. 言御良射善, 所以美之.

經의 〔四黃〕에서 〔如破〕까지

○ 正義曰 : 왕이 제후들과 회동하고 나서 그들과 함께 사냥한 것이다. 말하자면 왕

이 멍에를 맨 네 마리 누런 말을 타고 가니 두 마리의 驂馬가 서로 기울지 않았다. 마부는 절도에 맞게 이 말을 몰아 말 달리는 법을 잃지 않게 하였다. 그러므로 활 쏘는 사람이 화살을 쏘면 마치 쇠몽치로 물건을 부수는 것 같이 적중하며 달릴 수 있게 한 것이다. 마부가 뛰어나고 활 쏘는 이도 뛰어남을 말해서 그들을 찬미한 것이다.

【疏】 ○ 箋'言御者之良' ○ 正義曰：駟(鐵)〔驖〕[1]云 "六轡在手." 箋云 "言馬之良." 此云御良者, 雖馬御相須, 而設文有意. 彼云"在手", 主說馬良不用御者之力, 故言"在手"而已. 此云驂不相猗, 乃御者使之然, 故云御良. 各觀其文而爲說也.

1) (鐵)〔驖〕: 저본에는 '鐵'로 되어 있으나, ≪詩經≫〈秦風 駟驖〉에 의거하여 '驖'로 바로잡았다.

○ 箋의〔言御者之良〕

○ 正義曰：〈秦風 駟驖〉의 "여섯 가닥 고삐가 손에 있다.〔六轡在手〕"라는 글에 대한 鄭箋에 "말의 뛰어남을 말한 것이다."라고 하였는데, 여기서 "말 모는 자가 뛰어나다." 라고 말한 것은, 비록 말과 마부가 서로 의존하더라도 문장을 구성함에는 의미가 있기 때문이다. 〈진풍 사철〉에서 "손에 있다."고 한 것은, 말이 뛰어나서 마부의 능력을 사용하지 않았다는 것을 위주로 설명한 것이다. 그러므로 "손에 있다."라고 말한 것일 뿐이다. 이 6장에서 驂馬가 서로 기울지 않는다고 한 것은, 곧 마부가 그렇게 만든 것이므로 '마부가 뛰어나다'고 말한 것이다. 각각 그 문장을 보고서 설명한 것이다.

蕭蕭馬鳴이며 **悠悠旆旌**이로다

이히힝 이히힝 말이 울며
펄럭펄럭 휘날리는 깃발이로다

【傳】 言不讙譁也라

시끄럽지 않음을 말한 것이다.

徒御不驚이며 **大庖不盈**이로다

손수레꾼과 마부가 경계하며
왕의 부엌에는 가득 차 있도다

【傳】徒는 輦也요 御는 御馬也라 不驚은 驚也요 不盈은 盈也라 一曰乾豆요 二曰賓客이요 三曰充君之庖라 故自左膘而射之하여 達于右腢(우)가 爲上殺이요 射(석)右耳本이 次之요 射(석)左髀가 達于右髃(요)가 爲下殺이라 面傷不獻하고 踐毛不獻하고 不成禽不獻하며 禽雖多나 擇取三十焉이요 其餘以與大夫士하여 以習射於澤宮이라 田雖得禽이라도 射不中이면 不得取禽이요 田雖不得禽이라도 射中이면 則得取禽이니 古者以辭讓取요 不以勇力取라

徒는 수레이고, 御는 말을 모는 것이다. 不驚은 경계하는 것이고, 不盈은 가득 찬 것이다. 〈천자는 전쟁이나 흉사가 없으면 1년에 세 차례 사냥을 하는데,〉 첫 번째는 제기를 채울 마른 육포를 마련하기 위해서이고, 두 번째는 賓客을 대접하기 위해서이며, 세 번째는 임금의 부엌을 채우기 위해서이다. 그러므로 왼쪽 옆구리로 쏘아 오른쪽 어깻죽지를 관통하는 것이 上等인 上殺이 되고, 오른쪽 귀밑을 쏘는 것이 그 다음 등급이 되며, 왼쪽 넓적다리로 쏘아 오른쪽 갈비뼈를 관통하는 것이 下等인 下殺이 된다.

얼굴에 상처난 것은 바치지 않고, 털이 벗겨진 것은 바치지 않으며, 다 자라지 않은 것은 바치지 않는다. 잡은 짐승이 많더라도 30마리를 선별해서 취하고, 그 나머지는 大夫와 士에게 주어서 澤宮에서 활쏘기를 익히도록 하였다. 사냥에서 짐승을 잡더라도 활을 쏘아 명중시키지 못하면 짐승을 취할 수 없고, 사냥에서 짐승을 잡지 못했더라도 활을 쏴서 명중시키면 짐승을 취할 수 있다. 옛날에는 辭讓함으로 취하였고 勇力으로 취하지 않았다.

【箋】箋云 不驚은 驚也요 不盈은 盈也는 反其言하여 美之也라 射右耳本은 射當爲達이라 三十者는 每禽三十也라

箋云 : 〈毛傳에서〉 '不驚은 경계하는 것이고, 不盈은 가득한 것이다.'라고 한 것은, 말을 반대로 해서 찬미한 것이다. '射右耳本'의 射는 達이 되어야 한다. 30이라는 것은 짐승마다 30마리라는 것이다.

【疏】'蕭蕭'至'不盈' ○ 正義曰 : 言王之田獵, 非直射良御善, 又軍旅齊肅, 唯聞蕭蕭然馬鳴之聲, 見悠悠然旆旌之狀, 無敢有讙嘩者. 徒行輓輦者, 與車上御馬者, 豈不警戒乎, 言以相警戒也. 君之大庖, 所獲之禽, 不充滿乎, 言充滿也.

經의 〔蕭蕭〕에서 〔不盈〕까지

○ 正義曰 : 말하자면 왕이 사냥할 때 단지 활 쏘는 이가 뛰어나고 마부가 뛰어날 뿐

만 아니라 또 군대가 엄정해서, 단지 이히힝 하는 말 울음소리만 들리고 펄럭이는 깃발의 모습만 보일 뿐 감히 떠드는 사람이 없었다는 것이다. 손수레를 끄는 보병과 수레 위에서 말을 모는 마부가 어찌 경계하지 않겠는가라고 한 것은 서로 경계함을 말한 것이고, 군주의 큰 부엌에는 잡은 짐승이 가득하지 않겠는가라고 한 것은 가득 찼음을 말한 것이다.

【疏】 ○ 傳'徒輦'至'力取' ○ 正義曰：諸徒皆爲徒行, 此獨以爲輦者, 釋訓云"徒御不驚, 輦者也." 爾雅特釋此文, 故依而爲說. 地官鄕師云"大軍旅會同, 治其輦." 注云"輦人輓行, 所以載任器也. 止以爲蕃營. 司馬法[1]'輦有一斧一斤一鑿一梩. 周輦加二板二築, 夏后氏二十人而輦, 殷十八人而輦, 周十五人而輦.'" 是會田獵, 人輓輦以徒行也. 徒既爲輦者, 故御爲御馬者也. 以此美宣王之歌, 故知不驚不盈, 聲而疊之. 故箋'反其言, 美之', 此爲美之深者也. 鄭於此申毛者, 反'鄂不韡韡'[2]不從毛說, 以上未有此比, 故於是言之, 明以後此類皆然矣. 傳又因經'大庖不盈', 廣言殺獸充庖之事. '一曰乾豆', 謂第一上殺者, 乾足以爲豆實, 供宗廟也. '二曰賓客', 謂第二殺者, 別之以待賓客也. '三曰充君之庖', 謂第三下殺者, 取之以充實君之庖廚也. 君尊宗廟, 敬賓客, 故先人而後己, 取其下也. 又分別殺之三等. 故自左膘而射之, 達過於右肩髃, 爲上殺, 以其貫心死疾, 肉最絜美, 故以爲乾豆也. '射右耳本', 箋云'射當爲達'. 亦自左射之, 達右耳本而死者, 爲次殺, 以其遠心, 死稍遲, 肉已微惡, 故以爲賓客也. 不言自左者, 蒙上文可知. 射左股髀, 而達過於右脅髃, 爲下殺, 以其中脅, 死最遲, 肉又益惡, 充君之庖也. 凡射獸, 皆逐後, 從左廂而射之. 達於右髃, 言'射左髀', 則上殺達於右腢, 當自左脅也. 次殺右耳本, 當自左肩腢也. 不言自左, 擧下殺之射左髀, 可推而知也. 王制及公羊·穀梁皆云"充君之庖", 無廚字, 鄭云"庖, 今之廚", 則傳本亦無廚字, 廚, 衍字也. 定本亦無廚字. 箋知射當爲達者, 以射必自左, 不得從右而射, 且與上下不類, 故知當爲達也. '面傷不獻'者, 謂當面射之. '翦毛不獻', 謂在傍而逆射之. 二者皆爲逆射. 不獻者, 嫌誅降之義. '不成禽不獻'者, 惡(오)其害幼少. 此不能使獵者無之, 自君所不取, 以示敎法耳. '禽雖多, 擇取三十焉.' 鄭云'三十者, 每禽三十.' 以君之獵, 不宜諸種止取三十, 故以爲每禽焉. 則宗廟·賓客·君庖各十也. 其餘每禽三十之外, 以與卿大夫士, 習射澤宮, 所以班餘獲射也. 不言諸侯, 諸侯不常在. 卿大夫尙得與射, 諸侯在射, 可知也. 以大獸公之, 非復己物. 君賜使射, 故非中不取. 言嚮者田獵所取, 用勇

力, 今射者, 禮樂所取, 用辭讓也. 此當有成文, 書傳[3]・穀梁傳與此略同.

1) 司馬法 : 춘추시대 齊나라 사람인 司馬穰苴가 쓴 兵法書이다. 해설서로 明나라의 劉寅이 지은 ≪司馬法直解≫가 있다.

2) 鄂不韡韡 : 毛亨과 鄭玄의 해설이 다르다. ≪詩經≫ 〈小雅 常棣〉의 "아가위 꽃이여, 밖으로 드러나 어찌 환하게 빛나지 않는가.〔常棣之華 鄂不韡韡〕"라고 풀이한 것은 모형의 해석이다. 모형은 "鄂은 꽃이 피어나는 모습으로, 말하자면 밖으로 드러나는 것이다. 韡韡은 밝게 빛남이다.〔鄂猶鄂鄂然 言外發也 韡韡光明也〕"라고 하였고, 不은 豈不의 의미로 보았다. 정현은 "아가위 꽃이여, 꽃받침이 환하게 빛나는구나"라고 풀이하였는데, 정현은 "꽃을 받들고 있는 것을 鄂(꽃받침)이라 한다. 不는 柎가 되어야 하니 柎는 꽃받침 다리이다. 꽃받침 다리가 꽃의 환한 빛을 가지면 활짝 펴진다.〔承華者曰鄂 不當作柎 柎 鄂足也 鄂足得華之光明 則韡韡然盛〕"라고 하였다. 모형은 不을 豈不, 정현은 柎로 풀이하였다.

3) 書傳 : 漢나라 경학자 伏生이 지었다는 ≪尙書≫ 해설서인 ≪尙書大傳≫을 말한다.

○ 傳의 〔徒輦〕에서 〔力取〕까지

○ 正義曰 : 대부분의 徒는 모두 걸어가는 것인데, 여기서 유독 輦車를 끌고 가는 것이라고 한 것은, ≪爾雅≫ 〈釋訓〉에서 "〈이 시의〉 '徒御不驚'에서 徒는 輦을 끌고 가는 사람이다."라고 하였기 때문이다. ≪이아≫ 〈석훈〉에서 특별히 이 문장을 풀이하였으므로, 〈毛傳에서〉 그대로 따라서 해설을 만든 것이다. ≪周禮≫ 〈地官 鄕師〉에서 "큰 군대가 회동할 때에는 그 輦車를 정비한다."라고 하였는데, 鄭玄의 注에 "연거는 사람이 끌고 가는데 짐과 무기를 싣기 때문이다. 머무는 곳을 〈임시로 머무는 야외 숙영지인〉 蕃營로 삼는다. ≪司馬法≫에 '연거에는 斧 하나, 斤 하나, 鑿 하나, 梩 하나를 싣는다. 周나라 연거에는 널빤지 2개 築 2개를 더 싣는다. 夏后氏는 20명이 연거를 끌고, 殷나라는 18명이 연거를 끌고, 周나라는 15명이 연거를 끌었다.'라고 했다."라고 하였다. 여기서는 사냥터에 모일 때 사람들이 연거를 끌고 걸어서 간 것이다. 徒를 이미 연거를 끄는 사람으로 해석했으므로, 御는 말을 모는 마부로 해석했다.

〈車攻〉이 宣王을 찬미한 노래이기 때문에, 不驚과 不盈이 좋은 명성을 거듭한 것임을 알 수 있다. 그러므로 鄭箋에서는 '그 말을 반대로 해서 찬미한 것이다.〔反其言 美之也〕'라고 하였으니, 이것은 깊이 찬미한 것이다. 정현은 여기서는 毛亨의 뜻을 거듭 펴서 밝혔는데, 도리어 '鄂不韡韡'에서는 모형의 說을 따르지 않았고 위에서는 이러한 例가 없었으므로 여기에서 말하여 이후로 이러한 종류는 모두 그렇다는 것을 밝혔다.

毛傳에서는 또 經文에서 '大庖不盈'이라고 한 것을 근거로, 잡은 짐승으로 부엌을 충당하는 일에 대해 광범위하게 말하였다. 〈천자가 1년에 세 차례 사냥하는 이유는〉 '첫 번째는 제기를 채울 마른 육포를 마련하기 위해서이다.〔一曰乾豆〕'라고 한 것은 제1등급은 말려서 제기에 올릴 제수로 만들어 종묘에 바칠 수 있음을 말한 것이고, '두 번째는 賓客을 대접하기 위해서이다.〔二曰賓客〕'라고 한 것은 제2등급은 1등급과 구별해서 빈객을 접대하는 것을 말한 것이며, '세 번째는 임금의 부엌을 채우기 위해서이다.〔三曰充君之庖〕'라고 한 것은 제3등급은 취해서 임금의 부엌을 채울 수 있다는 것을 말한 것이다. 임금은 종묘를 존숭하고 빈객을 공경하므로 남을 앞세우고 자신을 뒤로 하는데, 자신을 낮추는 뜻을 취한 것이다.

또 죽인 것을 三等으로 분별하였으므로 왼쪽 옆구리로 쏘아 오른쪽 어깻죽지를 관통하는 것이 上等인 上殺이 되는 것은, 화살이 심장을 관통해서 죽는 것이 빠르면 육질이 가장 청결하고 맛이 있기 때문에 이것으로 乾豆(제기에 올리는 마른 육포)를 만드는 것이다. 모전의 '射右耳本'에 대해, 鄭箋에서는 '射는 達이 되어야 한다.'라고 하였다. 또한 왼쪽 몸통으로 쏘아서 오른쪽 귀밑을 관통해서 죽이는 것이 中等인 次殺이 되는 것은, 맞힌 곳이 심장과 멀어 죽는 것이 조금 더뎌 육질이 이미 조금 나빠졌기 때문에, 이것으로 빈객을 접대하는 것이다. '왼쪽으로'라고 말하지 않은 것은 윗글을 이어받았기 때문임을 알 수 있다. 왼쪽 넓적다리로 쏘아 오른쪽 갈비뼈를 관통하는 것이 下等인 下殺이 되는 것은, 갈비뼈에 맞아서 죽는 것이 가장 더뎌 육질이 또 더 나빠지기 때문에, 임금의 부엌에 충당되는 것이다.

일반적으로 짐승을 쏠 때는 모두 짐승의 뒤를 좇아가서, 왼쪽 몸통으로 쏘아 오른쪽 갈비뼈를 관통시킨다. 왼쪽 넓적다리로 쐈다라고 말하였으니, 上殺은 오른쪽 어깨죽지를 관통한 것이며, 당연히 왼쪽 옆구리로 쏜 것이다. 次殺은 오른쪽 귀밑을 관통한 것이니, 당연히 왼쪽 어깻죽지로 쏜 것이다. '왼쪽으로'라고 말하지 않아도, 下殺의 '왼쪽 넓적다리로 쐈다.〔射左髀〕'라고 한 것을 들어 추측해서 알 수 있다.

≪禮記≫ 〈王制〉, ≪春秋公羊傳≫, ≪春秋穀梁傳≫에는 모두 "임금의 부엌을 채운다.〔充君之庖〕"라고 해서 廚자가 없고, 鄭玄이 "庖는 지금의 廚이다."라고 하였으니, 毛傳에도 역시 廚자가 없으니 廚는 衍字이다. ≪五經定本≫에도 역시 廚자가 없다. 정현이 '射右耳本'의 射이 마땅히 達이 되어야 한다는 것을 안 이유는, 활을 쏠 때 반드시 왼쪽 몸통으로 쏘니 오른쪽에서 맞힐 수 없고, 또 위 아래의 문장과 같지 않기 때문

에, 射은 당연히 達이 되어야 한다는 것을 안 것이다.

'얼굴에 상처난 것은 바치지 않는다.'라고 한 것은 얼굴에 대고 쏜 것을 말한다. '털이 벗겨진 것은 바치지 않는다.'라고 한 것은 옆에서 원칙을 벗어나 아무렇게나 쏜 것을 말한다. 얼굴에 상처를 입힌 것과 털이 벗겨진 것은 모두 원칙을 벗어나 아무렇게나 쏜 逆射가 된다. 그것을 바치지 않는 것은 함부로 죽였다는 혐의를 피한다는 뜻이다. '어린 짐승을 바치지 않는다.'라는 것은 어린 짐승을 해치는 것을 싫어해서이다. 이러한 원칙은 사냥하는 사람이 없어서는 안될 것이며, 임금이 있는 곳에서 〈이런 짐승을〉 취하지 않는 것은 본보기를 보이려고 하는 것일 뿐이다.

'잡은 짐승이 많더라도 30마리를 선별해서 취한다.'라고 한 것에 대해, 鄭玄은 '30이라는 것은 짐승마다 30마리이다.〔三十者 每禽三十〕'라고 한 것은, 임금이 사냥할 때 여러 종류의 짐승을 단지 30마리만 취하는 것은 마땅하지 않으므로 '每禽'이라고 하였으니, 宗廟・賓客・임금의 주방에 각각 10마리씩 돌아간다.

짐승마다 30마리를 취하고 남은 것을 卿・大夫・士에게 주어서 澤宮에서 활쏘기를 익히게 했다고 한 것은 포획물을 나누어주려고 했기 때문이다. 諸侯를 말하지 않은 것은 제후는 항상 있지 않기 때문이다. 卿과 大夫가 아직 활쏘기에 참여할 수 있으면 제후도 활쏘는 곳에 있음을 알 수 있다.

큰 짐승을 공공의 소유로 여기고 다시 자기의 물건으로 여기지 않는다. 임금이 하사해서 활을 쏘게 한 것이므로 명중시킨 것이 아니면 짐승을 취하지 못한다. 말하자면 저번 사냥에서 짐승을 취한 것은 勇力을 사용한 것이지만, 지금 활쏘기를 하는 것은 禮樂으로 취하는 것이니 辭讓을 사용하기 때문이다. 이것은 관련된 글이 당연히 있었을 것이다. ≪尙書大傳≫과 ≪春秋穀梁傳≫도 이것과 대략 같다.

之子于征하니 **有聞無聲**이로다

宣王이 정벌하러 가니
좋은 소문만 있고 시끄러운 소리는 없도다

【傳】有善聞而無讙譁之聲이라

좋은 소문만 있고 시끄러운 소리는 없는 것이다.

【箋】箋云 晉人伐鄭이어늘 陳成子救之에 舍於柳舒之上하니 去穀七里로되 穀人不知하니 可謂有聞無聲이라

箋云 : 晉나라 사람들이 鄭나라를 정벌하자 陳成子가 정나라를 구원하려고 할 적에 柳舒에 주둔하였다. 穀 땅과는 거리가 7리였으나 穀 땅의 사람들이 알지 못하였으니, 좋은 소문만 있지 시끄러운 소리는 없다고 이를 만하다.

允矣君子여 展也大成이로다

신실한 군자여
참으로 太平을 이루리라

【箋】箋云 允은 信이요 展은 誠也라 大成은 謂致太平也라

箋云 : 允은 '신실하다'이고, 展은 '참되다'이다. 大成은 太平을 이룬다는 말이다.

【疏】'之子'至'大成' ○ 毛以爲"是從王往行, 群臣有善聞, 而率其所部, 無諠譁之聲. 王能使所從若是, 信矣君子. 宣王誠實也, 其功大成, 言太平也." ○ 鄭以之子斥宣王爲異耳.

經의 〔之子〕에서 〔大成〕까지
○ 毛亨은 "왕을 시종하고 행차하는데 여러 신하에게 좋은 소문만 있고, 휘하 부대를 거느려도 시끄러운 소리가 없다. 왕이 시종하는 신하로 하여금 이와 같이 할 수 있었으니 신실한 군자이다. 宣王은 성실해서 그 공로를 크게 이룰 것이니, 말하자면 太平을 이룰 것이다."라고 여긴 것이다.
○ 鄭玄은 '之子'가 '宣王'을 가리키는 것으로 여긴 것이 모형의 해석과 다르다.

【疏】○ 箋'晉人'至'無聲' ○ 正義曰 : 事在哀二十七年, 左傳曰"晉荀瑤伐鄭, 次于桐(曰)〔丘〕[1), 鄭駟弘請救于齊. 陳成子救鄭, 及留舒, 違穀七里, 穀人不知." 是其事也. 留・柳不同, 蓋所據書異. 穀本齊邑, 而引之者, 證無聲也.

1) (曰)〔丘〕: 저본에는 '曰'로 되어 있으나, ≪春秋左氏傳≫ 哀公 27년 기사에 의거하여 '丘'로 바로잡았다.

○ 箋의 〔晉人〕에서 〔無聲〕까지

○ 正義曰 : 이 사건은 哀公 27년에 있었는데, ≪春秋左氏傳≫에서 "晉나라 荀瑤가 鄭나라를 토벌하려고 桐丘에 주둔하였다. 鄭나라 駟弘이 齊나라에 구원을 청하자, 제나라 陳成子가 정나라를 구원하고자 留舒에 도착하였는데, 穀과의 거리가 7리가 되어 穀 땅의 사람들이 제나라 군대가 온 것을 알지 못하였다."라고 한 것이 그 사건이다. 留와 柳가 같지 않은 것은 대개 근거한 서책이 다르기 때문이다. 穀은 본래 齊邑인데, 이것을 인용한 것은 '無聲'을 증명하기 위해서이다.

車攻八章이니 **章四句**라

〈車攻〉 8章이니 章마다 4句이다.

吉日 (길일)

【序】 吉日은 **美宣王田也**라 **能愼微接下**하여 **無不自盡以奉其上焉**이라

〈吉日〉은 宣王의 사냥을 찬미한 詩이다. 宣王이 하찮은 일도 신중히 하고 은혜로 아랫사람을 대하였으므로, 아랫사람이 스스로 誠心을 다하여 그 임금을 섬기지 않음이 없었다.

【疏】 '吉日(四章章六句)' 至'其上焉' ○ 正義曰 : 作吉日詩者, 美宣王田獵也, 以宣王能愼於微事, 又以恩意接及群下, 王之田獵能如是, 則群下無不自盡誠心以奉事其君上焉. 由王如此, 故美之也. '愼微', 卽首章上二句是也. '接下', 卒章下二句是也. 四章皆論田獵, 言田足以摠之. (時)〔特〕[1]述此愼微接下二事者, 以天子之務, 一日萬機, 尙留意於馬祖[2]之神, 爲之祈禱, 能謹愼於微細也. 人君遊田, 或意在適樂, 今王求禽獸, 唯以給賓, 是恩隆於群下也. 二者, 人君之美事, 故特言之也. 下無不自盡以奉其上, 述宣王接下之義, 於經無所當也.

1) (時)〔特〕: 저본에는 '時'로 되어 있으나, 阮元의 校勘記에 의거하여 '特'으로 바로잡았다.
2) 馬祖 : 말에 관한 정사를 관장하는 별자리로 天駟星 또는 房宿라고 한다.

序의 〔吉日〕에서 〔其上焉〕까지

○ 正義曰 : 〈吉日〉 詩를 지은 것은 宣王의 田獵을 찬미한 것이다. 宣王이 하찮은 일도 신중히 하고 또 은혜로운 마음으로 아랫사람을 대하여 宣王의 전렵이 이와 같았으니, 아랫사람이 스스로 성심을 다하여 그 임금을 섬기지 않음이 없었다. 선왕이 이와 같이 했기 때문에 이를 찬미한 것이다.

'하찮은 일을 신중히 한 것〔愼微〕'은 첫 章의 위 두 句가 이 내용이고, '은혜로 아랫사람을 대한 것〔接下〕'은 마지막 장의 아래 두 구가 이 내용이다. 4장에 모두 전렵을 논한 것은 전렵을 말해서 이 두 가지 일을 총괄한 것이다.

특별히 '愼微'와 '接下' 두 가지를 기술한 것은, 천자의 일은 하루에도 만 가지 정사를 주재하는데도 馬祖의 신에게 주의를 기울여 그를 위해 기도하니, 이것이 하찮은 일을 신중히 하는 것이고, 왕이 사냥하는 것은 간혹 의도가 적당하게 즐기는 것에 있는데 지금의 왕이 짐승을 잡는 것은 오직 빈객을 대접하는데 있으니, 이것이 은혜가 아랫사람들에게 융숭하게 미치는 것이다. '愼微'와 '接下' 두 가지는 人君의 아름다운 일이므로 특별히 말한 것이다.

아랫사람이 스스로 성심을 다하여 그 임금을 섬기지 않음이 없다고 한 것은 선왕이 아랫사람을 은혜로 대한 뜻을 진술한 것이고, 經文에는 해당하는 구절이 없다.

吉日維戊에 **旣伯旣禱**하니

길일인 戊日에
馬祖에게 기도하니

【傳】 維戊에 順類乘牡也라 伯은 馬祖也라 重物愼微하여 將用馬力호되 必先爲之禱其祖라 禱는 禱獲也라

戊日에는 剛柔의 부류를 따라 수말을 탄다. 伯은 馬祖이다. 말이라는 동물을 중시하고 하찮은 일도 신중히 해서, 말의 힘을 사용하되 반드시 먼저 말을 위해 馬祖에게 기도를 한다. 기도는 짐승을 잡는 것을 기도하는 것이다.

【箋】 箋云 戊는 剛日[1]也라 故乘牡爲順類也라

1) 剛日 : 天干 중 一, 三, 五, 七, 九에 해당하는 甲, 丙, 戊, 庚, 壬 5일은 陽剛에 속하

므로 剛日이라 한다. 二, 四, 六, 八, 十에 해당하는 乙, 丁, 己, 辛, 癸 5일은 陰柔에 속하므로 柔日이라고 한다. 《禮記》 〈曲禮 上〉에 "바깥 일은 강일을 가려서 하고, 집안일은 유일을 가려서 한다.〔外事以剛日 內事以柔日〕"라고 하였다. 外事는 郊祭, 出兵, 田獵이고, 內事는 畿內에서 벌어지는 일을 말한다.

箋云 : 戊는 剛日이다. 그러므로 수말을 타는 것이 剛柔의 부류를 따르는 것이다.

田車既好하며 **四牡孔阜**어늘

升彼大阜하여 **從其群醜**로다

사냥하는 수레가 좋으며
네 마리 말이 매우 건장하거늘
저 큰 언덕에 올라
짐승들을 쫓아다니도다

【箋】 箋云 醜는 **衆也**라 **田而升大阜**는 **從禽獸之群衆也**라

箋云 : 醜는 '많다'이다. 사냥할 때 큰 언덕을 올라가는 것은 무리 지어 있는 짐승들을 쫓아가기 위해서이다.

【疏】'吉日'至'群醜' ○ 正義曰 : 言王於先以吉善之日維戊也, 於馬祖之伯既祭之求禱矣, 以田獵當用馬力, 故爲之禱祖, 求其馬之强健也. 田獵之車既善好, 四牡之馬甚盛大, 王乃乘之, 升彼大陵阜之上, 從逐其群衆之禽獸. 言車牢馬健, 故得歷險從禽, 是由禱之故也.

經의 〔吉日〕에서 〔群醜〕까지

○ 正義曰 : 왕이 먼저 길하고 좋은 날인 戊日에 馬祖에게 제사를 올리고 나서 祈禱를 하는 것은, 田獵할 때는 말의 힘을 사용해야 하므로 마조에게 기도해서 말의 강건함을 구하려고 하였음을 말한 것이다. 또 전렵하는 수레가 좋고 말 네 필도 매우 건장하니, 왕이 이것을 타고 저 큰 언덕 위에 올라 무리 지어 있는 짐승을 쫓는다는 것이다. 사냥용 수레가 견고하고 말이 튼튼하므로 험한 곳을 지나 짐승을 쫓을 수 있으니, 이것이 마조에게 기도를 하는 까닭이라고 말한 것이다.

【疏】○ 傳'維戊'至'禱獲' ○ 正義曰：馬, 國之大用, 王者重之. 故夏官校人"春祭馬祖, 夏祭先牧, 秋祭馬社, 冬祭馬步." 注云"馬祖, 天駟. 先牧, 始養馬者. 馬社, 始乘馬者. 馬步, 神爲災害馬者." 旣四時各有所爲祭之. 馬祖祭之在春, 其常也, 而將用馬力, 則又用彼禮以禱之. 祭必用戊者, 日有剛柔, 猶馬有牝牡, 將乘牡馬, 故禱用剛日. 故云"維戊, 順其剛之類而乘牡馬." 知'伯, 馬祖'者, 釋天云"旣伯旣禱, 馬祭也." 爲馬而祭, 故知馬祖謂之伯. 伯者, 長也, 馬祖始是長也. 鄭云"馬祖, 天駟." 釋天云"天駟, 房也." 孫炎曰"龍爲天馬, 故房四星謂之天駟." 鄭亦引孝經說[1]曰"房爲龍馬", 是也. 言'重物愼微'者, 重其馬之爲物, 愼其祭之微者, 將用馬力, 必先爲之禱其祖, 是謹愼其微細也. 言'禱獲'者, 爲田而禱馬祖, 求馬强健, 則能馳逐獸而獲之.

1) 孝經說：≪周禮≫, ≪說文解字≫, 鄭玄의 注에 자주 인용되는 書名이다. 누구의 저서인지는 밝혀지지 않았고, 저작 시기는 春秋時代로 여겨진다.

○ 傳의 〔維戊〕에서 〔禱獲〕까지

○ 正義曰：말은 나라에서 크게 사용되는 짐승이므로, 왕이 된 사람은 말을 중요시한다. 그러므로 ≪周禮≫ 〈夏官 校人〉에서 "봄에는 馬祖를 제사 지내고, 여름에는 先牧을 제사 지내고, 가을에는 馬社를 제사 지내고, 겨울에는 馬步를 제사 지낸다."라고 하였는데, 鄭玄의 注에 "馬祖는 天駟이다. 先牧은 처음으로 말을 기른 사람이다. 馬社는 처음으로 말을 탄 사람이다. 馬步는 말의 재해를 없애주는 神이다."라고 하였다. 사계절에 각각 그를 위해 지내는 제사가 있다.

馬祖를 봄에 제사 지내는 것이 원칙이며, 말의 힘을 사용할 때에는 또 봄에 제사 지내는 예로써 기도를 한다. 제사를 반드시 戊日에 지내는 것은, 日에는 剛日과 柔日이 있어서 말에 암말과 수말이 있는 것과 같으니, 수말을 타야 하므로 剛日에 기도를 하는 것이다. 그러므로 毛亨이 "戊日에는 剛柔의 類를 따라 수말을 탄다."라고 하였다.

'伯이 馬祖'임을 알 수 있는 것은, ≪爾雅≫ 〈釋天〉에서 "伯에게 기도하는 것은 馬祭이다."라고 하였는데, 이 시에서 말을 위해 제사 지내므로 馬祖를 伯이라고 했다는 것을 알 수 있다. 伯은 '우두머리'이니, 馬祖는 처음으로 말의 우두머리가 된 것이다. 〈≪주례≫ 〈하관 교인〉의 주에서〉 정현이 "馬祖는 天駟이다."라고 한 것은, ≪이아≫ 〈석천〉에 "天駟는 房宿이다."라고 하였는데, 그 주에서 孫炎이 "龍이 天馬이므로 房宿의 별 넷을 天駟라고 한다."라고 하고, 정현 또한 ≪孝經說≫을 인용하여 "房宿가 龍馬이다."라고 한 것이 이것이다.

〈毛亨이〉 '重物愼微'라고 말하였는데, 重物은 말이라는 동물을 중시하는 것이고, 愼微는 제사 중에 하찮은 것을 신중히 하는 것이다. 말의 힘을 사용하려 할 때 반드시 먼저 말의 조상에게 기도를 올렸으니, 이것이 하찮은 일을 신중히 하는 것이다. 毛亨이 '禱獲'이라고 말한 것은, 사냥할 때 馬祖에게 기도해서 강건한 말을 구하면, 말을 달려 짐승을 쫓아서 포획할 수 있기 때문이다.

吉日庚午에 **旣差我馬**하여

길일인 庚午日에
나의 말을 골라

【傳】 外事以剛日이라 差는 擇也라

外事는 剛日에 한다. 差는 '택하다'이다.

獸之所同에 **麀鹿麌麌**(우)한

짐승이 모여 있는 곳에
암사슴과 수사슴이 우글거리니

【傳】 鹿牝曰麀라 麌麌는 衆多也라

암사슴을 麀라고 한다. 麌麌는 '많다'의 뜻이다.

【箋】 箋云 同猶聚也라 麕(牝)〔牡〕[1]曰麌라 麌復麌는 言多也라

1) (牝)〔牡〕: 저본에는 '牝'으로 되어 있으나, 阮元의 校勘記에 의거하여 '牡'로 바로잡았다.

箋云 : 同은 聚와 같다. 수노루를 麌라고 한다. 麌에 麌를 다시 붙인 것은 '많다'고 말한 것이다.

漆沮之從이여 **天子之所**로다

漆水와 沮水에서 쫓아
천자의 사냥터로 몰도다

【傳】漆沮之水에 麀鹿所生也니 從漆沮驅禽하여 而(致)〔至〕[1]天子之所라

1) (致)〔至〕: 저본에는 '致'로 되어 있으나, 阮元의 校勘記에 의거하여 '至'로 바로잡았다.

漆水와 沮水에 암사슴이 자라는 곳이 있으니, 漆水와 沮水를 따라 짐승을 몰아 천자가 있는 곳에 이르게 하는 것이다.

【疏】'吉日'至'之所' ○ 毛以爲"王以吉善之日庚午日也. 旣簡擇我田獵之馬, 擇取强者, 王乘以田也. 至於田所, 而又有禽獸. 其獸之所同聚者, 則麀之與鹿麌麌然衆多. 遂以驅逆之車,[1] 驅之於漆沮之傍, 從彼以至天子之所, 以獵有期處, 故驅禽從之也. 上言乘車升大阜, 下言獸在中原, 此云驅之漆沮, 皆見(현)獸之所在, 驅逐之事, 以相發明也." 鄭唯以麌爲獸名爲異耳.

1) 驅逆之車 : 첫째는 輕車이다. 〈秦風 駟驖〉의 鄭箋에서 "輕車, 驅逆之車也"라고 하였다. 둘째는 짐승 사냥용 수레이다. ≪周禮≫ 〈夏官 司馬〉에 "진을 치고 나서는 驅逆의 수레를 설치한다.〔旣陳 乃設驅逆之車〕"라고 하였다. 鄭玄의 注에서 "驅는 짐승을 나오게 해서 사냥터로 모는 것이다. 逆은 짐승을 맞이하여 달아나지 못하도록 하는 것이다.〔驅 出禽獸 使趨田者也 逆 逆要不得令走〕"라고 하였다. 여기서는 사냥용 수레로 번역하였다.

經의 〔吉日〕에서 〔之所〕까지

○ 毛亨은 "왕이 길하고 좋은 날인 庚午日에 자신이 사냥에 탈 말을 가려 뽑되 건강한 말을 택해서 왕이 타고 사냥하러 갔다. 사냥터에 도착하니 또 짐승이 있었다. 짐승들이 함께 모여 있는 곳에는 암사슴과 수사슴이 떼를 지어 모여서 많았다. 마침내 사냥용 수레로써 漆水와 沮水에서 몰고 가 사슴을 쫓아 천자가 있는 곳에 도착하니, 사냥터로 기약한 곳이 있었으므로 짐승을 몰고서 따라간 것이다. 1장에서는 수레를 타고 높은 언덕에 오른다고 말하였고, 3장에서는 짐승이 中原에 있다고 말했으며, 여기서는 '칠수와 저수에서 몰고 간다'라고 하였으니, 모두 짐승이 있는 곳과 짐승을 몰고 가는 일을 드러내어 서로 분명하게 한 것이다."라고 여긴 것이다.

鄭玄은 단지 麌를 짐승 이름으로 본 것이 모형의 해석과 다르다.

【疏】○ 傳'外事'至'差擇' ○ 正義曰 '外事以剛日', 曲禮文也. 言此者, 上章順剛之類, 故言維戊. 擇馬不取順類, 亦用庚爲剛日, 故解之, 由擇馬是外事故也. 莊二十九年左傳

曰 "凡馬, 日中而出, 日中而入." 則秋分以至春分, 馬在廐矣. 擇馬不必在廐, 得爲外事者, 馬雖在廐, 擇則調試善惡, 必在國外故也. 禮記注外事內事皆謂祭事.[1] 此擇馬非祭, 而得引此文者, 彼雖主祭事, 其非祭事, 亦以內外而用剛柔, 故斷章引之也. 庚則用外, 必用午日者, 蓋於辰午爲馬故也. '差, 擇', 釋詁文.

1) 禮記注外事內事皆謂祭事 : ≪禮記≫ 어떤 편의 주석인지 확실하지 않다.

○ 傳의 〔外事〕에서 〔差擇〕까지

○ 正義曰 : '外事以剛日'은 ≪禮記≫ 〈曲禮 上〉의 글이다. 이러한 내용을 말한 것은 1장에서 剛의 부류를 따랐기 때문에 '維戊'라고 말하였고, 말을 택할 때는 剛柔의 부류를 따른다는 의미를 취하지는 않았으나 역시 庚日이 剛日이므로 그렇게 풀이한 것이니, 말을 택하는 것이 外事이기 때문이다. ≪春秋左氏傳≫ 莊公 29년에 "말은 春分이 되면 牧地로 내보내고 秋分이 되면 우리로 몰아 들인다."라고 하였으니, 추분에서 춘분까지는 말이 마구간에 있다. 따라서 말을 택할 때 반드시 마구간에 있는 것은 아니니, 外事가 될 수 있는 것이다. 말이 비록 마구간에 있더라도 선택해서 말이 좋고 나쁨을 시험할 때는 반드시 도성 밖에 있어야 하기 때문이다. ≪禮記≫의 주에 外事와 內事는 모두 祭事를 말한다고 하였다. 여기서 말을 택하는 것은 祭事가 아닌데 이 글을 인용한 것은, ≪예기≫에서는 제사를 위주로 하였지만, 제사가 아닌 경우에도 역시 내사는 유일, 외사는 강일을 사용하므로 문장을 잘라서 인용한 것이다. 庚日에는 외사를 하는데 반드시 午日을 사용한 것은 대개 辰午가 말이기 때문이다. '差는 「택하다」이다.'는 ≪爾雅≫ 〈釋詁〉의 글이다.

【疏】 ○ 傳'鹿牝'至'衆多' ○ 正義曰 : 釋獸云 "鹿, (牝)〔牡〕[1]麚(가), 牝麀." 是'鹿牝曰麀'也. '麌(麋)〔麌〕,[2] 衆多', 與韓奕同[3], 則傳本作麌字.

1) (牝)〔牡〕: 저본에는 '牝'으로 되어 있으나, 今本 ≪爾雅≫ 〈釋獸〉에 의거하여 '牡'로 바로잡았다.

2) (麋)〔麌〕: 저본에는 '麋'로 되어 있으나, 阮元의 校勘記에 의거하여 '麌'로 바로잡았다.

3) 與韓奕同 : 今本 ≪詩經≫ 〈大雅 韓奕〉에는 "麀鹿噳噳"로 되어 있다.

○ 傳의 〔鹿牝〕에서 〔衆多〕까지

○ 正義曰 : ≪爾雅≫ 〈釋獸〉에서 "사슴은 수컷을 麚라고 하고, 암컷을 麀라고 한다."라고 하였으니, 이것이 '암사슴이 麀이다.'라고 한 것이다. 麌麌는 '「많다」의 뜻이다.'

라고 한 것은 ≪詩經≫ 〈大雅 韓奕〉과 같으니, 毛傳本에는 '麌'자로 되어 있다.

【疏】 ○ 箋'麕(牝)〔牡〕[1]'至'言多' ○ 正義曰：釋獸云 "麕, 牡麌, 牝(麜)〔麋(률)〕.[2]" 是'麕牡曰麌'也. 郭璞引詩曰 麀鹿麌(麜)〔麌〕,[3] "鄭康成解卽謂此也, 但重言耳." 釋文曰 "麕, 或作麏(균), 或作麇." 是爲'麇牡曰麌'也. 由麇之相類, 又承鹿(牡)〔牝〕之下. 本或作"麇牝"者, 誤也. 釋獸又云 "麎, 牡麔(구), 牝麎(신)." 下箋云 "祁當作麎. 麎, 麜牝"是也. 必易傳者, 以言獸之所同, 明獸類非一. 故知其所言者皆獸名. 下'其祁孔有', 傳訓祁爲大, 直云其大甚有, 不言獸名, 不知大者何物. 且釋獸有麎之名, 故易傳而從爾雅也. 注爾雅者某氏亦引詩云 "瞻彼中原, 其麎孔有", 與鄭同. 下箋云 '祁當作麎.' 此麌不破字,[4] 則鄭本亦作麌也.

1) (牝)〔牡〕: 저본에는 '牝'으로 되어 있으나, 阮元의 校勘記에 의거하여 '牡'로 바로잡았다. 아래도 같다.
2) (麜)〔麋(률)〕: 저본에는 '麜'로 되어 있으나, 阮元의 校勘記에 의거하여 '麋'로 바로잡았다. ≪爾雅≫ 〈釋獸〉에도 '麋'로 되어 있다.
3) (麜)〔麌〕: 저본에는 '麜'로 되어 있으나, ≪詩經≫ 〈小雅 吉日〉에 의거하여 '麌'로 바로잡았다.
4) 破字 : 글자의 의미를 주석하는 일종의 방법으로, 글자 본래의 뜻과 달리 해석하는 것을 말한다. ≪詩經≫ 〈魯頌 泮水〉의 '狄彼東南'에서 鄭玄은 "狄은 剔이 되어야 한다. 剔은 다스린다는 뜻이다.〔狄當作剔 剔 治也〕"라고 하였다. 孔穎達의 疏에 "毛亨은 破字의 이치가 없다. 〈大雅 瞻仰〉의 '舍爾介狄'에서 狄을 遠이라 하였으니, 〈노송 반수〉의 狄도 遠이다.〔毛 無破字之理 瞻仰傳以狄爲遠 則此狄亦爲遠也〕"라고 하였다.

○ 箋의 〔麕牡〕에서 〔言多〕까지

○ 正義曰：≪爾雅≫ 〈釋獸〉에 "노루는 수컷을 麌라고 하고, 암컷을 麋이라 한다."라고 하였으니, 이 때문에 '수노루를 麌라고 한다.〔麕牡曰麌〕'라고 하였다. 〈〈석수〉의 注에서〉 郭璞은 ≪詩經≫ 〈小雅 吉日〉의 '麀鹿麌麌'를 인용하면서 "鄭康成이 〈麌를〉 풀이한 것은 바로 이것을 말한 것이다. 다만 重言하였을 뿐이다."라고 하였다. ≪經典釋文≫ 〈爾雅音義〉에서 "麕은 麏으로도 되어 있고, 麇으로도 되어 있다."라고 하였으니, 이것은 '수노루를 麌라고 한다.'가 된다. 노루가 사슴과 서로 비슷하고, 또 암사슴의 다음을 이어받았기 때문에 어떤 판본에는 麌가 〈암노루인〉 '麇牝'으로 되어 있는데, 잘못된 것이다. 〈석수〉에서는 또 "〈큰사슴인〉 麜는 수사슴을 麔라고 하고, 암사슴을 麎이라고

한다."라고 하였는데, 아래 〈경문 '其祁孔有'의〉 鄭箋에서 "祁는 麎이 되어야 한다. 麎은 〈암컷 큰사슴인〉 麋牝이다."라고 한 것이 이것이다. 鄭玄이 굳이 毛亨과 해설을 달리한 것은, 짐승이 모여 있다고 말한 곳은 짐승 종류가 하나가 아니라는 것을 밝히려고 했기 때문이다. 그러므로 그곳에서 말한 것은 모두 짐승 이름이다. 아래 3장의 "큰 짐승이 매우 많이 있다.〔其祁孔有〕"에서 毛傳은 祁를 大로 풀이해서 곧바로 '그 큰 짐승이 매우 많다.〔其大甚有〕'라고 말하고, 짐승 이름을 말하지 않았으므로 大라는 것이 어떤 동물인지 알 수 없다. 또 ≪이아≫ 〈석수〉에 '麎'이라는 이름이 있으므로 毛傳의 해설을 바꿔서 〈석수〉를 따른 것이다. ≪이아≫를 주석한 某氏도 ≪詩經≫ 〈小雅 吉日〉의 "저 중원을 바라보니 암컷 큰사슴이 매우 많다.〔瞻彼中原 其麎孔有〕"라고 하였으니, 정현과 해설이 같다. 아래의 鄭箋에서 '祁는 麎이 되어야 한다.'라고 하였다. 여기서 麌를 다르게 해석하지 않았으니, 鄭玄本도 역시 麌로 되어 있다.

瞻彼中原하니 **其祁孔有**로다

저 중원을 바라보니

큰 짐승이 매우 많이 있도다

【傳】 祁는 大也라

祁는 '크다'이다.

【箋】 箋云 祁는 當作麎이라 麎은 麋牝也라 中原之野에 甚有之라

箋云 : 祁는 마땅히 '麎'이라고 써야 한다. 麎은 암컷 큰사슴이다. 중원의 들판에 그것이 매우 많이 있다.

儦儦(표표)**俟俟**하여 **或群或友**어늘

펄쩍펄쩍 뛰고 사뿐사뿐 걸으며

세 마리, 두 마리씩 무리 짓거늘

【傳】 趨則儦儦요 行則俟俟라 獸三曰群이요 二曰友라

달릴 때는 펄쩍펄쩍 뛰고, 걸을 때는 사뿐사뿐 걷는다. 짐승이 세 마리가 무리 짓는 것을 群이라고 하고, 두 마리가 무리 짓는 것을 友라고 한다.

悉率左右하여 以燕天子로다

모두 좌우로 짐승을 쫓아
천자를 편안히 기다리도다

【傳】驅禽之左右하여 以安待天子라

좌우로 짐승을 몰아 천자를 편안히 기다리는 것이다.

【箋】箋云 率은 循也라 悉驅禽하고 順其左右之宜하여 以安待王之射(석)也라

箋云 : 率은 '쫓다'이다. 모두 짐승을 몰고 좌우로 적당한 거리로 쫓아, 왕이 활을 쏴 맞히길 편안하게 기다리는 것이다.

【疏】'瞻彼'至'天子' ○ 毛以爲"視彼中原之野, 其諸禽獸大而甚有, 謂形大而多也. 故儦儦然有趨者, 俟俟然有行者. 其趨行或三三爲群, 或二二爲友, 是其甚有也. 旣而趨逆之車,[1] 驅而至於彼防, 虞人乃悉驅之, 循其左右之宜, 以安待天子之射也." ○ 鄭以爲, "視彼中原之野, 其麌牝之獸甚有之," 言中原甚有麌. 餘同.

1) 趨逆之車 : 짐승 사냥용 수레이다. 驅逆之車와 같은 수레로 여겨진다.

經의 〔瞻彼〕에서 〔天子〕까지

○ 毛亨은 "저 中原의 들판을 바라보니 그곳에 여러 짐승이 크고 매우 많다고 한 것은, 몸체가 크고 많음을 말한 것이다. 그러므로 펄쩍펄쩍 뛰는 짐승도 있고 사뿐사뿐 걷는 짐승도 있다. 달리거나 걸을 때 어떤 짐승은 셋씩 무리 짓고, 어떤 짐승은 둘씩 짝을 짓는다고 하였으니, 이것이 매우 많은 것이다. 이윽고 사냥용 수레를 몰고 사냥터 경계선에 도착하니 虞人이 짐승을 모두 몰고 좌우로 적당한 거리로 쫓아, 천자가 활을 싸서 맞히길 편안하게 기다리는 것이다."라고 여긴 것이다.

○ 鄭玄은 "中原의 들판을 바라보니 그곳에는 〈암컷 큰사슴인〉 麌牝이 매우 많이 있다."라고 해석해서, 중원에는 〈암컷 큰사슴인〉 麌이 매우 많다고 말하는 것으로 여겼다. 나머지는 같다.

【疏】○ 傳'趨則'至'二曰友' ○ 正義曰：上言多有諸獸，此宜說其行容. 獸行多疾，當先言其趨，故以趨則儦儦，行則俟俟. 周語曰"獸三爲群"，故二曰友. 友親於群，其數宜少. 易損卦六三云"一人行則得其友." 獸亦當然，故二曰友. 三曰群，謂自三以上，皆稱群，不必要三也.

○ 傳의 〔趨則〕에서 〔二曰友〕까지

○ 正義曰：윗장에서는 여러 짐승이 많이 있다고 말하였으니, 여기서는 짐승들이 움직이는 모습을 설명해야 한다. 짐승이 움직일 때는 빠른 것이 많으니 먼저 그 빠름을 말해야 하기 때문에 '달릴 때는 펄쩍펄쩍 뛰고, 걸을 때는 느릿느릿 걷는다.〔趨則儦儦 行則俟俟〕'라고 말했다. ≪國語≫ 〈周語 上〉에 "짐승이 세 마리이면 群이라고 한다.〔獸三爲群〕"라고 하였으므로, '두 마리가 무리 짓는 것을 友라고 한다.'라고 하였다. 友는 群보다 친하니, 그 수는 적은 것이 마땅하다. ≪周易≫ 損卦(䷨) 六三에 "한 사람이 가면 그 벗을 얻는다."라고 하였는데 짐승도 당연히 그러하므로, 두 마리를 友라고 한다고 하였다. '세 마리를 群이라고 한다.'라고 한 것은 세 마리 이상을 모두 群이라고 칭한다는 것이니, 반드시 세 마리라는 것은 아니다.

【疏】○ 傳'驅禽'至'天子' ○ 正義曰：此言'安待天子'，謂已入防中，乃虞人驅之. 故騶虞傳曰"虞人翼五豝，以待公之發." 駟(鐵)〔驖〕[1] 箋云"奉是時牡." 謂虞人與此待同也. 言驅禽之左右者，以禽必在左射之，或令左驅令右，皆使天子得其左廂之便. 以其未明，故箋又申之云"循其左右之宜，以安待王之射."

1) (鐵)〔驖〕：저본에는 '鐵'로 되어 있으나, ≪詩經≫ 〈秦風 駟驖〉에 의거하여 '驖'로 바로잡았다.

○ 傳의 〔驅禽〕에서 〔天子〕까지

○ 正義曰：여기서 '천자를 편안히 기다리는 것이다.'라고 말한 것은, 이미 사냥터 안으로 들어갔으니 虞人이 곧 짐승을 모는 것을 말한 것이다. 그러므로 ≪詩經≫ 〈召南 騶虞〉의 毛傳에서 "虞人이 다섯 마리 암컷 산돼지를 몰아서, 公이 활로 쏘기를 기다린다."라고 하였고, ≪시경≫ 〈秦風 駟驖〉의 鄭箋에서 "이 큰 짐승을 바친다."라고 하였으니, 虞人이 사냥에 참여하여 公의 활쏘기를 같이 기다리는 것을 말한다. '좌우로 짐승을 몬다.〔驅禽之左右〕'라고 말한 것은, 짐승은 반드시 왼쪽에서 맞혀야 하므로 혹은 왼쪽으로 몰라고 명을 내리고 혹은 우측으로 몰라고 명을 내려, 모두 천자가 짐

승의 좌측 편을 얻도록 하는 것이다. 모전의 뜻이 분명하지 않으므로, 정전에서는 다시 거기에 더해서, '좌우로 적당한 거리로 좇아서 왕이 활을 쏴 맞히길 편안히 기다리는 것이다.'라고 하였다.

旣張我弓하고 **旣挾我矢**하여

發彼小豝(파)하며 **殪**(에)**此大兕**하여

우리 임금 활을 당기고
우리 임금 화살을 메겨서
저 작은 암컷 산돼지를 쏘며
저 큰 들소를 쏘아 죽여

豝

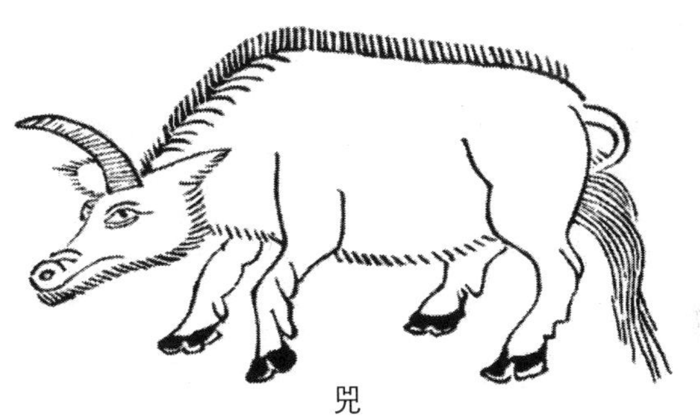

兕

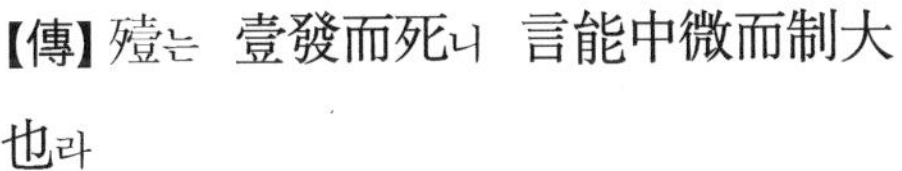

【傳】殪는 壹發而死니 言能中微而制大也라

殪는 1발을 쏘아 죽이는 것이니, 작은 짐승을 명중시키고 큰 짐승을 제어할 수 있다고 말한 것이다.

【箋】箋云 豕牡曰豝[1]라

1) 豝 : ≪詩經≫ 〈召南 騶虞〉에서 "壹發五豝"의 豝을, 鄭玄은 "산돼지 암컷을 豝라고 한다.〔豕牝曰豝〕"라고 하였으며, 여기서는 "산돼지 수컷을 豝라고 한다.〔豕牡曰豝〕"라고 하였다. 보통 암컷을 豝라고 한다.

箋云 : 산돼지 수놈을 豝라고 한다.

以御賓客하고 **且以酌醴**로다

빈객에게 음식을 공급하고
또 술을 따라 대접하네

【傳】饗醴는 天子之飮酒也라

醴를 대접하는 것은 天子가 諸侯에게 술울 내려주는 것이다.

【箋】箋云 御賓客者는 給賓客之御也라 賓客謂諸侯也라 酌醴는 酌而飮群臣이니 以爲俎實也라

箋云：御賓客이라는 것은 賓客의 식사로 공급하는 것이다. 賓客은 諸侯를 말한다. 酌醴는 여러 신하에게 술을 따라주고 마시는 것이니, 이것으로 안주를 삼은 것이다.

【疏】'旣張'至'酌醴' ○ 正義曰：虞人旣驅禽待天子, 故言旣已張我天子所射之弓, 旣挾我天子所射發之矢, 發而中彼小豝, 亦又殪此大兕也. 旣殺得群獸以給御諸侯之賓客, 且以酌醴與群臣飮時爲俎實也.

經의 〔旣張〕에서 〔酌醴〕까지

○ 正義曰：虞人이 이미 짐승을 몰아서 천자가 맞히길 기다렸다. 그러므로 "이윽고 우리 천자가 쏠 활을 당기고 우리 천자가 쏠 화살을 메겨, 저 작은 암컷 산돼지를 쏘아 맞히고 또한 이 큰 들소를 한 발로 쏘아 죽였다. 이미 잡은 여러 짐승을 죽여 빈객인 제후에게 식사로 공급하고, 또 술을 따라 여러 신하와 더불어 술을 마실 때 안주로 삼았다."라고 말하였다.

【疏】○ 傳'殪壹'至'制大' ○ 正義曰：釋詁云 "殪, 死也." 發矢射之卽殪, 是'壹發而死'也. 又解小豝・大兕, 俱是發矢殺之, 但小者射中必死, 苦於不能射中. 大者射則易中, 唯不能卽死. 小豝云發, 言發則中之. 大兕言殪, 言射着卽死. 異其文者, 言中微而制大.

○ 傳의 〔殪壹〕에서 〔制大〕까지

○ 正義曰：≪爾雅≫ 〈釋詁〉에서 "殪는 '죽이다'이다."라고 하였으니, 화살을 쏘아 맞혀서 즉시 죽이는 것이 '1발을 쏘아서 죽인다.'는 것이다. 또 작은 암컷 산돼지와 큰 들소를 모두 화살로 쏘아 죽였다고 풀이하였으니, 다만 작은 짐승은 명중하면 반드시 죽지만 명중시킬 수 없어 괴롭고, 큰 짐승은 쏘면 명중시키기는 쉽지만 오직 卽死시킬 수는 없다. 작은 암컷 산돼지를 쏠 때 發이라고 한 것은 발사하면 명중시켰음을 말한 것이고, 큰 들소를 쏠 때 殪라고 한 것은 쏘아 맞히면 즉사 시켰음을 말한 것이다. 그 글자를 달리 쓴 것은 작은 짐승을 명중시키고 큰 짐승을 제어했음을 말한다.

【疏】○ 傳'饗醴'至'飮酒' ○ 正義曰：醴不可專飮, 天子之於群臣, 不徒設醴而已. 此言酌醴者, 左傳天子饗諸侯, 每云"饗醴, 命之宥." 是饗有醴者. 天子飮(酒之)〔之酒〕[1], 故擧醴言之也.

1) (酒之)〔之酒〕: 저본에는 '酒之'로 되어 있으나, 阮元의 校勘記에 의거하여 '之酒'로 바로잡았다.

○ 傳의 〔饗醴〕에서 〔飮酒〕까지

○ 正義曰：醴에는 술만 마시지는 않으니, 천자가 여러 신하에게 술만 대접할 뿐만이 아니다. 여기서 酌醴라고 말한 것은 ≪春秋左氏傳≫ 莊公 18년, 僖公 25년 등의 기사에서 천자가 제후를 대접할 때 항상 "醴를 대접하고 선물을 주도록 명하였다."라고 하였으니, 이것은 제후를 대접할 때 醴가 있는 것이다. 천자가 제후에게 술을 내려주므로 醴를 들어 말한 것이다.

【疏】○ 箋'御賓'至'俎實' ○ 正義曰：御者, 給與充用之辭. 故知御賓客者, 給賓客之御也. 知賓客謂諸侯者, 天子之所賓客者, 唯諸侯耳. 故周禮"六服之內, 其君爲大賓, 其臣爲大客"[1], 是也. 彼對文則君爲大賓, 故臣爲大客. 若散則賓亦客也. 故此賓客竝言之, 此箋擧尊言耳. 其臣來及從君, 則王亦以此給之也. 言酌而(醴)〔飮〕[2]群臣以爲俎實者, 以言且以酌醴, 是當時且用之辭, 則得禽卽與群臣飮酒, 故知以爲俎實也. 若乾之爲脯, 漬之爲醢, 則在籩豆矣, 不得言俎實也.

1) 六服之內……其臣爲大客：≪周禮≫ 〈秋官 大行人〉에 비슷한 내용이 보인다.
2) (醴)〔飮〕: 저본에는 '醴'로 되어 있으나, 鄭箋과 문맥에 의거하여 '飮'으로 바로잡았다.

○ 箋의 〔御賓〕에서 〔俎實〕까지

○ 正義曰：御는 내려주어 채워 쓰도록 하는 말이다. 그러므로 御賓客이라는 것은 賓客의 식사로 공급하는 것임을 알 수 있다. 빈객이 諸侯를 말하는 것임을 알 수 있는 이유는, 천자가 빈객으로 여기는 사람은 오직 제후뿐이기 때문이다. 그러므로 ≪周禮≫에 "六服 안에서는 그곳의 君(제후)이 大賓이 되고, 그곳의 臣이 大客이 된다."라고 하였으니 이것이다. ≪주례≫에서는 상대적인 단어로 사용한 것이니, 君이 大賓이 되었기 때문에 臣이 大客이 된다고 하였다. 만약 별개로 사용하면 賓도 역시 客이다. 그러므로 이 경문에서 賓과 客을 함께 말하였고, 鄭箋에서는 존귀한 자를 거론해서 말했을 뿐이다. 제후의 신하가 와서 〈제후인〉 자신의 군주를 모시고 따랐다면 왕이 또한 잡은

짐승을 주었을 것이다. "여러 신하에게 술을 따라 주고 마시는 것이니, 잡은 짐승으로 안주를 삼았다."고 하는 것은, 경문의 '且以酌醴'는 당시에도 사용한 말이니, 짐승을 잡은 즉시 여러 신하와 술을 마셨기 때문에 잡은 짐승으로 안주를 삼은 것임을 알 수 있다. 만약 고기를 말려서 脯를 만들거나 절여 젓갈을 만들었다면 籩豆에 있을 것이니, 俎實이라고 말할 수 없다.

吉日四章이니 **章六句**라

〈吉日〉 4章이니 章마다 6구이다.

南有嘉魚之什十篇이니 **四十六章**이요 **二百七十二句**라

南有嘉魚之什 10篇이니 46章이고 272句이다.

毛詩注疏 卷第十一(十一之一)

毛詩小雅 鄭氏箋 孔穎達疏

鴻鴈之什詁訓傳 第十八

鴻鴈(홍안)

【序】鴻鴈은 美宣王也라 萬民離散하고 不安其居어늘 而能勞來還定하여 安集之라 至於矜(환)寡도 無不得其所焉하니라

〈鴻鴈〉은 宣王을 찬미한 시이다. 모든 백성이 뿔뿔이 흩어지고 그 거처를 평안하게 여기지 않았다. 그런데 왕이 고생하는 사람을 위로하고 그들이 돌아오자 거처를 정해 주어 평안하고 화목하게 살 수 있도록 해주었다. 그래서 홀아비와 과부에 이르러서도 모두 제 살 곳을 얻지 못한 자가 없었다.

【箋】宣王이 承厲王衰亂之敝而起하고 興復先王之道하여 以安集衆民爲始也라 書曰 天將有立父母어늘 民之有政有居라[1)]'宣王之爲是務라 ○ 老無妻曰矜이요 老無夫曰寡라

1) 天將有立父母 民之有政有居 : 현행본 ≪尙書≫ 〈泰誓〉에는 이 내용이 보이지 않는다. 鄭玄이 본 ≪상서≫에는 있었던 것 같다.

宣王이 厲王의 쇠퇴하고 혼란한 폐단을 이어 받아 왕위에 올라, 先王의 도를 일으키고 회복해서 백성을 평안하고 화목하게 하는 것을 시작으로 삼았다. ≪尙書≫〈泰誓〉에서 "하늘이 백성의 부모를 세우려는 것은, 백성이 선한 정치를 누리고 안정된 거처를 가질 수 있게 하려는 것이다."라고 하였는데, 宣王이 이것을 임무로 삼았다.

○ 늙어서 아내가 없는 이를 矜이라 하고, 늙어서 남편이 없는 이를 寡라고 한다.

【疏】'鴻鴈(三章章六句)'至'其所焉' ○ 正義曰 : 作鴻鴈詩者, 美宣王也. 由厲王衰亂, 萬

民分離逃散, 皆不安止其居處. 今宣王始立, 能遣侯伯卿士之使, 皆就而勞來. 今還歸本宅(安)〔定〕[1]止, 安慰而集聚之, 使復其居業, 爲築宮室. 又至於矜(환)寡孤獨, 皆蒙周贍, 無不得其所者, 由是故美之也. 勞來者, 來, 勤也, 義與勞同, 皆謂設辭以閔之. 言萬民離散, 不安其居, 卒章上二句是也. 而能勞來, 首章次二句是也. (止)〔至〕[2]於矜寡, 無不得其所者, 首章下二句是也. 其餘皆說安集之事, 序總言焉. 經・序參差者, 敍述其次第當然, 經主說安集爲始, 先陳王殷勤於民, 然後本其未集, 各爲節文之勢, 故不同也.

1) (安)〔定〕: 저본에는 '安'으로 되어 있으나, 阮元의 校勘記에 의거하여 '定'으로 바로잡았다.

2) (止)〔至〕: 저본에는 '止'로 되어 있으나, 阮元의 校勘記에 의거하여 '至'로 바로잡았다.

序의 〔鴻鴈〕에서 〔其所焉〕까지

○ 正義曰 : 〈鴻鴈〉 시를 지은 것은 宣王을 찬미하기 위해서이다. 厲王 때 쇠퇴하고 혼란했기 때문에, 모든 백성이 도망치고 뿔뿔이 흩어져서 모두 자신들의 거처에서 편안히 머물 수 없었다. 이제 宣王이 비로소 왕위에 올라 侯伯과 卿士를 사신으로 보내, 모두 나아가 위로해서 불러들일 수 있었다. 지금은 본집으로 다시 돌아와서 편안히 머물러 있다. 그들을 안정시키고 위로해서 모여 살게 하고, 그 거처와 생업을 회복하고 집을 짓도록 하였다. 또 홀아비, 과부, 고아, 자식 없는 노인들에 이르러서도 모두 넉넉한 혜택을 입어서, 모두가 제 살 곳을 얻지 못한 자가 없게 되었다. 이런 까닭에 宣王을 찬미한 것이다. 勞來의 來는 '수고롭다〔勤〕'이니, 뜻이 勞와 같다. 勞와 來는 모두 가설하는 말로 위로한 것이다.

말하자면 "모든 백성이 뿔뿔이 흩어지고 그 거처를 평안하게 여기지 않았다."라고 한 것은 마지막 章의 위 두 구가 이것이고, "고생한 사람을 위로할 수 있었다."는 것은 첫 章 둘째 구의 두 구가 이것이다. "홀아비와 과부에 이르러서도 모두 제 살 곳을 얻지 못한 자가 없었다."라고 한 것은 첫 장의 아래 두 구가 이것이다. 그 나머지는 모두 평안하고 화목한 일을 설명하였는데, 小序에서는 총괄해서 말하였다. 經文과 小序의 내용이 약간 차이가 나는 것은, 서에서는 차례가 마땅히 이와 같아야 하는 것을 서술하였고, 경문에서는 백성을 평안하고 화목하게 하는 것을 시작으로 삼았다는 것을 위주로 설명하였기 때문이다. 그러므로 왕이 백성에게 정성을 다하는 것을 먼저 진술하고 난 뒤에 그들이 평안하고 화목하지 못한 상황을 근본으로 삼아서, 각각 형편에 따라 문장을 조절했기 때문에 같지 않은 것이다.

【疏】○ 箋'宣王'至'是務' ○ 正義曰：由宣王承厲王衰亂之弊, 故民有離散. 以承此亂而起, 興復先王之道, 以安集衆民爲始也. 衣物破壞謂之(獘)〔弊〕.[1] 厲王壞亂天下, 使萬民離散, 猶衣之弊然. 雲漢云 "承厲王之烈"者, 彼美宣王遇災而懼. 災非厲王所致, 故不言弊. 此離散由厲王, 故言弊也. 烝民序曰 "周室中興", 是興復先王之道. 知'以安集衆民爲始'者, 以宣王據亂而起, 明其(王)〔正〕[2]先據散民不得, 民未安居, 先行餘政, 故知以安集爲始也. 書曰 "天將有立父母, 民之有政有居." 今泰誓文. 言天將有立聖德者爲天下父母, 民之得有善政, 有安居. 彼武王將欲伐紂, 民喜其將有安居, 是民之所欲安居爲重也. "宣王之爲是務", 言宣王之所爲安集萬民. 是以民之父母爲務, 意同武王, 所以爲美.

1) (獘)〔弊〕: 저본에는 '獘'로 되어 있으나, 衰亂之弊・衣之弊然 등에서 모두 '弊'자를 썼으므로 '弊'로 바로잡았다. 獘와 弊는 통용하여 쓰인다.

2) (王)〔正〕: 저본에는 '王'으로 되어 있으나, 阮元의 校勘記에 의거하여 '正'으로 바로잡았다.

○ 箋의 〔宣王〕에서 〔是務〕까지

○ 正義曰 : 宣王이 厲王의 쇠퇴하고 혼란한 폐단을 이어받았기 때문에, 백성이 뿔뿔이 흩어져 있었다. 宣王이 이 혼란을 이어받아 왕위에 올라 先王의 道를 일으키고 회복해, 백성을 평안하고 화목하게 하는 것을 시작으로 삼은 것이다. 의복이 낡아 해지는 것을 弊라고 한다. 厲王이 천하를 무너뜨리고 어지럽혀서 백성을 뿔뿔이 흩어지도록 만든 것은 옷이 해진 것과 같다. 〈大雅 雲漢〉 小序에서 "宣王이 厲王이 남긴 재앙을 이었다."라고 하였는데, 〈운한〉은 宣王이 〈심한 가뭄인〉 재앙을 만나 두려워한 것을 찬미한 시이다. 따라서 여기의 재앙은 厲王이 일으킨 것이 아니므로 弊라고 말하지 않은 것이다. 여기 〈鴻鴈〉에서는 백성이 뿔뿔이 흩어진 것이 厲王 때문이므로 弊라고 말한 것이다.

〈大雅 烝民〉 小序에서 "周나라 왕실이 中興하였다."라고 하였는데, 이것이 先王의 도를 일으켜 회복한 것이다. "백성을 평안하고 화목하게 하는 것을 시작으로 삼았다."라고 한 것임을 알 수 있는 것은, 宣王은 〈厲王이 남긴〉 혼란을 토대로 왕위에 올라, 먼저 뿔뿔이 흩어진 백성이 먹을 것도 구하지 못하고 백성이 편안히 살지도 못하는 형편에 근거를 해서, 厲王이 앞서 행한 잘못된 행정의 병폐를 바로잡고자 했다는 것을 밝혔기 때문에, "백성을 안정시키고 화목하게 하는 것을 시작으로 삼았다."는 것을 알 수 있다.

≪尙書≫ 〈泰誓〉에서 "하늘이 백성의 부모를 세우려는 것은, 백성이 선한 정치를 누리고 안정된 거처를 가질 수 있게 하려는 것이다."라고 한 것은 지금의 ≪상서≫ 〈태서〉 문장인데, 하늘이 성인의 덕이 있는 사람을 세워 천하의 부모로 삼는 것은, 백성이 좋은 정치를 누리고 안정된 거주지를 가질 수 있게 하려는 것임을 말한 것이다. 저 武王이 紂를 정벌하려고 하자, 백성이 안정된 거주지를 가질 수 있다고 기뻐하였으니, 이것이 백성이 안정된 거주지를 바라는 마음이 크다는 것이다. "宣王이 이것을 임무로 삼았다."라고 하는 것은, 宣王이 하려는 것이 모든 백성을 안정시키고 화목하게 하는 것임을 말한 것이다. 이것은 백성의 부모로서 임무로 삼은 것이니, 그 뜻이 武王과 같기 때문에 宣王을 찬미한 것이다.

鴻鴈于飛하니 **肅肅其羽**로다

기러기 날아가니
그 깃이 펄럭이도다

【傳】 興也라 大曰鴻이요 小曰鴈이라 肅肅은 羽聲也라 鴻鴈知辟(피)陰陽寒暑라

興이다. 큰 기러기를 鴻이라 하고, 작은 기러기를 鴈이라 한다. 肅肅은 날개짓하는 소리이다. 기러기는 추위와 더위를 피할 줄 안다.

【箋】 箋云 興者는 喩民知去無道하여 就有道라

箋云 : 興이라고 한 것은 한 백성이 道가 없는 사람을 떠나서 道가 있는 사람에게 나아갈 줄 아는 것을 비유한 것이다.

之子于征하니 **劬勞于野**로다

이 사람 길을 가니
들판에서 병들어 고생하였네

【傳】 之子는 侯伯卿士也라 劬勞는 病苦也라

之子는 侯伯과 卿士이다. 劬勞는 '병들고 고생하다'이다.

【箋】箋云 侯伯卿士는 **謂諸侯之伯與天子卿士也**라 **是時民旣離散**하고 **邦國有壞滅者**로되 **侯伯久不述職**하고 **王使廢於存省**이라 **諸侯於是始復之**라 **故美焉**이라

箋云 : 侯伯과 卿士는 諸侯의 伯과 天子의 卿士를 말한다. 이때 백성이 이미 뿔뿔이 흩어지고 파괴된 제후국이 있었으나, 후백은 오래도록 직책을 수행하지 못하고 천자의 사신은 제후의 안부를 묻고 풍속을 살피는 일을 하지 못했다. 제후가 이에 비로소 그 일을 회복하였기 때문에 찬미한 것이다.

爰及矜人하니 **哀此鰥寡**로다

이에 불쌍한 사람들에게 미치니
이 홀아비와 과부가 가엾도다

【傳】矜은 **憐也**라 **老無妻曰鰥**이요 **偏喪曰寡**라

矜은 '불쌍히 여기다'이다. 늙어서 아내가 없는 사람을 鰥이라 하고, 남편을 잃은 사람을 寡라고 한다.

【箋】箋云 爰은 **曰也**라 **王之意**는 **不徒使此爲諸侯之事**하고 **與安集萬民而已**라 **王曰 當及此可憐之人**이라하니 **謂貧窮者**는 **欲令賙餼之**하고 **鰥寡則哀之**니 **其孤獨者**는 **收斂之**하여 **使有所依附**라

箋云 : 爰은 '말하다'이다. 왕의 의도는 단지 이들로 하여금 제후의 일을 행하고 백성을 안정시키고 화목하게 하는 것만이 아니다. 왕이 "당연히 이 불쌍한 사람에게도 미쳐야 한다."라고 한 것은, 빈궁한 사람에게는 재물과 양식을 보내 구제하고 홀아비와 과부를 불쌍히 여기고 외로운 처지의 사람을 거두어 그들이 의지할 곳이 있도록 해야 함을 말한 것이다.

【疏】'鴻鴈'至'鰥寡' ○ 正義曰 : 言鴻鴈避所忌, 就所欲, 往飛之時, 肅肅其羽爲聲也. 以興萬民去所惡, 就有道, 而歸往之時, 其心喜樂也. 此萬民所以有可就者, 以時王遣使是子侯伯卿士, 於是巡行其邦國, 勞來天下之民病苦於外野, 故萬民得歸之. 此侯伯卿士既安集萬民, 又稱王命己曰 "不但安民而已, 亦當及此可憐之人." 貧窮者, 令賙餼焉. 又哀此無妻之鰥夫, 偏喪之寡婦, 當收斂之, 使有所依附也. 王命己, 己當行焉.

經의 〔鴻鴈〕에서 〔鰥寡〕까지

○ 正義曰 : 기러기들은 싫어하는 곳을 피해서 원하는 곳으로 날아가는데, 날아갈 때 날개를 쳐서 소리 내는 것을 말한 것이다. 이것으로 모든 백성이 악한 사람을 떠나 道가 있는 사람에게 나아가는데, 돌아올 때 그 마음이 기쁘고 즐겁다는 것을 비유한 것이다. 이것은 모든 백성이 나아가 의지할 수 있는 자가 있기 때문에, 당시의 왕이 이런 사람인 侯伯과 卿士를 사신으로 보낸 것이다. 이에 邦國을 두루 돌아다니면서 外野에서 병들어 고생하는 천하의 백성을 위로했으므로 백성이 돌아올 수 있었다.

여기에서 후백과 경사가 모든 백성을 평안하고 화목하게 하고 나서, 또 왕이 자신들에게 명령을 내렸다고 일컬으며, "단지 백성을 편안하게 할 뿐만 아니라 또한 이 가련한 사람들에게도 영향이 미쳐야 한다."라고 하고, 빈궁한 사람들에게는 양식을 보내어 구제하도록 하였고, 또 처가 없는 홀아비와 남편을 잃은 과부도 불쌍히 여겨 그들을 받아들여 의지할 곳이 있도록 하였다. 왕이 자신들에게 명했으므로 자신들이 당연히 실행하는 것이다.

【疏】 ○ 傳'大曰鴻'至'寒暑' ○ 正義曰 : 鴻・鴈俱是水鳥, 故連言之. 其形鴻大而鴈小. 嫌其同鳥雄雌之異, 故傳辨之云 "大曰鴻, 小曰鴈"也. '知避陰陽寒暑'者, 春則避陽暑而北, 秋則避陰寒而南, 故竝言之. 此以所避, 興民避惡. 旣有所避, 自然歸善. 故箋云 '喻民知去無道, 就有道.' 離散不得所, 是無道, 明君安集之, 是有道也. 言去無道之離散, 就有道之安集, 所興一事耳. 不謂以厲王無道去之, 宣王有道就之, 何則. 民離散者, 豈能逃出中國遠避厲王也.

○ 傳의 〔大曰鴻〕에서 〔寒暑〕까지

○ 正義曰 : 鴻과 鴈은 모두 물새이므로 붙여서 말하였다. 그 형체는 鴻은 크고 鴈은 작다. 같은 종류의 새이지만 암수가 다른 것을 혐의하므로, 毛傳에서 변별해서 "큰 기러기를 鴻이라 하고, 작은 기러기를 鴈이라고 한다."라고 하였다. '기러기는 추위와 더위를 피할 줄 안다.'라고 한 것은, 봄에는 陽暑를 피해 북쪽으로 가고, 가을에는 陰寒을 피해 남쪽으로 오므로 추위와 더위를 아울러 말한 것이다. 여기서 기러기가 피한다는 것으로 백성이 악한 사람을 피하는 것을 비유하였다. 이미 피하는 사람이 있으

면 자연스럽게 선한 사람에게 돌아간다. 그러므로 鄭箋에서 '백성이 道가 없는 사람을 떠나서 道가 있는 사람에게 나아갈 줄 아는 것을 비유한 것이다.'라고 하였다. 백성이 뿔뿔이 흩어져서 살 곳을 얻지 못하는 것이 無道이고, 명철한 임금이 백성을 평안하고 화목하게 살도록 하는 것이 有道이다. 말하자면 뿔뿔이 흩어지게 하는 무도한 사람을 떠나서 평안하고 화목하게 살도록 해주는 도가 있는 사람에게 나아가는 것이니, 비유한 것이 동일한 일일 뿐이다. 厲王이 無道해서 떠나고 宣王이 有道해서 찾아간다고 말하지 않은 것은 무엇 때문인가. 백성이 뿔뿔이 흩어지는 것이 어찌 중국에서 벗어나 厲王를 멀리 피한다고 해서 될 일이겠는가.

【疏】 ○ 箋'侯伯'至'美焉' ○ 正義曰：傳旣以之子爲侯伯卿士, 故箋又解傳言'侯伯卿士, 謂諸侯之伯與天子之卿士也.' 毛知之子爲侯伯卿士者, 以此勞來之詩也. 王使勞來於天下, 唯侯伯與卿士耳. 故僖元年左傳曰"凡侯伯救患分災討罪, 禮也." 是侯伯自於州內[1)]有罪者則征討之, 災患則分救之, 此安集萬民, 亦救患之義. 且州之內, 侯伯所主, 明王當遣焉, 故知有侯伯也. 又周禮"王之所以撫邦國諸侯者, 歲(偏)〔徧〕[2)]存, 三歲徧覜, 五歲徧省." 注云"歲者, 巡守之明歲以爲始. 自五歲之後, 遂間歲徧省." 此天子於諸侯所命卿士也. 春秋之時, 天子每使卿聘魯, 故知有卿士也. '諸侯之伯', 伯者, 長也. 諸侯之長謂之侯伯, 卽州牧是也. 故左傳杜注云"侯伯, 州長也. 列職於王卽曰牧, 於諸侯則謂之侯伯, 一官而有三名也."[3)] 傳以之子是王所使之人, 擧侯伯卿士而言耳. 其實王官之伯亦有時述職, 天子之大夫亦使於諸侯, 故下泉傳曰"諸侯有事則二伯[4)]述職." 春秋之世, 每有大夫聘魯, 是皆得爲王使也. 是時民旣離散, 邦國壞滅. 知者, 以百堵皆作, 非直民居, 邦國城邑亦築作之, 故言邦國壞滅也. 所以離散壞滅者, 侯伯久不述職, 王使廢於存省諸侯, 故合然也. 今宣王於是始遣侯伯述職, 卿士存省, 復先王之法, 故美之. 言'述職'者, 述修其所掌之職事, 上下通名. 故譜[5)]曰"武王巡狩述職." 昭五年左傳曰"小有述職." 謂諸侯於天子也. 又烝民曰"仲山甫出祖." 傳曰"言述職也." 仲山甫, 卿士也. 亦言述職, 是其通矣. 卿士言王使者, 以在王朝, 故以王使言之. 其實侯伯亦王所遣, 總名皆王使, 但存省不使侯伯耳.

1) 州內：州는 고대 중국을 12州로 나눈 행정구역 단위이다. 시대마다 다르지만 2,500戶 또는 1萬戶를 1州라고 하였다. 여기서는 제후가 관할하는 지역 안이라는 의미이다.
2) (偏)〔徧〕: 저본에는 '偏'으로 되어 있으나, ≪周禮≫ 〈秋官 大行人〉에 의거하여 '徧'으

로 바로잡았다. 아래도 같다.

3) 侯伯州長也……一官而有三名也 : 현행본 ≪春秋左氏傳≫ 杜預의 注에는 "侯伯, 州長也"라고 되어 있다. "列職於王卽曰牧, 於諸侯則謂之侯伯, 一官而有三名也."는 孔穎達이 본 책에 있는 듯하다.

4) 二伯 : 周나라의 제도에 東伯과 西伯이 있어서 동쪽과 서쪽으로 나누어서 다스렸다. 주나라 초기에 東伯은 周公이, 西伯은 召公이 맡았다.

5) 譜 : 鄭玄의 ≪詩譜≫로 여겨지는데 인용한 내용이 보이지 않는다.

○ 箋의 〔侯伯〕에서 〔美焉〕까지

○ 正義曰 : 毛傳에서 이미 之子를 侯伯과 卿士라고 하였으므로 鄭箋에서도 또한 모전을 풀이해서, '후백과 경사는 諸侯의 伯과 天子의 卿士를 말한다.'라고 하였다. 毛亨이 之子가 후백과 경사임을 안 것은, 이 시가 수고한 자를 위로한 시이기 때문이다. 왕이 천하에 고생한 사람을 위로하라고 부릴 수 있는 사람은, 오직 후백과 경사뿐이다. 그러므로 ≪春秋左氏傳≫ 僖公 원년에 "후백이 患難을 구제하고 災害를 분담하며 죄를 지은 자를 토벌하는 것이 禮이다."라고 하였으니, 이것이 후백이 직접 州內에서 죄를 지은 자를 토벌하고 재해와 환난이 있으면 분담해서 구제하는 것이다. 이 시에서 모든 백성을 평안하고 화목하게 살도록 해준다는 것도 또한 환난을 구제하는 뜻이다. 또 州內는 侯伯이 주관하는 것이니, 분명히 왕이 파견한 것이므로 후백이 있었음을 알 수 있다.

또 ≪周禮≫ 〈秋官 大行人〉에 "왕이 나라의 제후들을 위무하는 방법은 해마다 두루 안부를 묻고〔存〕, 3년마다 두루 다스림의 효과를 살피고〔覜〕, 5년마다 두루 풍속과 교화를 살피는 것이다.〔省〕"라고 하였는데, 鄭玄의 注에 "歲는 巡狩한 다음 해로써 시작을 삼고, 5년 이후에는 마침내 해를 걸러 두루 풍속과 교화를 살핀다."라고 하였으니, 이것이 천자가 제후와의 관계에서 경사에게 명을 내리는 것이다. 춘추시대는 천자가 항상 卿을 사신으로 보내어 魯나라를 방문토록 하였으므로 경사가 있었음을 알 수 있다.

'諸侯之伯'에서 伯은 首長이다. 제후의 수장을 侯伯이라고 하니, 한 州의 우두머리인 州牧이 이것이다. ≪춘추좌씨전≫ 희공 원년 기사에 대한 杜預의 注에 "후백은 州長이다. 王의 앞에 직책을 나열할 때는 곧 牧이라 하고, 제후에게 직책을 말할 때는 侯伯이라고 한다. 하나의 관직에 세 가지 이름이 있는 것이다."라고 하였다. 毛傳에서 之子를 왕이 부리는 사람이라고 여겨서, 후백과 경사를 들어 말한 것일 뿐이다. 그러나 사실은 왕의 관리 중 우두머리도 때때로 述職하는 일이 있고, 천자의 大夫도 제후에게 사신으로 가기도 한다. 그러므로 〈曹風 下泉〉의 모전에서 말하기를 "제후가 일이 있으면 二伯이 술직한다."라고 하였다. 춘추시대에는 항상 대부가 魯나라에 聘問하였는데, 이것이 모두 王使가 될 수 있는 것이다. 이때 백성은 이미 뿔뿔이 흩어졌고 제후국은 괴멸되었다고 하였는데, 이를 알 수 있는 것은 아래 장에서 "많은 담이 모두 이루어졌다.〔百堵皆作〕"라고 했기 때문이다. 백성의 거주지 뿐만 아니라 邦國의 城邑에서도 또한 담을 쌓았다. 그러므로 "파괴된 제후국이 있었다."라고 말한 것이다. 백성이 뿔뿔이 흩어지고 제후국이 파괴된 것은, 후백이 오랫동안 술직하지 못하고 王使가 제후들의 안부를 묻고 풍속을 살피는 일을 하지 못했기 때문에 당연한 것이다.

이제 宣王이 이때 비로소 후백을 파견해서 술직하게 하고, 경사를 보내서 存省하게 해서, 先王의 법을 회복하였으므로 찬미한 것이다. '述職'이라고 말한 것은 맡은 직분의 일을 수행하고 진술하는 것이니, 위아래로 통용되는 명칭이다. 그러므로 ≪譜≫에서 "武王이 巡狩하고 述職하였다."라고 하였다. ≪춘추좌씨전≫ 昭公 5년에 "소국에 述職이 있다."라고 하였는데, 제후가 천자에 대하여 술직하는 것이다. 또 〈大雅 烝民〉에서 "仲山甫가 나가 路祭를 지냈다.〔仲山甫出祖〕"라고 하였는데, 모전은 "술직을 말한 것이다."라고 하였다. 중산보는 경사인데 또한 술직이라고 말하였으니, 이것이 상하로 통용되는 것이다. 경사를 王使라고 말하는 것은, 王朝에 있기 때문에 王使라고 부른 것이다. 하지만 사실은 후백도 왕이 파견한 것이므로, 명칭을 총괄해서 모두 王使라고 하였다. 다만 存省하는 일은 후백을 시키지 않을 뿐이다.

【疏】 ○ 箋'可憐之人'至'有所依附' ○ 正義曰：以下則言鰥寡, 明此可憐之人, 是貧窮也, 以貧窮無財, 宜賙餼之, 賙謂與之財, 餼謂賜之食也. 知可憐之人非孤獨者, 以孤獨與鰥寡爲類, 同在'哀此'之中. 故言'鰥寡則哀之, 其孤獨者收斂之, 使有所依附'也. 男鰥女寡, 皆身孤獨, 故言其孤獨, 以此無父之孤, 無子之獨, 亦宜哀焉. 王制云 "四者, 天民之窮而無告者也, 皆有常餼." 是四者同也. 言有常餼, 則鰥寡亦賙餼之. 言'收斂之'者, 對貧窮自有親眷, 不須收斂. 鰥寡則旣收斂之, 又賙餼之. 但哀其無所告, 故箋別言之.

○ 箋의 〔可憐之人〕에서 〔有所依附〕까지

○ 正義曰：이하는 鰥寡에 대해 말하였으니, 이 가련한 사람이 貧窮함을 밝힌 것이다. 빈궁하고 재물이 없어서 양식을 보내어 구제해야 하니, 賙는 재물을 주는 것을 말

하고, 饋는 양식을 주는 것을 말한다.

가련한 사람이 孤獨한 사람만이 아님을 알 수 있는 것은, 고독과 환과는 같은 부류이니 모두 '哀此' 속에 들어 있기 때문이다. 그러므로 '환과를 불쌍히 여기고 고독을 거두어서 그들이 의지할 곳이 있도록 해야 한다.'라고 말한 것이다. 홀아비와 과부는 모두 자신이 고독하기 때문에 고독이라고 말했으니, 이 부모 없는 고아나, 자식 없는 늙은이도 또한 불쌍하게 여겨야 하는 것이다. ≪禮記≫ 〈王制〉에 "鰥寡孤獨 네 부류의 사람은 하늘이 낸 백성 중에 곤궁하여 하소연할 데가 없는 자들이기 때문에, 모두 고정적으로 내려주는 糧食이 있는 것이다."라고 하였으니, 이 네 부류의 사람은 똑같이 불쌍하다. "일정하게 내려주는 양식이 있다."고 말하였으니, 환과도 역시 재물과 양식을 보내어 구제한다. '거둔다〔收斂之〕'고 말한 것은 빈궁하지만 스스로 친척과 권속이 있어 거둘 필요가 없는 사람과 상대하여 말한 것이다. 홀아비와 과부는 거두고 나서도 또 재물과 양식을 보내 구제한다. 다만 그들이 하소연할 곳이 없음을 불쌍하게 여겼으므로, 鄭箋에서 특별히 말한 것이다.

鴻鴈于飛하니 集于中澤이로다

기러기 날아가니
못 가운데 모였도다

【傳】 中澤은 澤中也라

中澤은 못 가운데이다.

【箋】 箋云 鴻鴈之性은 安居澤中이라 今飛又集於澤中하니 猶民去其居而離散이라가 今見還定安集이라

箋云 : 기러기의 본성은 못 가운데 머무는 것을 편안히 여긴다. 지금 날아와서 또 못 가운데 모인 것이, 백성이 거처를 떠나 뿔뿔이 흩어졌다가 지금 돌아와 거처를 정해서 평안하고 화목하게 된 것과 같다.

之子于垣하니 百堵皆作이로다

이 사람들 담을 쌓으니
많은 담이 모두 이루어졌도다

【傳】一丈爲版이요 五版爲堵라

1丈이 版이 되고, 5版이 堵가 된다.

【箋】箋云 侯伯卿士가 又於壞滅之國에 徵民起屋舍하고 築牆壁하여 百堵同時而起하니 言趨(촉)事也라 春秋傳曰 五版爲堵요 五堵爲雉라 雉長三丈이니 則版六尺이라

箋云：侯伯과 卿士가 또 파괴된 나라에서 백성을 징발해 집을 세우고 담장을 쌓아서 많은 담이 동시에 이루어지니, 일을 빨리함을 말한 것이다. ≪春秋公羊傳≫ 定公 12년에 "5版이 堵가 되고, 5堵가 雉가 된다."라고 하였는데, 雉의 길이가 3丈이니 版은 6尺이다.

雖則劬勞나 其究安宅이로다

비록 매우 고생스럽더라도
끝내는 편안한 집을 얻으리로다

【傳】究는 窮也라

究는 '끝내'이다.

【箋】箋云 此勸萬民之辭라 女今雖病勞나 終有安居리라

箋云：이것은 모든 백성에게 권면하는 말이다. 너희가 지금은 비록 괴롭고 힘들지만 끝내는 편안한 거처를 가질 것이다.

【疏】'鴻鴈'至'安宅' ○ 正義曰：言鴻鴈性好居澤，今往飛而集於澤中，得其志也．以興萬民亦情樂處家，今還歸而止於家中，亦得其欲也．萬民得以安處者，其是子侯伯卿士，又於壞滅之國，徵民起築垣牆，令百堵俱起，由是得還定也．又言侯伯卿士勸已萬民曰"築作興造，雖則今劬勞，其於久得安居，欲使不憚勞也．" 民喜王使之勸已，故陳辭而美之.

經의 〔鴻鴈〕에서 〔安宅〕까지

○ 正義曰 : 鴻鴈의 본성은 못에 머무는 곳을 좋아하는데, 지금 날아와서 못 가운데 모여 있으니 그 뜻을 이루었음을 말하는 것이다. 이것으로 모든 백성도 그 마음이 집에 있는 것을 좋아하는데, 지금 돌아와 집 안에 머물고 있으니 역시 그 뜻을 이루었음을 비유하였다.

모든 백성이 편안한 거처를 얻을 수 있는 것은, 이 사람들 즉 侯伯과 卿士가 또 파괴된 나라에서 백성을 징발해 담을 쌓아서 많은 담이 한꺼번에 이루어지게 했으니, 이 때문에 돌아와 거처를 정할 수 있게 된 것이다.

또 말하자면, 후백과 경사가 자신의 백성을 권면하기를 "담을 쌓아 일으키는 일이 비록 지금은 고생스럽더라도 오래도록 평안한 거처를 얻고자 한다면 고생을 꺼려서는 안 된다."라고 한 것이다. 백성은 왕의 사신들이 자신들에게 권면한 것을 기뻐하였으므로 그 말을 진술해서 찬미한 것이다.

【疏】 ○ 傳'一丈'至'爲堵' ○ 正義曰 : 板堵之數, 經無其事, 毛氏以義言耳. "五板爲堵", 自是公羊傳文. 公羊[1]在毛氏之後, 非其所據. 五板爲堵, 謂累五板也. 板廣二尺, 故周禮說"一堵之牆, 長丈, 高一丈". 是板廣二尺也.

1) 公羊 : ≪春秋公羊傳≫을 지었다는 전국시대 齊나라 사람 公羊高를 말한다. 毛亨보다 이전 사람인데 孔穎達이 무엇을 근거로 毛亨보다 후대 사람이라 한 것인지 알 수 없다.

○ 傳의 〔一丈〕에서 〔爲堵〕까지

○ 正義曰 : 板과 堵의 수치에 대해서는 經文에 내용이 없는데, 毛亨이 자신의 뜻대로 말한 것일 뿐이다. '5板이 堵이다.〔五板爲堵〕'라는 것은 본래 ≪春秋公羊傳≫의 내용이다. 公羊高는 毛亨보다 후대 사람이니 근거할 바가 아니다. '5板이 堵가 된다.'는 것은 5장의 板을 포갠 것을 말한다. 板의 너비는 2尺이다. 옛 ≪周禮≫에 "1堵의 담장은 길이가 1丈, 높이가 1丈이다."라고 설명하였으니, 이것이 板의 너비가 2尺이라는 것이다.

【疏】 ○ 箋'春秋'至'六尺' ○ 正義曰 : 傳以一丈爲板, 鄭欲易之, 故引傳文而證板之長短. '春秋傳曰 五板爲堵, 五堵爲雉', 定十二年公羊傳文也. 公羊雖非正典, 其言傳諸先達, 故鄭據之以破毛也. 言五堵爲雉, 謂接五堵成一雉. 既引其文, 約出其義, 故云 "雉長三丈, 則板六尺"也. 雉長三丈, 經亦無文. 古周禮說"雉高一丈, 長三丈." 韓詩說 "八尺爲板, 五板爲堵, 五堵爲雉." 何休注(云)[1]公羊取韓詩傳云 "堵四十尺, 雉二百尺. 以板長八尺, 接五板而爲堵, 接五堵而爲雉也." 二說不同. 故鄭駁異義[2]辨之云 "左氏傳說鄭莊公弟段居京城, 祭仲曰 '都城過百雉, 國之害也. 先王之制, 大都不過三國之一, 中五之一, 小九之一. 今京不度, 非制也.' 古之雉制, 書傳各不得其詳. 今以左氏說, 鄭伯之城, 方五里, 積千五百步也. 大都三國之一, 則五百步也. 五百步爲百雉, 則知雉五步. 五步於度長三丈, 則雉長三丈也. 雉之度量於是定可知矣." 是鄭計雉所據之文也. 王愆期[3]注公羊云 "諸儒皆以爲雉長三丈, 堵長一丈. 疑五誤, 當爲三." 如是大通諸儒, 唯與鄭板六尺不合耳.

1) (云) : 저본에는 '云'이 있으나, 阮元의 校勘記에 의거하여 衍文으로 처리하였다.
2) 駁異義 : 鄭玄(127~200)의 저서로 정확한 제목은 ≪駁五經異義≫이다. 정현의 글은 ≪박오경이의≫ 〈百雉〉에 보인다.
3) 王愆期 : 晉나라의 학자이며, 자는 門子이다. ≪春秋公羊傳≫에 주석을 했다고 한다.

○ 箋의 〔春秋〕에서 〔六尺〕까지

○ 正義曰 : 毛傳에서 "1丈이 板이 된다."라고 하였는데, 鄭玄이 이것을 바꾸려고 했으므로 ≪春秋公羊傳≫의 글을 인용해서 板의 길이를 증명한 것이다. '春秋傳曰 五板爲堵 五堵爲雉'는 ≪춘추공양전≫ 定公 12년의 내용이다. ≪춘추공양전≫이 비록 正統으로 인정된 經典은 아니었지만, 그 말이 여러 선대 학자에게 전해졌으므로 정현이 그것을 근거로 해서 毛亨의 설을 반박한 것이다. "5堵가 雉가 된다."라고 말한 것은, 5개의 堵를 붙이면 1雉를 이룬다는 것을 말한다. ≪춘추공양전≫의 내용을 인용하고 나서 그 뜻을 간략하게 도출했으므로, 정현이 "雉의 길이가 3丈이니, 板은 6尺이다."라고 하였다.

"雉의 길이가 3丈이다."라고 한 것 역시 經傳에 그런 글이 없다. 옛 ≪周禮≫에서 "雉는 높이가 1丈이고 길이가 3丈이다."라고 설명하였고, ≪韓詩≫에는 "8尺이 板이 되고, 5板이 堵가 되며, 5堵가 雉가 된다"라고 하였는데, 何休가 ≪춘추공양전≫을 주석할 때 ≪韓詩≫의 설을 취해서 "堵는 40尺이고, 雉는 200尺이다. 板은 길이가 8尺이므로, 5개의 板를 붙이면 堵가 되고, 5개의 堵를 붙이면 雉가 된다."라고 하였으니, 옛 ≪周禮≫와 ≪韓詩≫의 설이 같지 않다.

그러므로 정현이 ≪駁五經異義≫ 〈百雉〉에서 논변하기를 "≪春秋左氏傳≫ 隱公 원년에 鄭나라 莊公의 아우 共叔段을 京城에 살게 했을 때, 祭仲이 '都城이 100雉를 넘는 것은 나라에 해가 됩니다. 先王의 제도에 大都의 성은 國都의 3분의 1을 넘어서는 안 되고, 中都는 5분의 1, 小都는 9분의 1을 넘어서는 안 되는데, 지금 경성은 법도에 맞지 않으니 선왕의 제도가 아닙니다.'라고 말하였다. 서책마다 각각이라 자세한 내용은 알 수 없으나, 지금 ≪춘추좌씨전≫의 설에 따르면 鄭伯의 城은 사방 5里이니, 해당하는 길이가 1,500步이다. 大都는 국도의 3분의 1이니 500步이다. 500보가 100雉가 되니, 1雉가 5步임을 알 수 있다. 5步는 도량형에서 길이가 3丈이니, 雉의 길이는 3丈이다. 雉의 규격을 이에 정하였음을 알 수 있다."라고 하였다. 이것이 정현이 雉를 계산하면서 근거한 내용이다.

≪춘추공양전≫의 王愆期 注에 "여러 선유들은 모두 雉의 길이를 3丈, 堵의 길이를 1丈이라고 여겼다. 아마도 '五堵爲雉'의 五는 오자이니 三이 되어야 한다."라고 하였으니, 이와 같이하면 여러 선유들의 설과 크게 통한다. 오직 정현이 板이 6척이라고 한 설과 일치하지 않을 뿐이다.

鴻鴈于飛하니 **哀鳴**嗸嗸(오오)로다

기러기 날아가니
오오하며 슬피 울도다

【傳】 未得所安集이면 則嗸嗸然이라

평안하고 화목하게 지낼 곳을 얻지 못하면 嗸嗸하며 슬프게 운다.

【箋】 箋云 此之子所未至者라

箋云 : 이것은 王使가 도달하지 않았기 때문이다.

維此哲人은 **謂我劬勞**어늘

이 명철한 사람은
나더러 매우 고생한다고 하지만

【箋】箋云 此哲人은 謂知王之意及之子之事者요 我는 之子自我也라

箋云 : 여기의 哲人은 王의 뜻과 之子의 일을 아는 사람을 말하고, 我는 之子가 자신을 我라고 한 것이다.

維彼愚人은 謂我宣驕로다

이 어리석은 사람은
나더러 교만하다고 하도다

【傳】宣은 示也라

宣은 '보이다'이다.

【箋】箋云 謂我役作衆民爲驕奢라

箋云 : 내가 백성에게 일을 시키는 것을 교만하다고 말한 것이다.

鴻鴈三章이니 章六句라

〈鴻鴈〉 3章이니 章마다 6句이다.

庭燎(정료)

【序】**庭燎는 美宣王也니 因以箴之라**

〈庭燎〉는 宣王을 찬미하고, 이어서 경계한 시이다.

【傳】諸侯將朝宣王하여 以夜未央之時에 問夜早晩이라 美者는 美其能自勤以政事요 因以箴者는 王有雞人[1]之官하여 凡國事爲期면 則告之以時니 王不正其官而問夜早晩이라 ○ 鄭云 在地曰燎요 執之曰燭이라 又云 樹之門外曰大燭이요 於內曰庭燎니 皆是照衆爲明이라

1) 鷄人 : 周나라 관직 이름이다. 국가에서 큰 의식을 거행할 때 새벽을 알리며 백관을 깨워 일으키는 일을 관장하였다.

제후가 宣王을 알현하려고 하여 밤이 아직 끝나지 않았을 때에 밤 시간이 얼마나 되었는지 물은 것이다. '美'는 그가 스스로 政事에 부지런히 힘씀을 찬미한 것이다. '因以箴'은 왕이 雞人이라는 관직을 두어서 모든 國事를 행할 시기가 되면 雞人이 때를 알렸으나, 왕이 그 관원을 통제하지 못해 밤 시간이 얼마나 되었는지 물은 것이다.

○ 鄭玄은 "땅에 있는 것을 燎(화톳불)라 하고, 잡고 있는 것을 燭(횃불)이라고 한다."라고 하였다. 또 이르기를 "문 바깥에 세우는 것을 大燭이라 하고, 문 안에 세우는 것을 庭燎라고 하니, 모두 많은 사람을 비추어 밝게 하는 것이다."라고 하였다.

【疏】'庭燎(三章章五句)'至'箴之' ○ 正義曰 : '因以箴之'者, 言王雖可美, 猶有所失, 此失須治, 若病之須箴. 三章皆美其勤於政事, 譏其不正其官, 是美而因箴之事也. 宣王既在變詩,[1] 此言美而箴之, 以下規誨爲衰失之漸. 而首則六月・采芑, 末則斯干・無羊, 竝不言美者, 敍以示法, 見(현)宣王中興, 置斯干・無羊於末, 見(현)終善以隱之. 詩承刺後, 不可復言其美, 故去美以示意. 既末不言美, 故首亦去美, 令始終相準. 且見宣王賢君, 其詩可以次正, 故終始不言美, 其間則各從其實也. 以此王勤政事, 而不正其官, 美大過小, 得中有失, 故美而因箴之. 汾沮洳則惡大善小, 失中有得, 故刺而因美焉, 所以相反也.

1) 變詩 : 變風와 變雅를 통칭하는 말로 보인다. 〈大序〉에 "왕도가 쇠퇴하게 되자 예의가 무너지고 정교가 실추되었는데, 국가마다 풍속이 달라 變風과 變雅가 지어졌다. 〔至於王道衰 禮義廢 政教失 國異政 家殊俗 而變風變雅作矣〕"라고 하였다. 〈周南〉과 〈召南〉 같은 正風은 찬미하는 내용을 말하지 않지만, 變詩에 이르러 찬미와 풍자의 시가 함께 병존하게 되었다. 〈召南 甘棠〉의 孔穎達 疏에 "變詩의 경우에는 각각 그 시대에 따라 찬미하거나 풍자하였다. 그러므로 善한 것은 찬미한 것이라 말하고 惡한 것은 풍자한 것이라 말하였다.〔至於變詩 美刺各於其時 故善者言美 惡者言刺〕"라고 하였다.

序의 〔庭燎〕에서 〔箴之〕까지

○ 正義曰 : '因以箴之'라는 것은, 왕이 비록 찬미할 만하지만 아직 실수하는 것이 있었다. 그러므로 이 실수를 고쳐야 하는 것이 마치 병자에게 침을 꽂아야 하는 것과 같다고 말한 것이다.

전체 3장은 모두 宣王이 政事에 근면한 것을 찬미하고 또 관리를 통제하지 못함을 비판하였으니, 이것이 찬미하고 이어서 경계한 일이다. 宣王은 이미 變詩에 해당하므로 여기에서 찬미하고 경계하였으며, 이 아래 편에 왕을 타일러 諫言하는 시로써 쇠

망할 조짐으로 여겼다. 앞부분에 있는 〈六月〉·〈采芑〉와 끝부분에 있는 〈斯干〉·〈無羊〉에서 모두 찬미한 시라고 말하지 않은 것은, 小序에서 법을 보여 宣王이 中興한 것을 나타내고, 끝에 〈사간〉·〈무양〉을 배치해 끝내 善이 사라지게 되었음을 드러낸 것이다. 시가 풍자를 한 이후에는 그 대상의 훌륭한 점을 다시 말할 수 없었기 때문에, 찬미한 것이라는 말을 없애서 시의 의도를 드러내었다. 끝부분에 있는 시에서 이미 찬미한 것이라고 말하지 않았기 때문에, 앞부분에 있는 시에서도 또한 찬미한 것이라는 말을 없애서 시종일관 서로 들어맞게 하였다. 또한 宣王이 賢君임을 드러내었고, 그와 관련된 시가 正雅의 다음이 될 수 있기 때문에 처음과 마지막 부분의 시는 찬미한 것이라 말하지 않았고 그 중간의 시는 각각 사실에 따랐다.

이 〈庭燎〉는 왕이 政事에 부지런히 힘썼으나 관리를 통제하지 못하였으니, 찬미할 점은 크고 과오는 적어 얻은 것 가운데에 잃는 것이 있었기 때문에 찬미하고 이어서 경계하였다. 〈魏風 汾沮洳〉는 惡行이 크고 善行이 적어 잃은 것 가운데 얻는 것이 있었기 때문에 풍자하고 이어서 찬미하였다. 이런 까닭으로 상반되는 것이다.

【疏】 ○ 傳'諸侯'至'早晚' ○ 正義曰：王有雞人之官, 凡國事爲期, 則雞人告有司以其朝之時節, 有司當以告, 王不須問. 今王問之, 由王不正其官, 而問夜早晚. 非度之宜, 所以箴之也. '凡國事爲期, 則告之以時', 周禮雞人職文也. 注云"象雞知時, 告其有司主事者也." 鄭知一言之內兼有箴美者, 以其篇更無箴刺之文. "夜如何其", 是問夜之辭. 天子備官任使, 而親問時節, 非王者之法, 故知此卽箴也. 卒章是朝之正時, 知不得時而美, 失時而箴者, 三章同云"夜如何其", 是王之失得一也. 不得以時而爲美矣. 且依時而朝, 未足爲美, 明美者, 美其勤於親問, 問之則非禮, 故知此卽爲箴也.

○ 傳의 〔諸侯〕에서 〔早晚〕까지

○ 正義曰：왕이 雞人이란 관직을 두어 모든 國事를 행할 시기가 되면 계인이 조회하는 시간을 有司에게 알려주고, 유사는 마땅히 그 사실을 보고해 왕이 물을 필요가 없었다. 지금 왕이 시간을 묻는 것은 왕이 계인을 통제하지 못했기 때문에 밤 시간이 얼마나 되었는지 물은 것이니, 법도에 마땅하지 않았기 때문에 왕을 경계한 것이다.

'모든 국사를 행할 시기가 되면 〈계인이〉 때를 알려주었다.'라고 한 것은 ≪周禮≫ 〈春官 鷄人〉의 내용인데, 鄭玄의 注에 "닭이 때를 아는 것을 본떠서 일을 주관하는 유사에게 알려주는 것이다."라고 하였다. 정현이 〈≪春官 鷄人〉의〉 한 마디 말에 경계와 찬미가 아울러 있다는 것을 안 것은 〈庭燎〉의 시편에 다시 경계와 풍자의 내용이 없기 때문이다. 그러나 〈아래 經文에〉 "밤이 얼마나 되었는고〔夜如何其〕"는 밤 시간을 묻는 말이다. 천자는 관직을 빠짐없이 갖추어서 일을 맡겨 부리는데, 직접 시간을 묻는 것은 천자의 법도가 아니다. 그러므로 이것으로 곧 경계한 것임을 알 수 있다.

마지막 章은 조회하는 정확한 시간이다. 때를 얻지 못해 찬미하고 때를 놓쳐 경계한 것임을 아는 것은, 1장에서 3장까지 동일하게 "夜如何其"라고 하였기 때문이니, 이것은 왕이 잃고 얻는 것이 같은 것이어서 때에 맞는 것으로 찬미한 것이라고 여길 수는 없다. 또 때에 맞춰 조회하는 것은 찬미할 일이 될 수 없는데도 찬미했다고 밝힌 것은, 왕이 직접 묻는 일에 부지런한 것을 찬미한 것이다. 그러나 그것을 묻는 것은 예가 아니므로 이것이 곧 경계한 것임을 알 수 있다.

夜如何其오

밤이 얼마나 되었는고

【箋】 箋云 此宣王이 以諸侯將朝에 夜起曰 夜如何其오 問早晩之辭라

箋云 : 이것은 宣王이, 제후가 조회하러 오기 때문에 밤에 일어나 말하기를 "밤이 얼마나 되었는고."라고 한 것인데, 시간이 얼마나 되었는지 묻는 말이다.

夜未央이나 **庭燎之光**이로다
君子至止하니 **鸞聲將將**이로다

밤이 끝나지 않았으니
궁궐의 화톳불이 빛나는구나
군자가 이르니
방울 소리 딸랑딸랑하도다

【傳】 央은 旦也라 庭燎는 大燭이요 君子는 謂諸侯也라 將將은 鸞鑣聲也라

央은 '새벽이 되다'이다. 庭燎는 '큰 횃불'이고, 君子는 諸侯를 말한다. 將將은 말방울 소리이다.

【箋】箋云 夜未央은 猶言夜未渠央也라 而於庭設大燭하여 使諸侯早來朝에 聞鸞聲將將然이라

箋云：夜未央은 밤이 아직 끝나지 않았다고 말하는 것과 같다. 宮庭에 큰 횃불을 설치하여, 제후가 일찍 조회하러 오도록 하자, 딸랑딸랑하는 말방울 소리가 들렸다.

【疏】'夜如'至'將將' ○ 正義曰：宣王以諸侯將朝, 遂夜起問左右曰 "夜如何其" 其, 語辭. 言夜今早晚如何乎. 王問之時, 夜猶未渠央矣, 而已見庭燎之光. 言於時卽是庭設大燭, 以待諸侯. 其君子諸侯, 以庭燎已設, 皆來至止, 人聞其鸞聲將將然, 王勤政事, 誠可美矣. 而不正其官, 失人君之道, 故箴之.

經의 〔夜如〕에서 〔將將〕까지

○ 正義曰：宣王이, 諸侯가 조회하러 오려 해서, 마침내 밤에 일어나 시종하는 신하에게 "밤이 얼마나 되었는고.〔夜如何其〕"라고 물은 것이다. 其는 어조사이다. 말하자면 밤이 지금 몇 시나 되었느냐라고 물은 것이다. 왕이 물을 때 밤이 아직 끝나지 않았고, 이윽고 궁정의 화톳불 빛을 보았다. 말하자면 당시에 이와 같이 궁정에서 큰 횃불을 설치하고 제후를 기다린 것이다. 궁정의 화톳불이 이미 설치되어 있어서 군자인 제후들이 모두 와서 머물렀고, 사람들은 말방울 소리가 딸랑딸랑하는 것을 들었으니 왕이 政事에 부지런한 것은 참으로 찬미할 만하다. 그러나 시간 알리는 관리를 통제하지 못해 군주의 도를 잃어 버렸기 때문에 경계한 것이다.

【疏】○ '央旦'至'大燭' ○ 正義曰：未央者, 前限未到之辭. 故箋云 '夜未央, 猶言夜未渠央也.' 故漢有未央宮, 詩有樂未央. 傳言'央, 旦'者, 旦是夜屈之限. 言夜未央者, 謂夜未至旦, 非謂訓央爲旦. 故王肅云 "央, 旦. 未旦, 夜半." 是也. 二章"夜未艾", 艾, 久也. 毛意艾取名於耆艾, 艾者, 是年之久. 從幼至艾爲年久, 似從昏至旦爲夜久. 昏似幼, 旦似艾, 言夜未於久, 亦是未至於旦. '未艾'與'未央', 其意同也. 但下章言'晨', 則三章設文有漸, 未央先於未艾也. 此夜未旦者, 作者言王問夜之時節耳, 非對王之辭也. 若對王未央, 王應更寢, 何當設燭以迎賓. 以此知非對辭也. 庭燎者, 樹之於庭, 燎之爲明, 是燭之大者. 故云 '庭燎, 大燭'也. 秋官司烜云 "邦之大事, 供蕡燭庭燎." 注云 "樹於門外曰大燭, 門內曰庭燎." 不同者, 以彼燭・燎別文, 則設非一處. 庭燎以庭名之, 明在門內, 故以大燭爲門外. 以文對, 故異之耳, 其散則通也. 郊特牲曰 "庭燎之百, 由齊桓公始也." 注云 "僭天子也. 庭燎之差, 公蓋五十, 侯伯子男皆三十." 是天子庭燎用百. 古制未得而聞, 要以物百枚, 竝而纏束之, 今則用松・葦・竹灌以脂膏也.

○ 傳의 〔央旦〕에서 〔大燭〕까지

○ 正義曰 : 未央이란 것은 미리 정한 한도에 도달하지 못했다는 말이다. 그러므로 鄭箋에서는 '夜未央은 밤이 끝나지 않았다고 말하는 것과 같다.'라고 하였다. 그러므로 漢나라에 未央宮이 있고 시 작품으로 〈樂未央〉이 있다. 毛傳에서 '央은 「새벽이 되다」이다.〔央 旦也〕'라고 말한 것은, 旦은 밤이 물러가는 경계이기 때문이다. '夜未央'이라고 말한 것은 밤이 아직 새벽이 되지 않았다고 말한 것이지, 央을 '旦'이라고 풀이한 것은 아니다. 그러므로 王肅이 "央은 '새벽이 되다'의 뜻이니, 未旦은 '밤중이다.'〔央 旦 未旦 夜半〕"라고 말한 것이 이것이다.

2장의 "밤이 끝나지 않았다.〔夜未艾〕"의 艾는 '오래다'의 뜻이다. 毛亨은 艾가 耆艾에서 이름을 따온 것이라고 생각했는데, 〈耆艾의〉 艾는 나이가 많다는 것이다. 어린이에서 늙은이가 된 것을 年久라고 하니, 저녁에서 새벽이 된 것을 夜久(밤이 깊음)라고 하는 것과 비슷하다. 저녁은 어린아이와 비슷하고 새벽은 늙은이와 비슷하니, "밤이 오래 되지(깊지) 않았다."라고 말한 것도 새벽에 이르지 않았다는 것이다. 未艾와 未央의 뜻은 같다.

다만 아래 3장에서는 '晨'이라고 말했으니, 세 장에서 문장을 구성하면서 점진적인 단계가 있는 것이니, 未央은 未艾보다 앞선 시간이다. 이 장에서 '밤이 끝나지 않았다.'라고 말한 것은, 작자가 왕이 밤 시간을 물은 시간을 말한 것일 뿐이지, 왕에게 대답한 말이 아니다. 만약 왕에게 밤 시간이 끝나지 않았다고 대답했다면 왕이 마땅히 다시 침소에 들었을 것이니, 어찌 횃불을 설치해 빈객을 맞이하겠는가. 이것으로 왕에게 대답한 말이 아님을 알 수 있다.

庭燎는 궁정에 세우는 것인데, 화톳불이 밝은 것은 이것이 횃불 중에 큰 것이기 때문이다. 그러므로 毛傳에서 '궁정의 화톳불은 큰 횃불이다.〔庭燎 大燭〕'라고 하였다. ≪周禮≫ 〈秋官 司烜〉에서 "나라의 큰일에는 큰 횃불인 蕡燭과 화톳불인 庭燎를 피우는 데 이바지한다."라고 하였는데, 鄭玄의 注에서 "문 바깥에 세우는 것을 大燭이라 하고, 문 안에 세우는 것을 庭燎라고 한다."라고 하였다. 〈이 글이 모전과〉 같지 않은 것은, 〈사훤의〉 정현의 注에서는 燭과 燎를 구분해서 문장을 만들었으니 설치한 곳이 한 곳이 아니고, 庭燎는 庭으로 이름을 지었으니 문 안에 있었던 것이 분명하기 때문에 大燭을 문 바깥에 세우는 것이라고 하였다. 이것은 글이 상대적으로 쓰였기 때문에 달리 한 것일 뿐이다. 그 글자를 별도로 사용하면 통용된다. ≪禮記≫〈郊特牲〉에 "정료를 100개 설치한 것은 齊 桓公 때 시작되었다."라고 하였는데, 정현의 注에 "천자를 참칭한 것이다. 정료는 차이가 있으니, 公은 50개이고 侯·伯·子·男은 모두 30개이다."라고 하였으니, 이것이 천자는 정료를 100개 사용한다는 것이다. 古制에 대해 들을 수 없지만, 요컨대 제후가 조회오면 횃불 100枚를 함께 묶어서 문 안에 설치한 것이다. 지금은 소나무·갈대·대나무에 기름을 부어서 사용한다.

夜如何其오 **夜未艾**나 **庭燎晣晣**(제제)로다

君子至止하니 **鸞聲噦噦**(홰홰)로다

밤이 얼마나 되었는고

밤이 끝나지 않았으니

궁궐의 화톳불이 밝도다

군자가 이르니

말방울 소리 짤랑짤랑하도다

【傳】 艾는 久也라 晣晣는 明也라 噦噦는 徐行有節也라

艾는 '오래다'이다. 晣晣는 '밝다'이다. 噦噦는 천천히 가면서 절도가 있는 것이다.

【箋】 箋云 芟末曰艾니 以言夜先雞鳴時라

箋云 : 초목의 끝을 베는 것을 艾라고 하니, 이것은 〈지금〉 밤 시간이 닭이 울 때보다 앞선 시간임을 말한 것이다.

【疏】 箋'芟末'至'雞鳴時' ○ 正義曰 : 箋以傳云艾, 取老之義, 其理不安, 故易之. 何者. 以一夜始譬一世, 從昏至旦, 猶從生至死耳, 不得以老爲旦也. 若以夜未久, 則是初昏之辭, 時已雞鳴, 左右不得謂之未久也. 故易之以芟艾爲喩. 一物之全, 是猶一夜也, 以刀初芟, 猶初昏也, 芟竟, 猶旦也. 是艾者, 以昏初爲本, 以過爲末, 所以成艾之名. 言未成艾, 猶初未至於旦, 故言先雞鳴時也. 朝禮, 群臣別色始入, 在雞鳴之後. 此未至朝節, 故知先雞鳴時也. 未艾先於雞鳴, 則未央又在其前. 故王肅以爲夜半, 雖鄭亦當然矣.

箋의 〔芟末〕에서 〔雞鳴時〕까지

○ 正義曰 : 毛傳에서 艾가 老의 뜻을 취한 것이라고 한 것에 대해, 鄭玄은 그 이치가 타당하지 않다고 여겼으므로 모전의 내용을 바꾸었다. 어째서인가? 하룻밤의 시작을 한 세대에 비유하면, 저녁부터 새벽까지는 태어나서 죽을 때까지와 같을 뿐이니, 나이를 먹어 늙은이가 된 것을 밤이 길어 새벽이 된 것으로 여길 수 없다. 만약 밤이 깊지 않았다면 이것은 초저녁이란 말이니, 때가 이미 닭이 울었다면 좌우 신하가 밤이 깊지 않았다고 말할 수 없다. 그러므로 毛亨의 해석을 바꾸어서 '풀을 베다〔芟艾〕'의 뜻으로 비유를 삼았다.

한 물건의 전체는 하룻밤과 같고, 칼로 처음 베는 것은 초저녁과 같으며, 베는 일이 끝나는 것은 새벽과 같다. 여기서 艾는 초저녁을 근본으로 삼고 〈시간이〉 지나가는 것을 말단으로 삼았기 때문에 艾가 완성되었다고 이름한 것이다. 艾가 아직 완성되지 않았다고 말한 것은 애초에 새벽에 이르지 않았다는 것과 같으므로, "닭이 울 때보다 앞선 시간이다."라고 말한 것이다. 朝禮는 群臣이 사물의 색을 구별할 수 있을 때 비로소 들어가니 닭이 울고 난 이후이다. 여기서는 조회할 시간에 이르지 않았으므로, 닭이 울 때보다 앞선 시간임을 알 수 있다. 〈풀을 베기 전인〉 未艾가 〈닭이 울 때인〉 雞鳴보다 앞선 시간이면, 未央도 그 이전에 해당한다. 그러므로 王肅은 밤중이라고 하였으니, 비록 정현의 설이라 하더라도 또한 당연하게 여긴 것이다.

夜如何其오 **夜鄉晨**이라 **庭燎有煇**로다

君子至止하니 **言觀其旂**로다

밤이 얼마나 되었는고

밤이 새벽을 향하는지라

궁궐의 화톳불이 밝도다

군자가 이르니

그 깃발을 보도다

【傳】 煇는 光也라

煇는 '빛나다'이다.

【箋】 箋云 晨은 明也라 上二章에 聞鸞聲爾요 今夜鄕明에 我見其旂하니 是朝之時也라 朝禮는 別色始入이라

箋云 : 晨은 '밝다'이다. 위의 1, 2章에서는 말방울 소리를 들었을 뿐이고, 오늘 밤은 새벽이 가까워져 내가 그 깃발을 보는 것이니 이것은 조회할 때이다. 朝禮는 여러 신하가 사물의 색을 구별할 수 있을 때 비로소 들어간다.

庭燎三章이니 章五句라

〈庭燎〉 3章이니 章마다 5구이다.

沔水(면수)

【序】 沔水는 規宣王也라

〈沔水〉는 宣王에게 規諫한 詩이다.

【箋】 規者는 正圓之器也라 規主仁恩也라 以恩親正君曰規니 春秋傳曰 近臣盡規라하니라

規(컴퍼스)는 원을 바르게 그리는 기구이다. 規는 仁恩을 위주로 한다. 恩親으로 군주를 바로잡는 것을 規라고 하니, ≪國語≫ 〈周語 上〉에 "近臣은 정성을 다해 規諫한다."라고 하였다.

【疏】 '沔水(三章二章章八句一章六句)' ○ 正義曰 : 作沔水詩者, 規宣王也. 圓者, 周迊之物, 以比人行周備. 物有不圓迊者, 規之使成圓, 人行有不周者, 規之使周備, 是匡諫之名. 刺者, 責其爲惡. 言宣王政教多善, 小有不備, 今欲規之使備. 故言規之, 不言刺也. 經云[1] "諸侯不朝天子, 妄相侵伐, 又讒言將起, 王不禁之." 欲王治諸侯, 察譖佞, 皆規王使爲善也.

1) 經云 : 어느 經인지 확실하지 않다. 孔穎達도 出典을 확신하지 못하므로 두루뭉술하게 經이라고 말한 듯하다.

序의 〔沔水〕

○ 正義曰 : 〈沔水〉 시를 지은 것은 宣王을 規諫하기 위해서이다. 圓은 둥근 물건이니 사람의 행동이 두루 갖추어짐을 비유한 것이다. 물건 가운데 둥글지 못한 것이 있으면 컴퍼스로 바로잡아 둥글게 만들고, 사람의 행동이 두루 갖춰지지 않은 것이 있으면 규간하여 두루 갖추게 만드니, 規는 옳은 말로 간하는 匡諫을 일컫는 명칭이다. 刺라는 것은 악행을 저지른 것을 책망하는 것이다. 말하자면 宣王의 정치와 교화가 좋은 것이 많지만 조금 완비되지 않은 것이 있어서, 지금 규간해서 완비하려고 한 것이다. 그러므로 '바로잡는다.'라고 말하고, '풍자한다.'라고 말하지 않았다.

經에 이르기를 "諸侯가 天子를 조회하지 않고, 함부로 서로 침략하고 정벌하며, 또 讒言을 일으켜도, 왕이 금지하지 못하였다."라고 하였으니, 왕이 제후를 다스리고 참소와 아첨을 살피기를 바란 것이다. 모두 규간해서 왕이 선행을 하도록 한 것이다.

【疏】 ○ 箋'規者'至'盡規' ○ 正義曰 : 正物之器, 不獨規也. 規以正圓, 矩以正方, 繩正曲直, 權正輕重, 皆可以比諫君. 獨言規者, 以"主仁恩, 以恩親正君曰規." 規之使圓, 則外無廉隅, 猶人之爲恩, 貌不嚴肅, 故五行規主東方, 是主仁恩也. 案援神契[1]云 "春執規, 夏持衡, 秋執矩, 冬持權." 所引春秋傳者, 外傳周語文也. 言君之近臣, 當盡誠以規君, 亦取恩親之義.

1) 援神契 : ≪孝經≫의 緯書이다. 위서란 漢나라 때 儒家의 경전에 의탁하여 讖緯 사상을 전파한 책이다. 經書에 상대가 된다고 하여 緯書라고 칭하였으며 대부분 兩漢 이후에 성립되었다.

○ 箋의 〔規者〕에서 〔盡規〕까지

○ 正義曰 : 사물을 바로잡는 기구가 規만 있는 것은 아니다. 컴퍼스〔規〕로 둥근 것을 바로잡고, 곱자〔矩〕로 각이 있는 것을 바로잡으며, 먹줄〔繩〕로 굽은 것을 바로잡고 저울〔權〕로 무게를 바로잡으니, 네 가지 모두 군주에게 간언하는 것을 비유할 수 있다. 그런데 이 시에서 規만 말한 것은 "規는 仁恩을 위주로 한다. 恩親으로 군주를 바로잡는 것을 規라고 한다."라고 하였기 때문이다. 規로 바로잡아 원을 둥글게 만들면 밖으로 모가 난 곳이 없어지는 것이, 사람이 은혜를 베풀면 모습이 엄숙하지 않은 것

과 같다. 그러므로 五行에서 規가 東方을 위주로 하는데 이것이 "仁恩을 위주로 한다." 라는 것이다. 살펴보건대 ≪援神契≫에서 "봄에는 規(컴퍼스)를 잡고, 여름에는 衡(저울)을 잡고, 가을에는 矩(곱자)를 잡으며, 겨울에는 權(저울)을 잡는다."라고 하였다. 인용한 ≪春秋傳≫은 춘추외전인 ≪國語≫ 〈周語 上〉에 나오는 내용이다. "군주의 近臣은 정성을 다해 임금에게 規諫해야 한다."라고 말한 것도, 역시 恩親의 뜻을 취한 것이다.

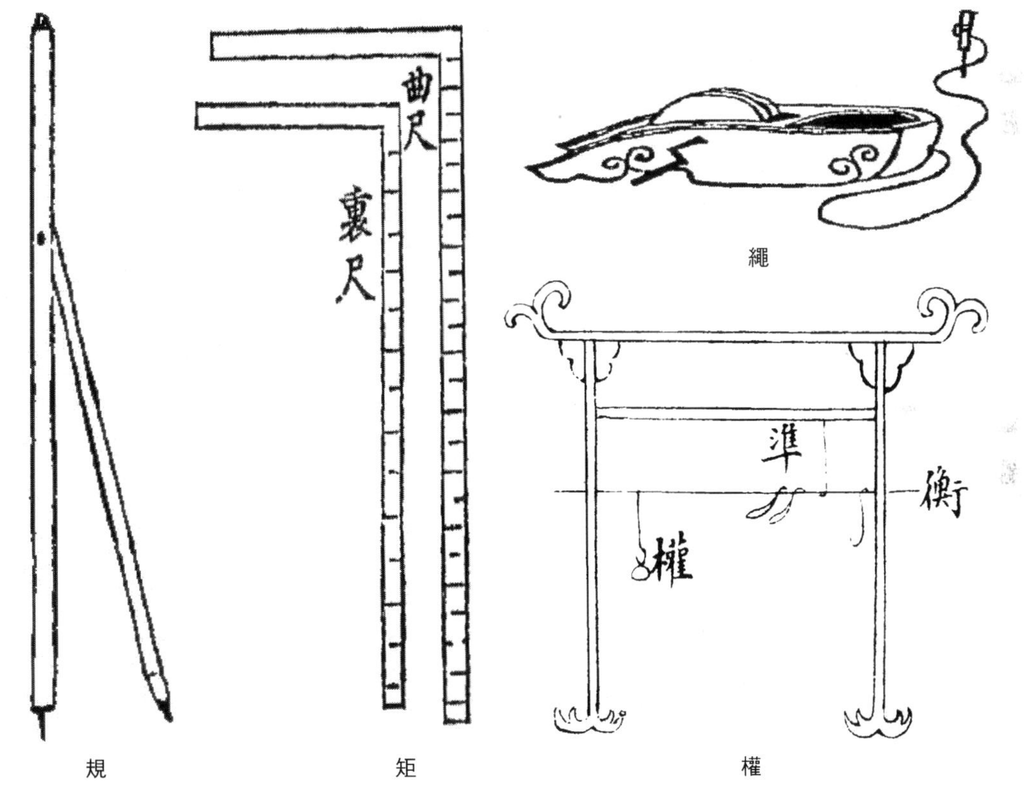

規 矩 繩 權

沔彼流水여 朝宗于海로다

넘실넘실 흐르는 저 물이여
바다로 흘러 들어가도다

【傳】興也라 沔은 水流滿也라 水猶有所朝宗이라

興이다. 沔은 물의 흐름이 가득한 것이다. 물도 오히려 흘러가서 모이는 곳이 있다.

【箋】箋云 興者는 水流而入海하여 小就大也니 喩諸侯朝天子에 亦猶是也라 諸侯春見(현)天子曰朝요 夏見(현)曰宗이라

箋云 : 興이라고 한 것은, 물이 흘러 바다로 들어가서 작은 물이 큰 물로 나아가는 것이니, 제후가 천자를 朝會하는 것도 이와 같음을 비유한 것이다. 제후가 봄에 천자를 조회하는 것을 朝라고 하고, 여름에 알현하는 것을 宗이라고 한다.

鴥彼飛隼이여 載飛載止로다

휙하고 날아가는 저 송골매여
날기도 하고 머물기도 하도다

【箋】箋云 載之言則也라 言隼欲飛則飛하고 欲止則止하니 喩諸侯之自驕恣하여 欲朝不朝를 自由無所在心也라

箋云 : 載라는 말은 '곧'이라는 뜻이다. 말하자면 송골매가 날고 싶으면 날고 멈추고 싶으면 멈추니, 제후가 스스로 교만하고 방자해서, 조회하고 싶으면 조회하고 하기 싫으면 하지 않는 것을 제 마음대로 하여 마음을 쓰지 않음을 비유한 것이다.

嗟我兄弟와 邦人諸友아
莫肯念亂하나니 誰無父母리오

나의 同姓인 신하와
異性인 여러 제후들아
혼란을 염려하려는 사람이 없으니
누가 부모가 없으리오

【傳】邦人諸友는 謂諸侯也라 兄弟는 同姓臣也라 京師者는 諸侯之父母也라

邦人諸友는 제후를 말한다. 兄弟는 同姓인 臣下이다. 京師는 제후의 부모이다.

【箋】箋云 我는 我王也라 莫은 無也라 我同姓異姓之諸侯는 女自恣(聽)[1]不朝하여 無肯念此於禮法爲亂者하니 女誰無父母乎아 言皆生於父母也라 臣之道는 資於事父以事君이라

1) (聽) : 저본에는 '聽'이 있으나, 阮元의 校勘記에 의거하여 衍文으로 처리하였다.

箋云 : 我는 왕을 '我'라고 한 것이다. 莫은 '없다'이다. 여기서는 "나의 同姓과 異姓의 제후들아! 너희가 오만방자하여 朝會를 오지 않고, 禮法이 혼란하게 되는 것에 대해 염려조차 하지 않으니, 너희들 중 어느 누가 부모가 없겠는가?"라고 한 것이다. 모두 부모에게 태어남을 말한 것이다. 신하의 도리는 아버지를 섬기는 마음을 바탕으로 임금을 섬기는 것이다.

【疏】'沔彼'至'父母' ○ 正義曰 : 沔然而滿者, 彼流水也. 此水之流, 當朝宗而入於海, 小就大也. 以喩强盛者, 是彼諸侯也, 此諸侯亦當朝宗天子. 臣事君也, 何爲今更不然. 鴥然而疾者彼飛隼. 其意欲飛則飛, 欲止則止, 自由無所畏也. 以喩彼諸侯欲朝則朝, 欲否則否, 自恣無所懼也, 故責之. 嗟乎. 我王兄弟同姓之國, 及爲邦君之人異姓諸侯. 此同姓異姓, 汝皆我王之諸友, 何爲自恣不朝, 無肯念此於禮法爲亂者. 若然, 則誰無父母乎. 何者. 人皆生於父母, 臣之道, 資於事父以事君. 故京師者, 諸侯之父母. 何爲不以事父母之道事京師也. 諸侯自恣如是, 王不能禁, 所以規王也.

經의 〔沔彼〕에서 〔父母〕까지

○ 正義曰 : 넘실거리면서 가득 찬 것은 저 흐르는 물이다. 이 물이 흘러가면 마땅히 모여서 바다로 들어가니, 작은 물이 큰 물로 나아가는 것이다. 이것으로 强盛한 자가 저 諸侯이며, 이 제후도 역시 천자를 조회해야 함을 비유하였다.

신하는 군주를 섬겨야 하는데 무엇 때문에 지금은 다시 하지 않는가. 휙하고 빨리 지나가는 것은 저 날아가는 송골매이다. 송골매는 날고자 하면 날고 멈추고자 하면 멈추어 제 마음대로 움직이고 두려워하는 것이 없다. 이것은 저 제후가 조회하고 싶으면 조회하고 하기 싫으면 하지 않아 제 마음대로 하여 두려워하는 바가 없음을 비유한 것이다. 그러므로 책망해서, "아! 우리 왕과 형제인 同姓의 나라와 다른 나라의 군주가 된 異姓의 제후들아! 여기 동성과 이성 제후들인 너희들은 모두 우리 왕의 친구인데, 무엇 때문에 방자하게 굴면서 조회하지 않고 禮法이 혼란하게 되는 것에 대해 염려조차 하지 않는 것인가."라고 한 것이다.

만약 그렇다면 "어느 누가 부모가 없겠는가."라고 한 것은 무엇 때문인가. 사람은 모두 부모에게서 태어나고, 신하의 도리는 아버지를 섬기는 마음을 바탕으로 군주를 섬기는 것이다. 그러므로 京師는 제후의 부모가 된다. 그런데 무엇 때문에 부모를 섬기는 도리로 천자를 섬기지 않는 것인가. 제후가 오만방자함이 이와 같은데도 왕이 금지할 수 없었기 때문에 왕을 規諫한 것이다.

【疏】○ 傳'水猶有所朝宗' ○ 正義曰：云猶者, 以水無情, 猶義有朝宗. 況人而可無朝宗乎. 朝宗者, 本諸侯於天子之禮. 故箋引大宗伯云 "春見天子曰朝, 夏見曰宗." 臣之朝君, 猶水之趨海. 故以水流入海爲朝宗也. 禹貢亦云 "江・漢朝宗於海." 彼注云 "以著人臣之禮. 見江・漢・吳・楚, 有道後服, 無道先强. 故以著義." 以水入海多矣, 獨於江・漢言朝宗, 故云'著義'也. 大宗伯注云 "朝, 朝也, 欲其來之早. 宗, 尊也, 欲其尊王." 皆以人事名之. 水無此情, 故云'著義'也.

○ 傳의 〔水猶有所朝宗〕

○ 正義曰 : '오히려〔猶〕'라고 한 것은, 물은 情이 없어도 오히려 바다로 모이는 朝宗의 의리가 있는데, 하물며 사람이 되어서 천자를 조회하는 조종의 의리가 없을 수 있겠느냐고 반문한 것이다. 조종은 본래 천자에 대한 제후의 禮이다. 그러므로 鄭箋에서는 ≪周禮≫ 〈春官 大宗伯〉의 "봄에 천자를 알현하는 것을 朝라고 하고, 여름에 알현하는 것을 宗이라고 한다."라는 글을 인용하였다. 신하가 군주를 알현하는 것은 물이 바다로 흘러가는 것과 같다. 그러므로 물이 바다로 흘러가는 것을 '朝宗'이라고 한다. ≪尙書≫ 〈禹貢〉에도 "江水와 漢水가 바다로 흘러 들어간다."라고 하였는데, 주석에 "이것으로 신하의 예를 드러낸 것이다. 江水・漢水・吳・楚 지역은 나라에 道가 있으면 뒤늦게 복종하고 나라에 도가 없으면 먼저 난폭해진다. 그러므로 의리를 드러낸 것이다."라고 하였다. 물이 바다로 들어가는 것이 많지만 유독 강수와 한수에 대해서만 조종을 말했기 때문에 '의리를 드러낸 것이다〔著義〕'라고 말했다. 〈대종백〉의 鄭玄注에 "朝는 '아침'이니, 제후들이 일찍 오기를 바란 것이다. 宗은 '존경하다'이니, 제후들이 왕을 존경하기를 바란 것이다."라고 하였다. 모두 사람이 하는 일로 이름을 붙였다. 물은 이런 情이 없으므로 '의리를 드러낸 것이다.'라고 하였다.

【疏】○ 傳'邦人'至'父母' ○ 正義曰：尙書云 "我友邦冢君." 是天子謂諸侯爲友也. 邦人, 有國之辭, 故知諸友謂諸侯也. 此經"嗟我"下, 通兄弟・邦人竝責之, 諸友之文, 足以容同姓, 但以同姓爲親, 故先責兄弟. 兄弟是同姓, 則邦人諸友爲異姓, 故箋云 '我同姓異姓諸侯', 總責之也. 言'京師者, 諸侯之父母.' 以責不朝於京師, 故以京師爲父母也. 箋申解名京師爲父母之意, "言皆生於父母, 臣之道, 資於事父以事君." 本其恩親以責之, 故名京師爲父母. 箋云 "自恣不朝", 集注[1] 及定本恣下有聽字.

1) 集注 : 南朝시대 梁나라 학자인 崔靈恩의 ≪毛詩集注≫를 말한다.

○ 傳의 〔邦人〕에서 〔父母〕까지

○ 正義曰 : ≪尙書≫ 〈牧誓〉에서 "우리 友邦의 冢君"이라고 하였는데, 이것이 天子가 諸侯를 일러 友라고 한 것이다. 邦人은 나라를 가졌다는 말이므로 諸友가 제후를 말한 것임을 알 수 있다. 이 경문에서는 "嗟我" 다음에 兄弟와 邦人을 통틀어 함께 책망하였으니, 諸友라는 글은 同姓을 포용할 수 있지만, 다만 동성은 친척이므로 먼저 형제를 책망한 것이다. 형제가 동성이면 邦人諸友는 異姓이므로 鄭箋에서 '나의 同姓과 異姓의 諸侯들'이라고 해서 모두 책망하였다.

毛傳에서 '京師라는 것은 제후의 부모이다.'라고 해서, 경사에 조회하러 오지 않는 제후를 책망하였기 때문에, 경사를 부모로 여긴 것이다. 鄭箋에서는 경사를 지칭해서 부모라고 한 뜻을 거듭 풀이하면서 '모두 부모에게 태어남을 말한 것이다. 신하의 도리는 아버지를 섬기는 것을 바탕으로 임금을 섬기는 것이다.'라고 하였으니, 恩親에 근본해서 책망하였기 때문에, 경사를 지칭해서 부모라고 한 것이다. 鄭箋에서 '오만방자하여 조회를 오지 않는다.〔自恣不朝〕'라고 한 곳에, ≪毛詩集注≫와 ≪五經定本≫에는 恣자 아래에 聽자가 있다.

沔彼流水여 其流湯湯(상상)이로다

넘실넘실 흐르는 저 물이여
그 흐름이 세차고 세차도다

【傳】 言放縱無所入也라

물이 제멋대로 흘러서 〈바다와 강으로〉 들어가지 않음을 말한 것이다.

【箋】 箋云 湯湯은 波流盛貌니 喩諸侯奢僭하여 旣不朝天子하고 復(부)不事侯伯이라

箋云 : 湯湯은 물결의 흐름이 세찬 모습이니, 제후가 사치하고 분수에 넘쳐서 이미 천자에게 朝會하지 않고 다시 제후의 우두머리인 侯伯을 섬기지 않은 것이다.

鴥彼飛(集)〔隼〕[1]이여 **載飛載揚**이로다

1) (集)〔隼〕: 저본에는 '集'으로 되어 있으나, 현행본 ≪詩經≫ 〈小雅 沔水〉에 의거하여 '隼'으로 바로잡았다.

휙하고 날아가는 저 송골매여
날기도 하고 솟구쳐 오르기도 하도다

【傳】 言無所定止也라

송골매가 머물러 쉴 곳이 없음을 말한 것이다.

【箋】 箋云 則飛則揚은 喩諸侯出兵하여 妄相侵伐이라

箋云 : 날기도 하고 솟구쳐 오르기도 한다는 것은, 제후가 군대를 출동시켜 함부로 침략하고 정벌하는 것을 비유한 것이다.

念彼不蹟하여 **載起載行**하노라
心之憂矣여 **不可弭忘**이로다

법도를 따르지 않는 저 제후들이
군사를 일으켜 출동함을 염려하노라
마음의 근심이여
잊을 수가 없도다

【傳】 不蹟은 不循道也라 弭는 止也라

不蹟은 '법도를 따르지 않는다.'는 뜻이다. 弭는 '그치다'이다.

【箋】 箋云 彼는 彼諸侯也라 諸侯不循法度하여 妄興師出兵하니 我念之憂하여 不能忘也라

箋云 : 彼는 저 제후이다. 제후가 법도를 따르지 않아서 함부로 군사를 일으켜 군대를 출동시키니 내가 그것을 생각함에 근심스러워 잊을 수 없는 것이다.

【疏】'沔彼'至'弭忘' ○ 正義曰：沔然而滿者，彼流水也. 此水之流湯湯然，波流漫溢，無所入，旣不注於海，復(부)不入大川. 以興强盛者，彼諸侯也，此諸侯奢僭，故恣無所事，旣不朝天子，又不事侯伯. 鴥然而疾飛者，彼飛隼，則已飛而不息，則又加之遊揚，妄相擊害. 以興彼自恣之諸侯，則已不朝天子，則又加以出兵，妄相侵伐. 故我念彼不循道之諸侯，爲此則起則行，妄出兵之事者，心爲之憂矣，不可止而忘之.

經의 〔沔彼〕에서 〔弭忘〕까지

○ 正義曰 : 넘실거리며 가득한 것은 저 흐르는 물이다. 이 물의 흐름이 세차서 물결이 어지럽게 넘쳐서 들어갈 곳이 없다. 이미 바다로 흘러가지 못하고 다시 大川에도 들어가지 못하는 것이다. 이것으로 强盛한 자는 저 제후이며 이 제후는 사치하고 분수에 넘치는 일을 하기 때문에 방자하여 섬기는 대상이 없고, 이미 천자에게 조회하지 않는데다가 또 侯伯도 섬기지 않는다는 것을 비유하였다.

휙하고 빨리 날아가는 것은 저 송골매인데, 이미 날아가서 쉬지도 않고 게다가 솟구쳐 올라서 함부로 부딪치고 해를 끼친다. 이것으로 저 방자한 제후가 이미 천자에게 조회하지 않고 게다가 군대를 출동시켜 함부로 서로 침략하고 정벌함을 비유하였다. 그러므로 내가 저 법도를 따르지 않는 제후가 이 때문에 병력을 일으켜 움직이고 함부로 군대를 출동시키는 것을 염려해서, 마음속으로 그것을 근심하니 잊을 수가 없는 것이다.

【疏】○ 傳'言(故)〔放〕[1]縱無所入' ○ 正義曰：言水放散縱長無所入，猶諸侯奢泰放恣，無所臣事也. '無所'者，是廣辭. 非徒不入於海，又不注大川，以喩諸侯亦然. 故箋申之云 '旣不朝天子，復不事侯伯.' 以傳'無所入'之言，知有侯伯之義，故下箋亦云 '王與侯伯不當察之'，緣此有侯伯故也. 定本云 '放衍無所入.' 集注云 '放恣'

1) (故)〔放〕: 저본에는 '故'로 되어 있으나, 毛亨의 傳에 의거하여 '放'으로 바로잡았다.

○ 傳의 〔言放縱無所入〕

○ 正義曰 : 말하자면 물이 이리저리 제멋대로 흩어져서 들어갈 곳이 없는 것이, 제후가 사치하고 방자해서 신하의 도리로 섬기는 대상이 없는 것과 같다. '하는 것이 없다.〔無所〕'는 광범위한 말이다. 바다에 들어가지 않을 뿐만 아니라 또한 大川에도 흘러가지 못하는 것이다. 이것으로 제후 역시 그러하다는 것을 비유하였다. 그러므로 鄭箋에서 거듭 풀이해서 '이미 천자에게 朝會하지 않고 다시 侯伯도 섬기지 않는 것이다.'

라고 하였으니, 毛傳의 '無所入'이란 말에 侯伯의 뜻이 있음을 알 수 있다. 그러므로 아래의 鄭箋에서도 또한 '왕과 侯伯이 상세히 살피지 못하였다.'라고 하였으니, 이곳에 侯伯이 있기 때문이다. 毛傳의 '放縱無所入'은 ≪五經定本≫에서는 '放衎無所入'이라 하였고, ≪毛詩集注≫에서는 '放恣'라고 하였다.

鴥彼飛隼이여 **率彼中陵**이로다

획하고 날아가는 저 송골매여
저 언덕 가운데를 따라가도다

【箋】箋云 率은 **循也**라 **隼之性**은 **待鳥雀而食**이니 **飛循陵阜者**는 **是其常也**라 **喩諸侯之守職**하고 **順法度者**는 **亦是其常也**라

箋云 : 率은 '따르다'이다. 송골매의 본성은 참새를 기다려서 잡아먹는 것이니, 날아서 언덕을 따라가는 것은 일상적인 일이다. 이것으로 제후가 직책을 지키고 법도를 따르는 것도 역시 일상적인 일임을 비유한 것이다.

民之訛言을 **寧莫之懲**고

백성의 유언비어를
어찌해서 그치게 하는 자가 없는가

【傳】懲은 **止也**라

懲은 '그치다'이다.

【箋】箋云 訛는 **僞也**라 **言時不令小人好詐僞**하고 **爲交易之言**하여 **使見怨咎**어늘 **安然無禁止**라

箋云 : 訛는 '속이다'이다. 말하자면 당시 좋지 못한 소인이 속이기를 좋아해서 善惡을 뒤바꾸는 말을 해서, 사람들에게 원망과 비난을 받도록 했는데도 편안히 여기고 금지하지 못했음을 말한 것이다.

我友敬矣면 **讒言其興**가

우리 왕의 제후들이 자신의 직책을 존중한다면
참소하는 말이 일어날 수 있겠는가

【傳】 疾王不能察讒也라

왕이 참소하는 말을 상세하게 살피지 못함을 미워한 것이다.

【箋】 箋云 我는 我天子也라 友는 謂諸侯也라 言諸侯有敬其職하고 順法度者나 讒人猶興其言以毁惡(오)之로되 王與侯伯不當察之라

箋云 : 我는 '우리 天子'라는 말이다. 友는 諸侯를 말한다. 말하자면 제후 중에 자신의 직책을 존중하고 법도를 따르는 자가 있으나, 참소하는 사람이 오히려 유언비어를 일으켜서 비방하고 미워하게 만드는데도 왕과 侯伯이 상세히 살피지 못한 것이다.

【疏】 '鴥彼'至'其興' ○ 正義曰 : 鴥然彼自往之飛隼, 當循彼中陵, 是其常. 以興自恣之諸侯, 亦當守職愼法, 是其常. 言諸侯之不可起行妄伐, 猶飛隼之不可飛揚妄作也. 諸侯之不守法, 非直由其自恣然, 亦由當時不令之小人爲詐僞之言, 使人見怨咎者, 安然莫之肯禁止之者. 故致讒言我諸侯之友有恭敬其職事者矣. 讒人之言, 其又興起以毁惡(오)之, 而王與諸侯, 何以不當察之乎. 以此令諸侯益不守法也. 此篇主責諸侯之自恣, 因疾王之不察讒者. 先責下而後刺上, 欲規王令禁察之.

經의 〔鴥彼〕에서 〔其興〕까지

○ 正義曰 : 휙하고 저쪽으로 스스로 날아가는 송골매가 저 언덕 가운데를 따라가는 것은 일상적인 일이다. 이것으로 방자한 제후도 역시 직책을 지키고 법을 신중히 해야 하는 것이 일상적인 일임을 비유한 것이다. 말하자면 제후가 병력을 출동시켜 함부로 정벌해서는 안되는 것이, 송골매가 마음대로 날아올라 함부로 행동해서는 안되는 것과 같다. 제후가 법을 지키지 않는 것은 단지 그가 방자하기 때문만이 아니고, 또한 당시의 좋지 못한 소인이 거짓으로 유언비어를 만들어 사람들에게 원망과 비난을 받도록 했기 때문인데도, 태연하게 여기고 그것을 금지할 수 있는 사람이 없었다. 그러므로 자신의 직책을 공경히 수행하고 있는 친구인 우리 제후에게도 참소하는 말

이 이른 것이다. 참소하는 사람의 말이 또다시 일어나서 비방하고 미워하는데도, 왕과 제후가 어찌하여 자세히 살피지 못한단 말인가. 이것이 제후에게 더욱 법을 지키지 않게 하는 것이다. 〈沔水〉의 주제는 제후의 방자함을 책망하고, 이어서 왕이 讒言을 살피지 못함을 미워한 것이다. 먼저 아랫사람을 책망하고 뒤에 윗사람을 풍자해서, 왕에게 規諫해서 참언을 금지시키고 살피게 하려고 하였다.

【疏】○ 箋'好詐'至'怨咎' ○ 正義曰：詐僞交易之言者, 謂以善言爲惡, 以惡言爲善, 交而換易其辭, 鬬亂二家, 使相怨咎也.

○ 箋의 〔好詐〕에서 〔怨咎〕까지

○ 正義曰：'詐僞交易之言'이라는 것은, 좋은 말을 나쁜 말이라고 하고 나쁜 말을 좋은 말이라고 해서, 그 말을 바꾸어 두 나라를 싸우고 혼란스럽게 만들어서 서로 원망하고 비난하도록 한 것을 말한다.

沔水三章이니 二章은 章八句요 一章은 六句라

〈沔水〉 3章이니, 2章은 章마다 8구이고, 1章은 6구이다.

鶴鳴(학명)

【序】鶴鳴은 誨宣王也라

〈鶴鳴〉은 宣王을 가르친 詩이다.

【箋】誨는 敎也라 敎宣王求賢人之未仕者라

誨는 '가르치다'이다. 宣王에게 벼슬하지 않는 賢人을 구하라고 가르친 시이다.

【疏】'鶴鳴(二章章九句)' ○ 正義曰：上言規, 此言誨者, 規謂正其已失, 誨謂敎所未知. 彼諸侯專恣, 是已然之事, 故謂之規. 此求賢者未是已失, 直以意敎, 故謂之誨. 敍者觀經而異文.

序의〔鶴鳴〕

○ 正義曰 : 위의 〈沔水〉에서 規를 말하고 여기 〈鶴鳴〉에서 誨를 말한 것은, 規는 자기의 잘못을 바로잡는 것을 말하고 誨는 알지 못하는 것을 가르치는 것을 말하기 때문이다. 〈면수〉에서 제후가 방자한 것은 이미 일어난 일이므로 規라고 말한 것이고, 〈학명〉에서 현자를 구하는 것은 자신의 잘못이 아니니 단지 가르치는 데 뜻을 두었으므로 誨라고 말한 것이다. 小序를 지은 이가 經文을 보고 글자를 다르게 하였다.

鶴鳴于九皐어든 **聲聞于野**니라

鶴이 九皐에서 울거든
소리가 들에까지 들리느니라

【傳】 興也라 皐는 澤也라 言身隱而名著也라

興이다. 皐는 '못'이다. 말하자면 몸은 은거했으나 명성이 드러난 것이다.

【箋】 箋云 皐는 澤中水溢出所爲坎이니 自外數至九는 喩深遠也라 鶴在中鳴焉에 而野聞其鳴聲이라 興者는 喩賢者雖隱居라도 人咸知之라

箋云 : 皐는 못 속의 물이 넘쳐흘러 나온 곳이 구덩이가 된 것이니, 바깥에서부터 헤아려 아홉에 이르는 것은 深遠함을 비유한 것이다. 학이 못에서 울 때 우는 소리를 들에서 듣는 것이다. 興이라고 한 것은, 賢者가 비록 은거했으나 사람들이 모두 그를 알고 있음을 비유한 것이다.

魚潛在淵하나 **或在于渚**니라

물고기가 깊숙이 잠겨 못에 있으나
혹은 물가에 있느니라

【傳】 良魚在淵이요 小魚在渚라

큰 물고기는 못에 있고, 작은 물고기는 물가에 있다.

【箋】箋云 此言魚之性寒則逃於淵하고 溫則見(현)於渚니 喩賢者世亂則隱하고 治平則出이 在時君也라

箋云 : 이것은 물고기 본성이 날씨가 추우면 깊은 곳으로 피하고 따뜻하면 물가에 나타나는 것을 말한 것이니, 이것으로 현자가 세상이 혼란하면 은거하고 태평하면 나오는 것이 당시의 군주에게 달려 있음을 비유한 것이다.

樂彼之園에 爰有樹檀하니 其下維蘀(탁)이니라

즐거운 저 동산에
심어놓은 박달나무가 있으니
그 아래에 낙엽이 떨어져 있느니라

檀

【傳】何樂於彼園之觀乎아 蘀은 落也니 尙有樹檀而下其蘀이라

저 동산을 구경하는 것이 어찌 즐겁지 않은가. 蘀은 '낙엽'이니, 여전히 심어놓은 박달나무가 있고 아래에 낙엽이 있다.

【箋】箋云 之는 往이요 爰은 曰也라 言所以之彼園而觀者라 人曰有樹檀하고 檀下有蘀이라 此猶朝廷之尙賢者而下小人이라 是以往也라

箋云 : 之는 '가다'이다. 爰은 '말하다'이다. 저 동산에 가서 구경하는 까닭을 말한 것이다. 사람들이 말하기를 "심어놓은 박달나무가 있고 박달나무 아래에 낙엽이 있다."고 하는데, 이것은 조정에서 현자를 존숭하고 소인을 경시하는 것과 같다. 이런 까닭에 가는 것이다.

它山之石이 可以爲錯이니라

다른 산의 돌이
숫돌이 될 수 있느니라

【傳】 錯은 石也니 可以琢玉이라 擧賢用滯면 則可以治國이라

錯은 숫돌이니 옥을 다듬을 수 있다. 현자를 천거하고 積滯된 인재를 등용하면 나라를 다스릴 수 있다.

【箋】 它山은 喩異國이라

它山은 異國을 비유한 것이다.

【疏】 '鶴鳴'至'爲錯' ○ 毛以爲"言鶴鳴於九皐之中, 其聲聞於外方之野. 鶴處九皐, 人皆聞之. 以興賢者隱於幽遠之處, 其名聞於朝〔廷〕[1]之間. 賢者雖隱, 人咸知之, 王何以不求而置之於朝廷乎. 所以必求此隱者, 以魚有能潛在淵者, 或在於渚者. 小魚不能入淵而在渚, 良魚則能逃處於深淵. 以興人有能(深)[2]隱者, 或出於世者. 小人不能自隱而處世, 君子則能逃遯而隱居. 逃遯之人, 多是賢者, 故令王求之. 王若置賢人於朝, 則人言云 '我何以樂彼之園而欲往觀之乎.' 曰 '以上有善樹之檀, 而其下維有惡木之蘀. 我所以觀焉.' 以興何以樂彼之朝而欲往觀之乎. 以上有德善之人, 而其下維有不賢之人, 我所以往也. 王得賢, 則爲人樂觀其朝. 如此, 何以不求之. 非但在朝爲人所(親)〔觀〕,[3] 又它山遠國之石, 取而得之, 可以爲錯物之用. 興異國沈滯之賢, 任而官之, 可以爲理國之政. 國家得賢, 匡輔以成治, 猶寶玉得石, 錯琢以成器. 故須求之也. 王者雖以天下爲家, 畿外亦得爲異國也." ○ 鄭唯次二句爲異, 餘同.

1) 〔廷〕 : 저본에는 '廷'이 없으나, 阮元의 校勘記에 의거하여 보충하였다.
2) (深) : 저본에는 '深'이 있으나, 阮元의 校勘記에 의거하여 衍文으로 처리하였다.
3) (親)〔觀〕 : 저본에는 '親'으로 되어 있으나, 阮元의 校勘記에 의거하여 '觀'으로 바로잡았다.

經의 〔鶴鳴〕에서 〔爲錯〕까지

○ 毛亨은 "학이 九皐 안에서 울면 그 소리가 외부 지방의 들판에까지 들림을 말한 것이다. 학이 九皐에 있어도 사람들이 모두 소리를 들을 수 있으니, 이것으로 현자가 깊은 오지에 은거하고 있어도 그 명성이 조정에 알려짐을 비유한 것이다. 현자가 은거해 있더라도 사람들은 모두 알고 있는데, 왕은 어찌하여 현자를 구해서 조정에 두지 않는 것인가. 반드시 은거한 현자를 구하고자 하는 까닭은, 깊이 잠수하여 못속에 있는 물고기가 있고 혹은 물가에 있는 물고기가 있기도 하기 때문이다. 작은 물고기

는 못에 들어가지 못하고 물가에 있으며 큰 물고기는 깊은 못으로 들어가 자리잡고 있으니, 이것으로 은둔한 현자가 있으면 혹은 세상에 나온다는 것을 비유한 것이다. 소인은 스스로 은둔하여 處世하지 못하고 군자는 은둔하면서 은거할 수 있다. 은둔한 사람은 대다수가 현자이므로 왕에게 구하도록 한 것이다.

왕이 만약 조정에 현자를 두면 사람들이 '우리들이 어떻게 하면 즐거운 저 동산에 가서 현자를 볼 수 있을까.'라고 할 것이고, 어떤 사람은 '위에는 좋은 나무인 박달나무가 있고 그 아래에는 나쁜 나무의 낙엽이 있으니 내가 이런 까닭에 구경하는 것이다.'라고 할 것이니, 이것으로 '어떻게 하면 즐거운 저 조정에 가서 현자를 볼 수 있을까. 위에는 덕이 있는 선한 사람이 있고, 그 아래에는 어질지 못한 사람이 있으니 내가 가려고 하는 까닭이다.'라는 것을 비유한 것이다. 왕이 현자를 얻으면 사람들이 그 조정을 보기를 즐거워한다. 이와 같은데 어떻게 현자를 구하지 않을 수 있는가. 현자가 조정에 있으면 사람들의 관심을 받을 뿐만 아니라 또 다른 산이나 멀리 있는 나라의 돌을 취하여 얻으면 물건을 가는 숫돌로 사용할 수 있으니, 이것으로 다른 나라에서 등용되지 못한 현자를 임용하여 관직을 맡기면 나라를 제대로 다스리는 정치가 될 수 있음을 비유한 것이다. 국가에서 현자를 얻으면 왕을 보좌해서 제대로 된 정치를 완성하는 것이, 숫돌을 얻어 寶玉을 갈고 다듬어서 아름다운 기구를 완성하는 것과 같다. 그러므로 반드시 현자를 구해야 한다. 王이 천하를 家로 여기지만 畿外 역시 異國이 될 수 있는 것이다."라고 여긴 것이다.

○ 鄭玄은 단지 2句(魚潛在淵 或在于渚)를 毛亨과 다르게 해석하였으며 나머지는 같다.

【疏】○ 箋'皐澤'至'鳴聲' ○ 正義曰：鄭以一鳥不鳴九澤, 而云九皐者, 然則明深九坎也. 澤者水之所鍾. 故知澤中水溢出所爲坎, 自外數至九. 於時澤有然者, 故作者擧之以喩深遠也. 鶴者善鳴之鳥, 故在澤焉, 而野聞其鳴聲. 陸(機)〔璣〕[1]疏云 "鶴形狀大如鵝, 長脚青翼, 高三尺, 喙長四寸餘, 多純白, 或有蒼色者, 今人謂之赤頰. 當夜半鳴, 故淮南子云 '雞知將旦, 鶴知夜半'. 其鳴高亮, 聞八九里, 雌者聲差下. 今吳人園囿中及士大夫家皆養之."

1) (機)〔璣〕: 저본에는 '機'로 되어 있으나 ≪隋書≫ 〈經籍志〉에 의거하여 '璣'로 바로잡았다. 陸璣는 삼국시대 吳나라 사람으로 자는 元恪이며, 저서로 ≪毛詩草木鳥獸蟲魚疏≫가 있다. 이하 '陸機'는 '陸璣'로 바로잡았다.

○ 箋의 〔皐澤〕에서 〔鳴聲〕까지

○ 正義曰 : 鄭玄은 '새 한 마리가 구택에서 울지 않는다.〔一鳥不鳴九澤〕'의 九澤을 九皐라고 하였는데, 그렇다면 九皐가 깊은 九坎임이 분명하다. 못〔澤〕은 물이 모이는 곳이다. 그러므로 못 속의 물이 흘러 넘쳐 생긴 곳이 웅덩이〔坎〕임을 알 수 있으며, 바깥에서부터 헤아려 아홉에 이른 것이다. 이에 못에도 그러한 경우가 있으므로 詩를 지은이가 이것을 들어 深遠함을 비유한 것이다.

鶴은 잘 우는 새이다. 그러므로 못에서 울면 그 우는 소리가 들판까지 들린다. 陸璣가 ≪毛詩草木鳥獸蟲魚疏≫에서 "鶴의 모습은 크기가 거위 같고, 다리는 길고 날개는 푸르며, 키는 3尺이고, 부리 길이는 4寸 남짓이며, 대부분 純白色이고 가끔 푸른색인 학도 있는데 지금 사람들은 赤頰이라고 한다. 밤중에 울기 때문에 ≪淮南子≫ 〈說山訓〉에 '닭은 새벽이 다가옴을 알고, 학은 밤중임을 안다.'라고 하였다. 울음소리는 높고 청량하며 8, 9리까지 들리고 암컷은 울음소리가 조금 낮다. 요즈음 吳人의 정원과 사대부 집안에서 모두 기르고 있다."라고 하였다.

【疏】 ○ 傳'良魚'至'在渚' ○ 正義曰 : 毛以潛淵喩隱者. 不云大魚, 而云良魚者, 以其喩善人, 故變文稱良也.

○ 傳의 〔良魚〕에서 〔在渚〕까지

○ 正義曰 : 毛亨은 물고기가 못에 깊숙이 있는 것을 隱者에 비유하였다. 大魚라 하지 않고 良魚라고 한 것은, 良魚가 善人을 비유하기 때문에 글자를 바꾸어 良이라고 한 것이다.

【疏】 ○ 箋'此言'至'則出' ○ 正義曰 : 此文止有一魚, 復(부)云 '或在', 是魚在二處. 以魚之出沒, 喩賢者之進退, 於理爲密. 且敎王求賢, 止須言賢之來否, 不當橫陳小人, 故易傳也.

○ 箋의 〔此言〕에서 〔則出〕까지

○ 正義曰 : 이 글에서는 물고기가 단지 한 마리만 있으므로 다시 '或在'라고 하였으니, 이것은 물고기가 두 곳에 있다는 것이다. 물고기가 출몰한 것으로 현자의 진퇴를 비유하였으니 이치상 치밀하다. 또 왕으로 하여금 현인을 구하게 하되 단지 현인이 오는지의 여부에 대해서만 이야기하고 소인들에 대해 잡다하게 말해서는 안 된다. 그

러므로 毛亨의 주석과 달리 풀이한 것이다.

鶴鳴于九皐어든 **聲聞于天**이로다

鶴이 九皐에서 울거든
소리가 들에까지 들리느니라

【箋】箋云 天은 高遠也라

箋云 : 天은 높고 멀다는 뜻이다.

鶴

魚在于渚하고 **或潛在淵**이니라

물고기가 물가에 있고
혹은 깊숙이 잠겨 못에 있느니라

【箋】箋云 時寒則魚去渚하여 逃於淵이라

箋云 : 날씨가 추우면 물고기가 물가를 떠나 못속으로 피한다.

樂彼之園에 **爰有樹檀**하니 **其下維穀**이니라

즐거운 저 동산에
심어놓은 박달나무가 있으니
그 아래에 닥나무가 있느니라

【傳】穀은 惡木也라 ○ 以上章上檀下蘀類之면 取其上善下惡이라 故知穀은 惡木也라

닥나무는 惡木(품질이 나빠서 材木으로 쓰지 못할 나무)이다.

○ 上章의 '위에는 박달나무 아래는 낙엽〔上檀下蘀〕'이라는 글로 유추하면, '위에는 善 아래는 惡이다.〔上善下惡〕'라는 뜻을 취한 것이므로 닥나무가 惡木임을 알 수 있다.

【疏】傳'穀, 惡木' ○ 正義曰 : 以上檀蘀類之, 取其上善下惡, 故知穀, 惡木也. 陸璣疏云 "幽州人(爲)〔謂〕[1)]之穀桑, 荊楊人謂之穀, 中州人謂之楮. 殷中宗時, 桑穀其生是也. 今江南人績其皮以爲布, 又搗以爲紙, 謂之穀皮紙, 絜白光澤, 其裏甚好. 其葉初生, 可以爲茹."

1) (爲)〔謂〕: 저본에는 '爲'로 되어 있으나, 阮元의 校勘記에 의거하여 '謂'로 바로잡았다.

傳의 〔穀 惡木〕

○ 正義曰 : 윗글의 '위에는 박달나무 아래는 낙엽'으로 유추하면 上善下惡의 의미를 취한 것이므로 닥나무가 惡木임을 알 수 있다. 陸璣의 ≪毛詩草木鳥獸蟲魚疏≫에 "幽州 사람은 穀桑, 荊楊 사람은 穀, 中州 사람은 楮라고 한다. 殷나라 中宗 때 桑穀이 함께 나왔다고 하는데 이것이다. 지금 江南 사람은 닥나무 껍질을 길쌈해서 베를 만들고, 또 搗砧하여 종이를 만드는데 穀皮紙라고 한다. 하얗고 광택이 나며 그 안쪽이 매우 좋다. 잎이 처음 나올 때는 먹을 수 있다."라고 하였다.

它山之石이 可以攻玉이니라

다른 산의 돌이
옥을 갈 수 있느니라

【傳】攻은 錯也라

攻은 숫돌로 가는 것이다.

鶴鳴二章이니 章九句라

〈鶴鳴〉 2章이니 章마다 9句이다.

祈父(기보)

【序】祈父는 刺宣王也라

〈祈父〉는 宣王을 풍자한 詩이다.

【箋】刺其用祈父不得其人也라 官非其人則職廢라 祈父之職은 掌六軍之事하여 有九伐之

法[1)]이라 祈·圻·畿同이라

1) 九伐之法 : "현자를 해치고 백성을 해치는 자를 토벌한다.〔賊賢害民則伐之〕"는 것처럼 아홉 가지 죄악을 지은 諸侯에 대해 천자가 토벌하는 법을 말한다.

宣王이 祈父를 기용하였지만 알맞은 사람을 얻지 못한 것을 풍자하였다. 관직은 그 자리에 알맞은 사람이 아니면 직책이 폐기된다. 기보의 직책은 六軍의 일을 관장하며 九伐之法이 있었다. 祈·圻·畿는 음의가 같다.

【疏】'祈父(三章章四句)' ○ 正義曰 : 經(二)〔三〕[1)]章皆勇力之士責祈父之辭, 擧此以刺王也.

1) (二)〔三〕: 저본에는 '二'로 되어 있으나, 阮元의 校勘記에 의거하여 '三'으로 바로잡았다.

序의 〔祈父〕

○ 正義曰 : 經文 3章은 모두 勇士가 祈父를 책망하는 말이니, 이것을 들어 왕을 풍자한 것이다.

【疏】○ 箋'圻父'至'畿同' ○ 正義曰 : 下傳以祈父爲司馬, 故言其所掌之事. 大司馬序云 "王六軍." 是掌六軍之事也. 其職曰 "掌九伐之法, 正邦國." 注云 "諸侯之於國, 如樹木之有根本, 是以言伐." 云 "憑弱犯寡則眚之", "猶人眚瘦, 四面削其地." "賊賢害民則伐之", "有鍾鼓曰伐." "暴內陵外則壇(선)之", "壇讀如墠. 置之空墠, 出其君, 更立其次賢者." "野荒民散則削之", "田不治, 民不附, 削其地." "負固不服則侵之", "賊殺其親則正之", "執而治其〔罪〕[1)], 正殺之." "放弑其君則殘之", "殘滅其爲惡." "犯令陵政則(之杜塞)〔杜之〕[2)]", "杜塞使不得與隣國交通." "(內外)〔外內〕[3)]亂, 鳥獸行, 則滅之", "悖人倫, 誅滅去之." 是有九伐之法也. 由其軍行征伐, 事有苦樂, 爲爪牙所怨, 故言其所掌也. 此職掌封畿兵甲, 當作畿字,[4)] 今作(圻)〔祈〕,[5)] 故解之. 古者祈·圻·畿同, 字得通用, 故此作祈, 尙書作圻.

1) 〔罪〕: 저본에는 '罪'가 없으나, 阮元의 校勘記에 의거하여 보충하였다.
2) (之杜塞)〔杜之〕: 저본에는 '之杜塞'으로 되어 있으나, 阮元의 校勘記에 의거하여 '杜之'로 바로잡았다.
3) (內外)〔外內〕: 저본에는 '內外'로 되어 있으나, 阮元의 校勘記에 의거하여 '外內'로 바

로잡았다.

4) 此職掌封畿兵甲 當作畿字 : 封畿의 畿자는 畿자가 되어야 한다. 當作은 어떤 글자가 잘못되었을 경우 고치라는 훈고학적인 용어이다. 동일한 글자를 고치라는 것은 말이 안되니 封畿의 畿자는 圻 또는 祈가 되어야 한다.

5) (圻)〔祈〕: 저본에는 '圻'로 되어 있으나, 阮元의 校勘記에 의거하여 '祈'로 바로잡았다.

○ 箋의 〔圻父〕에서 〔畿同〕까지

○ 正義曰 : 아래 毛傳에 祈父를 司馬라고 하였으므로 그가 관장하는 일을 말한 것이다. ≪周禮≫ 〈夏官 大司馬序〉에 "王은 六軍이다."라고 하였는데, 이것은 六軍의 일을 관장하는 것이다. 그 직책에 "九伐의 법을 관장하여 제후국을 바로잡았다."라고 하였는데, 鄭玄의 注에 "제후는 천자의 나라에 있어서 마치 樹木에 根本이 있는 것과 같으므로 伐(정벌)이라고 한다."라고 하였다.

〈대사마〉에 "제후가 강함을 믿고 약한 자를 능멸하거나 큼을 믿고 작은 나라를 침략할 경우 그의 토지를 삭감한다."라고 하였는데, 鄭玄 注에 "사람이 병이 들어 몸이 줄어드는 것과 같으며 사방으로 제후의 토지를 삭감한다."라고 하였다. 〈대사마〉에 "함부로 어진 자를 죽이거나 백성을 해칠 경우 정벌한다.〔賊賢害民則伐之〕"라고 하였는데 정현 注에 "鍾鼓를 울리며 공격하는 것을 伐이라고 한다."라고 하였다. 〈대사마〉에 "나라 안에서 폭정을 행하거나 이웃 나라를 능멸할 경우 그 나라의 군주를 폐하고서 어진 자를 세운다.〔暴內陵外則壇之〕"라고 하였는데, 정현 注에 "壇은 墠과 같이 읽는다. 빈 터를 마련하여 해당 임금을 내쫓고 그 다음으로 어진 사람을 다시 세운다."라고 하였다. 〈대사마〉에 "전야가 황폐해지거나 백성이 흩어져 떠돌면 토지를 삭감한다."라고 하였는데, 정현 注에 "전야를 다스리지 못하고 백성이 歸附하지 않으면 그 토지를 삭감한다."라고 하였다. 〈대사마〉에 "험준한 지세를 믿고서 복종하지 않으면 군사를 보내어 그 나라의 국경으로 침범한다."라 하고, "아무런 이유 없이 친족을 살해할 경우 잡아다가 죄를 다스린다."라고 하였는데, 정현 注에 "잡아다 그 죄를 다스리고 바로 죽인다."라고 하였다. 〈대사마〉에 "신하가 임금을 내쫓거나 시해하였을 경우 그를 잡아 죽인다."라고 하였는데, 정현 注에 "악행을 저지른 놈을 잔혹하게 죽여 없앤다."라고 하였다. 〈대사마〉에 "명령을 어기거나 국가의 법을 능멸할 경우 이웃 나라와의 교통을 두절시킨다."라고 하였는데, 정현 注에 "길을 막아서 이웃 나라와 교통을 하지 못하도록 한다."라고 하였다. 〈대사마〉에 "밖과 안에서 인륜을 어지럽히거나 금수와 같은 행실을 할 경우 죽인다."라고 하였는데 정현 注에 "인륜에 거스르는 행위를 하면 죽여서 제거한다."라고 하였다. 이것이 九伐의 법이다. 군대가 움직여 정벌하기 때문에 일에 고생과 즐거움이 있어 병사들에게 원망이 되므로 그가 관장을 한다고 말한 것이다.

祈父는 封畿의 무기를 담당한다〔此職掌封畿兵甲〕고 할 때의 封畿의 畿는 畿자가 되어야 하는데 지금 祈로 되어 있기 때문에 풀이한 것이다. 옛날에는 祈·圻·畿는 같은 글자이며 통용해서 사용되었으므로 여기에는 祈로 되어 있고, ≪尙書≫ 〈酒誥〉는 圻로 되어 있다.

祈父아

기보여

【傳】祈父는 司馬也니 職掌封圻[1]之兵甲이라

1) 封圻 : 좁게는 王都 주변 지역 즉 王畿를 가리키고, 넓게는 나라의 국경까지를 말한다. 圻·畿·祈는 통용하여 쓰인다. 毛傳과 鄭箋에는 '圻'로 되어 있다.

祈父는 司馬(軍務 담당 직책)이니, 王都 주위의 무기를 담당한다.

【箋】箋云 此司馬也는 時人以其職號之라 故曰祈父라 書曰 若疇圻父니 謂司馬라 司馬掌祿士라 故司士屬焉이요 又有司右하니 主勇力之士라

箋云 : 여기의 司馬는 당시 사람들이 직책으로 부르므로 祈父라 한 것이다. ≪尙書≫ 〈酒誥〉에 "유순하게 자문해야 할 기보이다."라 하였으니, 기보는 사마이다. 사마는 녹봉을 받는 병사를 관장하므로 司士에 속한다. 또 司右가 있으니 용감한 병사를 주관한다.

予王之爪牙어늘 胡轉予于恤하여 靡所止居오

우리는 왕의 爪牙之士이거늘
어찌하여 우리 용사들을 근심에 전전하도록 하여
머무를 거처가 없도록 하는가

【傳】恤은 憂也라 宣王之末에 司馬職廢하여 (羌)〔姜〕[1]爲敗라

1) (羌)〔姜〕 : 저본에는 '羌'으로 되어 있으나, 阮元의 校勘記에 의거하여 '姜'으로 바로잡

았다.

恤은 '근심하다'이다. 宣王 말기에 司馬라는 직책이 폐기되어 姜戎에게 패배를 당했다.

【箋】 箋云 予는 我요 轉은 移也라 此勇力之士責司馬之辭也라 我乃王之爪牙니 爪牙之士는 當爲王閑[1)]守之衛어늘 女何移我於憂하여 使我無所止居乎아 謂見使從軍하여 與(羌)〔姜〕[2)]戎戰於千畝[3)]而敗之時也라 六軍之士는 出自六鄕[4)]이니 法不取於王之爪牙之士라

1) 王閑：왕이 출행하였을 때 왕이 머무는 곳 주위에 둘러치는 木柵이다. 梐枑라고도 한다.
2) (羌)〔姜〕：저본에는 '羌'으로 되어 있으나, 阮元의 校勘記에 의거하여 '姜'으로 바로잡았다.
3) 千畝：춘추시대의 지명으로 지금 山西省 介休縣 남쪽이다. ≪國語≫ 〈周語 上〉에 "宣王 39년에 千畝에서 싸워 王의 군대가 姜戎에게 패배하였다.〔三十九年 戰於千畝 王師敗績於姜氏之戎〕"라고 하였다.
4) 六鄕：周나라 때 도성 바깥 백 리 이내를 六鄕으로 나누고 鄕마다 鄕大夫를 두어 관리하도록 하였다. 天子의 六軍은 六鄕에서 나오니 1만 2,500家가 1鄕이고, 1만 2,500인이 1軍이다.

箋云：予는 '나'이고, 轉은 '옮기다'이다. 이것은 용감하고 힘센 병사가 司馬를 책망하는 말이다. 우리는 왕의 爪牙이니 爪牙之士는 당연히 王閑을 지키는 호위병이 되어야 하는데, 司馬인 너는 어찌하여 우리를 근심 있는 곳으로 옮기도록 하여 우리가 머무를 거처가 없게 하는가. 왕을 호휘하는 조아지사를 從軍하게 하여 千畝에서 姜戎과 싸워 패전하였을 때를 말하는 것이다. 六軍에 속하는 병사는 六鄕에서 나오니, 法으로 볼 때 왕의 조아지사를 뽑아 써서는 안 된다.

【疏】 '祈父'至'止居' ○正義曰：時爪牙之士呼司馬之官曰 "祈父, 我乃王之爪牙之士, 所職有常, 不應遷易. 汝何爲移我於所憂之地, 使我無所止居乎." 由宣王不明, 使人不稱, 故陳之以刺王.

經의 〔祈父〕에서 〔止居〕까지

○正義曰：당시 爪牙之士가 司馬에게 호소하기를 "祈父여, 우리는 왕의 조아지사이며 일정한 직책이 있기 때문에 다른 곳으로 옮길 수 없는데, 너는 무엇 때문에 우환이 있는 곳으로 우리를 옮겨 우리가 머무를 거처가 없도록 하는가."라고 한 것이다. 宣王

이 明敏하지 못하여 사람들이 자기 직분에 맞는 직책을 수행하지 못하도록 하였기 때문에 이런 말을 진술하여 왕을 풍자한 것이다.

【疏】○ 箋'此司馬'至'之士' ○ 正義曰：以傳未明，更申其說. 此司馬職(其掌)〔掌其〕[1] 封畿, "時人以其職號之, 故曰祈父. 書曰 '若疇圻父.' 謂司馬也." 言古亦謂司馬爲圻父, 非獨詩也. '若疇圻父', 酒誥文也. 彼注云 "順壽萬民之圻父. 圻父謂司馬, 主封畿之事." 與此同意也. 定本作"若疇", 與鄭義不合, 誤也. 又解祈父爲爪牙所責之意, 司馬掌祿士, 故司士之官屬焉, 是爵祿黜陟由司馬也. 其屬又有司右之官, 主勇力之士, 故爪牙屬司馬也. 司馬主爪牙之士, 其職得爵人. 今轉爪牙之士於可憂之地, 故所以怨之也. 司士職曰 "以德詔爵, 以功詔祿." 注引王制曰 "司馬辨論官材, 論進士之賢者, 以告於王而定其論. 論定然後官之, 任官然後爵之, 位定然後祿之." 是司士所掌, 以告司馬, 司馬告於王而進退之. 處人憂樂, 皆司馬之所爲, 故恨其轉予于恤也. 因言司馬所掌, 逆申下恨之意. 司右主勇力之士者, 司右職曰 "凡國之勇力之士能用五兵者屬焉." 注云 "勇力之士屬焉, 選右[2]當於其中. 五兵者, 弓矢・殳・矛・戈・戟也." 此王之爪牙, 即彼勇力之士, 故引之也.

1) (其掌)〔掌其〕: 저본에는 '其掌'으로 되어 있으나, 阮元의 校勘記에 의거하여 '掌其'로 바로잡았다.

2) 選右 : 車右에 선발된다는 뜻이다. 車右는 임금이 출정할 때 수레를 모는 사람의 우측에 앉은 병사를 말한다.

○ 箋의 〔此司馬〕에서 〔之士〕까지

○ 正義曰 : 毛傳의 주석이 명확하지 못하기 때문에 다시 그의 설을 되풀이하여 말한 것이다. 여기 司馬는 나라 안을 담당하므로 "당시 사람들이 직책으로 부르므로 祈父라고 한 것이다. ≪尙書≫ 〈酒誥〉에 '유순하게 자문해야 할 기보이다.〔若疇圻父〕'라고 하였으니 사마를 말한다."라고 하였다. 말하자면 옛날에도 사마를 기보라고 하였으며 ≪詩經≫만 그런 것은 아니다. '若疇圻父'는 ≪상서≫ 〈주고〉의 글이다. 〈주고〉 주석에 "유순하게 자문해야 할 백성의 기보이다. 기보는 사마이며 나라 안의 일을 주관한다."라고 하였으니, 〈기보〉와 더불어 같은 뜻이다. ≪五經定本≫에는 '若疇'로 되어 있는데, 鄭玄의 뜻과 부합되지 않으니 잘못이다.

또 기보가 爪牙之士에게 책망을 받은 뜻을 풀이하면서 사마가 녹봉을 받는 병사를 관장하므로 司士에 속한다고 하였는데 이것은 爵祿과 黜陟이 사마에게 비롯된다는 것이다. 사마에 속하는 司右라는 관직이 있는데 용감하고 힘센 병사를 주관하므로 조아지사가 사마에 속하게 되었다. 사마가 조아지사를 주관하니 그의 직책상 사람에게 爵位를 줄 수 있으나, 지금은 우환이 있는 지역에 조아지사를 옮기므로 사마를 원망한 것이다. ≪周禮≫ 〈夏官 司士職〉에 "덕이 있는 사람은 왕에게 고하여 작위를 주고, 공로가 있는 사람은 왕에게 고하여 봉록을 준다."라고 하였는데, 정현의 注는 "사마가 관직을 맡길 만한 재목이 되는지 논변하니, 進士 중에 뛰어난 사람을 거론해서 왕에게 보고하고 그 등용 여부를 논의하여 정한다. 논의가 결정된 연후에 관직을 주고, 관직에 임명한 연후에 작위를 주고, 지위가 정해진 연후에 봉록을 준다."라는 ≪禮記≫ 〈王制〉의 글을 인용하였다.

司士가 관장하는 인물을 사마에게 보고하면 사마는 왕에게 보고하여 등용하거나 물리친다. 사람을 우환이 있는 곳이나 즐거운 곳으로 옮기는 것은 모두 사마가 하는 일이므로 그가 근심 있는 자리로 나를 옮긴 것을 안타까워하는 것이다. 이 때문에 사마가 관장하는 일을 말하고 아랫사람이 안타까워하는 뜻을 미리 말한 것이다. 司右가 용감하고 힘센 병사를 주관한다는 것은 〈사우직〉에 "나라의 용감하고 힘센 병사는 다섯 종류의 무기를 능숙히 사용하는 자가 소속된다."라고 하였기 때문이다. 정현 注에 "용감하고 힘센 병사가 소속되면 車右에 선발되어 그 중심적인 역할을 담당한다. 다섯 가지 병기는 弓矢·殳·矛·戈·戟이다."라고 하였다. 여기의 王의 爪牙가 즉 저 용감하고 힘센 병사이므로 인용한 것이다.

【疏】 ○ 傳'宣王'至'爲敗' ○ 正義曰：周語云 "宣王三十九年, 戰於千畝. 王師敗績於姜氏之戎." 史記周本紀云 "宣王卽位, 四十六年而崩." 是末有姜戎爲敗也. 毛知此當姜戎之敗者, 以宣王之征, 所往皆克, 此言轉予于恤, 有危敗之憂. 宣王之敗, 唯姜戎耳. 故言姜戎爲敗以當之. 自爲姜戎所敗, 而言司馬職廢者, 以征伐, 司馬所典故也. 常武美宣王命程伯休父(보)爲大司馬, 則休父賢者也. 言職廢者, 蓋休父卒後, 他人代之, 其人不賢, 故廢職也.

○ 傳의 〔宣王〕에서 〔爲敗〕까지

○ 正義曰：≪國語≫ 〈周語 上〉에 "宣王 39년에 千畝에서 싸워 王의 군대가 姜戎에게 패배하였다."라고 하였고, ≪史記≫ 〈周本紀〉에 "宣王이 즉위하고 46년이 지나서

崩御하였다."라고 하였으니, 이것이 宣王 말년에 강융에게 패배한 것이다. 毛亨이 이것이 강융에게 패배한 것임을 알 수 있었던 것은 宣王의 정벌은 가는 곳마다 모두 이겼는데 여기서는 '우리 용사들을 근심이 있는 곳으로 옮겼다.' 말하였으니, 위태로워 패망하는 근심이 있는 것이다. 宣王이 패배한 것은 오직 강융뿐이기 때문에 강융에게 패배당한 것에 해당한다고 말하는 것이다. 스스로 강융에게 패배하였는데 司馬의 직책이 폐기되었다고 말한 것은 征伐에는 사마가 전권을 쥐고 있기 때문이다. 〈大雅 常武〉는 宣王이 程伯 休父를 명하여 大司馬로 삼은 것을 찬미한 것이니 휴보가 賢者였기 때문이다. 사마의 직책이 폐기되었다고 말한 것은 休父가 죽은 후에 다른 사람이 그 직책을 대신하였는데 그 사람이 현명하지 못하였기 때문에 직책을 폐기한 것이다.

【疏】○ 箋'我乃'至'之士' ○ 正義曰：鳥用爪, 獸用牙, 以防衛己身. 此人自謂王之爪牙, 以鳥獸爲喩也. 當爲王閑守之衛者, 謂防閑守禦之衛也. 知者, 以其言爪牙, 是勇力者也. 言"胡轉予于恤", 是不應轉而轉之也. 有勇力而不當轉於憂, 唯守衛者耳, 故知當爲王閑守之衛也. 司右止言勇力屬焉, 不言使之守衛. 夏官虎賁氏"下大夫二人." 其屬者, "虎士八百人." 其職云 "虎賁氏掌先後王而趍以卒伍, 軍旅會同亦如之, 舍則守王閑. 王在國則守王宮, 國有大故則守王門." 注云 "舍, 王出所止宿處. 閑, 梐枑也." 然(然)[1]則爲王閑守, 乃是虎賁之屬, 非司右勇力士也. 此言當爲王守衛者, 周禮司右・虎賁連官耳[2]. 虎賁掌虎士, 司右主勇士. 虎賁之徒, 旣爲宿衛, 則司右之徒, 亦爲宿衛矣. 司士正朝儀之位, 虎士在路門[3]之右, 大右在路門之左, 大右則司右也. 虎士言其徒, 不言其官, 大右言其官, 不言其屬, 明司右與虎賁氏, 俱率其屬以衛王, 互文以相明也. 不然, 豈空屬司右無任役乎. 以此知爪牙之士, 當爲王閑守之衛也. 比勇力之士, 選右當於中. 若車右出征, 則是其常職. 今恨移我於憂, 謂見使從軍, 則不爲車右, 蓋使之爲步卒, 故恨也. 傳言姜戎敗, 不言敗處, 故申之云 "戰於千畝而敗也." 杜預云 "西河介休縣南有地名千畝." 則王師與姜戎在晉地而戰也. 國語云 "宣王不籍千畝, 虢文公諫而不聽. 三十九年, 戰于千畝." 孔晁[4]云 "宣王不耕籍田,[5] 神怒民困, 爲戎所伐, 戰於近郊." 則晁意天子籍田千畝, 還在籍田而戰. 則千畝在王之近郊, 非是晉地, 義或然也. 又解此爪牙之士, 所以不應從征者, 以六軍之士, 出自六鄕, 法不取王之爪牙之士也. 小司徒職曰 "乃頒比法於六鄕之大夫, 使各登其鄕之衆寡. 乃會萬民之卒伍而用之. 五人爲伍, 五伍爲兩, 四兩爲卒, 五卒爲旅, 五旅爲師, 五師爲軍, 以起軍旅." 又曰

"凡起徒役, 無過家一人." 是出自六鄕也.

1) (然) : 저본에는 '然'이 있으나, 阮元의 校勘記에 의거하여 衍文으로 처리하였다.
2) 周禮司右虎賁連官耳 : ≪周禮≫ 〈夏官 司馬〉에 〈司右〉 다음 〈虎賁〉이 이어서 나오는 것을 의미한다.
3) 路門 : 천자의 궁궐 문 가운데 하나이다. 천자의 궁궐 문은 다섯으로, 바깥에서부터 皐門, 庫門, 雉門, 應門, 路門의 순으로 되어 있다.
4) 孔晁 : 西晉의 학자로 ≪國語≫에 주석을 하였다.
5) 籍田 : 고대에 天子와 諸侯가 농민의 힘을 빌려서 경작하는 農地를 말한다. 봄 농사 때가 되면 임금이 직접 쟁기를 잡고 한 차례 땅을 갈아엎는 儀式을 행하여 농사일의 시범을 보인다.

○ 箋의 〔我乃〕에서 〔之士〕까지

○ 正義曰 : 새는 발톱을 사용하고 짐승은 이빨을 사용하여 자신의 몸을 지키고 호위한다. 이 시에 나오는 사람이 자신을 王의 爪牙라고 하여 鳥獸로 비유하였다. 당연히 王閑을 지키는 호위병이라고 하는 것은 왕한을 방어하고 지키는 호위병을 말한다. 이것을 알 수 있는 것은 조아가 용감하고 힘센 사람이기 때문이다. 〈經에 말한〉 '어찌하여 우리 용사들을 근심에 전전하도록 하는가〔胡轉予于恤〕'라는 것은 전전해서는 안되는데 전전하는 것을 말한다. 勇力이 있어 근심이 있는 자리에 전전해서는 안되는 사람은 오직 왕을 지키는 사람뿐이므로 당연히 왕한을 지키는 호위병임을 알 수 있다. ≪周禮≫ 〈夏官 司右〉에는 단지 용감하고 힘센 사람에 속한다고 말하였고, 용감하고 힘센 사람을 시켜 왕을 지킨다고는 말하지 않았다.

〈夏官 司馬〉에 夏官인 虎賁氏에 대하여 "下大夫가 2명"이라 하였고 소속된 사람은 "虎士가 800명"이라고 하였다. 그 직책은 〈호분〉에 "虎賁氏는 왕이 출병할 때 왕의 앞뒤에서 호위를 하며 대오를 지어 쫓아가고 군대가 회동할 때도 또한 이와 같으며, 왕이 밖에 나가 머물 때에는 왕한을 지키고, 왕이 도성에 있으면 왕궁을 지키고, 나라에 큰 변고가 있으면 왕궁 문을 지킨다."라고 하였다. 鄭玄의 注에 "舍(야외 막사)는 왕이 궁궐을 나왔을 때 머물고 자는 곳이다. 閑은 梐枑(목책)이다."라고 하였다. 그렇다면 왕한을 지키는 것이 바로 虎賁에 소속된 병사이고, 司右의 용감하게 힘센 병사는 아니다. 당연히 왕을 지키는 사람이라고 말하는 것은 ≪周禮≫의 司右와 虎賁은 관직이 연결되어 있기 때문이다. 虎賁은 虎士를 관장하고, 司右는 勇士를 주관한다. 虎賁之徒가 이미 宿衛를 하고 있는데 司右之徒가 또한 숙위를 한다. 司士는 조정에서 의식을 치를 때 자리를 바로잡고, 虎士는 路門의 우측에 있고, 大右는 路門의 좌측에 있으니, 大右는 司右이다. 虎士는 徒라 말하고 官이라고 말하지 않았으며, 大右는 官이라 말하고 屬(소속)을 말하지 않았으나, 司右와 虎賁氏는 모두 휘하의 군사를 거느리고 왕을 호위하는 것이 분명하니, 互文으로 서로 밝힌 것이다. 그렇지 않다면 어찌 헛되이 司右에 소속되고 맡은 역할이 없을 수 있겠는가. 이런 까닭에 爪牙之士는 당연히 왕한을 지키는 호위병임을 알 수 있다. 용감하고 힘센 병사가 車右에 선발되어 그 중심적인 역할을 담당하는 것에 비견될 수 있다. 만약 車右라면 出征하는 이것이 그의 고유한 직무이다. 지금 한스러운 것은 근심 있는 자리에 우리 조아지사를 옮기고서 우리를 從軍토록 하여 車右를 맡지도 못하고 步卒로 만들었으므로 한스러운 것이다.

毛傳에서 姜戎에게 패배했다고 말하였지 패배한 장소는 말하지 않았으므로, 鄭玄이 구체적으로 밝히기를 "千畝에서 강융과 싸워 패배하였다."라고 하였다. 杜預는 "西河郡 介休縣 남쪽에 있는 지명이 千畝이다."라고 하였으니, 왕의 군대와 강융이 晉地에서 전투한 것이다. ≪國語≫ 〈周語 上〉에 "宣王이 즉위하여 千畝의 籍田을 親耕하지 않자 虢文公이 諫言하였으나 듣지 않았다. 宣王 39년에 천무에 전쟁이 일어났다."라고 하였다. 孔晁가 "宣王이 적전을 친경하지 않자 神이 분노하고 백성이 힘들어져 戎에게 정벌 당하고 近郊에서 전투가 벌어졌다."라고 하였다. 공조의 뜻은 천자의 적전이 천무이며 적전에 여전히 있으면서 전투를 벌였다는 것이다. 천무는 王都의 근처 교외에 있으며 晉地가 아니니 의미상 혹 그럴 수도 있다. 또 조아지사를 풀이하면서 出征하게 해서는 안 된다고 한 것은, 六軍에 속하는 병사는 六鄕에서 나오니 法으로 볼 때 왕의 조아지사를 뽑아 써서는 안 되기 때문이다.

≪주례≫ 〈地官 小司徒職〉에 "六鄕의 대부에게 戶口 재산을 조사하는 법령을 반포하고 각각 그 鄕의 인구의 많고 적은 수를 등재하도록 한다. 병사가 될 만한 백성을 모아서 운용하는데, 5명을 1伍로 하며, 5伍를 1兩(25명)으로 하며, 4兩을 1卒(100명)로 하며, 5卒을 1旅(500명)로 하며, 5旅를 1師(2,500명)으로 하며, 5師를 1軍(12,500명)으로 해서 部隊를 움직인다."라고 하였으며, 또 "국가에서 동원하는 일을 할 때는 한 집에서 동원하는 것이 한 사람을 넘지 않도록 한다."라고 하였다.

祈父아 予王之爪士어늘

기보여

우리는 왕의 爪牙之士이거늘

【傳】士는 事也라

士는 '종사하다'이다.

胡轉予于恤하여 靡所底止오

어찌하여 우리 용사들을 근심에 전전하도록 하여
멈추어서 쉴 곳이 없도록 하는가

【傳】底는 至也라

底는 '이르다'이다.

祈父여 亶不聰이로다

기보여
진실로 총명하지 못하도다

【傳】亶은 誠也라

亶은 '진실하다'이다.

胡轉予于恤하여 有母之尸饔고

어찌하여 우리 용사들을 근심에 전전하도록 하여
어머니가 밥을 짓도록 하는고

【傳】尸는 陳也라 熟食曰饔(옹)이라

尸는 '진설하다'이다. 익힌 밥을 饔이라고 한다.

【箋】箋云 己從軍하여 而母爲父陳饌飮食之具하니 自傷不得供養也라

箋云 : 자기가 從軍하여 어머니가 아버지를 위해 음식을 차리는 것이니, 부모를 供養할 수 없음을 스스로 상심하는 것이다.

【疏】'祈父'至'尸饔' ○ 正義曰 : 上恨身無所居, 此恨不得供養, 責之曰"祈父, 汝誠是不聰慧之人. 汝若聰慧, 何爲移我於憂危之地, 令我不得居家供養. 使我所有尊母, 令之陳熟食以奉父乎."

經의 〔祈父〕에서 〔尸饔〕까지

○ 正義曰 : 윗장인 2章에서는 자신이 머무를 곳이 없음을 안타까워하였고, 여기 3장에서는 부모를 공양할 수 없음을 안타까워하고 책망하기를 "祈父야, 너는 참으로 총명하지 못한 사람이다. 네가 참으로 총명하다면 어찌하여 위험한 지역으로 나를 옮겨 나로 하여금 집에 머물면서 부모를 공양하지 못하도록 하는가. 내가 존경하는 어머니가 계신데 어머니로 하여금 음식을 차려 아버지를 봉양하게 하는가."라고 하였다.

【疏】○ 傳'熟食曰饔' ○ 正義曰 : 對例則飪爲熟, 散則通. 此云尸, 是陳之辭. 明熟食, 故可陳也.

○ 傳의 〔熟食曰饔〕

○ 正義曰 : 구분하면 飪과 熟이 명칭이 다르지만 전체적으로 보면 의미가 통한다. 여기에서 말하는 尸는 진설한다는 말이다. 익힌 음식이므로 진설할 수 있는 것이 분명하다는 것이다.

【疏】○ 箋'已從'至'供養' ○ 正義曰 : 千畝之戰, 王之郊內, 勝負不至多時. 而恨其不得代母爲父陳食者, 時王室旣衰, 戰則恐敗, 恨其轉已. 故擧此以刺, 不得爲多歷時日而恨也. 許氏異義[1]引此詩曰"'有母之尸饔', 謂陳饔以祭, 志養不及親." 彼爲論饔餼[2], 生死不爭, 此文故不駮之. 其義當如此箋, 非爲祭也.

1) 異義 : ≪五經異義≫로 後漢의 학자인 許愼이 지었다. ≪後漢書≫ 〈儒林傳〉에는 五經에 관한 古今의 遺說과 異義의 시비를 판별하기 위해서 이 책을 지었다고 되어 있다. 이후 鄭玄은 이를 논박한 ≪駁五經異義≫를 지었다. 唐宋 때 원본이 일실되어 전하지 않고 ≪通典≫과 ≪太平御覽≫ 등에 내용이 남아 있었는데, 淸代에 陳壽祺가 여러 책에서 추출하고 설명을 추가하여 ≪五經異義疏證≫ 3권을 지었다.

2) 饔餼 : 제후가 천자국을 방문할 때 대접하는 진수성찬을 말한다. 여기서는 제사 음식

의 의미로 쓰인 듯하다.

○ 箋의 〔己從〕에서 〔供養〕까지

○ 正義曰：千畝의 전투가 王都의 교외 안에서 벌어져도 승부를 결정짓는 데는 많은 시간이 걸리지 않았다. 그러나 어머니를 대신해서 아버지를 위해 음식을 올리지 못함을 안타까워한 것은, 당시의 王室은 이미 쇠퇴하였고 싸우면 패할까 두려워하여 자기를 위험한 지역으로 전전시킨 것이 한스럽기 때문이다. 그러므로 이 詩를 거론해서 풍자한 것은, 시일이 많이 지나지 않았는데 패전한 것이 안타깝기 때문이다. 許愼의 ≪五經異義≫에서 이 詩를 인용하고 말하기를 '어머니가 밥을 짓도록 하는고〔有母之尸饔〕'는 "성대한 음식을 진설하여 제사를 지내고 봉양하고픈 뜻을 가졌어도 어버이에게 미치지 못한 것을 말한다."라고 하였다. 허신의 ≪오경이의≫에 饔飧를 논했지만 生死를 따지지 않았으므로 鄭玄의 ≪駁五經異義≫에서는 논박하지 않았다. 그 의미는 당연히 여기 鄭箋과 같아야 하며 제사를 지내기 위한 것이 아니다.

祈父三章이니 **章四句**라

〈祈父〉 3章이니 章마다 4句이다.

白駒(백구)

【序】白駒는 **大夫刺宣王也**라

〈白駒〉는 大夫가 宣王을 풍자한 詩이다.

【箋】刺其不能留賢也라 ○ 白駒는 馬五尺以上曰駒라

宣王이 賢者를 머무르게 하지 못한 것을 풍자하였다.

○ 白駒는 5尺 이상인 말을 '駒'라고 한다.

皎皎白駒가 **食我場苗**라하여

縶之維之하여 **以永今朝**하여

하얗고 하얀 白駒가
우리 채마밭의 싹을 먹는다고 하여
발을 묶고 가슴걸이도 묶어
오늘 아침 내내 있게 하여

【傳】宣王之末에 不能用賢하여 賢者有乘白駒而去者라 縶은 絆이요 維는 繫也라

宣王의 말기에 賢者를 등용하지 못해서 白駒를 타고 떠나가는 현자가 있었다. 縶은 '발을 묶다'이고, 維는 '묶다'이다.

【箋】箋云 永은 久也라 願此去者가 乘其白駒而來하여 使食我場中之苗하면 我則絆之繫之하여 以(永)〔久〕[1]今朝라 愛之하여 欲留之라

1) (永)〔久〕: 저본에는 '永'으로 되어 있으나, 阮元의 校勘記에 의거하여 '久'로 바로잡았다.

箋云 : 永은 오래다는 뜻이다. 떠나려고 하는 현자가 白駒을 타고 와서 우리 채마밭의 싹을 먹으면 나는 백구의 발을 묶고 가슴걸이도 묶어 오늘 아침 내내 있게 하겠다는 것이니, 현자를 사랑하여 머물도록 하는 것이다.

所謂伊人이 於焉逍遙케하리라

이른바 이 사람이
여기에서 소요하게 하리라

【箋】箋云 伊當作緊(예)라 緊猶是也라 所謂是乘白駒而去之賢人이 今於何遊息乎라하니 思之甚也라

箋云 : 伊는 緊가 되어야 한다. 緊는 是와 같다. 이른바 '白駒를 타고 떠나는 賢人이 오늘은 어느 곳에서 유람하며 휴식을 취할 것인가'라는 것이니, 현인을 깊이 생각하는 것이다.

【疏】'白駒(四章章(四)〔六〕[1]句)' ○ '皎皎'至'逍遙' ○ 正義曰 : 宣王之末, 不能用賢, 有賢人乘皎皎然白駒而去者, 我願其乘此白駒而來, 食我場中之苗. '我則縶絆之, 維持之', 謂絆縶其馬, 留其人, 以久今日之朝. 既思而不來, 又述而言曰 "所謂是乘白駒而去之賢人, 今於何處逍遙遊息乎." 不知所適, 言思見之甚也. 以'久今朝'者, 得賢人與之言話, 則今日可長久, 猶山有樞云 "且以永日"也.

1) (四)〔六〕: 저본에는 '四'로 되어 있으나, 阮元의 校勘記에 의거하여 '六'으로 바로잡았다.

序의 〔白駒〕와 經의 〔皎皎〕에서 〔逍遙〕까지

○ 正義曰 : 宣王의 말기에 현자를 등용하지 못하자 하얗고 하얀 白駒를 타고 떠나가는 현자가 있었으니, 나는 그가 이 백구를 타고 와서 나의 채마밭에 있는 싹을 먹기를 원한다. '我則縶絆之 維持之'는 말의 발을 묶고 현자를 머물도록 하여 오늘 아침 내내 있도록 하겠다는 것이다. 그리워해도 오지 않으므로 또 내 마음을 표현하면서 말하기를 "이른바 백구를 타고 떠난 현자는 지금 어느 곳에서 소요하며 휴식을 취하고 있는 것인가."라고 하였다. 간 곳을 알지 못하므로 매우 그립고 만나고 싶음을 말한 것이다. '아침 오래도록 있도록 한다.〔久今朝〕'라는 것은 현자를 만나 그와 함께 대화를 하면 오늘을 길고도 오래 지낼 수 있다는 것이니, 〈唐風 山有樞〉의 "또 날을 길게 보낸다〔且以永日〕"는 것과 같다.

【疏】 ○ 傳'宣王'至'縶絆' ○ 正義曰 : 以宣王之行, 初善後惡. 烝民序云 "任賢使能, 周室中興." 明是初時事. 此刺不能留賢, 故知宣王之末也. 僖二十八年左傳曰 "韅靷鞅靽." 杜預云 "在後曰靽." 則縶之謂絆其足, 維之謂繫靷也.

○ 傳의 〔宣王〕에서 〔縶絆〕까지

○ 正義曰 : 宣王의 행동이 처음에는 善하였고 나중에는 惡하였다. 〈大雅 烝民〉 小序에 "현자를 임명하고 재능 있는 사람을 부려 周나라 왕실이 중흥하였다."고 하였으니, 이것은 宣王의 초기 때 일임이 분명하다. 여기서는 현자를 머물게 하지 못하였음을 풍자하였으므로 宣王의 말기임을 알 수 있다.

≪春秋左氏傳≫ 僖公 28년에 "韅(등받이)·靷(가슴걸이)·鞅(뱃대)·靽(고삐)이다."라고 하였는데, 杜預는 "뒤에 있는 것을 靽이라고 한다."라고 하였다. '縶之'는 말 다리를 묶는 것이고, '維之'는 가슴걸이를 묶는 것을 말한다.

【疏】 ○ 箋'食我場中之苗' ○ 正義曰：言食苗藿，則夏時矣. 七月注云 "春夏爲圃，秋冬爲場." 場人注云 "場，築地爲墠，季秋除圃中爲之." 此宜云圃，而言場者，以場・圃同地耳. 對則四時異名，散則繼其本地，雖夏亦名場也.

○ 箋의〔食我場中之苗〕

○ 正義曰：싹을 먹으니 여름임을 말하는 것이다. 〈豳風 七月〉의 毛傳에 "봄과 여름에는 圃(채전)로 만들고, 가을과 겨울에는 場으로 만든다."라고 하였고, ≪周禮≫ 〈地官 場人〉의 鄭玄 注에 "場은 땅을 다져서 墠(빈터)을 만든 것이니, 9월에 圃를 정리해서 만든다."라고 하였다. 여기서도 圃라고 불러야 하는데 場이라고 말하는 것은 場과 圃가 같은 곳이기 때문이다. 구분해서 말하면 사계절마다 이름이 다르지만 통틀어서 말하면 본래 땅을 계속 사용하므로 설사 여름이라고 하더라도 역시 場이라고 이름을 붙인다.

皎皎白駒가 **食我場藿**이라하여

縶之維之하여 **以永今夕**하여

하얗고 하얀 白駒가
우리 채마밭의 싹을 먹는다고 하여
발을 묶고 가슴걸이도 묶어
오늘 저녁 내내 있게 하여

【傳】 藿은 猶苗也라 夕은 猶朝也라

藿은 싹과 같다. 저녁은 아침과 같다.

所謂伊人이 **於焉嘉客**케하리라

이른바 이 사람이
여기에서 아름다운 손님이 되게 하리라

皎皎白駒가 **賁**(비)**然來思**면

하얗고 하얀 白駒가
빛나는 복장을 한 현자를 태우고 오면

【傳】賁는 飾也라

賁는 '꾸미다'이다.

【箋】箋云 願其來而得見之라 易卦曰 山下有火賁(비)라하니 賁는 黃白色也라

箋云 : 현자가 오기를 원하여 그를 본 것이다. ≪周易≫ 賁卦(☶)에 "산 아래 불이 있는 것이 賁이다."라고 하였는데, 賁는 黃白色이다.

爾公爾侯하여 **逸豫無期**케하리라

그대를 公으로 삼고 그대를 侯로 삼아
안락함을 무궁하게 해주리라

【傳】爾公爾侯邪아 何爲逸樂無期以反也오

그대를 公으로 삼고 그대를 侯로 삼을 것이 아닌가. 안락함이 무궁할 것인데 무엇 때문에 돌아간다고 하는 것인가.

愼爾優游하니 **勉爾遁思**어다

그대가 유유자적하게 지내고자 함이 진실하니
그대가 은둔하려고 노력하는 것이로다

【傳】愼은 誠也라

愼은 '진실하다'이다.

【箋】箋云 誠女優游는 使待時也요 勉女遁思는 度(탁)己終不得見하여 自訣之辭라

箋云 : 진실로 그대가 유유자적하게 지내고자 하는 것은 때를 기다리고자 한 것이

다. 억지로 그대가 은둔하려고 생각하는 것은 자신이 끝내 세상에 나타나지 않으려고 헤아려서 스스로 결단한 말이다.

【疏】'皎皎'至'遁思' ○ 正義曰：言有賢人乘皎皎然白駒而去者, 其服賁然而有盛飾. 己願其來, 思而得見之也. 旣願而來, 卽責之, 公侯之尊, 可得逸豫. 若非公侯, 無逸豫之理. 爾豈是公也, 爾豈是侯也. 何爲亦逸豫無期以反乎. 思而不來, 設言與之訣. 汝誠在外優遊之事, 勉力行汝遁思之志, 勿使不終也. 極而與之自訣之辭也. 此來思・遁思, 二思皆語助, 不爲義也.

經의 〔皎皎〕에서 〔遁思〕까지

○ 正義曰 : 현인이 하얗고 하얀 白駒를 타고 떠나가는 것을 말하는 것이니, 그의 복식이 빛나며 성대한 장식이 있다. 내가 그가 오기를 원하니 그리워하면서 만나보고자 하는 것이다. 원하고 난 뒤에 오자 즉시 요구하기를, '公侯같이 존귀한 신분은 안락하게 지낼 수 있다. 만약 공후가 아니라면 안락하게 지낼 이유가 없다. 그대는 公이 아닌가, 그대는 侯가 아닌가. 안락함이 무궁할 것인데 무엇 때문에 돌아간다고 하는 것인가.'라고 하였다. 그리워했는데도 오지 않자 현인에게 줄 이별의 말을 설정하기를, '그대는 참으로 교외에서 유유자적하게 지내려고 하는 사정이 있으니 그대가 은둔하려는 의지를 노력해서 실천해야지 유종의 미를 거두지 못하게 해서는 안된다.'라고 하였으니, 최후에 현인과 함께 한 결별의 말이다. 여기의 來思와 遁思의 思 2자는 모두 어조사로 의미를 갖지 않는다.

【疏】○ 傳'賁, 飾.' 箋'易卦'至'白色' ○ 正義曰："賁, 飾" 易序卦文. "山下有火, 賁", 易象文也. 賁卦離下艮上. 艮爲山, 離爲火, 故言山下有火. 以火照山之石, 故黃白色也. 其卦名曰賁者, 鄭云"離爲日, 日, 天文也. 艮爲石, 〔石〕[1], 地文也. 天文在下, 地文在上, 天地之文, 交相而成, 賁賁然是也." 此賁賁必爲賢者之貌. 箋・傳不言貌, 此思賢者, 當以車服表之. 皎皎爲馬之貌, 賁不宜爲人之貌, 蓋謂其衣服之飾也.

1) 〔石〕 : 저본에는 '石'이 없으나, 宋나라 王應麟의 ≪周易鄭康成注≫에 의거하여 보충하였다.

○ 傳의 〔賁 飾〕과 箋의 〔易卦〕에서 〔白色〕까지

○ 正義曰 : "賁는 꾸민다는 뜻이다."라고 한 것은 ≪周易≫ 〈序卦傳〉의 글이고, "산

아래 불이 있으면 賁이다.〔山下有火 賁〕"라고 한 것은 ≪주역≫ 賁卦의 글이다. 賁卦(☶)는 離(☲)가 아래에 있고 艮(☶)이 위에 있다. 艮은 山이고, 離는 火이므로 산 아래 불이 있다고 말한 것이다. 불이 산의 돌을 비추므로 黃白色이 된 것이다. 卦名을 賁라고 한 것에 대하여 鄭玄이 "離는 해이니, 해는 하늘의 무늬이다. 艮은 돌이니, 돌은 땅의 무늬이다. 하늘의 무늬가 아래 있고 땅의 무늬가 위에 있어 천지의 무늬가 서로 이루어져 빛나는 것이 이것이다."라고 하였다. 이 빛나는 것이 반드시 현자의 모습일 것이다. 鄭箋과 毛傳은 현자의 모습을 말하지 않았지만 현자를 그리워한 사람이 당연히 車馬와 衣服으로 표현하였다. 하얗고 하얀 것은 말의 모습이니 빛나는 것이 사람의 모습이 되기에는 적합하지 않고, 대개 의복의 장식을 말하는 것이다.

皎皎白駒가 **在彼空谷**하니

하얗고 하얀 白駒가

저 광활한 골짜기에 있으니

【傳】 空은 大也라

空은 '광대하다'이다.

生芻一束이로소니 **其人如玉**이로다

싱싱한 풀 한 다발을 주노니

그 사람은 玉과 같도다

【箋】 箋云 此戒之也라 女行所舍에 主人之餼雖薄이나 要就賢人이면 其德如玉然이라

箋云 : 이것은 경계한 것이다. 그대가 가서 머무는 곳에 主人이 보낸 선물이 비록 박하더라도 현인에게 다가가고자 한다면 그의 덕이 옥과 같을 것이다.

毋金玉爾音하여 **而有遐心**이어라

그대의 소식을 金玉처럼 여길 것이니

나를 멀리하는 마음을 두지 말지어다

【箋】 箋云 毋愛女聲音하여 而有遠我之心이라 以恩責之也라

箋云 : 너의 소식을 사랑하니 나를 멀리하는 마음을 가져서는 안된다. 이것은 은혜롭게 여기면서도 책망한 것이다.

【疏】 '皎皎'至'遐心' ○ 正義曰 : 言有乘皎皎然白駒而去之賢人, 今在彼大谷之中矣. 思而不見, 設言形之. 汝於彼所至, 主人禮餼待汝雖薄, 止有其生芻一束耳, 當得其人如玉者而就之, 不可以貪餼而棄賢也. 又言我思汝甚矣, 汝雖不來, 當傳書信, 毋得金玉汝之音聲於我, 謂自愛音聲, 貴如金玉, 不以遺問我, 而有疏遠我之心. 己與之有恩, 恐遂疏己, 故以恩責之, 冀音信不絶.

經의 〔皎皎〕에서 〔遐心〕까지

○ 正義曰 : 하얗고 하얀 백구를 타고 떠나는 賢人이 지금 저 광활한 계곡 안에 있음을 말하는 것이다. 그리워해도 만나지 못하자 가설하여 형용한 것이다. 그대가 그곳에 도착하면 主人이 예로 보낸 선물이 그대를 대접하기에는 비록 박하여, 단지 싱싱한 풀 한 다발뿐이더라도 옥과 같은 그 사람에게 다가가야 하지, 선물을 탐해서 현자를 버려서는 안 된다. 또 가설하여 말하기를 '내가 그대를 매우 그리워하니 그대가 오지 못하더라도 서신을 보낼 것이요 그대의 音聲을 나에게는 金玉처럼 아끼지 마라.'라고 하였으니, 이것은 '스스로 음성을 아껴서 귀하기가 금옥과 같더라도 나에게 소식을 보내야지 나를 멀리하는 마음을 두어서는 안 된다는 것'을 말하는 것이다. 자기가 현인과 은혜가 있지만 끝내 자기를 소원히 할까 염려되므로 은혜로써 책망하여 소식이 끊이지 않기를 바라는 것이다.

【疏】 ○ 傳'空, 大' ○ 正義曰 : 以谷中容人隱焉, 其空必大, 故云"空, 大", 非訓空爲大. 桑柔云"有空大谷", 是空谷大也. 此云"在彼空谷", 則知其所適. 上云"於焉逍遙"及"於焉嘉客"爲不知所適之辭者, 以思之不得, 故言不知所在. 此以賢者隱居, 必當潛處山谷, 故擧以爲言. 空谷非一, 猶未是知其所在也.

○ 傳의 〔空 大〕

○ 正義曰 : 계곡 안에 사람이 은거할 수 있기 위해서는 그 빈 곳이 반드시 광대해야 하기 때문에 "空은 '광대하다'이다"라고 한 것이지, 空자에 '광대하다'는 훈고가 있는 것은 아니다. 〈大雅 桑柔〉에 "빈 곳에 큰 골짜기가 있다.〔有空大谷〕"라고 하였는데 이것

이 빈 골짜기가 광대하다는 것이다. 여기서는 “저 광활한 골짜기에 있다.〔在彼空谷〕”라고 하였으니 그가 간 곳을 알 수 있다. 1장에서 “여기에서 소요한다.〔於焉逍遙〕”라고 하였고, 2장에서 “여기에서 아름다운 손님이 된다.〔於焉嘉客〕”라고 하였는데 현자가 간 곳을 알지 못한다고 말한 것은, 그리워하는데도 만나지 못하였으므로 있는 곳을 알지 못한다고 말한 것이다. 이곳의 현자 은거지는 반드시 깊숙한 山谷이 되어야 하므로 예를 들어 말한 것이다. 광대한 골짜기는 한 곳이 아니므로 오히려 현자가 있는 곳을 알지 못하는 것이다.

【疏】 ○ 箋‘毋愛女聲音’ ○ 正義曰：定本·集注皆然.

○ 箋의 〔毋愛女聲音〕

○ 正義曰：≪五經定本≫과 ≪毛詩集注≫는 모두 같다.

白駒四章이니 **章六句**라

〈白駒〉 4章이니 章마다 6句이다.

黃鳥(황조)

【序】 **黃鳥**는 **刺宣王也**라

〈黃鳥〉는 宣王을 풍자한 詩이다.

【箋】 **刺其以陰禮教親**이나 **而不至**하고 **聯兄弟之不固**라

婚姻의 예로 남녀의 친애를 가르쳤으나 지극하지 못하고 부부를 맺어주는 것이 견고하지 못한 것을 풍자한 것이다.

【疏】 ‘黃鳥(三章章七句)’ ○ 箋‘刺其’至‘不固’ ○ 正義曰：箋解婦人自爲夫所出, 而以刺王之由. 刺其以陰禮教男女之親而不至, 篤聯結其兄弟, 夫婦之道, 不能堅固, 令使夫婦相棄, 是王之失教, 故擧以刺之也. 大司徒十有二教, 其三曰 “以陰禮教親, 則民不怨.” 又曰 “以本俗六, 安萬民.” 其三曰 “聯兄弟.” 是鄭所引之文也. 言‘不至’·‘不固’,

鄭以義增之. 彼注云"陰禮, 謂男女之禮. 昏姻以時, 男不曠, 女不怨."是也. 謂之陰者, 以男女夫婦, 寢席之上, 陰私之事, 故謂之陰禮. (秋官 士師)〔地官 媒氏〕[1]云"凡男女之陰訟, 聽之於勝國之社." 是謂男女之事爲陰也. 彼注又云"聯猶合也. 兄弟謂昏姻嫁娶." 是謂夫婦爲兄弟也. 夫婦而謂之兄弟者, 列〔女〕[2]傳曰"執禮而行兄弟之道." 何休亦云"圖安危可否, 兄弟之義", 故比之也.

1) (秋官 士師)〔地官 媒氏〕: 저본에는 '秋官 士師'로 되어 있으나, 阮元의 校勘記에 의거하여 '地官 媒氏'로 바로잡았다.

2) 〔女〕: 저본에는 '女'가 없으나, 阮元의 校勘記에 의거하여 보충하였다.

序의 〔黃鳥〕와 箋의 〔刺其〕에서 〔不固〕까지

○ 正義曰 : 鄭箋은 婦人이 남편에게 쫓겨나온 이후로 왕을 풍자한 이유를 풀이하였다. 婚姻의 예로 남녀의 친애를 가르쳤으나 지극하지 못하고 그 부부를 맺어주기를 돈독히 하였으나 부부의 도리가 견고하지 못하여 부부를 서로 버리게 만드니, 이것이 왕이 교육에 실패한 것이므로 이런 예를 들어 풍자한 것이다. ≪周禮≫ 〈地官 大司徒〉에 열두 가지 가르침이 있는데 그 세 번째에 "혼인의 예로 남녀의 친애를 가르치자 백성이 원망하지 않았다."라고 하였고, 또 말하기를 "예로부터 내려오는 풍속 여섯 가지로 백성을 평안하게 한다."라고 하였는데 그 세 번째에 "부부를 맺어주는 것이다."라고 하였으니, 이것이 鄭玄이 인용한 글이다. '지극하지 못하다〔不至〕', '견고하지 못하다〔不固〕'라고 한 것은 정현이 의미를 보탠 것이다. 정현의 注에 "陰禮는 남녀의 禮를 이른다. 혼인을 제때 하면 남자는 아내가 있고 여자는 남편이 있다."라고 한 것이 이것이다.

'陰'이라고 한 것은 남녀는 부부로 침상에서 은밀하고 사적인 일을 하므로 '陰禮'라고 한 것이다. ≪주례≫ 〈地官 媒氏〉에 "남녀간의 음탕한 일에 관한 송사는 前 王朝의 社壇에서 판결한다."라고 하였는데, 이것이 남녀의 일을 '陰'이라고 하는 까닭이다. 〈'부부를 맺어주는 것이다〔聯兄弟〕'의 聯에 대한〉 鄭玄 注에 "聯은 부부를 맺어준다는 뜻이다. '兄弟'는 昏姻하여 딸을 시집보내고 아들을 장가들이는 것을 이른다."고 하였는데, 이것이 夫婦를 형제라고 부르는 것이다. 부부를 형제라고 하는 것은 ≪列女傳≫에 "혼례를 치르면 형제의 도리를 행한다."라고 하였으며, ≪春秋公羊傳≫ 莊公 24년 何休의 注에도 역시 "安危와 可否를 도모하는 것이 형제의 의리이다."라고 하였으므로 부부간을 형제에 견준 것이다.

黃鳥黃鳥여 **無集于穀**하며 **無啄我粟**이어다

꾀꼬리여, 꾀꼬리여
닥나무에 앉지 말며
내 곡식을 쪼아 먹지 말지어다

【傳】 興也라 黃鳥는 宜集木啄粟者라

興이다. 꾀꼬리는 나무에 앉아 곡식을 쪼아 먹는 것이 당연하다.

【箋】〔箋云 興者는〕[1] 喩天下室家不以其道而相去니 是失其性이라

1)〔箋云 興者〕: 저본에는 '箋云 興者'가 없으나, 阮元의 校勘記에 의거하여 보충하였다.

箋云 : 興은 천하의 부부가 올바른 道로 다스려지지 않아 서로 떠나니 그 본성을 잃은 것을 비유한 것이다.

此邦之人이 **不我肯穀**하니

이 나라 사람들이
나에게 좋은 대우를 하지 않으니

【傳】 穀은 善也라

穀은 '좋다'이다.

【箋】 箋云 不肯以善道與我라

箋云 : 正道로 나를 대하지 않는 것이다.

言旋言歸하여 **復我邦族**하리라

이리저리 배회하다가 돌아가
우리 일족이 있는 나라로 돌아가리라

【傳】宣王之末에 天下室家離散하고 妃(배)匹相去하니 有不以禮者라

宣王의 말기에 천하의 가정이 흩어지고 부부가 서로 헤어졌으니, 예법대로 하지 않은 것이 있었기 때문이다.

【箋】箋云 言은 我요 復은 反也라

箋云 : 言은 '나'요, 復은 '돌아가다'이다.

【疏】'黃鳥'至'邦族' ○ 正義曰 : 言人有禁語云 "黃鳥黃鳥, 無集於我之穀木, 無啄於我之粟." 然黃鳥宜集(本)〔木〕[1]啄粟, 今而禁之, 是失其性. 喩婦人述男子禁已云 "婦人婦人, 無居我之室, 無得噉我之食." 然婦人之在夫家, 宜居室噉食, 今夫禁已, 是失其夫婦之所宜也. 婦人見其如此, 知必棄已. 卽與之訣別而去之, 曰 "此邦國之人已於我若此, 則不我肯以善相與, 是不肯以善道與我也. 故我今迴旋, 我今還歸, 復反我邦國宗族矣." 言此邦之人復我邦族者, 言夫與已不善, 居異所耳, 不必卽他邦也.

1) (本)〔木〕: 저본에는 '本'으로 되어 있으나, 문맥에 의거하여 '木'으로 바로잡았다.

經의 〔黃鳥〕에서 〔邦族〕까지

○ 正義曰 : 사람들에게 "꾀꼬리여, 꾀꼬리여, 나의 닥나무에 앉지 말며 나의 곡식을 쪼아 먹지 말아라."라고 금지하는 말을 한 것이다. 그러나 꾀꼬리는 나무에 앉아 곡식을 쪼아 먹어야 하는데 지금 금지하고 있으니 이것은 꾀꼬리의 본성을 상실한 것이다. 이것으로 婦人이 남자가 자신을 멀리한 일을 가지고 "부인이여, 부인이여, 나의 집에서 살지 말며 나의 밥을 먹지 말아라."라는 것을 비유하였다. 그렇다면 부인이 남편 집에서 남편과 같이 지내면서 밥을 먹어야 하는데, 지금 남편이 자신을 멀리하였으니 이것은 부부의 도리를 상실한 것이다.

부인이 이와 같은 상황을 보고 남편이 반드시 자기를 버릴 줄 알았으므로 즉시 남편과 결별하여 떠나면서 말하기를 "이 나라 사람들은 이미 나를 이와 같이 취급하니, 나와 서로 잘 지내려고 하지 않는 것으로 이것은 正道로 나를 대하지 않는 것이다. 그러므로 나는 지금 방향을 돌리고, 나는 지금 귀환하여 나의 나라 종족에게 돌아가겠다."라고 하였다. 이 나라 사람들에게 '우리 일족이 있는 나라로 돌아가겠다.'라고 말하는 것은 '남편과 자신이 사이가 좋지 않고 사는 집도 장소를 달리하니, 반드시 다른 나라로 가야 하지 않겠는가.'라고 말하는 것이다.

黃鳥黃鳥여 **無集于桑**하며 **無啄我粱**이어다

此邦之人이 **不可與明**이란대

꾀꼬리여, 꾀꼬리여
뽕나무에 앉지 말며
내 기장을 쪼아 먹지 말지어다
이 나라 사람들은
함께 맹서를 할 수 없으므로

【傳】 不可與明夫婦之道라

함께 부부의 도를 밝힐 수 없다.

【箋】 箋云 明當爲盟라 盟은 信也라

箋云 : 明은 盟이 되어야 한다. 盟은 '신뢰'이다.

言旋言歸하여 **復我諸兄**하리라

이리저리 배회하다가 돌아가
우리 형제가 있는 곳으로 돌아가리라

【傳】 婦人은 有歸宗之義라

婦人은 歸宗(宗家로 돌아감)하는 의리가 있다.

【箋】 箋云 宗은 謂宗子也라

箋云 : 宗은 '宗子(大宗의 적장자)'를 말한다.

【疏】 '不可'至'諸兄' ○ 毛以爲"婦人旣被夫棄, 已言此邦國之人不可與明夫婦之道. 今我迴旋, 我還歸, 復反我宗族之兄家也." ○ 鄭唯'不可與盟'爲異.

經의 〔不可〕에서 〔諸兄〕까지

○ 毛亨은 "婦人이 남편에게 버림을 받고 나자 스스로 말하기를 '이 나라 사람과는

함께 부부의 도를 밝힐 수 없으니 지금 내가 방향을 돌리고 내가 귀환하여 내 종족의 형제 집으로 돌아가겠다.' 하였다."라고 여긴 것이다.

○ 鄭玄은 '함께 맹서할 수 없다.'라고 풀이하여 毛亨과 달리 해석하였다.

【疏】 ○ 傳'不可'至'之道' ○ 正義曰：夫婦之道, 以義居者也. 當同居共食, 今而禁之, 闇昧於三綱之道. 苟欲出之, 不知婦人非七出[1]不得去, 是不可與明夫婦之道也.

1) 七出：남편이 아내를 쫓아 보내는 일곱 가지 조건으로, 시부모에게 순종하지 않는 것, 자식이 없는 것, 음탕한 것, 질투하는 것, 나쁜 병이 있는 것, 말이 많은 것〔不順父母者 無子者 淫僻者 嫉妒者 惡疾者 多口舌者〕이다.

○ 傳의 〔不可〕에서 〔之道〕까지

○ 正義曰：夫婦의 道는 의리로 사는 것이다. 같이 살고 같이 먹어야 하는데 지금 금지하고 있으니 三綱의 도에 밝지 못한 것이다. 참으로 아내를 쫓아내고자 하더라도 부인이 七出이 아니면 쫓아낼 수 없음을 모르는 것이니, 이것이 함께 부부의 도를 밝힐 수 없다는 것이다.

【疏】 ○ 箋'明當爲盟. 盟信' ○ 正義曰：易傳者, 以下云 "不可與處", 言其夫不可共處也, 此云 "不可與明", 亦當云 "其夫不可與共盟也." 若是'明夫婦之道', 其明與否, 夫獨爲之, 非婦所當共. 故知字誤, 當作盟也. 曲禮下曰 "約信曰誓, 涖牲曰盟." 盟是信誓之事, 故云 "盟, 信也." 禮, 諸侯有相背違者, 盟以信之. 而不信之人, 旣盟復背. 此婦爲夫所薄, 意欲盟而固之. 以其無信, 終必棄己, 故云 '不可與盟'也.

○ 箋의 〔明當爲盟 盟信〕

○ 正義曰：鄭玄이 毛亨과 달리 해석한 것은, 아래 3장의 "不可與處"가 남편과 함께 살지 못하는 것을 말한 것이라고 한다면, 여기의 "不可與明"은 역시 당연히 "남편과는 함께 맹서할 수 없다."라는 뜻으로 말해야 하기 때문이다. '부부의 도를 밝힌다.〔明夫婦之道〕'의 밝힌다〔明〕의 여부는 남편이 홀로 하는 것이지 부인이 함께 하는 것이 아니다. 그러므로 毛亨의 明자는 오자이며 盟자가 되어야 함을 안 것이다. ≪禮記≫ 〈曲禮下〉에 "말로써 약속하는 것을 誓라 하고, 犧牲을 앞에 놓고 맹세하는 것을 盟이라 한다."라고 하였다. 盟은 신뢰로 서약하는 일이므로 "盟은 신뢰이다."라고 한 것이다. 禮는 제후간에 배반하는 자가 있으므로 맹서로 신뢰하는 것이다. 신뢰하지 못할 사람은

맹서하고 나서도 다시 배반한다. 여기 부인이 남편에게 소박을 맞았으나 마음속으로는 맹서하고 관계를 견고히 하고 싶지만 남편이 신뢰가 없어 끝내 반드시 자기를 버릴 것이므로 '함께 맹서를 할 수 없다.'라고 말하는 것이다.

【疏】○ 傳'婦人有歸宗之義' ○ 正義曰：傳於此言歸宗者, 以婦人之所尊者, 其兄也. 因此"諸兄"之文, 故言歸宗. 喪服 "爲昆弟之爲父後者", 傳曰 "何以朞也. 婦人雖在外, 必有歸宗. 曰小宗, 故服朞也." 此以諸兄爲宗之文也. 彼所言歸宗, 唯謂大夫以下, 其妻父母沒, 有歸寧於宗. 要被出還家, 亦爲歸宗, 故準彼而言也. 箋恐謂宗是大宗, 故云 "謂宗子", 亦謂宗兄也.

○ 傳의〔婦人有歸宗之義〕

○ 正義曰：毛傳이 여기에서 歸宗이라고 말한 것은 부인이 존경하는 사람은 부인의 형제이기 때문이다. 여기의 '諸兄'이라는 글 때문에 歸宗이라고 말한 것이다. ≪儀禮≫〈喪服〉에 "〈시집간 딸이〉 아버지의 후사가 된 형제를 위하여 〈상복을 입는다.〉"라고 하였는데, 그 傳에 "〈시집간 딸이 아버지의 후사가 된 형제를 위하여〉 왜 기년복을 입는가. 부인은 비록 출가하여 밖에 있더라도 반드시 歸宗이 있기 때문이다. 歸宗의 宗은 바로 小宗을 말하므로 小宗의 후사를 위해 기년복을 입는 것이다."라고 하였다. 이것은 諸兄을 宗으로 여긴 글이다. 毛傳에서 말한 歸宗은 단지 大夫 이하를 뜻하므로 妻父母가 죽으면 宗家로 歸寧함이 있다. 요컨대 쫓겨나서 집으로 돌아가는 것도 역시 歸宗이므로 大夫에 준하여 말한 것이다.

鄭箋은 宗을 大宗으로 보았으므로 '大宗의 적장자'라고 한 듯한데 역시 宗兄을 말한다.

黃鳥黃鳥여 **無集于栩**(허)하며 **無啄我黍**어다

此邦之人과 **不可與處**란대

꾀꼬리여, 꾀꼬리여
상수리나무에 앉지 말며
내 기장을 쪼아 먹지 말지어다
이 나라 사람들과
함께 지낼 수 없으므로

【傳】處는 居也라

處는 '거처하다'이다.

言旋言歸하여 **復我諸父**하리라

이리저리 배회하다가 돌아가
우리 부모 형제가 있는 곳으로 돌아가리라

【傳】諸父는 猶諸兄也라

諸父는 諸兄과 같다.

黃鳥三章이니 **章七句**라

〈黃鳥〉 3章이니 章마다 7句이다.

毛詩注疏 卷第十一(十一之二)

毛詩小雅 鄭氏箋 孔穎達疏

我行其野(아행기야)

【序】我行其野는 刺宣王也라

〈我行其野〉는 宣王을 풍자한 詩이다.

【箋】刺其不正嫁取之數하고 而有荒政하여 多淫昏之俗이라

혼인의 법도를 바로잡지 못하고 〈흉년에 혼례 절차를 간소하게 하여 혼인하는 자가 많아지게 하는〉 흉년 구제 정책을 써서 음란하고 혼란한 풍속이 많아진 것을 풍자하였다.

【疏】'我行其野(三章章六句)' ○ 箋'刺其'至'之俗' ○ 正義曰：凡嫁娶之禮, 天子諸侯一娶不改. 其大夫以下, 其妻或死或出, 容得更娶. 非此亦不得更娶, 此爲嫁娶之數, 謂禮數也. 昭三年左傳子大叔謂梁丙・張趯朝聘之禮. 張趯曰"善哉, 吾得聞此數." 是謂禮爲數也. 今宣王之末, 妻無犯七出[1]之罪, 無故棄之更婚, 王不能禁, 是不能正其嫁娶之數. 大司徒曰"以荒政十有二, (娶)〔聚〕[2]萬民. 十曰多昏."[3] 注曰"荒, 凶年也. 鄭司農云'多昏, 不備禮而娶昏者多也.'" 彼謂國家凶荒, 民貧不能備禮, 乃寬之, 使不備禮物, 而民多得昏. 今宣王之時, 非是凶年, 亦不備禮多昏. 豐年而有此俗, 故刺王也. 經云'求爾新特', 言其不以禮來, 不肯媵, 是當時不備禮而昏也. 詩所述者, 一人而已. 但作者摠一國之事而爲辭, 故知此不以禮昏成風俗也.

1) 七出 : 남편이 아내를 내칠 수 있는 7가지의 조건으로 婦女에게 해악을 끼친 봉건 종법 제도이다.
2) (娶)〔聚〕: 저본에는 '娶'로 되어 있으나, 阮元의 校勘記에 의거하여 '聚'로 바로잡았다.
3) 以荒政十有二……十曰多昏 : '多昏'은 흉년일 때 백성의 離散을 방지하기 위하여 쓰는 12가지 조치 중 하나이다. 12가지 구제 물자를 방출하는 散利, 薄政, 緩刑, 노역을 줄이는 弛力, 山澤의 禁令을 없애는 舍禁, 關市의 세금 징수를 정지하는 去幾, 吉禮

의 禮數를 줄이는 眚禮, 凶禮의 예수를 줄이는 殺哀(쇄애), 악기를 걷어 보관하고 연주를 정지하는 蕃樂, 예물을 줄여 결혼을 쉽게 하는 多昏, 귀신에게 기도하는 索鬼神, 除盜賊 등이다.(≪周禮≫ 〈地官 司徒〉)

序의 〔我行其野〕와 箋의 〔刺其〕에서 〔之俗〕까지

○ 正義曰 : 일반적으로 혼인하는 예는, 천자와 제후는 한 번 배우자를 구하면 바꾸지 않는다. 大夫 이하는, 처가 사망하거나 쫓겨났을 경우 다시 배우자를 구하는 것은 용납했지만, 이 경우가 아니면 또한 다시 장가들 수 없다. 이것이 혼인의 법도이니, '〈신분에 따른 예법 제도인〉 禮數'라고 하는 것이다. ≪春秋左氏傳≫ 昭公 3년에 子大叔이 梁丙과 張趯에게 朝聘의 禮를 말하자, 장적이 말하기를 "좋습니다. 나는 이에 관한 數(예법 제도)를 들을 수 있었습니다."라고 하였는데, 이것이 禮를 數(법도)라고 말한 것이다. 지금 宣王 말기에 아내가 七出의 죄를 범하지 않았는데 이유 없이 아내를 버리고 다시 혼인하였으나 왕이 금지하지 못하였으니, 이것이 혼인의 법도를 바로잡지 못한 것이다.

≪周禮≫ 〈地官 大司徒〉에 "12가지 흉년 구제 정책으로 백성을 모이게 하였는데, 10번째가 多昏이다."라고 하였는데, 鄭玄의 注에 "荒은 흉년이다. 鄭司農(鄭衆)이 말하기를 '多昏이란 禮式을 갖추지 않고 혼례를 치르는 자가 많아지게 하는 것이다.'라고 하였다."라고 하였다. 〈대사도〉에 '국가에 흉년이 들면 가난한 백성은 예식을 갖출 수 없으므로, 〈예법 제도를〉 관대하게 적용해서 禮物을 갖추지 않아도 백성은 대부분 혼인할 수 있게 하였다.'라고 한 것이다. 지금 宣王 시대는 흉년이 아닌데도 또한 예식을 갖추지 않고 혼례를 많이 치렀다. 풍년인데도 이런 풍속이 있었기 때문에 宣王을 풍자한 것이다.

경문 3장에서 '새로이 홀로 올 네 짝을 구하는가〔求爾新特〕'라고 한 것은 예식을 갖춰서 시집오지 않아서, 媵으로 따라올 사람이 없음을 말한 것이니, 이것은 당시에 예식을 갖추지 않고 혼인했기 때문이다. 시에서 서술하는 것은 한 사람의 일일 뿐이다. 다만 이 시를 지은 자가 한 국가의 일을 총괄해서 말을 지어냈기 때문에 여기에서 예식을 갖춰 혼례를 치르지 않는 것이 풍속이 되었음을 알 수 있는 것이다.

我行其野하니 **蔽芾其樗**러라 **昏姻之故**로 **言就爾居**로다

내가 그 들판에 가니

무성한 저 가죽나무로다
혼인을 약속했으므로
너의 거처로 왔도다

樗

【傳】 樗는 惡木也라

가죽나무는 질이 나빠 쓸데없는 나무이다.

【箋】 箋云 樗之蔽芾始生은 謂仲春之時니 嫁取之月이라 婦之父와 壻之父가 相謂昏姻이라 言은 我也라 我乃以此二父之命으로 故我就女居하니 我豈其無禮來乎아 責之也라

箋云 : 가죽나무가 무성하게 새로 나는 것은 중춘 2월이니 혼인의 달을 말한다. 아내의 아버지와 남편의 아버지가 서로를 昏姻이라고 부른다. 言은 '나'이다. 〈이 구절은〉 '나는 이 두 아버지가 명하셨기 때문에 내가 너의 거처로 온 것이니, 내가 어찌 예를 갖추지 않고 온 것이겠는가.'라고 해서, 남편을 책망한 것이다.

爾不我畜이니 復我邦家하리라

그대가 나를 길러주지 않으니
내 나라로 돌아가리라

【傳】 畜은 養也라

畜은 '기르다'이다.

【箋】 箋云 宣王之末에 男女失道하여 以求外昏하고 棄其舊姻而相怨이라

箋云 : 宣王 말기에 남녀가 법도를 잃어 배우자 외의 새 배필을 구하고 옛 배우자를 버려 서로 원망하였다.

【疏】 '我行'至'邦家' ○ 毛以爲"有人言 '我行適於野, 采可食之菜, 唯得蔽芾然樗之惡木.' 以興婦人言 '我嫁他族以求夫, 唯得無行不信之惡夫.' 既得惡夫, 遇己不善, 乃責之言 我以我父之昏, 爾父之姻, 二父勑命之故, 我就爾而居處爲室家耳. 我豈無禮而來乎. 而惡我也. 爾既不我畜養, 今當復反我之邦家矣. 與之自訣之辭." 鄭唯上二句記時爲異, 餘同.

經의 〔我行〕에서 〔邦家〕까지

○ 毛亨은 "어떤 사람이 '내가 들에 가서 먹을 수 있는 나물을 캤는데 오직 무성하게 자란 쓸데없는 가죽나무만 얻었을 뿐이다.'라고 말했는데, 이것으로 아내가 '내가 다른 집안에 시집갈 남편을 구했는데 오직 품행이 좋지 못한 신뢰할 수 없는 나쁜 남편만 얻었을 뿐이다.'라고 말한 것을 비유하였다. 나쁜 남편을 얻은 뒤에 자기를 잘 대우하지 않으므로 곧 그를 책망하여 '나는 우리 아버지와 그대의 아버지가 혼인을 약속해서 두 아버지가 명령하셨기 때문에, 나는 너에게 와서 살며 가정을 꾸릴 뿐이니, 내가 어찌 예를 갖추지 않고 온 것이겠는가? 그런데 그대가 나를 싫어하는구나. 네가 나를 제대로 길러주지 않으니, 지금 마땅히 다시 내 나라로 돌아갈 것이다.'라고 말한 것이니, 그와 직접 결별한 말이다."라고 여긴 것이다.

鄭玄은 오직 위의 2句가 혼인할 시기를 기록한 것이라고 여긴 것이 毛亨과 다르고 나머지는 같다.

【疏】 ○ 傳'樗, 惡木' ○ 正義曰：七月云 "采荼薪樗", 唯取薪, 薪, 惡木也. 毛以秋冬爲昏, 不得有記時之事. 王肅云 "行遇惡木, 言己適人遇惡夫也."

○ 傳의 〔樗 惡木〕

○ 正義曰：≪詩經≫ 〈豳風 七月〉에 "씀바귀나물을 캐고 가죽나무를 땔감으로 만든다.〔采荼薪樗〕"라고 해서, 가죽나무는 오직 땔감으로만 취했으니, 땔나무는 질이 나빠 쓸데없는 나무이다. 毛亨은 가을과 겨울을 혼례하는 시기로 여겼는데, 시기를 기록할 일이 없었다. 王肅은 "가서 질이 나쁜 나무를 만났다는 것은 자기가 시집가서 나쁜 남편을 만난 것을 말한다."라고 하였다.

【疏】 ○ 箋'樗之'至'責之' ○ 正義曰：樗是木也, 言蔽芾始生, 謂葉在枝條始生, 非木根始生於地也. 仲春草木可采, 故言'仲春之時, 嫁娶之月矣.' '婦之父, 壻之父, 相謂爲昏姻', 釋親文也. 此及二章, 竝言昏姻, 故言二父之命. 卒章止有姻, 唯據壻之父耳, 故言'汝不思汝老父之命'.

○ 箋의 〔樗之〕에서 〔責之〕까지

○ 正義曰 : 樗는 나무이다. 무성하게 처음 생겼다고 말한 것은 잎이 가지에서 처음으로 난 것을 말하는 것이지 나무뿌리가 땅에서 처음 생긴 것은 아니다. 2월에는 풀과 나무를 채취할 수 있으므로, '2월 중춘의 시기는 혼인의 달이다.'라고 말하였다. '아내의 아버지와 남편의 아버지는 서로 昏姻이라고 부른다.'라고 한 것은, ≪爾雅≫ 〈釋親〉 글이다. 이 장과 2장에서는 모두 '昏姻'이라고 말하였으므로 '두 아버지의 명'이라고 말하였고, 卒章인 3장에서는 단지 '姻'만 있으니, 오직 남편의 아버지에 근거한 것이므로 '너는 네 늙은 아버지 명을 생각하지 않는가.'라고 말하였다.

我行其野하여 **言采其蓫**하노라 **昏姻之故**로 **言就爾宿**이로다

내가 들판에 가서
소루쟁이를 캐노라
혼인을 약속했으므로
그대의 숙소에 왔도다

【傳】 蓫은 **惡菜也**라

蓫은 쓸모없는 채소이다.

【箋】 **箋云** 蓫은 **牛蘈也**니 **亦仲春時生**하고 **可采也**라

箋云 : 蓫은 '소루쟁이'이니, 또한 2월에 자라며 캘 수 있다.

蓫

爾不我畜하니 **言歸斯復**하리라

그대가 나를 길러주지 않으니
돌아가고 되돌아가리라

【傳】 復은 反也라

復은 '돌아가다'이다.

【疏】 箋'蓫, 牛(頹)〔蘈〕[1)]' ○ 正義曰：此釋草無文. 陸璣疏云 "今人謂之羊蹄." 定本作牛蘈.

1) (頹)〔蘈〕: 저본에는 '頹'로 되어 있으나, 鄭箋에서 "蘈 牛蘈"라고 한 것에 의거하여 '蘈'로 바로잡았다.

箋의 〔蓫 牛蘈〕

○ 正義曰 : ≪爾雅≫ 〈釋草〉에는 蓫자가 없다. 陸璣의 ≪毛詩草木鳥獸蟲魚疏≫에 "지금 사람들은 羊蹄라고 부른다."라고 하였으며, ≪五經定本≫에는 牛蘈로 되어 있다.

我行其野하여 言采其葍하노라 不思舊姻이요 求爾新特가

내가 들판에 가서
저 무를 캐노라
늙은 네 아버지를 생각지 않고
새로이 홀로 올 네 짝을 구하는가

【傳】 葍은 惡菜也라 新特은 外昏也라

葍은 쓸모없는 채소이다. 新特은 배우자 외의 새 배필이다.

【箋】 箋云 葍은 葍也니 亦仲春時生하며 可采也라 壻之父曰姻이라 我采葍之時에 以禮來嫁女어늘 女不思女老父之命而棄我하고 而求女新外昏特來之女라하니 責之也라 不以禮嫁하니 必無肯媵之라

箋云 : 葍은 '무'니, 이것도 2월에 나기 시작하며 캘 수 있다. 남편의 아버지를 姻이라고 한다. '내가 무를 캐는 시기에 예식을 갖춰 너에게 시집왔는데, 너는 네 연로한 아버지의 명을 생각하지 않고 나를 버리고 너의 새 배필로서 올 여자를 구하는가.'라고 하였으니, 그를 책망한 것이다. 새 배필은 예식대로 시집오지 않으니 반드시 媵으로 따라올 사람이 없는 것이다.

成不以富요 **亦祇以異**니라

혼례를 이루어도 부유할 수 없고

또한 다만 이 일 때문에 사람의 도리를 배반한 것이다

【傳】祇는 **適也**라

祇는 '다만'이다.

【箋】箋云 女不以禮爲室家하니 **成事不足以得富也**라 **女亦適以此自異於人道**라하니 **言可惡也**라

箋云 : '너는 예식을 갖춰 아내를 맞이하지 않으니, 일을 성사시키더라도 부유함을 얻을 수 없을 것이다. 너는 또한 다만 이 일 때문에 스스로 사람의 도리를 배반한 것이다.'라고 하였으니, 미워할 만하다고 말한 것이다.

【疏】'不思'至'以異' ○ 正義曰 : 取妻者, 受父之命, 故今引以責之. 言父本命汝以我爲妻, 汝何不思憶舊時老父之命, 反棄我而求汝新外昏特來之女也. 汝如是不以禮爲室家, (誠)〔成事〕[1]**不以是而得富, 亦適可以此異於人耳. 人悉偕老, 汝獨相棄, 是異於人也.**

1) (誠)〔成事〕: 저본에는 '誠'으로 되어 있으나, 阮元의 校勘記에 의거하여 '成事'로 바로잡았다.

經의 〔不思〕에서 〔以異〕까지

○ 正義曰 : 아내를 얻는 것은 아버지의 명을 받아야 하므로 지금 그것을 끌어와서 책망한 것이다. 말하자면 '아버지는 본래 너에게 명해서 나를 아내로 삼으라고 하였는데, 너는 어찌하여 예전 연로한 아버지의 명을 생각하지 않고 도리어 나를 버리고 너의 새로운 배필로서 홀로 올 여자를 구하는가? 네가 이같이 예식을 갖춰 아내를 맞이하지 않으니, 일을 성사시키더라도 이 때문에 부유함을 얻지 못할 것이다. 또한 다만 이 일 때문에 사람의 도를 배반한 것이다.'라고 한 것이다. 사람은 모두 부부가 偕老하는데 너만 유독 나를 버리니 이것이 사람을 배반한 것이다.

【疏】○ 傳'葍, 惡菜. 新特, 外昏' ○ 正義曰：陸璣疏云"葍, 一名䔰(부). 幽州人謂之燕䔰. 其根正白, 可著熱灰中溫(敢)〔噉〕[1]之. 飢荒之歲, 可蒸以禦飢." 昏姻對文, 則男婚女姻, 散則通. 故外來之婦爲外昏也.

1) (敢)〔噉〕: 저본에는 '敢'으로 되어 있으나, 阮元의 校勘記에 의거하여 '噉'으로 바로잡았다.

○ 傳의 〔葍 惡菜 新特 外昏〕

○ 正義曰：陸璣의 ≪毛詩草木鳥獸蟲魚疏≫에서 "葍은 일명 䔰이다. 幽州 사람은 燕䔰라고 한다. 그 뿌리는 純白色이고 뜨거운 재 속에 넣어 익혀서 따뜻하게 먹을 수 있다. 흉년이 든 해에는 쪄서 먹어 허기를 면한다."라고 하였다. 昏과 姻을 구분해서 말하면 남자는 婚이라 하고 여자는 姻이라 하며, 통틀어 사용하면 昏과 姻을 통용해서 쓴다. 그러므로 밖에서 온 여자를 外婚이라고 한다.

【疏】○ 箋'不以'至'媵之' ○ 正義曰：此解新特之義. 特謂獨來夫家, 由不以禮嫁, 必無人肯媵送之, 故獨來也. 禮, 大夫乃一妻二妾, 是有姪娣爲媵, 士庶人則不能備矣. 此詩所述, 下及庶人, 本自無媵. 而云無肯媵者, 釋言云"媵, 送也." 妾送嫡而行, 故謂妾爲媵. 媵之名不專施妾. 凡送女適人者, 男女皆謂之媵. 僖五年左傳"晉人滅虞, 執其大夫井伯, 以媵秦穆姬." 史傳稱伊尹有莘氏之媵(氏之媵)[1]臣. 是送女者, 雖男亦名媵也. 此不以禮嫁, 其父母之家, 男子婦女皆無肯媵之, 故獨來耳, 非謂當有姪娣媵也.

1) (氏之媵) : 저본에는 '氏之媵'이 있으나, 阮元의 校勘記에 의거하여 衍文으로 처리하였다. 伊尹과 관련된 고사는 ≪史記≫ 〈殷本紀〉에 "伊尹은 이름이 阿衡이다. 아형이 탕왕을 뵈려고 하였으나 뵐 길이 없자 마침내 有莘氏의 媵臣이 되어, 솥과 도마를 지고 가서 맛있는 요리를 만들어 탕왕에게 유세하여 왕도 정치에 이르게 하였다.〔伊尹名阿衡 阿衡欲干湯而無由 乃爲有莘氏媵臣 負鼎俎 以滋味說湯 致于王道〕"라고 하였다.

○ 箋의 〔不以〕에서 〔媵之〕까지

○ 正義曰：이 구절은 '新特'의 의미를 풀이한 것이다. 特은 홀로 남편 집에 온 것을 말하니, 예식을 갖추어서 시집을 오지 않았기 때문에 반드시 媵臣이나 媵妾으로 딸려 보낸 사람이 없었을 것이다. 그러므로 홀로 온 것이다. 禮에 大夫는 1妻 2妾을 둘 수 있는데, 이것은 조카와 여동생을 잉첩으로 삼기 때문이다. 士와 庶人은 잉첩을 갖출 수 없다. 이 시에서 기술하는 것은, 아래로 庶人을 언급한 것이니 본래 잉첩이 없는데

'잉첩을 보내려는 사람이 없다.〔無肯媵〕'라고 한 것은, ≪爾雅≫ 〈釋言〉에서 "媵은 '전송하다'이다."라고 했기 때문이다. 妾은 정부인을 전송할 때 따라가므로 妾을 媵이라고 한다.

媵이라는 명칭은 오로지 妾에게만 사용하는 것은 아니다. 대체로 여자가 사람에게 시집갈 때 따라가는 남녀를 모두 媵이라고 한다. ≪春秋左氏傳≫ 僖公 5년에 "晉나라 사람이 虞나라를 멸망시키고 그 나라 대부 井伯을 사로잡아 秦나라 穆姬의 媵臣으로 삼았다."라고 하였고, ≪史記≫ 〈殷本紀〉에 伊尹은 有莘氏의 媵臣이라고 하였으니, 시집가는 여자를 따라가는 사람은 비록 남자라고 하더라도 역시 媵이라고 부른다. 이 시에서는 예식을 갖춰 시집을 가지 않았기 때문에 그 부모 집에서 男子와 婦女를 모두 잉신이나 잉첩으로 딸려보내지 않았기 때문에 홀로 온 것이지, 마땅히 조카와 여동생의 잉첩이 있어야 함을 말한 것은 아니다.

我行其野三章이니 **章六句**라

〈我行其野〉 3章이니 章마다 6句이다.

斯干(사간)

【序】斯干은 **宣王考室也**라

〈斯干〉은 宣王이 宮室을 완성한 것을 읊은 詩이다.

【箋】考는 **成也**라 **德行國富**하고 **人民殷衆**하여 **而皆佼好**하고 **骨肉和親**하니 **宣王於是築宮廟群寢**하여 **旣成而釁之**하고 **歌斯干之詩以落之**하니 **此之謂成室**이라 **宗廟成則又祭(祀)[1]先祖**라

1) (祀) : 저본에는 '祀'가 있으나, 阮元의 校勘記에 의거하여 衍文으로 처리하였다.

考는 '완성하다'이다. 은덕이 행해지고 나라가 부유해지며 백성이 많아져서, 모두 아름답고 좋은 모습을 하고 骨肉 간에 화목하고 친근하였다. 宣王이 이에 宮廟와 여러 寢殿을 지었는데, 완성되자 犧牲의 피를 바르고 〈斯干〉을 부르면서 落成式을 하였으

니 이것을 '成室'이라고 한다. 종묘가 완성되면 또 先祖에게 제사 지낸다.

【疏】'斯干(九章 首章七句 二章三章四章五章章五句 六章七句 七章五句 八章卒章章七句)' ○ 正義曰：作斯干詩者, 宣王考室也. 考, 成也. 宣王旣德行民富, 天下和親, 乃築廟寢成, 而與群臣安燕而樂之, 此之謂成室也. 人之所居曰室. 宮寢稱室, 是其正也. 但君子將營宮室, 宗廟爲先, 故鄭以爲亦脩宗廟. 室是摠稱, 言室足以兼之. 毛傳不言廟. 王肅云"宣王脩先祖宮室, 儉而得禮." 孫毓[1]云"此宣王考室之詩, 無作宗廟之言." 孫・王竝云述毛, 則毛意此篇不言廟也. 築室必先脩廟, 但作者言不及耳. 經雖皆是'考室'之事, 正指其文, 則"乃安斯寢"是也. 故箋云"寢旣成, 乃鋪席與群臣安燕爲歡以樂[2]之." 是考室之事也. 宣王中興賢君, 其所以作者, 非欲崇飾奢侈, 妨害民務, 國富民豐, 乃造之耳. 故首章言天下親富, 二章乃作之, 三章言作之攻堅, 四章言得其形制, 五章言庭室寬明, 六章乃言考之也. 旣考之後, 居而寢宿. 下至九章, 言其夢得吉祥, 生育男女, 貴爲王公, 慶流後裔, 因考室而得然, 故考室可以兼之也.

1) 孫毓 : 晉나라의 학자이며, 자는 休朗이다. 저서로 ≪毛詩異同評≫이 있다. 鄭玄과 王肅의 주석 同異에 대해 논평하였으며, 하단에 인용된 글은 그의 ≪모시이동평≫에 나오는 내용인 듯하다.

2) 樂 : 6장의 鄭箋에는 '落'으로 되어 있다.

序의 〔斯干〕

○ 正義曰 : 〈斯干〉 詩를 지은 것은 宣王이 宮殿을 완성하였기 때문이다. 考는 완성하였다는 뜻이다. 宣王이 은덕을 베풀어 백성의 삶이 넉넉해져 천하가 평화로워지자 寢廟를 지어 완성하고 群臣과 함께 편안히 즐거워하였으니 이것을 바로 '成室'이라고 하는 것이다. 사람이 거주하는 곳을 室(집)이라고 한다. 宮寢을 室이라고 칭하는 것도 올바른 것이다. 다만 군자가 宮室을 지을 때는 宗廟가 우선이므로, 鄭玄은 "또한 종묘를 짓는다."라고 한 것이다. 室은 총체적인 명칭이므로 室로 겸할 수 있음을 말한 것이다. 毛傳에서는 廟라고 말하지 않았다. 王肅은 "宣王이 先祖의 궁실을 지었는데 검소하면서도 예에 맞았다."라고 하였고, 孫毓은 "〈사간〉은 宣王이 궁실을 완성한 것을 읊은 시이므로 종묘를 지었다는 말이 없다."라고 하였다. 손육・왕숙은 모두 毛亨의 뜻을 이었다고 말할 수 있으니, 모형은 〈사간〉은 종묘를 말하지 않았다고 생각했다. 궁실을 지을 때 반드시 종묘를 먼저 짓는데 다만 시를 지은 자가 언급하지 않았을 뿐

이다. 經文이 비록 모두 '考室'의 일이라고 하더라도 해당 경문을 곧바로 가리킨다면 6장에서 "이 寢殿에서 편안하게 쉰다.〔乃安斯寢〕"라고 한 것이 이것이다. 그러므로 鄭箋에서 "寢殿이 완성되고 나서 자리를 깔고 群臣과 함께 편안하게 즐기면서 즐거워하였다."라고 하였는데, 이것이 考室의 일이다.

宣王은 나라를 中興한 賢君이니 그가 궁실을 지으려고 한 것은 과장되게 꾸미거나 사치하며 백성의 일을 방해하려는 것이 아니라, 나라가 부강하고 백성이 풍요로운 삶을 살도록 하기 위해 궁실을 지었을 뿐이다. 그러므로 首章에서는 천하가 화목하고 풍요로운 것을 말하였고, 2장에서는 궁실을 짓는 것을 말하였고, 3장에서는 견고하게 짓는 것을 말하였고, 4장에서는 궁실의 형태와 체제를 말하였고, 5장에서는 宮庭이 밝고 환한 것을 말하였고, 6장에서는 궁실이 완성된 것을 말하였다. 완성된 후에 거주하고 잠도 잤다. 아래로 9장까지는 꿈에서 吉祥을 얻어 아들딸을 낳아 길러 귀하기가 王公이 되며 慶事가 후예에게까지 미침을 말하였다. 이는 궁실을 완성함으로 말미암아 그렇게 될 수 있었기 때문에 考室의 일로 모두 아우를 수 있었다.

【疏】 ○ 箋'考成'至'先祖' ○ 正義曰："考, 成", 釋詁文. 德行者, 卽"秩秩斯干"是也. 國富者, "幽幽南山"是也. 人民殷衆, 而皆佼好, 次二句是也. 骨肉和親, 卽下三句是也. 宣王承亂離之後, 先務富民. 民富情親, 乃使之築宮廟群寢. 築作旣成, 其廟則神將休焉, 則(而)[1]以禮釁塗之, 其寢則王將居焉, 設盛食燕群臣, 歌斯干之詩以歡樂之, 此之謂成室也. 言成者, 非直築成而已, 通謂國富民和, 樂共作力, 以成其事. 廟則旣爲釁禮,[2] 使神得安焉, 室則旣爲歡燕, 使人得處焉. 人神各有攸處, 然後謂之爲成, 故言'此之謂成室'以結之. 說文云 "釁, 血祭也." 賈逵云 "殺而以血塗鼓, 謂之釁鼓." 則釁者, 以血塗之名. 雜記下曰 "成廟則釁之. 其禮, 雍人拭羊, 擧羊升屋, 自中屋南面, 刲羊血流於前, 乃降." 是釁廟禮也. 昭四年左傳"叔孫爲孟丙作鐘, 饗大夫以落之." 服虔云 "釁以豭豚爲落." 則又一名落, 蓋謂以血澆之也. 雜記云 "路寢[3]成, 則考之而不釁." 注云 "設盛食以落之." 卽引檀弓 "晉獻文子成室, 諸大夫發焉." 是(樂)〔落〕[4]之事. 下箋亦云 "安燕爲歡以(樂)〔落〕之", 是也. 據經"乃安斯寢", 是考室之事, 而於經無釁廟之(云)〔文〕.[5] 鄭云 "而釁之"者, 鄭以似續妣祖爲築宮廟. 廟成必當釁室, 尙燕樂, 明廟釁可知也. 雜記之文, 廟成則釁, 寢成則考, 此序言"考室". 箋得兼云釁廟者, 此考之名, 取義甚廣. 乃國富民殷, 居室安樂, 皆是考義. 猶無羊云 "考牧", 非獨據一燕食而已.

故知考室之言, 可以通釁廟也. 言歌斯干之詩以(樂)〔落〕之者, 歌謂作此詩也. 宣王成室之時, 與群臣燕樂, 詩人述其事以作歌, 謂作此詩. 斯干所歌, 皆是當時(樂)〔落〕事. 故云 "歌斯干之詩以(樂)〔落〕之", 非謂當(樂)〔落〕之時, 已有斯干可歌也. 本或作(樂)〔落〕. 以釁又名落, 定本・集注皆作落, 未知孰是. 云 "宗廟成, 則又祭先祖", 敍"君子攸躋"之言. 箋以躋謂升廟祭祀, 故又言此以敍之.

1) (而) : 저본에는 '而'가 있으나, 阮元의 校勘記에 의거하여 衍文으로 처리하였다.
2) 釁禮 : 犧牲의 피를 건축물에 바르는 禮式. 주로 宗廟에 한다.
3) 路寢 : 천자나 제후가 政務를 보는 正殿을 가리킨다.
4) (樂)〔落〕: 저본에는 '樂'으로 되어 있으나, 문맥에 의거하여 '落'으로 바로잡았다.
5) (云)〔文〕: 저본에는 '云'으로 되어 있으나, 阮元의 校勘記에 의거하여 '文'으로 바로잡았다.

○ 箋의 〔考成〕에서 〔先祖〕까지

○ 正義曰 : "考는 '이룬다'는 뜻이다."는 ≪爾雅≫ 〈釋詁〉의 글이다. 덕을 행한다는 것은 "졸졸 물이 흘러가는 이 계곡이다.〔秩秩斯干〕"라고 한 것이 이것이다. 나라가 부강하다는 것은 "깊숙하고 그윽한 南山이다.〔幽幽南山〕"라고 한 것이 이것이다. 백성이 많고 모두 아름답고 좋은 모습을 묘사한 것은 다음 2句가 이것이다. 骨肉 간에 화목하고 친근함을 묘사한 것은 아래 3句가 이것이다.

宣王이 난세를 이은 후에 백성을 풍요롭게 만드는 데 우선 노력하였다. 백성이 풍요롭고 인정이 친근해지자 그들로 하여금 宮廟와 여러 寢殿을 짓도록 하였다. 건축물이 완성되고 나서는, 그 宗廟에는 神이 장차 휴식을 취하므로 예법대로 犧牲의 피를 바르고, 침전에는 王이 장차 거주하므로 성대한 음식을 마련해서 群臣에게 燕禮를 베풀어 〈斯干〉을 노래하여 즐거워하였는데, 이것을 '成室(落成式)'이라고 한다. '成'이라고 말한 것은 단지 건축물을 완성했다는 것만이 아니라 나라가 부강하고 백성이 화목하여 즐겁게 함께 노동력을 제공하여 궁실을 완성했음을 통틀어 말하는 것이다. 종묘에는 釁禮를 하여 神을 편안하게 머물도록 하고, 궁실에는 즐겁게 연례를 하여 사람들이 거처할 수 있도록 한다. 사람과 神이 각각 거처하는 곳이 있은 연후에 완성했다고 하므로 鄭箋에서 '이것을 成室이라고 한다.'라고 하면서 마무리를 지은 것이다.

≪說文解字≫에 "釁은 血祭이다."라고 하였고, 賈逵는 "희생을 죽여 피를 북에 바르는 것을 釁鼓라 한다."라고 하였으니, 釁은 '피를 바른다'는 명칭이다. ≪禮記≫ 〈雜記

下〉에 “종묘를 완성하고 희생의 피를 바른다. 그 예식은 雍人이 양을 깨끗이 닦아 양을 들고 지붕에 올라가되, 지붕 중앙에서 남쪽을 향하며 양을 찔러 피가 앞으로 흐르게 하고서 내려 온다.”라고 하였는데 이것이 釁廟禮이다. ≪春秋左氏傳≫ 昭公 4년에 “叔孫이 孟丙을 위해 종을 만들고 大夫들에게 잔치를 열어주고 낙성식을 하였다.〔落之〕”라고 하였는데, 服虔이 “수퇘지 피를 종에 바르는 것이 落이다.”라고 하였으니, 또 일명 落은 犧牲의 피를 뿌리를 것을 말한다. 〈잡기 하〉에 “路寢이 완성되면 낙성식을 하였으나 피는 바르지 않았다.”고 하였는데, “성대한 음식을 차려 낙성식을 하였다.”라고 鄭玄이 주석을 하면서 〈檀弓 下〉의 “晉나라 獻文子가 낙성식을 할 때 여러 대부들이 예물을 보냈다.”라는 글을 인용하였다. 이것이 낙성식이며, 아래의 6章의 鄭箋에 역시 “群臣과 함께 편안하게 즐거워하면서 낙성식을 한다.”라고 한 것이 이것이다. 經文 6장의 “이 寢殿에서 편안하게 쉬도다.〔乃安斯寢〕”라고 한 것에 근거한다면 이것은 궁실을 완성한 일이지만 경문에는 ‘釁廟’했다는 글이 없다.

정현이 ‘희생의 피를 바른다.〔而釁之〕’라고 한 것은, 정현은 2장의 “先妣와 先祖를 계승하다.〔似續妣祖〕”를 宮廟를 지은 것으로 여겼기 때문이다. 종묘가 완성되면 반드시 건물에 피를 바르고 또 연회를 열고 즐겁게 지내야 하므로 분명히 종묘에 피를 바르는 것을 알 수 있다. 〈잡기〉의 글은 종묘가 완성되면 피를 바르고, 노침이 완성되면 낙성식을 한다는 것이다. 이 시의 小序에는 ‘考室’이라고 하였다. 鄭箋이 종묘에 피를 바르는 일을 겸해서 말한 것은 이 ‘考’라는 명칭이 의미를 취하는 것이 매우 넓기 때문이다. 나라가 부강하고 백성이 많고 사는 집이 안락한 것이 모두 ‘考’의 뜻이다. 〈無羊〉에서 말한 ‘考牧’과 같고, 다만 한 차례 연회를 열고 식사를 한 것에 근거한 것은 아니다. 그러므로 ‘考室’이란 말을 알면 종묘에 피를 바르는 일에도 통할 수 있는 것이다.

〈斯干〉이란 詩를 노래하여 낙성식을 한다고 할 때의 노래는 이 시를 지은 것을 말한다. 宣王이 궁실을 완성했을 때 群臣과 즐거워하자 시인이 그 일을 기술하고 노래를 지었으니 이 시 〈사간〉을 지은 것이다. 〈사간〉에서 노래한 것은 모두 그 당시 낙성한 일이다. 그러므로 鄭箋에서 “〈사간〉을 노래하면서 낙성식을 하였다.”라고 하는 것은 낙성식을 할 때 이미 부를 만한 〈사간〉이 있었다는 것은 아니다. 어떤 판본에는 落으로 되어 있다. 釁을 또 落이라고 부르며, ≪五經定本≫과 ≪毛詩集注≫에는 모두 落으로 되어 있는데 어떤 것이 옳은지 모르겠다. 鄭箋에서 ‘종묘가 완성되면 또 先祖에게 제사 지낸다.〔宗廟成 則又祭先祖〕’라고 하면서 4장의 “군자가 올라갈 곳이다.〔君子攸躋〕”

라는 말을 서술하였다. 鄭箋은 '躋'를 '종묘에 올라가 제사 지낸다.'라고 하였으므로 또 이렇게 말하여 서술한 것이다.

秩秩斯干이요 **幽幽南山**이로다

　졸졸 물이 흘러가는 이 계곡이요
　깊숙하고 그윽한 南山이로다

【傳】 興也라 秩秩은 流行也라 干은 澗也요 幽幽는 深遠也라

　興이다. 秩秩은 '물이 흘러가다'이다. 干은 '계곡'이고, 幽幽는 '深遠하다'이다.

【箋】 箋云 興者는 喩宣王之德이 如澗水之源이 秩秩流出하여 無極已也라 國以饒富하고 民取足焉이 如於深山이라

　箋云 : 興이라는 것은 宣王의 덕행이 계곡물의 근원이 졸졸 흘러나오면서 끝이 없는 것과 같음을 비유한 것이다. 나라가 이 때문에 풍요해졌으며 백성이 충분히 취하는 것이 깊은 산과 같았다.

如竹苞矣요 **如松茂矣**로다

　대나무 뿌리와 같으며
　소나무가 무성한 것 같도다

【傳】 苞는 本也라

　苞는 '뿌리'이다.

【箋】 箋云 言時民殷衆이 如竹之本生矣요 其佼好는 又如松柏之暢茂矣라

　箋云 : 당시의 백성이 많은 것이 대나무 뿌리가 자라는 것과 같고, 그 아름답고 좋은 모습은 또 松柏이 무성한 것과 같음을 표현한 것이다.

兄及弟矣가 **式相好矣**요 **無相猶矣**로다

형과 아우가
서로 좋아하고
서로 꾸짖는 일이 없도다

【傳】猶는 道也라

猶는 '말하다'이다.

【箋】箋云 猶는 當作瘉니 瘉는 病也라 言時人骨肉이 用是相愛好하여 無相詬病也라

箋云 : 猶는 瘉가 되어야 하니, 瘉는 病이다. 당시 골육 간에 서로 아끼고 좋아하여 서로 꾸짖는 일이 없었음을 말한 것이다.

【疏】'秩秩'至'猶矣' ○ 毛以爲"秩秩然出無極已者, 此澗水之流也. 以興施無有窮者, 此宣王之德也. 言王德之無窮, 猶澗水流之不竭. 幽幽然深遠, 材物豐積者, 南山也. 以興貨殖盈足者, 王國也. 王貨物豐殖, 民用饒足, 亦似深山之有材也. 民旣豐富, 得以生長. 故其民衆多, 如竹之叢生, 根本之衆矣. 其長大又佼好, 如松木之葉, 常冬夏暢茂無衰落矣. 其兄與弟矣, 用能相好樂矣, 無相責以道矣." ○ 鄭唯'無相詬病'爲異, 餘同.

經의 〔秩秩〕에서 〔猶矣〕까지

○ 毛亨은 "졸졸 끊임없이 나오는 것은 저 계곡물이 흘러나오는 것이다. 이것은 베풂이 무궁한 것이 宣王의 덕이라는 것을 비유한 것이다. 말하자면 무궁한 왕의 덕이 계곡물이 흘러가면서 마르지 않는 것과 같다는 것이다.

아득하고 깊고도 멀리 재물이 풍족하게 쌓인 것이 南山과 같다. 이것은 재화가 가득한 것이 왕의 나라임을 비유한 것이다. 왕의 재물이 풍족하게 늘어나 백성이 풍요롭게 사는 것이 또한 깊은 산에 목재가 있는 것과 비슷하다. 백성이 풍요로운 삶을 살게 된 이후에는 장수할 수 있다. 그러므로 백성의 수가 많아지는 것이 대나무가 叢生하며 뿌리가 많은 것과 같다. 대나무의 장대하고 아름다운 모습은 소나무 잎이 겨울과 여름에도 항상 무성하고 시들어 떨어지지 않는 것과 같다. 형과 아우는 서로 우애가 좋고 즐거워하며 서로 힐책하면서 말하지 않는다."라고 여긴 것이다.

○ 〈'無相猶矣'의 猶자에 대한 해석에서〉 鄭玄은 오직 '서로 모욕하는 일이 없다.〔無相詬病〕'라고 풀이한 것만이 毛亨과 다르며 나머지는 같다.

【疏】○ 傳'干, 澗' ○ 正義曰 : 釋山云 "夾水曰澗." 不訓干爲澗, 正以秩秩宜爲流貌. 斯干共秩秩連文, 與南山相對, 故知干爲澗也. 漸卦鄭注云 "干, 謂大水之傍, 故停水處" 者, 彼以鴻之所居, 故爲舊停水處, 與此異也.

○ 傳의 〔干 澗〕

○ 正義曰 : ≪爾雅≫ 〈釋山〉에 "산이 물을 끼고 있는 것을 澗이라고 한다."라고 하여 干을 澗으로 풀이하지 않았지만, 참으로 秩秩은 당연히 흘러가는 모습이다. 斯干은 秩秩과 함께 이어지는 글이고, 南山과 상대가 되므로 干이 澗이라는 것을 알 수 있다. ≪周易≫ 漸卦(䷴) 初六의 "기러기가 물가로 점점 나아가다.〔鴻漸于干〕"에 대하여, 鄭玄의 注에 "干은 큰물의 주위를 말하므로 물이 고여 있는 곳이다."라고 한 것은, 점괘에서는 기러기가 거주하는 곳이므로 오래도록 물이 고여 있는 곳이라고 여긴 것이니, 〈斯干〉에서 干이 계곡물이라고 한 것과 다르다.

【疏】○ 箋'國以'至'深山' ○ 正義曰 : 言宣王國富民又饒足. 取則有之, 如於山之取材, 故以喩焉. 言國富者, 國以民爲體, 正謂民間饒足, 非聚財於官, 民取官材也.

○ 箋의 〔國以〕에서 〔深山〕까지

○ 正義曰 : 宣王 때 나라가 부강하고 백성 또한 풍족함을 말한 것이다. 취할 수 있으면 가지는 것은 산에서 목재를 취하는 것과 같으므로 비유한 것이다. 나라가 부강하다는 것은 나라는 백성을 본체로 삼으니, 참으로 백성이 풍족한 것을 뜻하는 것이지, 官에 재물을 모아놓고 백성이 관의 재물을 취하는 것이 아니다.

【疏】○ 箋'言時民'至'茂矣' ○ 正義曰 : 以竹言苞而松言茂, 明各取一喩. 以竹筍叢生而本概, 松葉隆冬而不彫, 故以爲喩, 其實竹葉亦冬青. 禮器曰 "如竹箭之有筠, 如松柏之有心, 故貫四時而不改柯易葉." 是也.

○ 箋의 〔言時民〕에서 〔茂矣〕까지

○ 正義曰 : 대나무는 苞(뿌리)로 말하였고 소나무는 茂(무성함)로 말하였으니, 분명히 각각 비유 한 가지를 취한 것이다. 竹筍은 무더기로 자라도 뿌리가 빽빽하고, 소나무 잎은 추운 겨울에도 시들지 않으므로 이것으로 비유하였지만 사실 대나무 잎 역시 겨울에도 푸르다. ≪禮記≫ 〈禮器〉에 "대나무와 살대에 푸른 껍질이 있는 것과 같으며 소나무와 측백나무에 속이 있는 것과 같으므로 사시사철 푸르러서 가지가 바뀌지 않

고 잎이 바뀌지 않는다."라고 한 것이 이것이다.

【疏】 ○ 傳'猶, 道' ○ 正義曰 : 釋詁文.[1)]

1) 釋詁文 : ≪爾雅≫ 〈釋詁〉에 "猶, 道"라는 글은 보이지 않고, 〈석고〉에 "話·猷·載·行·訛, 言也"에서 郭璞의 注에 "猷는 道이고, 道는 또한 말하다는 뜻이다.〔猷者 道 道亦言也〕"라고 하였다.

○ 傳의 〔猶 道〕

○ 正義曰 : ≪爾雅≫ 〈釋詁〉의 글이다.

【疏】 ○ 箋'猶當'至'詬病' ○ 正義曰 : 箋以'相猶'與'相好'對文. 言'無相猶矣', 當謂無相惡之事. 若相責以道, 未是傷義賊恩. 雖無此事, 未足多善, 不當擧以爲詠也. 角弓曰 "不令兄弟, 交相爲瘉." 則相病是兄弟之惡事. 猶·瘉聲相近, 故知字誤也. 言詬罵相病害也.

○ 箋의 〔猶當〕에서 〔詬病〕까지

○ 正義曰 : 鄭箋은 經文의 '相猶'와 '相好'를 상대적인 글로 보았다. 말하자면 '서로 모욕하는 일이 없다.〔無相猶矣〕'는 당연히 서로 미워하는 일이 없음을 뜻하는 것이다. 만약 서로 힐책하면서 말하더라도 이것은 의리를 상하고 은혜를 해치는 것이 아니다. 설사 이런 일이 없더라도 대단히 선한 것이 못되므로 이런 말을 거론하여 읊을 수 없는 것이다. 〈小雅 角弓〉에 "착하지 못한 형제는 서로들 병이 되었다.〔不令兄弟 交相爲瘉〕"라고 하였는데, 서로 병이 되는 것은 형제의 나쁜 일이다. 猶와 瘉는 소리가 서로 가까우므로 글자가 잘못된 것을 알 수 있다. 꾸짖고 욕하는 것이 서로 病害가 됨을 말하는 것이다.

似續妣祖하여

先妣와 先祖를 계승하여

【傳】 似는 嗣也라

似는 '잇는다'이다.

【箋】箋云 似讀如巳午之巳니 巳續妣祖者는 謂已成其宮廟也라 妣는 先妣姜嫄也요 祖는 先祖也라

箋云 : 似는 巳午의 巳처럼 읽는다. 巳續妣祖는 이미 그 宮廟를 완성한 것을 말한다. 妣는 先妣 姜嫄이고, 祖는 先祖이다.

築室百堵하니 西南其戶로소니

宮室에 많은 담장을 쌓으니
그 문을 서쪽으로 내고 남쪽으로 내었으니

【傳】西鄉戶하고 南鄉戶也라

서쪽으로 문을 향하고, 남쪽으로 문을 향한 것이다.

【箋】箋云 此築室者는 謂築燕寢也라 百堵는 百堵一時起也라 天子之寢은 有左右房하여 西其戶者는 異於一房者之室戶也라 又云南其戶者는 宗廟及路寢은 制如明堂하여 每室四戶니 是室一南戶爾라

箋云 : 여기의 築室은 燕寢을 짓는 것을 말한다. 百堵는 많은 담을 동시에 쌓는 것이다. 天子의 寢은 左房과 右房이 있다. '그 문을 서쪽으로 내었다.〔西其戶〕'라는 것은 한 개의 방만 있는 경우에 문을 내는 것과는 다르다. 또 '그 문을 남쪽으로 내었다.〔南其戶〕'라는 것은 宗廟와 路寢은 제도가 明堂과 같아 每室에 4개의 문이 있는데, 이것이 室 하나가 남쪽으로 문을 향한다는 것이다.

爰居爰處며 爰笑爰語로다

여기에서 거주하고 여기에서 살며
여기에서 웃고 여기에서 말하리로다

【箋】箋云 爰은 於也니 於是居하고 於是處하고 於是笑하고 於是語라하니 言諸寢之中이 皆可安樂이라

箋云 : 爰은 於이다. 여기에서 거주하고 여기에서 살고 여기에서 웃고 여기에서 말

한다는 것은 여러 寢殿에서 모두 安樂하다는 것을 말한 것이다.

【疏】'似續'至'爰語' ○ 毛以爲"言王旣能使國富和親, 則又嗣續先祖先妣之功. 故築其居室, 百堵皆起, 或西其戶, 或南其戶, 言路寢群室皆作之也. 作之旣成, 乃於是居, 於是處, 於是笑, 於是語焉. 先妣後祖者, 取會韻也. 又以下有男女安寢之事, 故兼云先妣." ○ 鄭以爲"宣王旣以於國門之左, 在巳之地, 繼續立先妣姜原・先祖后稷以下之廟. 然後乃宮內築燕寢之室, 百堵同時起之, 比一房之室爲西其戶, 比宗廟路寢(是)〔之〕[1]室爲南其戶, 於是燕寢之中, 居處笑語焉. 燕寢言築及百堵之戶, 則宗廟與明堂路寢亦築, 而同時有戶制可知. 宗廟言所立之地, 則燕寢亦有其處, 各擧義韻以言耳."

1) (是)〔之〕: 저본에는 '是'로 되어 있으나, 阮元의 校勘記에 의거하여 '之'로 바로잡았다.

經의 〔似續〕에서 〔爰語〕까지

○ 毛亨은 "왕이 나라를 부강하고 평화롭게 만들고 나서 또 先祖와 先妣의 공적을 이었다고 말한 것이다. 그러므로 머무는 집을 지으면서 많은 담을 모두 쌓았는데, 혹은 서쪽으로 문을 만들고 혹은 남쪽으로 문을 만들었다는 것은 路寢과 群室을 모두 지은 것을 말한 것이다. 지은 집이 완성되자 그곳에서 거주하고 그곳에서 살며 그곳에서 웃고 그곳에서 말하였다. 妣를 앞세우고 祖를 뒤로한 것은 韻을 맞추기 위해서이다. 또 아래 6장에 남녀가 편안히 잠을 자는 일이 있으므로 先妣를 겸해서 말한 것이다."라고 여긴 것이다.

○ 鄭玄은 "宣王이 이미 國門의 좌측인 남동쪽 지역에 先妣 姜原과 先祖 后稷 그리고 그 이하 왕들의 사당을 계속 세웠다. 그런 후에 궁궐 안에 燕寢을 축조하면서 많은 담을 동시에 쌓았는데 一房의 室에 견주어 서쪽으로 문을 내고, 宗廟와 路寢의 室에 견주어 남쪽으로 문을 내었다. 이에 연침에서 머물면서 살고 웃으면서 대화를 나누었다. 연침에는 많은 담의 戶를 짓겠다고 말했으니 宗廟・明堂・路寢 역시 축조하였으며 동시에 戶制가 있음을 알 수 있다. 종묘에는 종묘를 세울 땅을 말하였으니 연침 또한 있을 장소를 가지게 되었으니 각각 올바른 운치를 들어 말하였을 뿐이다."라고 여긴 것이다.

【疏】○ 箋'似讀'至'先祖' ○ 正義曰: 箋以似・續同義, 不須重文, 故似讀爲巳午之巳. 巳與午比辰, 故連言之. 直讀爲巳, 不云字誤, 則古者似・(巳)〔已〕[1]字同. "於穆不已",

師徒異讀, 是字同之驗也. 周禮"左宗廟"[2), 在雉門外之左, 門當午地, 則廟當巳地也. 謂旣在巳地, 而續立其妣祖之廟, 然後營宮室, 故云謂已成其宮廟也. 君子將營宮室, 宗廟爲先, 故知已成其宮廟, 乃築室也. 知妣是先妣姜嫄者, 以特牲·少牢祭祀之禮, 皆以其妃配夫而食, 無特立妣之廟者. 春官大司樂職"舞大(護)〔濩〕[3)以享先妣, 舞大武以享先祖." 妣先於祖, 用樂別祭, 則周之先妣有不繫於夫而特立廟矣. 閟宮·生民說姜嫄生后稷以配天, 爲周之王業, 則周之先妣特立廟者, 唯姜嫄耳. 此妣文亦在祖上, 故知是姜嫄也. 祖, 先祖, 不斥號謚, 則后稷·文·武兼親廟亦在其中. 司樂七廟同用樂, 言先祖以摠之, 明先祖之文兼通諸廟也.

1) (巳)〔已〕: 저본에는 '巳'로 되어 있으나, 靑나라 학자 惠士奇(1671~1741)의 ≪禮說≫에 의거하여 '已'로 바로잡았다. ≪예설≫에 의하면 "似와 已는 글자가 같다. 그러므로 '於穆不已'에서 스승과 제자가 읽기를 달리하였다.〔似已文同 故於穆不已 師徒異讀〕"라고 하였으며, 자신이 한 주석에 "子思는 ≪詩經≫ 〈周頌 維天之命〉에 나오는 글을 '於穆不已'라고 토론하였고, 孟仲子는 '於穆不似'라고 하였다.〔子思論詩於穆不已 孟仲子曰於穆不似〕"라고 하였다.

2) 左宗廟 : ≪周禮≫ 〈春官 小宗伯〉에 "나라의 神位를 세우되 社稷을 오른쪽에 두고 宗廟를 왼쪽에 둔다.〔建國之神位 右社稷 左宗廟〕"라고 하였다.

3) (護)〔濩〕: 저본에는 '護'로 되어 있으나, ≪周禮≫ 〈春官 大司樂〉에 의거하여 '濩'로 바로잡았다.

○ 箋의 〔似讀〕에서 〔先祖〕까지

○ 正義曰 : 鄭箋은 似와 續을 같은 뜻으로 보았지만, 글을 중첩할 필요가 없으므로 似를 巳午의 巳와 같이 읽었다. 巳는 午와 더불어 辰과 긴밀하므로 이어서 말한 것이다. 巳라고 그대로 읽어도 글자가 잘못되었다고 하지 않으니 옛날에는 似와 巳자가 같았다. 〈周頌 維天之命〉의 "아, 심원하여 그치지 않는다.〔於穆不已〕"에서 스승과 제자가 독음을 다르게 하였지만 이것은 글자가 같다는 징험이다. ≪周禮≫ 〈春官 小宗伯〉에 "왼쪽에 宗廟를 둔다"고 하였는데, 鄭玄의 注에 "雉門 바깥의 좌측에 있다."라고 하였다. 門은 午地(남쪽)에 있으면 종묘는 巳地(남동쪽)에 있는 것이므로 이미 巳地에 있다고 하였고, 그 先妣와 先祖의 사당을 계속해서 세운 연후에 궁실을 지으므로 이미 그 宮廟를 완성했다고 말한 것이다. 군자가 궁실을 짓고자 한다면 종묘가 우선이므로 이미 그 궁묘를 완성하고 나서 궁실을 지었음을 알 수 있는 것이다.

妣가 先妣 姜嫄임을 알 수 있는 것은 ≪儀禮≫ 〈特牲饋食禮〉와 〈少牢饋食禮〉의 祭祀

를 지내는 禮에서 모두 그 妃를 지아비와 함께 제향하고 특별히 妣의 사당을 세우지 않기 때문이다. ≪주례≫ 〈春官 大司樂職〉에서 "大濩를 춤추면서 先妣에게 祭享하며, 大武를 춤추면서 先祖에게 제향한다."라고 하여 妣가 祖보다 앞서며 음악을 사용하면서도 제사를 따로 하니, 周나라의 先妣는 지아비에게 매여 있지 않고 특별히 사당을 세운 것이다.

〈魯頌 閟宮〉과 〈大雅 生民〉에서 姜嫄이 后稷을 낳았고, 하늘에 제사 지낼 때 후직을 함께 지내고, 후직이 주나라의 王業를 세웠다고 설명하였으니, 주나라의 先妣 중에 특별히 사당을 세운 것은 오직 강원뿐이다. 여기의 妣자가 또한 祖 앞에 있으므로 妣가 강원임을 안 것이다. 祖는 先祖라고 하고 諡號로 나타내지 않았지만, 后稷・文王・武王은 親廟가 또한 그 속에 있는 것을 겸하였다. 司樂이 七廟에서는 똑같이 음악을 연주하는데, 先祖라고 말하여 이를 총괄해서 先祖라는 글이 여러 사당에도 두루 통한다는 것을 밝힌 것이다.

【疏】 ○ 傳'西'至'鄕戶' ○ 正義曰：傳不言此爲路寢之制, 則此據天子之宮, 其室非一. 在北者南戶, 在東者西戶耳. 推此有東嚮戶・北嚮戶. 故孫毓云"猶南東其畝."

傳의 〔西〕에서 〔鄕戶〕까지

○ 正義曰：毛傳에서는 이것이 路寢의 制度라고 말하지 않았으니, 이것은 천자의 宮에 근거하면 그 室이 하나가 아니다. 북쪽에 있는 室은 남쪽으로 문을 내고, 동쪽에 있는 室은 서쪽으로 문을 낸다. 이러한 사실을 유추하면 동쪽으로 문을 향하고, 북쪽으로 문을 향하는 것이다. 그러므로 孫毓이 "남쪽으로 이랑을 내고, 동쪽으로 이랑을 내는 것과 같다."라고 한 것이다.

【疏】 ○ 箋'此〔築〕'至'戶〔爾〕'[1) ○ 正義曰：以上爲立廟, 故此爲居室. 然'似續妣祖'之言, 文中不容路寢, 則'築室百堵', 路寢亦宜在焉. 獨言'此築室, 謂築燕寢'者, 路寢作與燕寢同時, 而制與宗廟相類. 此'西南其戶', 非路寢之制, 故特言燕寢. 其路寢, 文雖不載, 亦作之可知. 言'天子之寢, 有左右房'者, 以天子之燕寢, 卽諸侯之路寢. 禮, 諸侯之制, (也)〔聘〕[2)有夾室. 又士喪禮小斂, "婦人髽於室", 而喪大記諸侯之禮云 "小斂, 婦人髽帶麻於房中." 以士喪, 男子括髮在房, 婦人髽於室, 無西房故也. 士喪禮婦人髽於室, 在男子之西, 則諸侯之禮, 婦人髽於房, 亦在男子之西, 是有西房矣. 有西房自然有東房, 是諸侯路寢有左右房也. 天子路寢旣制如明堂, 自然燕寢之制當如諸侯路寢, 故知天子之燕寢有左右房也. 旣有左右, 則室當在中, 故西其戶者, 異於一房之室戶也. 大夫以下無西房, 唯有一東房, 故室戶偏東, 與房相近. 此戶正中比之, 爲西其戶矣. 知大夫以下止一房者, 以鄕飮酒義云"尊於房戶之間, 賓主共之." 由無西房, 故以房與室戶之間爲中也. 但大夫禮直言房, 不言東西, 明是房無所對故也. 若然, 特牲云"豆籩鉶在東房"者, 鄭注云"謂房中之東, 當夾北." 非對西戶也. 鄕飮酒記云"薦出自左房." 鄕射記云"出自東房"者, 以記人以房居東在左, 因言之. 記非經, 無義例也. 又解南其戶者, 宗廟及路寢制如明堂, 每室四戶, 是燕寢之室, 獨一南戶耳, 故言(西)〔南〕[3]其戶也. 知宗廟及路寢制如明堂者, 明堂位曰"太廟, 天子明堂." 又月令說明堂, 而季夏云"天子居明堂太廟." 以明堂制與廟同, 故以太廟同名. 其中室是宗廟, 制如明堂也. 又宗廟象生時之居室, 是似路寢矣. 故路寢亦制如明堂也. 又匠人云"夏后氏世室, 殷人重屋, 周人明堂." 注云"世室, 宗廟也. 重屋者, 王宮正室, 若大寢也. 明堂者, 明政教之堂也." 此三者不同, 而三代各擧其一, 是欲互以相通. 故鄭云"此三者, 或擧宗廟, 或擧王寢, 或擧明堂, 互言之, 以明其同制." 是宗廟及路寢制如明堂也. 彼三者竝陳, 此言如明堂者, 以周制擧明堂爲文, 故以宗廟及路寢制如之也. 彼文說世室曰"五室四傍兩夾窓." 注云"窓, 助戶爲明也." 每室四戶八窓, 以言四傍, 是四方傍開. 又云"兩夾窓", 是一戶兩窓夾之. 以此知每室四戶也. 宣王都在鎬京, 此考室當是西都宮室. 顧命說成王崩, 陳器物於路寢, 云"胤之舞衣・大貝・鼖鼓在西房. 兌之戈・和之弓・垂之竹矢在東房." 若路寢制如明堂, 則五室皆在四角與中央, 而得左右房者, 鄭志答趙商云"成王崩之時在西都. 文王遷豐, 作靈臺・辟廱而已, 其餘猶諸侯制度. 故喪禮設衣物之處, 寢(者)〔有〕[4]夾室與東西房也. 周公攝政, 致太平, 制禮作樂, 乃立明堂於王城." 如鄭此言, 則西都宗廟路寢依先王制, 不似明堂. 此言如明堂者, 鄭志答張逸云"周公制禮土中, 洛誥'王入太室祼', 是也. 顧命成王崩於鎬京, 承先王宮室耳. 宣王承亂, 未必如周公之制." 以此二答言之, 則鄭意以文王未作明堂, 其廟寢如諸侯制度. 乃周公制禮, 建國土中, 以洛邑爲正都. 其明堂廟寢, 天子制度, 皆在王城爲之. 其鎬京則別都耳. 先主之宮室尚新, 周公不復改作. 故成王之崩, 有二房之位, 由承先王之室故耳. 及厲王之亂, 宮室毁壞, 先王作者, 無復可因. 宣王別更脩造, 自然依天子之法, 不復作諸侯之制. 故知宣王雖在西都, 其宗廟路寢, 皆制如明堂, 不復如諸侯也.

若然明堂周公所制, 武王時未有也. 樂記說武王祀乎明堂者, 彼注云 "文王之廟爲明堂制". 知者, 以武王旣伐紂爲天子, 文王又已稱王, 武王不得以諸侯之制爲父廟, 故知爲明堂制也.

1) 此〔椉〕至戶〔爾〕: 저본에는 '此至戶'로 되어 있으나, 阮元의 校勘記에 의거하여 '此椉至戶爾'로 보충하였다.
2) (也)〔聘〕: 저본에는 '也'로 되어 있으나, 阮元의 校勘記에 의거하여 '聘'으로 바로잡았다.
3) (西)〔南〕: 저본에는 '西'로 되어 있으나, 阮元의 校勘記에 의거하여 '南'으로 바로잡았다.
4) (者)〔有〕: 저본에는 '者'로 되어 있으나, 阮元의 校勘記에 의거하여 '有'로 바로잡았다.

○ 箋의 〔此椉〕에서 〔戶爾〕까지

○ 正義曰 : 위에서 사당을 세우는 것으로 말하였기 때문에 여기서는 궁실을 짓는 것을 말하였다. 그래서 '先妣와 先祖를 계승하였다.〔似續妣祖〕'라는 말은 하였고, 經文에는 路寢을 포함하지 않았으나 '궁실에 많은 담을 쌓는다.〔椉室百堵〕'에 노침이 또한 들어가는 것이다. 유독 鄭箋에서 '여기의 椉室은 燕寢을 짓는 것을 말한다.'고 한 것은 노침을 짓는 것이 연침을 짓는 것과 같은 때이며 체제가 종묘와 서로 비슷하기 때문이다. 여기의 '그 문을 서쪽으로 내고 남쪽으로 내었다.〔西南其戶〕'라는 것은 노침의 체제가 아니므로 다만 연침이라고 말한 것이다. 노침에 대한 글이 비록 실려 있지 않지만 역시 노침을 지었다는 것을 알 수 있다. '天子의 寢은 左房과 右房이 있다.'고 말한 것은 천자의 연침은 제후의 노침이기 때문이다. 예법에, 제후의 체제에는 聘問할때 夾室이 있다.

또 ≪儀禮≫ 〈士喪禮〉에서 小斂에 "婦人이 室에서 북상투(부인이 상중에 묶은 머리)를 한다."고 하였고, ≪禮記≫ 〈喪大記〉에서 諸侯의 예에 대하여 말하기를 "소렴에 부인이 房에서 북상투를 하고 麻로 된 띠를 두른다."라고 하였다. 〈사상례〉에 의하면 남자는 房에서 括髮하고, 부인은 室에서 북상투를 한다고 하였으니 西房이 없기 때문이다. 〈사상례〉에 의하면 부인이 室에서 북상투를 할 때는 남자의 서쪽에 있다고 하였는데, 제후의 예는 부인이 房에서 북상투를 할 때 또한 남자의 서쪽에 있다고 하였으니 이것은 西房이 있는 것이다. 서방이 있으면 자연히 東房이 있으니 이것이 제후의 노침에 左房과 右房이 있다는 것이다. 천자의 노침에 대한 기존의 체제는 明堂과 같으니 자연히 연침의 체제는 당연히 제후의 노침과 같다. 그러므로 천자의 연침에 좌방과 우방이 있음을 알 수 있다. 이미 좌방과 우방이 있으면 室이 중앙에 있기 때문에 그 문을 서쪽으로 내었다는 것은 한 개의 방만 있는 경우에 문을 내는 것과는 다르다. 大夫 이하는 서방이 없고 단지 동방 하나만 있으므로 문이 동쪽으로 나 있으며 房과 서로 가깝다. 이 문은 정중앙에 있는 것으로 견줄 수 있으며 서쪽으로 문을 냈다는 것이다. 대부 이하는 단지 房 하나만 가짐을 알 수 있는 것은 ≪예기≫ 〈鄕飮酒義〉에 "房과 戶 사이에 술동이를 두어 빈객과 주인이 함께한다."고 하였기 때문이다. 서방이 없으므로 房과 戶 사이가 중앙이 되는 것이다. 다만 대부의 예는 단지 房이라고만 말하였고 東西를 말하지 않았으니, 분명히 房과 상대되는 곳이 없기 때문이다. 그렇다면 ≪의례≫ 〈特牲饋食禮〉에 "豆, 籩, 鉶은 東房에 놓아둔다." 하였는데, 이에 대한 鄭玄 注에 "동방은 房 중앙의 동쪽으로, 夾室의 북쪽에 해당되는 곳이다."라고 하였으니, 상대가 되는 西戶가 있는 것이 아니다. 〈향음주례〉의 記에 "올리는 물품을 左房에서 꺼내 온다.〔薦出自左房〕"라고 하였고, ≪의례≫ 〈향사례〉의 記에 "올리는 물품을 東房에서 꺼내온다." 라고 하였으니, 이는 記에서는 사람이 생각하기에 房이 동쪽 좌측에 있는 것으로 여겼으므로 그렇게 말한 것이다. 記는 經이 아니며 義例(글 짓는 체제)가 없다.

'그 문을 남쪽으로 내었다.'를 이해할 수 있는 것은, 宗廟와 路寢의 체제는 明堂과 같아서 每室에 문 4개가 있는데 이것은 燕寢의 室이며, 유독 室 하나가 남쪽으로 문을 향하였으므로 '그 문을 남쪽으로 내었다.'라고 말하는 것이다. 종묘와 노침의 체제가 명당과 같다는 것을 알 수 있는 것은 ≪예기≫ 〈明堂位〉에 "魯나라 太廟는 天子의 명당과 비슷하다."라고 하였고, 또 ≪예기≫ 〈月令〉에서 명당을 설명하면서 季夏에는 "天子가 明堂太廟에 머문다."라고 하였기 때문이다. 명당의 체제가 廟와 같으므로 태묘와 명칭이 같은 것이다. 그 中室이 종묘인데 체제가 명당과 같다. 또 종묘는 살아 있을 때의 居室을 본뜬 것이므로 이것은 노침과 비슷하다. 그러므로 노침 또한 제제가 명당과 같다. 또 ≪周禮≫ 〈考工記 匠人〉에 "夏后氏는 世室이고, 殷人은 重屋이고, 周人은 明堂이다."라고 하였는데, 정현 注에 "世室은 종묘이다. 重屋은 王宮의 正室이니 大寢(路寢)과 같다. 명당은 정교를 밝히는 堂이다."라고 하였다. 이 세 가지는 명칭은 같지 않으나 三代에 각각 하나씩 들었으니 이것은 상호 통한다는 것이다. 그러므로 정현 注에 "이 세 가지는 하나라는 宗廟라고 하였고, 은나라는 王寢이라 하였고, 주나라는 명당이라 하여, 互言함으로써 같은 체제임을 분명히 하였다."라고 하였다. 이것이 종묘와 노침의 체제가 명당과 같다는 것이다. 저기서는 세 가지를 병렬로 말하고, 여기서는 명당과 같다고 말한 것은 주나라 체제는 명당을 거론하여 글을 만들었으므로 종묘와 노침의 체제가 명당과 같다는 것이다. 〈고공기 장인〉에서 世室을 설명하면서 "室이 다섯인데 사방으로 문이 하나씩이고 문마다 창이 둘이다.〔五室四傍兩夾窓〕"라고 하였는데, 정현 주에 "窓은 戶를 도와 밝게 하는 것이다."라고 하였다. 每室마다 戶가 넷에 窓이 여덟이라는 것은 사방을 말하는 것이며 사방으로 트였다는 것이다. 또 정현 注에 '兩夾窓'이라고 하였는데 이것은 戶 하나가 창 2개를 끼고 있다는 것이다. 이것으로 每室에 戶가 네 개 임을 아는 것이다. 宣王이 수도를 鎬京에 두었으니, 여기의 '궁실을 완성했다.'는 것은 당연히 西都인 호경의 궁실이다.

≪尙書≫〈顧命〉에 成王의 崩御를 설명하고 노침에서 器物을 진설하면서 말하기를 "胤나라에서 만든 舞衣・大貝・큰 북은 西房에 있고, 兌가 만든 창, 和가 만든 활, 垂가 만든 대나무 화살은 東房에 있다."라고 하였다. 만약 노침의 체제가 명당과 같다면 五室은 모두 사방 모서리와 중앙에 있는 것이다. 그리고 左房과 右房이 있었다는 것은 ≪鄭志≫에서 趙商에게 답한 글을 통해 알 수 있다. "成王이 붕어할 때 西都인 호경에 있었다. 文王이 豐으로 수도를 옮기고 靈臺와 辟廱을 지었을 뿐이고, 그 나머지는 여전히 제후의 制度와 같았다. 그러므로 喪禮에 衣物을 둘 곳을 설치하였고, 寢에는 夾室・東房・西房이 있었다. 周公이 攝政하면서 태평성대를 이루어 制禮作樂하였으며 王城에 明堂을 세웠다."라고 하였다.

정현의 말과 같다면 西都인 호경의 종묘와 노침은 先王의 체제를 따랐으며 명당은 같지 않았다. 여기에서 '明堂과 같다'라고 말한 것은 ≪鄭志≫에서 趙商에게 답하기를 "周公이 洛邑에서 예를 제정하였고 〈洛誥〉의 '왕이 太室에 들어가 鬱鬯酒를 땅에 붓고 降神祭를 올렸다.'라고 한 것이 이것이다. 〈顧命〉은 成王이 호경에서 붕어하여 宣王의 宮室을 이었을 뿐이고, 宣王이 亂世를 계승하였으니 반드시 주공의 체제와 같은 것은 아니다."라고 하였다. 정현이 조상에게 두 번 대답한 내용을 근거로 말하자면 정현의 뜻은 文王은 명당을 짓지 않았고 그 寢廟는 제후의 제도와 같다는 것이다. 주공이 예를 제정하고 사방의 중앙(洛邑)에 나라를 세웠으니 洛邑을 正都(首都)로 삼은 것이다. 그 명당과 廟寢은 천자의 제도이며 모두 王城에서 짓는다. 호경은 별도의 수도일 뿐이다. 선대 군주의 궁실은 여전히 새로웠으므로 주공이 다시 짓지 않았다. 그러므로 성왕이 붕어할 때 左房과 右房의 자리가 있었던 것은 宣王의 室을 계승했기 때문이다. 厲王의 혼란한 시대가 되자 궁실이 파괴되어 先王이 지은 것들을 다시 이어받을 수 없었다. 宣王이 별도로 다시 궁실을 지은 것은 자연히 천자의 법을 따랐고 더 이상 제후의 체제대로 하지 않았다. 그러므로 宣王이 西都인 호경에 있었더라도 그곳의 종묘와 노침은 모두 명당과 같으며 더 이상 제후와 같지 않았다.

만약 명당이 주공이 지은 것이라면 武王 때는 있지 않았을 것이다. ≪예기≫ 〈樂記〉에 무왕이 명당에서 제사를 지낸 것을 설명하였는데 정현 注에 "문왕의 종묘는 명당의 체제이다."라고 하였다. 이러한 사실을 알 수 있는 것은, 무왕이 紂를 정벌하여 천자가 되었고 문왕도 이미 王이라 칭하였으니, 무왕은 제후의 체제로 부친인 문왕의 사당을 만들 수 없었으므로 명당의 체제를 만들었음을 알 수 있다.

【疏】 ○ 箋'於是'至'安樂' ○ 正義曰 : 居·處義同. 以寢非一, 散言之耳. 此文雖承燕寢之下, 理亦兼有路寢. 周禮注云 "王路寢一, 小寢五." 下(又)〔云〕[1] "后六宮." 此文亦可兼之, 故云 '諸寢之中, 皆可安樂'.

1) (又)〔云〕 : 저본에는 '又'로 되어 있으나, 阮元의 校勘記에 의거하여 '云'으로 바로잡았다.

○ 箋의 〔於是〕에서 〔安樂〕까지

○ 正義曰 : 居와 處는 의미가 같지만 寢殿이 하나가 아니므로 〈居와 處를〉 통틀어 말한 것이다. 이 글이 비록 燕寢의 다음을 잇기는 하지만 이치상 역시 路寢도 겸하여 가진 것이다. ≪周禮≫ 〈天官 宮人〉의 〈"宮人은 왕의 六寢을 정리하는 것을 담당한다.〔宮人掌王之六寢之脩〕"의 六寢에 대한〉 鄭玄 注에 "왕은 路寢이 하나, 小寢이 다섯이다."라고 하였으며, 아래에 "왕후는 六宮이다."라고 하였다. 이 글 또한 겸한 것이므로 '여러 寢殿에서 모두 安樂하다.'라고 말한 것이다.

約之閣閣하며 椓之橐橐하니

반듯한 모습으로 널빤지를 묶고

영차영차 힘을 쓰면서 땅을 다지니

【傳】 約은 束也라 閣閣은 猶歷歷也라 橐橐은 用力也라

約은 '묶는다'이다. 閣閣은 歷歷(또렷하게 모양이 드러나는 것)과 같다. 橐橐은 힘을 쓰는 것이다.

【箋】箋云 約은 謂縮板也요 椓은 謂搯(류)土也라

箋云：約은 널빤지를 묶는 것이고, 椓은 땅을 다지는 것이다.

風雨攸除며 鳥鼠攸去로소니 君子攸芋로다

비바람을 없애며
새와 쥐를 제거하였으니
군자가 거주하는 집이로다

【傳】芋[1]는 大也라

1) 芋：王引之(1766~1834)는 ≪經義述聞≫에서 "芋는 宇가 되어야 한다. 宇는 居이다.〔芋當讀爲宇 宇 居也〕"라고 하였다.

芋는 '크다'는 뜻이다.

【箋】箋云 芋는 當作幠니 幠는 覆也라 寢廟既成에 其牆屋弘殺(쇄)則風雨之所除也요 其堅致則鳥鼠之所去也요 其堂室相稱則君子之所覆蓋라

箋云：芋는 幠가 되어야 하니, 幠는 덮는다는 뜻이다. 寢廟가 완성되자 담장과 지붕이 크고 작게 균형을 이루어 비바람을 막고, 견고하고 치밀하니 새와 쥐가 떠나가고, 그 堂과 室이 서로 어울리니 군자가 덮은 것이다.

【疏】'約之'至'攸芋' ○ 毛以爲"王本作群寢之時, 以繩約縮之, 繩在板上歷歷然均, 謂繩均板直, 則牆端正也. 既投土於板, 以杵椓築之, 皆橐橐然用力. 勤力而築, 則墻牢固也. 至若王寢既成, 其牆屋弘殺則風雨之所除, 其築作堅緻則鳥鼠之所去. 君子於是居中, 所以自光(天)〔大〕[1]也." ○ 鄭以爲"摠宮廟群寢, 下句'君子之所覆蓋'爲異."

1) (天)〔大〕：저본에는 '天'으로 되어 있으나, 阮元의 校勘記에 의거하여 '大'로 바로잡았다.

經의 〔約之〕에서 〔攸芋〕까지

○ 毛亨은 "王은 기본적으로 群寢을 지을 때 새끼로 널빤지를 단단히 묶어 새끼가 널빤지 위에 뚜렷하게 고른 모습으로 있게 되는데, 이것은 새끼가 고르고 널빤지가

곧으면 담장이 단정하게 됨을 뜻한다. 널빤지에 흙을 던지고 나서 절굿공이로 단단히 다지는데 모두 영차영차 하면서 힘을 쏟는다. 힘을 내어 다지니 담장이 견고해진다. 왕의 침전이 완성되고 나서는 담장과 지붕이 크고 작게 균형을 이루어 비바람을 막고, 견고하고 치밀하니 새와 쥐가 떠나간다. 군자가 이곳에 거처하면서 스스로 광명정대하게 될 것이다."라고 여긴 것이다.

○ 鄭玄은 宮廟와 群寢을 총괄하는 것으로 여겼지만 아랫구의 君子攸芋를 '군자가 덮은 것〔君子之所覆蓋〕'라고 하여 毛亨과 다르게 해석하였다.

【疏】 ○ 箋'約謂'〔至〕[1]'搯土' ○ 正義曰：緜云"縮板以載", 是鄭所據也. 縮約皆謂以繩纆束之, 若今之牆衽也. 此'椓之橐橐', 猶緜云"築之登登". 故傳皆以爲用力如椓杙之椓, 正謂以杵築之也. 言椓謂搯土者, 取壤土投之板中, 搯使平均, 然後椓之也. 搯者, 以手平物之名, 故字從手.

1)〔至〕: 저본에는 '至'가 없으나, 阮元의 校勘記에 의거하여 보충하였다.

○ 箋의 〔約謂〕에서 〔搯土〕까지

○ 正義曰 : 〈大雅 緜〉에 "판자를 묶으니 위아래가 잘 맞물렸다.〔縮板以載〕"라고 하였는데, 이것은 鄭玄의 해석에 근거한 것이다. 縮約은 모두 새끼로 단단히 묶은 것을 말하는데 지금의 牆衽(담장 꾸밈)과 같다. 여기의 '영차영차 힘을 쓰면서 땅을 다진다〔椓之橐橐〕'는 〈大雅 緜〉의 "영차영차 하면서 담장의 흙을 다진다〔築之登登〕"와 같다. 그러므로 毛傳에서는 모두 힘을 쓰는 것이 '椓杙(말뚝을 박다)'의 椓과 같으니 참으로 절굿공이로 땅을 다지는 것을 뜻한다. 椓이 搯土라는 것은 널빤지에 투입할 흙을 취하여 고르게 펴지게 한 후에 절굿공이로 다지는 것을 말한다. 搯는 손으로 물건을 고르게 펴는 것을 말하는 명칭이므로 글자가 手를 따랐다.

【疏】 ○ 傳'芋, 大' ○ 正義曰：孫毓云"宮室旣成, 君子處之, 所以爲自光大."

○ 傳의 〔芋 大〕

○ 正義曰 : 孫毓이 말하기를 "宮室이 완성되고 나서 군자가 거처하니 이 때문에 스스로 광명정대하게 된 것이다."라고 하였다.

【疏】 ○ 箋'芋當'至'覆蓋' ○ 正義曰：芋作當幠, 讀如亂如此幠[1], 以聲相近, 故誤耳.

憮, 覆也, 鄭以義言之. 爾雅無此訓也.[2] 以下'攸躋'爲君子所升, '攸寧'爲君子所安, 則知此爲君子所覆. 故云 "其堂(堂)〔室〕[3]相稱, 則君子之所覆蓋". 故反以類上, 去鳥鼠, 除風雨, 文勢同也.

1) 亂如此憮 : 혼란이 이처럼 크다는 뜻이다. 현행본 ≪詩經≫ 〈小雅 巧言〉에는 "亂如此憮"로 되어 있다.

2) 爾雅無此訓也 : ≪爾雅≫ 〈釋詁〉에 '憮, 大也', '憮, 有也'라고 하여 憮에 대한 풀이가 두 번 나오지만, 憮를 覆라는 뜻으로 풀이한 경우는 없다.

3) (堂)〔室〕 : 저본에는 '堂'으로 되어 있으나, 阮元의 校勘記에 의거하여 '室'로 바로잡았다.

○ 箋의 〔芋當〕에서 〔覆蓋〕까지

○ 正義曰 : 芋는 憮가 되어야 하니, 〈小雅 巧言〉의 "혼란이 이처럼 크다.〔亂如此憮〕"의 憮와 같이 읽어야 하는데 소리가 서로 가까우므로 잘못된 것이다. 憮가 덮는다는 뜻이라고 한 것은 鄭玄이 뜻으로 말한 것이다. ≪爾雅≫에는 憮를 覆라고 풀이한 곳이 없다. 아래 4장의 '攸躋'를 '군자가 올라가는 곳이다.'라고 하였고, 5장의 '攸寧'을 '군자가 편안한 곳이다.'라고 하였으니, 여기의 '攸芋'는 '군자가 덮은 곳이다.'라고 함을 알 수 있다. 그러므로 "그 堂과 室이 서로 어울리니 군자가 덮은 것이다."라고 말한 것이다. 그러므로 돌이켜 유추해서 올라가 '새와 쥐를 제거하고〔去鳥鼠〕', '비바람을 없앴다〔除風雨〕'고 한 것은 文勢가 같다.

如跂斯翼[1]하며

1) 斯翼 : 4章은 宮室의 모습을 형용한 것이다. 孔穎達이 跂翼은 '지붕과 벽의 상하가 반듯하고 곧음을 비유한 것이다.'라고 하였다.

사람이 발돋움하고 엄숙한 모습으로 있는 것과 같으며

【傳】 如人之跂竦翼爾라

사람이 발돋움하고 팔을 반듯하게 하여 엄숙한 모습으로 있는 것과 같다.

如矢斯棘하며 **如鳥斯革**하며

화살의 모서리 같으며

새의 날개 같으며

【傳】 棘은 稜廉也라 革은 翼也라

棘은 '모서리'이다. 革은 '날개'이다.

【箋】 箋云 棘은 戟也라 如人挾弓矢戟其肘요 如鳥夏暑希革張其翼時라

箋云 : 棘은 戟(창)이다. 활을 쏘는 사람이 왼손으로 활을 잡고 오른손으로 활시위를 당길 때 오른손 팔꿈치를 굽히는 것과 같고, 새가 여름에 날씨가 더워 털이 듬성듬성해지고 가죽이 드러나니 이때 날개를 펼치는 것과 같다.

如翬斯飛로소니 君子攸躋로다

꿩이 날아가는 것 같으니
군자가 올라갈 곳이로다

【傳】 躋는 升也라

躋는 '오르다'이다.

【箋】 箋云 伊洛而南에 素質에 五色皆備成章曰翬라 此章四如者는 皆謂廉隅之正하고 形貌之顯也라 翬者는 鳥之奇異者也라 故以成之焉이라 此章은 主於宗廟니 君子所升은 祭祀之時라

箋云 : 伊水와 洛水의 이남 지역에서 흰색 바탕에 五色이 모두 갖추어져 무늬를 이룬 새를 翬(꿩)라고 한다. 이 4章의 네 如자는 모두 반듯한 품성과 뚜렷한 모습을 말하는 것이다. 翬는 기이한 새이므로 이런 모습을 이룬 것이다. 이 장은 宗廟를 위주로 하였으니 君子가 오르는 것은 제사 지낼 때이다.

【疏】 '如跂'至'攸躋' ○ 毛以爲"言宮室之制, 如人跂足竦此臂翼然, 如矢之鏃有此稜廉然, 如鳥之舒此革翼然, 如翬之此奮飛然. 宮室如此之美, 君子所以升處也. 矢·鳥·翬指形言之. 如跂不言人者, 義取於跂, 言跂則人可知也. 又人手似鳥翼, 以爲韻. 言跂翼, 則如人弨手直立, 以喩屋壁之上下正直也. 言如矢稜廉, 以喩四隅廉正也. 其斯革・斯飛, 言簷阿之勢似鳥飛也. 翼言其體, 飛象其勢, 各取喩也." ○ 鄭以此章論宗廟, "如矢斯棘", 如人挾弓矢戟其肘, 亦喩之稜廉. "君子攸躋", 言升祭爲異耳.

經의 〔如跂〕에서 〔攸躋〕까지

○ 毛亨은 "궁실의 체제는 사람이 발돋움하고 팔을 반듯하게 하여 엄숙한 모습으로 있는 듯하고, 화살촉에 모서리가 있는 듯하고, 새가 날개를 펼친 듯하고, 꿩이 날개를 펼치며 날아가는 듯함을 말한 것이다. 궁실이 이처럼 아름다우므로 군자가 올라가서 머무는 것이다. 화살・새・꿩은 형체를 가리켜 말한 것이다. 발돋움하는 것과 같다고 〔如跂〕 하면서 사람을 말하지 않은 것은 뜻을 발돋움하는 데에서 취한 것이니, 발돋움한다고 말했으면 사람이 포함됨을 알 수 있는 것이다. 또 사람의 손이 새 날개와 비슷하다고 하여 翼・戟・革・飛・躋를 韻으로 삼았다. 跂翼이 사람이 손을 단정히 해서 꼿꼿히 서 있는 것 같다는 것은 지붕과 벽의 상하가 반듯하고 곧음을 비유한 것이다. 화살의 모서리 같다는 것은 사방 모퉁이가 반듯하고 바름을 비유한 것이다. 斯革과 斯飛는 처마의 형세가 새가 나는 것과 비슷함을 말한 것이다. 날개〔翼〕는 그 몸체를 말하는 것이고, 나는 것은〔飛〕 그 형세를 본뜬 것으로 각각 비유를 취한 것이다."라고 여긴 것이다.

○ 鄭玄은 이 4章은 宗廟를 논한 것으로 여겼다. '화살의 모서리 같다.〔如矢斯棘〕'는 것은 '활을 쏘는 사람이 왼손에 활을 잡고 오른손으로 활시위를 당길 때 오른손 팔꿈치를 굽히는 것과 같다.'고 하여 역시 모서리를 비유하는 것으로 보았다. '군자가 올라가는 곳이다.〔君子攸躋〕'는 제사 지내러 올라간다고 하여, 毛亨과 달리 해석하였다.

【疏】 ○ 傳'棘, 稜廉' ○ 正義曰 : 言稜廉, 則指矢鏃之角爲棘焉. 蓋古有此名.

○ 傳의 〔棘 稜廉〕

○ 正義曰 : 稜廉(모서리)는 화살촉의 모서리가 뾰족함을 말하는 것이다. 대개 옛날에는 이런 명칭이 있었다.

【疏】 ○ 箋'棘戟'至'翼時' ○ 正義曰 : 古語謂棘爲戟. 故明堂位曰 "越棘, 大弓." 隱十一年左傳曰 "子都拔棘." 皆戟也. 言如人挾弓矢戟其肘者, 謂射者左手弸弓, 而右手彎之, 則戟其肘, 謂右手之肘, 亦喩室之外廉隅也. 如鳥夏暑(又布)〔希〕[1]革張其翼者, 堯

典曰 "仲夏, 鳥獸希革." 注云 "夏時, 鳥獸毛疏皮見." 則言革者, 謂夏暑毛希, 皮革露見, 於此之時, 必舒其羽翼. 故不言翼而言革, 解其言革之本意.

1) (叉布)〔希〕: 저본에는 '叉布'로 되어 있으나, 阮元의 校勘記에 의거하여 '希'로 바로잡았다.

○ 箋의 〔棘戟〕에서 〔翼時〕까지

○ 正義曰 : 古語에 棘을 戟(창)이라고 하였다. 그러므로 ≪禮記≫ 〈明堂位〉에 "越나라의 창과 큰 활이다.〔越棘 大弓〕"라고 하고, ≪春秋左氏傳≫ 隱公 11년에 "子都가 창을 뽑았다.〔子都拔棘〕"라고 할 때의 棘은 모두 戟이다. '人挾弓矢戟其肘'와 같다는 것은 활을 쏘는 사람이 왼손으로 활을 잡고 오른손으로 활시위를 당길 때 팔꿈치를 굽히는 것을 이르니, 오른손의 팔꿈치는 또한 室 바깥의 모서리를 비유하는 것을 뜻한다. '鳥夏暑希革張其翼'과 같다는 것은 ≪尙書≫ 〈堯典〉에 "5월에 새와 짐승의 털이 듬성듬성해지고 가죽이 드러난다."라고 하였으며, 注에 "여름에는 새와 짐승의 털이 듬성듬성해지고 가죽이 드러난다"라고 하였다. 革이라고 말한 것은 여름에 더울 때 털이 듬성듬성해지고 가죽이 드러나는 것을 말한다. 이러한 때 반드시 날개를 펼치므로 翼이라고 말하지 않고 革이라고 말하여, 革이라고 말한 본래의 의미를 풀이하였다.

【疏】 ○ 傳'躋, 升' ○ 正義曰 : 釋詁文. 孫毓云 "君子之所升處."

○ 傳의 〔躋 升〕

○ 正義曰 : 〈躋가 오른다는 뜻이라고 한 것은〉 ≪爾雅≫ 〈釋詁〉의 글이다. 孫毓은 "君子가 오르는 곳이다."라고 하였다.

【疏】 ○ 箋'伊洛'至'之時' ○ 正義曰 "伊洛而南, 素質, 五色皆備成章, 曰翬", 釋鳥文. 李巡曰 "素質, 五采備具, 文章鮮明〔曰翬〕[1]." 雉白質, 五色爲文. 鳥如此色者希, 故云'鳥之奇異者, 故以成之'. 解比象既多, 最後言翬意也. 下云 "君子攸寧", 是寢息其中. 此言'攸躋', 則是君子升下登上之辭. 王所尊者, 唯宗廟耳. 故知此章主宗廟, 言祭祀之時, 下章主寢室, 言燕息之時.

1) 〔曰翬〕: 저본에는 '曰翬'가 없으나, ≪爾雅≫ 〈釋鳥〉에 의거하여 보충하였다.

○ 箋의 〔伊洛〕에서 〔之時〕까지

○ 正義曰 : "伊水와 洛水의 이남 지역에서 흰 바탕에 五色을 모두 갖추어 무늬를 이룬 새를 翬라고 한다."라고 한 것은 ≪爾雅≫ 〈釋鳥〉의 글이다. 李巡이 말하기를 "흰 바탕에 오색을 구비하여 무늬가 선명한 새를 翬라고 한다."라고 하였다. 꿩은 흰 바탕에 오색으로 문채를 낸다. 새가 이와 같은 색을 가진 것이 희소하므로 鄭箋에서 '翬는 기이한 새이므로 이런 모습을 이룬 것이다.'라고 하였다. 모습을 비유하여 해설한 것이 많으므로 최후로 翬의 의미를 말한 것이다.

아래 5장에서 말한 "군자가 편안히 몸을 쉬다.〔君子攸寧〕"는 寢室에서 휴식을 취하는 것이고, 여기 4장에서 말하는 "올라갈 곳이다.〔攸躋〕"는 군자가 올라갔다 내려오고 올라간다는 말이다. 왕이 소중히 여기는 곳은 오직 宗廟뿐이다. 그러므로 이 4장은 종묘를 위주로 하였으니 제사 지낼 때를 말한 것이고, 아래 5장은 침실을 위주로 하였으니 편안하게 쉬는 때를 말한 것임을 알 수 있다.

殖殖其庭이며 有覺其楹이며

그 정원은 평평하고 반듯하며
그 기둥은 높고 크며

【傳】 殖殖은 言平正也라 有覺은 言高大也라

殖殖은 평평하고 반듯한 것을 말하고, 有覺은 높고 큰 것을 말한다.

【箋】 箋云 覺은 直也라

箋云 : 覺은 '곧다'이다.

噲噲其正이며 噦噦[1]其冥이로소니

1) 噦噦 : 馬瑞辰(1782~1853)의 ≪毛詩傳箋通釋≫에는 "噦噦는 어두운 모습이다. 이것은 집이 깊은 어두움에 잠긴 것을 형상화한 것이다.〔噦噦猶昧昧 是狀其室之深闇〕"라고 하였다.

낮은 밝고 환하며
밤은 깊은 어두움에 잠겼으니

【傳】 正은 長也라 冥은 幼也라

正은 '나이 많다'이다. 冥은 '어리다'이다.

【箋】 箋云 噲噲는 猶快快也라 正은 晝也라 噦噦는 猶煟煟也라 冥은 夜也라 言居之晝日則快快然이요 夜則煟煟然이니 皆寬明之貌라

箋云 : 噲噲는 훤하게 밝은 것과 같다. 正은 낮이다. 噦噦는 불빛이 환하게 밝은 것과 같다. 冥은 밤이다. 머물고 있을 때 낮에는 훤하게 밝고, 밤에는 불빛이 환하게 밝은 것이니, 모두 훤하게 밝은 모양을 말한 것이다.

君子攸寧이로다

군자가 편안히 몸을 쉬도다

【箋】 箋云 此章은 主於寢이니 君子所安은 燕息之時라

箋云 : 이 5章은 寢을 위주로 하였으니, 군자가 편안한 것은 한가롭게 지내면서 휴식할 때이다.

【疏】 '殖殖'至'攸寧' ○ 毛以爲"殖殖然平正者, 其宮寢之前庭也, 有覺然高大者, 其宮寢之楹柱也. 言宮寢庭旣平正, 楹又高大. 宣王之所與, 翙列聚集於此者, 皆是讓德有禮之士. 噲噲然寬博, 其群臣之長者, 噦噦然閑習, 其群臣之幼者. 長幼有禮, 君子所以安也." ○ 鄭以爲, "言寢室殖殖然其庭平正, 有調直者其楹柱. 庭平柱直, 處所寬明(快)〔矣〕.[1] 快快然其晝日居之也, 煟煟然其夜冥居之也. 院寬室明, 晝夜俱快, 君子之所安息也."

1) (快)〔矣〕: 저본에는 '快'로 되어 있으나, 阮元의 校勘記에 의거하여 '矣'로 바로잡았다.

經의 〔殖殖〕에서 〔攸寧〕까지

○ 毛亨은 "빈틈없는 모습으로 평평하고 반듯한 것은 宮寢 앞의 정원이고, 우뚝 높고 큰 것은 궁침의 기둥이다. 궁침의 정원이 평평하고 반듯하고 기둥이 또 높고 큰 것을 말한 것이다. 宣王이 인정하여 이곳에 나열하여 모여 있는 관리들은 모두 겸양의 덕을 가졌으며 예가 있는 才士들이다. 유쾌한 모습으로 헐렁한 옷차림을 한 사람은 群臣 중에 연장자이고, 절도 있는 모습으로 예법에 익숙한 사람은 群臣 중에 연

소자이다. 연장자와 연소자가 예가 있어 군자가 편안히 여기는 것이다."라고 여긴 것이다.

○ 鄭玄은 "寢室과 관련되어 반듯반듯한 정원은 평평하고 정리가 잘 되어 있으며, 균형이 잡혀 곧은 것은 그 기둥임을 말한 것이다. 정원은 반듯하고 기둥은 곧으며 머무는 곳이 환하다. 밝은 곳은 대낮에 거주하는 것이고, 환한 곳은 밤중에 거주하는 것이다. 院은 넓고 室은 밝아 밤낮으로 모두 쾌적하니 군자가 편안히 휴식하는 것이다."라고 여긴 것이다.

【疏】 ○ 傳'有覺, 言高大'. ○ 箋'覺, 直' ○ 正義曰：覺之爲訓, 爲大爲直, 故禮記注云 "覺, 大也, 直也."[1] 傳以屋之爲美, 在於高大. 箋以柱之爲善, 貴於調直, 故異訓也.

1) 禮記注云……直也：≪禮記≫〈緇衣〉에 "≪詩經≫에 큰 덕행이 있으니 사방의 나라에서 순종한다.〔詩云 有梏德行 四國順之〕"라는 글이 있는데, 鄭玄이 "梏(각)은 크다〔大〕, 곧다〔直〕"라고 주석한 것이다. 지금의 ≪시경≫〈大雅 抑〉에는 梏이 覺으로 되어 있다. 陸德明은 ≪經典釋文≫〈毛詩音義〉에서 "梏은 음이 角이고, ≪시경≫에는 覺으로 되어 있다.〔梏音角 詩作覺〕"라고 하였다.

○ 傳의 〔有覺 言高大〕와 箋의 〔覺 直〕

○ 正義曰：覺의 뜻은 '크다', '곧다'이다. 그러므로 ≪禮記≫〈緇衣〉의 鄭玄 注에 "覺은 '크다', '곧다'이다."라고 하였다. 毛傳은 가옥이 아름다운 것은 높고 큰 것에 있다고 하고, 鄭箋은 기둥이 좋은 것은 균형이 잡혀 곧은 것을 귀하게 여긴다고 하여 풀이를 달리하였다.

【疏】 ○ 傳'正, 長. 冥, 幼' ○ 正義曰 "正, 長", 釋詁文, "冥, 幼", 釋言文. 王肅云 "宣王之臣, 長者寬博噲噲然, 少者閑習噦噦然. 夫其所與, 翔於平正之庭, 列於高大之楹, 皆少長讓德有禮之士, 所以安也." 傳意或然. 而本或作"冥, (幼)〔窈〕[1]"者, 爾雅亦或作窈. 孫炎曰 "冥, 深闇之窈也." 某氏曰 "詩云 '噦噦其冥.' 爲冥窈, 於義實安. 但於"正, 長"之義不允. 故據王注爲毛說. 冥所以得爲幼者, 郭璞曰 "幼稚者, 冥昧"也.

1) (幼)〔窈〕：저본에는 '幼'로 되어 있으나, 阮元의 校勘記에 의거하여 '窈'로 바로잡았다.

○ 傳의 〔正 長 冥 幼〕

○ 正義曰："正은 '나이 많다'이다."는 ≪爾雅≫〈釋詁〉의 글이고, "冥은 '어리다'이

다."는 ≪이아≫ 〈釋言〉의 글이다. 王肅이 말하기를 "宣王의 신하 중에 연장자는 헐렁한 옷차림에 유쾌한 모습이고, 연소자는 예법에 익숙하여 절도있는 모습이다. 宣王이 인정한 신하들은 평평하고 반듯한 정원을 배회하고 높고 큰 기둥에 나열하고 있는데, 연장자와 연소자 모두 겸양의 덕을 가졌으며 예가 있는 才士들이므로 宣王이 편안한 것이다."라고 하였다. 毛傳의 뜻도 혹 그렇게 여긴 듯하다. 그리고 어떤 판본에는 "冥은 어둡다는 뜻이다."고 한 것은 ≪이아≫에도 혹 '窈'로 되어 있고, 孫炎은 "冥은 깊은 어두움이라는 뜻의 窈이다."라고 하였다.

某氏가 말하기를 "≪詩經≫에 '밤은 깊은 어두움에 잠겼다.〔噦噦其冥〕'고 하였는데 冥을 깊은 어두움이라고 여기는 것은 의미상 실로 타당하다. 다만 '正은 「나이 많다」이다.'라고 풀이한 뜻은 타당하지 않은데도 왕숙의 注에 근거하여 毛亨의 說을 인정하였다. 冥이 '어리다'는 뜻이 된 것은 郭璞이 "어린이는 사리에 어둡다.〔幼稚者冥昧〕"라고 했기 때문이다.

【疏】○ 箋'噲噲'至'之貌' ○ 正義曰：箋以此說宮室之形狀, 庭楹之平直, 不得有長幼之義, 故以正爲晝, 冥爲夜, 快快・煟煟爲(室宮)〔宮室〕[1]寬明之貌.

1) (室宮)〔宮室〕: 저본에는 '室宮'으로 되어 있으나, 阮元의 校勘記에 의거하여 '宮室'로 바로잡았다.

○ 箋의 〔噲噲〕에서 〔之貌〕까지

○ 正義曰：鄭箋은 이것으로 宮室의 形狀과 정원은 평평하고 기둥은 곧은 것을 설명하였지만, '正은 長, 冥은 幼'라는 뜻을 해결할 수 없었으므로 正을 낮, 冥을 밤이라 하였고, 快快와 煟煟는 궁실이 환한 모습이라고 한 것이다.

下莞(관)上簟이로소니 乃安斯寢이로다

아래는 부들자리 위는 대자리이니

편안하게 잠자도다

【箋】箋云 莞은 小蒲之席也요 竹葦曰簟이라 寢既成에 乃鋪席하여 與群臣安燕爲歡以落之라

箋云：莞은 작은 부들로 만든 자리이고, 대나무로 만든 자리를 簟이라 한다. 寢殿이 완성되고 나서 자리를 깔아 群臣과 함께 편안하게 즐거워하면서 낙성식을 하는 것이다.

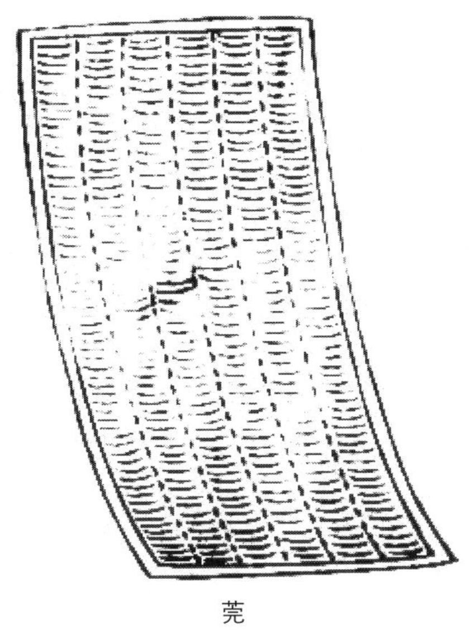

莞

簟

乃寢乃興하여 乃占我夢하니

자고 일어나

나의 꿈을 점쳐보니

【傳】 言善之應人也라

길몽이 사람에게 감응한 것을 말한다.

【箋】 箋云 興은 夙興也라 有善夢則占之라

箋云 : 興은 아침 일찍 일어나는 것이다. 좋은 꿈을 꾸면 점을 치는 것이다.

吉夢維何오 維熊維羆(비)와 維虺維蛇로다

길몽은 무엇인가

곰과 큰곰과

독사와 뱀이로다

【箋】 箋云 熊羆之獸와 虺蛇之蟲 此四者는 夢之吉祥也라

箋云 : 곰과 큰곰이라는 짐승과 독사와 뱀이라는 파충류, 이 네 가지는 꿈 중의 吉祥이다.

【疏】'下莞'至'維蛇' ○ 正義曰 : 宣王命人下鋪莞蒲, 上施簟席, 乃與群臣安燕爲歡樂於此寢室之中, 歡樂已訖, 乃於其中寢寐焉, 至晨乃興起焉. 於寐時有夢, 乃占我所夢之事, 其吉夢維何事乎. 維夢見熊羆與虺蛇耳. 言'乃占我夢'者, 王自言己夢, 命人占之, 下云 '大人占之', 乃是他人爲王占夢也. 言'吉夢'者, 當時未有吉凶, 據後占之爲吉, 故探言焉. 此'乃安斯寢'之下無傳, 毛氏爲燕以否, 未可明也.

經의 〔下莞〕에서 〔維蛇〕까지

○ 正義曰 : 宣王이 사람에게 아래는 부들자리를 깔고 위는 대자리를 깔라고 명을 내려 群臣과 함께 이 寢室에서 편안하고 즐겁게 지냈으며, 즐거움이 끝나자 침실에서 잠을 자다가 새벽이 되어 일어난 것이다. 잘 때 꿈을 꾸고서 자신이 꿈을 꾼 일을 점쳤는데 그 길몽은 무슨 일인가. 꿈에서 곰・큰곰・독사・뱀을 보았을 뿐이다. '나의 꿈을 점친다.〔乃占我夢〕'라고 말한 것은 왕이 자신의 꿈을 직접 말하고 사람을 시켜 점을 치도록 한 것이고, 아래 7장에서 '大人이 점을 친다.〔大人占之〕'라고 말한 것은 타인이 왕을 위해 왕의 꿈을 점치는 것이다. '吉夢'이라고 말한 것은 당시에는 아직 吉凶이 있지 않으나 나중에 점을 쳐보니 길한 것에 근거하여 미리 말을 한 것이다. '편안하게 잠자다.〔乃安斯寢〕'라는 글 아래에 毛傳이 없는 것은, 毛亨은 편안한 지의 여부가 분명하지 않다고 여겼기 때문이다.

【疏】 ○ 箋'莞小蒲'至'落之' ○ 正義曰 : 釋草云 "莞, 苻蘺." 某氏曰 "本草云 '白蒲一名苻蘺, 楚謂之莞蒲.'" 郭璞曰 "今西方人呼蒲爲莞蒲. 今江東謂之苻蘺, 西方亦名蒲, 用爲席." 言小蒲者, 以莞・蒲一草之名, 而司几筵有莞筵・蒲筵[1], 則有大小, 爲席精麤, 故得爲兩種席也. 知莞用小蒲者, 以司几筵設席, 皆麤者在下, 美者在上. 其職云 "諸侯祭祀之席, 蒲筵繢純, (如)〔加〕[2]莞席紛純." 以莞加蒲, 明莞細而用小蒲, 故知'莞, 小蒲之席'也. '竹葦曰簟'者, 以常鋪在上, 宜用堅物, 故知竹簟也. 且詩每云簟茀[3], 用爲車蔽, 是竹簟可知. 以此考室之詩, 室之初成, 當有燕樂, 故爲寢室旣成, 鋪席與群臣安燕爲歡以樂[4]之也. 定本作落. 此'下莞上簟', 雖是與群臣燕樂之席, 其室內寢臥衽席, 亦當然也. 士喪禮者, 士禮也, 云 "下莞上簟, 衽如初", 則平常皆莞簟也. 其寢臥之席, 自天子以下, 宜莞簟同.

1) 莞筵蒲筵 : 莞席과 蒲席이다. 우리나라에서는 莞席을 왕골자리로, 蒲席을 부들자리로 번역하며, 왕골자리를 上品으로 취급한다.
2) (如)〔加〕: 저본에는 '如'로 되어 있으나, 阮元의 校勘記에 의거하여 '加'로 바로잡았다.
3) 簟茀 : 〈齊風 載驅〉에 "대나무 돗자리로 만든 수레 창문 가리개와 짐승 가죽을 붉은색으로 칠한 수레 덮개이다.〔簟茀朱鞹〕"라고 하였다.
4) 樂 : 鄭箋에는 '落'으로 되어 있다.

○ 箋의 〔莞小蒲〕에서 〔落之〕까지

○ 正義曰 : ≪爾雅≫ 〈釋草〉에 "莞은 苻蘺(왕골)이다."라고 하였다. 某氏가 말하기를 "≪本草≫에 '白蒲를 일명 苻蘺라고 한다. 楚나라에서는 莞蒲라고 부른다.'고 하였다."라고 하였다. 郭璞이 말하기를 "지금 서쪽 사람들은 蒲를 莞蒲라고 한다. 지금 江東 사람들은 苻蘺라고 하며, 서쪽 사람들이 또한 蒲라고 하는데, 이것을 사용하여 자리〔席〕를 만든다."라고 하였다. '小蒲'라고 말한 것은, 莞과 蒲는 같은 풀의 이름이고 ≪周禮≫ 〈春官 司几筵〉에 莞筵과 蒲筵이 있으니, 大小가 있어 자리를 만들면 정밀하고 거칠기 때문에 두 종류의 자리를 만들 수 있는 것이다.

莞은 小蒲로 만든 자리임을 알 수 있는 것은, 〈사궤연〉에 자리를 설치할 때 모두 거친 것을 아래에 두고 고운 것은 위에 둔다고 하였기 때문이다. 〈사궤연〉의 직책을 말하자면 "제후가 제사하는 자리에 붉은색 실로 가선을 두른 蒲筵을 깔고, 검은색 실로 가선을 두른 莞席을 더한다."라고 하였다. 莞席을 蒲席 위에 두니 莞席이 가늘고 小蒲를 사용하는 것이 분명하므로 '莞席은 小蒲로 만든 자리'라는 것을 알 수 있다. '대나무로 만든 자리를 簟이라 한다.'라고 한 것은 항상 물건을 위에 두니 그 물건을 지탱하는 자리는 견고한 사물을 사용해야 하므로 대나무 자리임을 알 수 있다. 또 ≪詩經≫에서 매양 '簟茀'이라고 하여 수레를 덮는 용도로 사용하고 있으니 이것이 대나무 자리임을 알 수 있다.

〈斯干〉은 宮室을 완성한 것을 읊은 詩인 만큼 궁실이 처음 완성되었을 때는 즐기는 즐거움이 있어야 하므로, 寢室이 완성되고 나서 자리를 깔고 群臣과 함께 편안하게 기뻐하면서 즐거워한 것이다. '樂之'의 樂이 ≪五經定本≫에는 落으로 되어 있다. '아래는 부들자리 위는 대자리이다.〔下莞上簟〕'라는 것이 비록 군신과 함께 즐거워한 자리이기는 하지만 室內에서 잠을 잘 때 잠자리가 있어야 함은 또한 당연한 것이다. ≪儀禮≫ 〈士喪禮〉는 士禮인데, 말하기를 "아래는 부들자리 위는 대자리이며 잠자리를 까는 것은 처음 깔았던 것과 같다."라고 하였으니 평상시에는 모두 부들자리와 대자리이다. 잠자리는 천자 이하로 부들자리와 대자리임은 동일하다.

【疏】 ○ 傳'言善之應人' ○ 正義曰：夢者, 應人之物, 善惡皆然. 此據下文言吉夢, 故云'善之應人'也. 故占夢云"獻吉夢於王." 又曰"乃舍萌于四方, 以贈惡夢." 是夢有善惡也.

○ 傳의 〔言善之應人〕

○ 正義曰：꿈이란 사람에게 감응하는 일이며 善惡도 모두 그러하다. 이것은 아랫글에서 吉夢이라고 말한 것에 근거하였으므로 '길몽이 사람에게 감응한 것이다.〔善之應人〕'라고 말한 것이다. 그러므로 ≪周禮≫ 〈春官 占夢〉에 "왕에게 길몽을 바쳤다."라고 하였고, 또 말하기를 "이에 사방에 釋菜禮를 행하여 악몽을 좇아 보낸다."라고 하였으니, 이것은 꿈에 선악이 있다는 것이다.

【疏】 ○ 箋'熊羆'至'吉祥' ○ 正義曰：以熊羆四足而毛, 謂之獸. 虺蛇無足之物, 故謂之蟲也. 生男女之徵, 故四者夢之吉祥. 釋獸云"羆如熊, 黃白文." 舍人曰"羆如熊, 色黃白也." 郭璞曰"似熊而長頭高脚, 猛憨多力, 能拔樹木. 關西呼曰豭羆(가비)." 釋魚云"蝮虺, 博三寸, 首大如擘." 舍人曰"蝮, 一名虺. 江淮以南曰蝮, 江淮以北曰虺." 孫炎曰"江淮以南謂虺爲蝮, 廣三寸, 頭如拇指, 有牙, 最毒." 郭璞曰"此自一種蛇, 人自名爲蝮虺. 今蛇細頸大頭, 色如(文)〔艾〕[1]綬文, 文間有毛似豬鬣. 鼻上有(斗(두))〔針〕[2], 大者長七八(尺)〔寸〕[3], 一名反鼻如虺類. 足以明此自一種蛇." 如郭意, 此蛇人自名蝮虺, 非南北之異蛇. 實是蟲, 以有鱗, 故在釋魚, 且魚亦蟲之屬也.

1) (文)〔艾〕: 저본에는 '文'으로 되어 있으나, 阮元의 校勘記에 의거하여 '艾'로 바로잡았다.

2) (斗(두))〔針〕: 저본에는 '斗'로 되어 있으나, ≪爾雅≫ 〈釋魚〉의 郭璞 注에 의거하여 '針'으로 바로잡았다.

3) (尺)〔寸〕: 저본에는 '尺'으로 되어 있으나, 邢昺의 ≪爾雅疏≫에 의거하여 '寸'으로 바로잡았다. 뿔 길이가 7, 8尺이면 너무 길어 내용이 맞지 않는다.

○ 箋의 〔熊羆〕에서 〔吉祥〕까지

○ 正義曰：곰과 큰곰은 발이 넷이고 털이 있으므로 獸라고 하고, 독사와 뱀은 발이 없는 동물이므로 蟲이라고 한다. 아들과 딸을 낳을 징조이므로 네 가지는 꿈 중의 吉

祥이다. ≪爾雅≫ 〈釋獸〉에 "큰곰은 곰과 같으며, 누렇고 흰 무늬가 있다."라고 하였다. 舍人은 말하기를 "큰곰은 곰과 같은데 黃白色이다."라고 하였고, 郭璞은 말하기를 "곰과 비슷하나 목이 길고 다리도 길며 사납고 힘이 세어 나무를 뽑을 수 있으며 關西 지방에서는 猳羆라고 부른다."라고 하였다.

≪이아≫ 〈釋魚〉에 "살무사〔蝮虺〕는 몸의 너비가 3寸이며 대가리의 크기가 사람의 엄지 만하다."라고 하였다. 舍人은 말하기를 "蝮은 일명 虺이다. 강수와 회수 이남에서는 蝮이라 하고, 江水와 淮水 이북에서는 虺라고 한다."라고 하였고, 孫炎은 말하기를 "江水와 淮水 이남에서는 虺를 蝮이라 한다. 몸의 너비가 3寸이며, 대가리 크기는 엄지 만하고, 어금니가 있고 가장 독이 심하다."라고 하였다. 곽박은 말하기를 "이것은 본래 일종의 뱀으로 사람들이 스스로 蝮虺라고 이름하였다. 지금의 뱀은 목이 가늘고 대가리가 크며 색은 쑥빛의 인끈 무늬 같고 무늬 사이에 털이 있는데 돼지 갈기와 비슷하다. 코 위에 침이 있고 큰 것은 길이가 7, 8寸이며, 일명 反鼻라고 하는데 虺의 종류와 비슷하다. 이것으로 이것이 본래 일종의 뱀이라는 것을 밝힐 수 있다."라고 하였다.

곽박의 뜻과 같다면 이 뱀은 사람들이 스스로 蝮虺라고 이름하였으며 강수와 회수 이남과 이북의 다른 뱀이 아니다. 실제로는 蟲이며, 비늘이 있기 때문에 〈석어〉에 있고, 게다가 물고기도 蟲의 종류이다.

大人占之하니 **維熊維羆**는 **男子之祥**이요
維虺維蛇는 **女子之祥**이로다

大人이 점을 치니
곰과 큰곰의 꿈은
남자를 낳을 징조이고
독사와 뱀의 꿈은
여자를 낳을 징조이다

【箋】 箋云 大人占之는 謂以聖人占夢之法占之也라 熊羆在山은 陽之祥也라 故爲生男이요 虺蛇穴處는 陰之祥也라 故爲生女라

箋云：大人이 점을 친다는 것은 聖人이 꿈을 점친 법으로 점을 치는 것을 말한다. 곰과 큰곰이 산에 있는 것은 陽의 징조이므로 아들을 낳고, 독사와 뱀이 구멍에 있는 것은 陰의 징조이므로 딸을 낳는다.

【疏】 箋'大人'至'生女' ○ 正義曰：以占夢之官, 中士耳, 而言大人占之, 明其法(天)〔大〕[1]人所爲, 故云'聖人占夢之法占之'. 聖人有法解則占之, 故左傳文公之夢, 子犯占之, 簡子之夢, 問諸史墨,[2] 不必要占夢之官乃得占也. 此及無羊, 皆云"大人占之", 則占夢者, 聖人之法. 正月云"召彼故老, 訊之占夢." 譏之者, 以王不尙道德, 專信徵祥, 侮慢故老. 故刺之, 不謂夢不當占也. 熊羆大較是山獸, 亦居澤在穴. 故韓奕云"川澤訏訏, 有熊有羆." 秋官穴氏注云"熊羆之屬, 冬藏者也. 燒其所食之物於穴外, 以誘出之." 是也.

1) (天)〔大〕: 저본에는 '天'으로 되어 있으나, 阮元의 校勘記에 의거하여 '大'로 바로잡았다.

2) 文公之夢……問諸史墨 : 晉 文公과 趙簡子의 꿈과 관련된 구체적인 기사는 다음과 같다. ≪春秋左氏傳≫ 僖公 28년 4월 기사에 "晉侯(晉 文公)가 꿈에 楚子와 격투를 벌이는데 초자가 文公을 넘어뜨려 놓고 몸 위에 엎드려 腦를 파먹었다. 이 꿈 때문에 문공이 두려워하니, 子犯이 '吉夢입니다.'라고 하였다.〔晉侯夢與楚子搏 楚子伏己而盬其腦 是以懼 子犯曰 吉〕" 하였고, ≪춘추좌씨전≫ 昭公 31년 12월 기사에 "12월 초하루 辛亥日에 日食이 있었다. 그날 밤에 趙簡子가 꿈을 꾸었는데, 童子가 발가벗고 뒹굴면서 노래를 불렀다. 다음 날 아침에 史墨을 불러 꿈의 길흉을 점치게 하였다.〔十二月辛亥朔 日有食之 是夜也 趙簡子夢 童子贏而轉以歌 旦占諸史墨〕"라고 하였다.

箋의 〔大人〕에서 〔生女〕까지

○ 正義曰：占夢官은 中士이므로 大人이 점을 친다고 말하여 그들의 법에는 大人이 행하는 것을 분명히 하였으며, 그러므로 '聖人이 꿈을 점치는 법으로 점을 친다.'고 말한 것이다. 성인이 꿈을 점치는 법으로 해결할 수 있으면 점을 친다. 그러므로 ≪春秋左氏傳≫에 "文公의 꿈을 子犯이 점쳤고, 簡子의 꿈을 史墨에게 물었다."고 하였으며, 반드시 점몽관을 구하지 않고도 점을 칠 수 있었다. 〈斯干〉과 〈無羊〉에서 모두 "대인이 점을 친다.〔大人占之〕"라고 하였으니 꿈을 점치는 것은 성인의 법이다. 〈小雅 正月〉에 "저 원로 신하를 불러 꿈을 점치는 것을 묻는다."라고 하였다. 이 시를 비판한 것은 왕이 道德을 숭상하지 않고 徵兆를 오로지 믿고 원로 신하를 업신여겼기 때문이다. 그러므로 풍자한 것이지, 꿈은 점을 쳐서는 안 된다고는 말하지 않았다.

곰과 큰곰은 대체로 산짐승이며 또한 못에 거주하거나 동굴에 살기도 한다. 그러므로 〈大雅 韓奕〉에 "川澤이 광대하여 곰이 있고 큰 곰이 있다."라고 하였다. ≪周禮≫ 〈秋官 穴氏〉의 鄭玄 注에 "곰과 큰곰 같은 종류는 겨울잠을 자는 동물이다. 동굴 밖에서 그들이 먹는 음식물을 태워 유인해서 밖으로 나오도록 한다."라고 한 것이 이것이다.

乃生男子하여 載寢之牀하며

載衣之裳하며 載弄之璋하니

사내아이를 낳아서
평상에 눕히고
치마를 입히며
반쪽 홀을 가지고 놀게 하니

【傳】 半珪曰璋이라 裳은 下之飾也라 璋은 臣之職也라

반쪽 홀을 璋이라고 한다. 치마는 하의의 복식이다. 璋은 신하의 직분이다.

【箋】 箋云 男子生而臥於牀은 尊之也라 裳은 晝日衣也라 衣以裳者는 明當主於外事也라 玩以璋者는 欲其比德焉이요 (正)〔玉〕[1] 以璋者는 明成之有漸이라

1) (正)〔玉〕: 저본에는 '正'으로 되어 있으나, 阮元의 校勘記에 의거하여 '玉'으로 바로잡았다.

箋云 : 사내아이가 태어나면 침상에 눕히는 것은 존중해서이다. 치마는 낮에 입는 옷이다. 치마를 입히는 것은 外事를 주로 한다는 것을 밝히기 위해서이다. 반쪽 홀을 가지고 놀도록 한다는 것은 玉에 德을 견주기를 바란 것이다. 옥을 반쪽 홀로 한 것은 사람의 인격이 완성됨에 단계가 있음을 밝히기 위해서이다.

其泣喤喤이로소니 朱芾斯皇하여 室家君王이로다

우는 소리가 우렁차니
붉은 슬갑이 찬란하여
가문을 꾸려나가고 군왕이 되리로다

【箋】箋云 皇은 猶煌煌也라 芾者는 天子純朱요 諸侯黃朱라 室家는 一家之內라 宣王將生之子는 或且爲諸侯하고 或且爲天子니 皆將佩朱芾煌煌然이라

箋云 : 皇은 환하게 밝은 것과 같다. 芾은 천자는 순수한 붉은색을 사용하고, 제후는 누런색을 띤 붉은색을 사용한다. 室家는 한 가문의 안이다. 宣王이 낳을 아들은 제후가 되기도 하고 천자가 되기도 하니, 모두 찬란하게 빛나는 붉은 슬갑을 차게 될 것이다.

【疏】'乃生'至'君王' ○ 毛以爲"王前夢熊羆, 果有效驗, 乃生男子矣. 生訖, 則寢臥之於牀, 尊之. 又則衣著(착)之以裳, 玩弄之以璋也, 裳明習爲卑下, 璋見(현)效奉臣職. 時已其泣聲太(煌煌)〔喤喤〕[1]然, 至其長大, 皆佩朱芾. 於此煌煌然, 由王家室之內, 或爲諸侯之君, 或爲天子之王, 故皆佩朱芾也." ○ 鄭唯裳爲主外事, 璋比德之有漸, 餘同.

1) (煌煌)〔喤喤〕: 저본에는 '煌煌'으로 되어 있으나, 阮元의 校勘記에 의거하여 '喤喤'으로 바로잡았다.

經의 〔乃生〕에서 〔君王〕까지

○ 毛亨은 "왕이 이전에 곰과 큰곰 꿈을 꾸었는데 과연 효험이 있어 사내를 낳았다. 출산이 끝나면 침상에 눕히는 것은 존중해서이다. 또 치마를 입히고 반쪽 홀〔璋〕를 가지고 놀도록 하였다. 치마는 겸손함을 분명히 익히도록 함이고, 반쪽 홀은 신하의 직책을 봉행함을 드러내고자 함이다. 당시에는 이미 그 울음소리가 매우 우렁찼으며 성장해서는 모두 붉은 슬갑을 차는 것이다. 슬갑이 찬란하게 빛난다는 것은 왕이 되고 가문을 꾸려나가기 때문인데, 제후인 君이 되기도 하고 천자인 王이 되기도 하므로 모두 붉은 슬갑을 차는 것이다."라고 여긴 것이다.

○ 鄭玄은 裳을 外事를 주로 하는 것으로 여겼고, 璋을 점차로 인격을 연마하는 것으로 보았으며, 나머지는 毛亨과 같다.

【疏】○ 傳'半圭'至'之職' ○ 正義曰 : 知璋半圭者, 典瑞云 "四圭有邸[1]以祀天. 兩圭有邸以祀地. 圭璧以祀日月. 璋邸射以祀山川." 從上而下, 遞減其半, 故知"半圭曰璋". "裳, 下之飾", 易文言文[2]也. 裳爲下飾, 以璋配裳, 故知見(현)臣之職也. 宣王子孫當爲君, 而言臣下者, 王肅云 "言無生而貴之也. 明欲爲君父, 當先知爲臣子也." 璋而得爲臣職者, 王肅云 "群臣之從王行禮者奉璋." 又棫樸曰 "奉璋峨峨, 髦士攸宜." 是也.

1) 四圭有邸 : 邸가 있는 四圭이다. 邸는 柢와 통하며 사물의 基部를 말한다. 孫詒讓의

≪周禮正義≫에 "四圭가 한 벽옥에 붙어있는 것을 柢라고 한다.〔四圭共著一璧爲柢〕"라고 풀이하였다. 사규는 고대에 귀족이 하늘에 제사 지낼 때 사용하는 禮器로, 중앙에 璧玉이 있고 圭가 그 사면에 붙어있는데 날카롭게 돌출되었다.

2) 裳……易文言文 : '裳, 下之飾'은 ≪周易≫ 〈文言傳〉의 글이 아니고 坤卦 六五 "그 덕이 황색 치마와 같으니, 크게 선하여 길하다.〔黃裳元吉〕"의 裳에 대한 王弼의 注이다.

○ 傳의 〔半圭〕에서 〔之職〕까지

○ 正義曰 : 璋이 半圭임을 알 수 있는 것은 ≪周禮≫ 〈春官 典瑞〉에 "邸가 있는 四圭로 하늘에 제사 지내고, 邸가 있는 兩圭로 땅에 제사 지내고, 圭璧으로 日月에 제사 지내고, 모가 나고 邸가 있는 璋으로 산천에 제사 지낸다."라고 하였다. 위에서 아래로 내려오면 반씩 줄어들기 때문에 '半圭을 璋이라 부른다.'는 것을 알 수 있다. '치마는 하의 복식이다.〔裳 下之飾〕'는 ≪周易≫ 坤卦(䷁) 六五 "黃裳元吉"의 裳에 대한 王弼 注이다. 裳은 하의 복식이며, 璋은 裳과 짝하므로 신하의 직책을 드러낸 것을 알 수 있다.

宣王의 자손은 君이 되어야 하는데 臣下라고 말한 것은, 王肅이 "태어나자마자 귀한 것은 없음을 말한 것이다. 君父가 되고자 한다면 당연히 臣子의 일을 먼저 알아야 함을 밝힌 것이다."라고 하였기 때문이다. 璋으로 신하의 직분을 행한다고 하였는데, 王肅이 "왕을 시종하며 예를 행하는 群臣은 璋을 받든다."라고 하였고, 또 〈大雅 棫樸〉에 "璋을 장엄하게 받들었으니, 준걸스러운 선비의 마땅한 바로다."라고 한 것이 이것이다.

【疏】 ○ 箋'男子'至'有漸' ○ 正義曰 : 箋以下章與此相對. 以下女子寢之地, 明男子生而臥之床, 尊之也. 以下'載衣之裼', 裼是夜臥之衣, 故云'裳, 晝日衣'也. 一晝一夜, 明取內外爲義. 故知男子衣以裳, 明當主外事, 女子衣以裼, 明當主內事也. 女子弄之瓦, 瓦, 紡塼也, 以女子之所有事. 明玩以璋者, 亦男子之所有事. 君子於玉比德焉, 故知以璋欲其比德也. 玉不用圭而以璋者, 明成人之有漸. 璋是圭之半, 故言漸也. (下)〔上〕[1]句乃言'其泣喤喤', 則此所陳, 皆在孩幼. 禮記鄭注云 "人始生在地". 男子已寢之牀, 又非始生也. 蓋聖人因事記義. 子之初生, 暫行此禮, 不知生經幾日而爲之也. 何則. 女子不可恒寢於地, 竟無裳, 男子亦不容無裼, 且甫言其泣, 則未能自弄璋, 明暫時示男女之別耳.

1) (下)〔上〕 : 저본에는 '下'로 되어 있으나, 문맥에 의거하여 '上'으로 바로잡았다.

○ 箋의 〔男子〕에서 〔有漸〕까지

○ 正義曰：鄭箋은 아래 9章과 이 8장을 서로 대응이 되게 하였다. 아래 장에서 '여자는 땅바닥에 눕힌다'고 하였으니, 남자를 낳으면 침상에 눕히는 것은 존중해서임이 분명하다. 아래 장에서 '포대기를 입힌다.〔載衣之裼〕'고 하였는데, 포대기〔裼〕는 밤에 잘 때 입는 옷이므로 '치마〔裳〕는 낮에 입히는 옷이다.'라고 한 것이다. 낮과 밤으로 분명히 內外를 취하여 의미로 삼은 것이다. 그러므로 남자는 치마를 입혀 外事를 주관함을 밝히고, 여자는 포대기를 입혀 內事를 주관함을 밝힌 것을 알 수 있다. 여자가 瓦를 가지고 논다고 하는 瓦는 紡塼(紡錘)이며 이것으로 여자가 일삼음이 있는 것이다. 璋을 가지고 노는 것 역시 남자가 일삼음이 있음을 밝힌 것이다. 군자는 玉을 통하여 인격을 연마하므로 璋으로 인격을 연마하고자 하는 것을 알 수 있다. 玉을 圭로 하지 않고 璋으로 한 것은 사람이 완성됨에 단계가 있다는 것을 밝히기 위해서이다. 璋은 圭의 반이므로 漸이라고 말한 것이다. 윗구에서 '우는 소리가 우렁차다.〔其泣喤喤〕'고 하였으니 〈斯干〉에서 기술하는 것은 모두 어릴 적의 일이다.

≪禮記≫〈喪大記〉 鄭玄 注에 "사람이 처음 태어날 때 땅바닥에 있었다."라고 하였다. 남자아이를 이미 침상에 눕혔으니, 또 처음 태어났을 때가 아니다. 대개 聖人은 일에 따라서 의미를 기록한다. 자식이 처음 태어났을 때 잠시 이런 예를 행하지만 태어난지 며칠이 지나서 행하는 것인지는 모른다. 무엇 때문인가. 여자아이를 항상 땅바닥에 눕히지만 결국 치마가 없을 수가 없고, 남자 또한 포대기가 없을 수 없다. 울고 있다고 겨우 말하였으면 직접 璋을 가지고 노는 것이 아니므로, 잠시이지만 남녀가 구별이 있다는 것을 밝힌 것이다.

【疏】 ○ 箋'芾者'至'黃朱' ○ 正義曰：箋以經言'室家君王', 則有諸侯與天子而同言朱芾, 故云 '天子純朱, 諸侯黃朱'也. 芾從裳色, 祭時服纁裳, 故芾用朱赤. 但芾所以明尊卑, 雖同色而有差降. 乾鑿度[1]以爲 "天子之朝朱芾, 諸侯之朝赤芾. 朱深於赤," 故困(封)〔卦〕[2]注云 "朱深(云)〔於〕[3]赤", 是矣. 此論諸侯, 則王子或封畿內, 或以功德外封, 皆爲諸侯也, 而文同朱芾. 明對文則朱赤深淺有異, 散之則皆謂之朱. 故天子純朱, 明其深也, 諸侯黃朱, 明其淺也. 擧其大色, 皆得爲朱芾也.

1) 乾鑿度：西漢 末期의 緯書로 일반적으로 ≪易緯乾鑿度≫라고 한다.
2) (封)〔卦〕：저본에는 '封'으로 되어 있으나, 阮元의 校勘記에 의거하여 '卦'로 바로잡았다.
3) (云)〔於〕：저본에는 '云'으로 되어 있으나, 阮元의 校勘記에 의거하여 '於'로 바로잡

았다.

○ 箋의 〔芾者〕에서 〔黃朱〕까지

○ 正義曰：鄭箋은 經文의 '가문을 꾸려나가고 군왕이 되리로다.〔室家君王〕'라는 말은 諸侯와 天子가 있는데 똑같이 朱芾이라고 말했으므로 '천자는 순수한 붉은 색을 사용하고 제후는 누런색을 띤 붉은색을 사용한다.'라고 하였다. 슬갑은 치마 색을 따르니 제사 때는 纁裳(연한 붉은색 치마)를 입으므로 슬갑은 朱色이나 赤色을 사용한다. 다만 슬갑은 尊卑를 밝히는 것이므로 비록 같은 색이라도 差等이 있다. ≪乾鑿度≫에서 말하기를 "천자의 조정에는 朱芾을 착용하고 제후의 조정에는 赤芾을 착용하는데, 주색이 적색보다 진하다."라고 하였다. 그러므로 困卦(䷮)의 鄭玄 注에 "주색이 적색보다 진하다."고 한 것이 이것이다. 여기서 제후를 거론하였으니 王子는 畿內에 봉해지기도 하고 功德으로 畿內 바깥에 봉해지기도 하지만, 모두 諸侯가 되기 때문에 글이 똑같이 朱芾이다. 구분해서 말하면 주색과 적색의 짙고 옅은 차이가 있지만, 통틀어 말하면 모두 주색임을 말한 것이 분명하다. 그러므로 천자의 순수한 주색은 짙은 것을 밝힌 것이고, 제후의 누런색을 띤 주색은 옅은 것을 밝힌 것이다. 대체적인 색을 들자면 모두 朱芾이 되는 것이다.

乃生女子하여 載寢之地하며 載衣之裼하며 載弄之瓦하니

여자아이를 낳아서
땅바닥에 눕히고
포대기를 입히며
紡錘를 가지고 놀게 하니

【傳】 裼은 褓也라 瓦는 紡塼也라

裼은 '포대기'이다. 瓦는 紡塼(紡錘)이다.

【箋】 箋云 臥於地는 卑之也라 褓는 夜衣也니 明當主於內事라 紡塼은 習其一有所事也라

箋云：땅바닥에 눕히는 것은 경시한 것이다. 褓는 밤에 입히는 옷이니 內事를 주로 해야 함을 밝힌 것이다. 紡塼(紡錘)은 해야 할 일을 전심전력해서 익히는 것이다.

無非無儀라 **唯酒食是議**하여 **無父母詒罹**로다

잘못함도 없고 잘함도 없는지라
오직 술과 밥을 의논하여
부모에게 근심을 끼침이 없으리로다

【傳】婦人質無威儀也라 **罹**는 **憂也**라

婦人은 질박하여 威儀가 없다. 罹는 '근심'이다.

【箋】箋云 儀는 **善也**라 **婦人無所專於家事**라 **有非**도 **非婦人也**요 **有善**도 **亦非婦人也**니 **婦人之事**는 **惟議酒食爾**요 **無遺父母之憂**라

箋云 : 儀는 '잘하다'이다. 婦人은 家事를 독단적으로 처리하는 바가 없다. 잘못이 있는 것도 부인의 일이 아니고, 잘함이 있는 것도 역시 부인의 일이 아니다. 부인의 일은 오직 酒食을 의논하고 부모에게 근심을 끼치는 일이 없을 뿐이다.

【疏】'乃生女'至'詒罹' ○ 毛以爲"前夢虺蛇, 今乃生女子矣. 生訖, 則寢臥之於地以卑之. 則又衣著(착)之以裼衣, 則玩弄之以紡塼, 習其所有事也. 此女子至其長大, 爲行謹愼, 無所非法. 質少文飾, 又無威儀, 唯酒事, 於是乃謀議之, 無於父母而遺之以憂也. 若婦禮不謹, 爲夫所出, 是遺父母以憂. 言能恭謹, 不遺父母憂也." ○ 鄭唯以儀爲善爲異, 餘同.

經의 〔乃生女〕에서 〔詒罹〕까지

○ 毛亨은 "앞에서 독사와 뱀의 꿈을 꾸어 지금 여자아이를 낳은 것이다. 낳기를 마치면 땅바닥에 눕히고 재워 경시하고, 또 포대기 옷을 입히고 방추를 가지고 놀도록 해서 해야 할 일을 익히게 하는 것이다. 여자가 장성하면 행동을 조심하고 신중히 해서 법도가 아닌 일을 저지름이 없다. 질박하여 꾸밈이 적고 또 威儀가 없으며 오직 술 빚는 일을 도모하고 논의하여 부모에게 근심을 끼치는 일이 없도록 하는 것이다. 婦人의 태도가 신중하지 못하여 남편에게 쫓겨나면 부모에게 근심을 끼치는 것이다. 부인은 공경하고 신중하여 부모에게 근심을 끼치지 않아야 함을 말한 것이다."라고 여긴 것이다.

○ 鄭玄은 단지 儀를 善으로 풀이한 것만이 毛亨과 다르며 나머지는 같다.

【疏】○ 傳'裼, 褓也. 瓦, 紡塼' ○ 正義曰：書傳說成王之幼云 "在繈(강)褓, 褓, 縛兒被也." 故箋以爲夜衣. 以璋是全器, 則瓦非瓦礫而已, 故云 "瓦, 紡塼". 婦人所用瓦, 唯紡塼而已, 故知也. 毛以裳爲下飾, 則褓不必主內事. 侯苞[1]云 "示之方也." 明褓制方, 令女子方正事人之義.

1) 侯苞：漢나라 학자이며, 저서로 ≪韓詩翼要≫가 있다고 전해진다.

○ 傳의 〔裼 褓也 瓦 紡塼〕

○ 正義曰：≪尙書大傳≫에 成王의 어린 시절을 설명하면서 말하기를 "繈褓에 있었다. 褓는 유아를 감싸는 포대기이다."라고 하였다. 그러므로 鄭箋에서 밤에 입는 옷이라고 한 것이다. 〈남자 아이가 가지고 노는〉 璋은 온전한 기구이니, 〈그렇다면 여자 아이가 가지고 노는〉 瓦는 瓦礫(깨진 기와 조각)이 아니므로 "瓦는 紡塼(방추)이다."라고 하였다. 婦人이 사용하는 瓦는 오직 방추뿐이므로 알 수 있다. 毛亨은 裳을 하의의 복식이라고 여겼으니, 포대기가 반드시 內事를 주관하는 것은 아니다. 侯苞가 "方正함을 보여주는 것이다."라고 하였으니, 褓의 체제가 방정함을 밝혀 여자가 방정하게 사람을 섬기라는 뜻을 행하도록 하는 것이다.

【疏】○ 傳'婦人質無威儀' ○ 正義曰：以婦人少所交接, 故云 '質無威儀'. 謂無如丈夫折旋揖讓棣棣之多, 其婦容之儀則有之矣. 故東山曰 "九十其儀", 言多儀也.

○ 傳의 〔婦人質無威儀〕

○ 正義曰：婦人은 외부와 접촉하는 일이 적기 때문에 '질박하여 위의가 없다.〔質無威儀〕'라고 하였다. 남편처럼 행동이 예법에 맞고 겸손하여 위의가 잘 갖추어진 것과는 같지 않을지라도 부인으로서 가져야 할 위의는 있음을 말하는 것이다. 그러므로 〈豳風 東山〉에서 "그 위의가 대단히 많다."라고 하였으니, 위의가 많음을 말하는 것이다.

【疏】○ 箋'儀善'至'非婦人' ○ 正義曰 "儀, 善", 釋詁文也. 言有非有善, 皆非婦人之事者. 婦人, 從人者也. 家事統於尊, 善惡非婦人之所有耳, 不謂婦人之行無善惡也.

○ 箋의 〔儀善〕에서 〔非婦人〕까지

○ 正義曰：'儀는 「잘하다」이다.'는 ≪爾雅≫ 〈釋詁〉의 글이다. 잘못이 있거나 잘하

는 것이 있어도 모두 부인의 일이 아님을 말하는 것이다. 부인은 남편을 따르는 사람이다. 집안일은 尊長에게 통솔을 받으니, 잘하고 못하고는 부인이 일삼는 일이 아니라는 것일 뿐이지 부인의 행동에 잘하고 못하고가 없음을 말하는 것은 아니다.

斯干九章이니 **四章**은 **章七句**요 **五章**은 **章五句**라

〈斯干〉 9章이니 4章은 章마다 7句이고, 5章은 章마다 5句이다.

無羊(무양)

【序】 無羊은 **宣王考牧也**라

〈無羊〉은 宣王이 목축의 일을 이룬 것을 읊은 詩이다.

【箋】 厲王之時에 牧人[1]之職廢어늘 宣王始興而復之하여 至此而成하니 謂復先王牛羊之數라

1) 牧人 : 짐승 기르는 일을 관장하던 벼슬이다.

厲王 시대에 牧人이란 직책이 폐지되었는데 宣王이 비로소 일으켜 회복시켜서 이때 이르러 완성하였으니, 先王의 牛羊의 숫자만큼 회복하였음을 말하는 것이다.

【疏】 '無羊(四章章八句)' ○ 正義曰 : 作無羊詩者, 言宣王考牧也. 謂宣王之時, 牧人稱職, 牛羊復先王之數, 牧事有成, 故言考牧也. 經四章, 言牛羊得所, 牧人善牧, 又以吉夢獻王, 國家將有休慶, 皆考牧之事也.

序의 〔無羊〕

○ 正義曰 : 〈無羊〉을 지은 것은 宣王이 牧畜의 일을 완성했음을 읊기 위해서이다. 宣王의 시대에 牧人이 직책에 걸맞게 牛羊을 先王 때의 수만큼 회복하여 목축하는 일에 성과가 있었으므로 '목축의 일을 완성하다.〔考牧〕'라고 말한 것이다.

經 4章은 牛羊이 살 곳을 얻어 牧人이 잘 기르고, 또 吉夢을 꾸어 왕에게 바쳐 나라에 장차 경사가 있는 것이 모두 '考牧'의 일임을 말한 것이다.

【疏】○ 箋'厲王'至'之數' ○ 正義曰：此美其新成，則往前嘗廢，故本厲王之時. 今宣王始興而復之，選牧官得人，牛羊蕃息，至此而牧事成功，故謂之考牧. 又解成者，正謂復先王牛羊之數也. 言'至此而成'者，初立牧官，數未卽復，至此作詩之時而成也. 王者牛羊之數，經典無文，亦應有其大數. 今言考牧，故知復之也. 周禮有牧人下士六人，府一人，史二人，徒六十人. 又有牛人・羊人・犬人・雞人，唯無豕人. 鄭以爲，豕屬司空，冬官亡，故不見. 夏官又有牧師，主養馬. 此宣王所考，則應六畜皆備. 此獨言牧人者，牧人注云"牧人，養牲於野田者." 其職曰"掌牧六牲，而阜蕃其物." 則六畜皆牧人主養. 其餘牛人・羊人之徒，各掌其事，以供官之所須，則取於牧人，非放牧者也. 羊人職曰"若牧人無牲，則受布於司馬，買牲而供之." 是取於牧人之事也. 唯馬是國之大用，特立牧師・圉人，使別掌之，則蓋擬駕用者屬牧師，令生息者屬牧人，故牧人有六牲. 鄭云"六牲，謂牛・馬・羊・豕・犬・雞." 是牧人亦養馬也. 此詩主美放牧之事，經有'牧人乃夢'，故唯言牧人也. 牧人六畜皆牧，此詩唯言牛羊者，經稱'爾牲則具'，主以祭祀爲重. 馬則祭之所用者少，豕・犬・雞則比牛・羊爲卑，故特擧牛・羊，以爲美也.

○ 箋의 〔厲王〕에서 〔之數〕까지

○ 正義曰：이 시는 宣王이 목축을 새롭게 완성한 것을 찬미하였는데 이전의 목축이 일찍이 폐지되었으므로 厲王의 시대에 바탕을 두었다. 지금 宣王이 비로소 목축을 일으켜 회복시켜 적합한 牧官을 선발하자 牛羊이 번식하였고, 이때 이르러 목축 일이 성공하였으므로 이를 일러 '考牧'이라고 이른 것이다. 또 '解成'은 바로 先王 때의 牛羊의 수량을 회복했다는 것을 말한다. 鄭箋의 '至此而成'은 처음에 牧官을 두었으나 牛羊의 수량을 즉시 회복하지 못하였고, 〈無羊〉 시를 지을 때에 수량을 회복했다는 것이다. 王者가 보유한 牛羊의 수량에 대해서는 經典에는 그런 글이 없으나 역시 대략적인 수는 있을 것이다. 지금 '考牧'을 말하고 있으므로 과거의 수량을 회복한 것을 알 수 있다.

≪周禮≫에 牧人에 소속된 사람은 下士 6명, 府 1명, 史 2명, 徒 60명이라고 하였다. 또 地官 소속의 牛人, 夏官 소속의 羊人, 秋官 소속의 犬人, 春官 소속의 雞人이 있지만 오직 豕人은 없다. 鄭玄은 "豕人은 司空에 속하며, 冬官이 없어졌으므로 보이지 않는다."고 생각한 것이다. 夏官에는 牧師가 있는데 말을 기르는 일을 주관한다. 여기에서 宣王이 완성했다는 것은 六畜(牛・馬・羊・豕・犬・雞)을 모두 갖추었다는 것이다. 여기에서 유독 牧人만 말한 것은 ≪주례≫ 〈地官 牧人〉의 정현 注에 "목인은 田野

에서 희생을 기르는 자이다."라고 하였고, 그의 직책은 〈목인〉에서 "六牲(六畜)을 길러 그 동물을 많이 번식하도록 관장하는 것이다."라고 하였으니, 육축은 모두 목인이 기르는 것을 주관하는 것이다. 그 나머지 牛人·羊人은 각각 맡은 일을 관장하고, 관에서 필요한 물품을 공급하니 목인에게 취하는 것은 放牧한 것이 아니다. ≪周禮≫ 〈夏官 羊人職〉에 "목인은 犧牲이 없으면 司馬에게 布(돈)을 받아 희생을 구입하여 공급한다."라고 하였으니, 이것이 목인에게 취한다는 일이다. 오직 말은 나라에 크게 소용되는 것이므로 특별히 牧師·圉人을 세워 그들로 하여금 특별히 관장하도록 하는데, 말을 타고 운용하는 것은 목사에 속하고, 새끼를 쳐서 불리는 것은 목인에 속하므로 목인은 六牲이 있다. 정현이 말하기를 "六牲은 牛·馬·羊·豕·犬·雞를 말한다."라고 하였는데, 목인 역시 말을 기르는 것이다.

이 詩는 방목한 일을 주로 찬미하였고 經文 4章에 '牧人이 꿈을 꾼다.〔牧人乃夢〕'라고 하였으므로 목인만을 말한 것이다. 목인이 육축을 모두 방목하지만 이 시에서 牛羊만을 말한 것은, 경문 2장에 '너의 희생이 갖추어졌다.〔爾牲則具〕'라고 하여 근본적으로 제사를 중시하였기 때문이다. 말은 제사에 쓰는 경우가 드물고, 돼지·개·닭은 소·양과 비교하면 격이 떨어지므로 특별히 소·양을 들어서 아름답게 여긴 것이다.

誰謂爾無羊이리오 **三百維群**이로다

誰謂爾無牛이리오 **九十其犉**이로다

누가 너에게 양이 없다 하리오
삼백 마리로 무리를 지었도다
누가 너에게 소가 없다 하리오
입술 검은 누런 소가 구십 마리나 되도다

【傳】 黃牛黑脣曰犉(순)이라

털이 누렇고 입술이 검은 소가 犉이다.

【箋】 箋云 爾는 女也니 女는 宣王也라 宣王復古之牧法하여 汲汲於其數라 故歌此詩以解之也라 誰謂女無羊이리오 今乃三百頭爲一群이며 誰謂女無牛이리오 今乃犉者九十頭로다 言

其多矣니 足如古也라

箋云：爾는 '너'이니, '너'는 宣王이다. 宣王이 옛날의 목축하는 법을 회복하여 〈옛날 牛羊의〉 숫자를 회복하는 데에 급급하였으므로 이 시를 노래하여 그 마음을 풀어준 것이다. "누가 너에게 양이 없다 하였는가? 지금 삼백 마리로 한 무리를 지었다. 누가 너에게 소가 없다 하였는가? 지금 입술 검은 누런 소가 구십 마리나 되도다."라고 하였다. 수량이 많아 충분함이 옛날과 같음을 말하는 것이다.

爾羊來思하니 其角濈濈(즙)이로다

네 양이 오니
뿔을 마주대고 비비도다

【傳】 聚其角而息에 濈濈然이라

그 뿔을 맞대고서 휴식을 취하는데 뿔을 마주 대고 비볐다.

【箋】 箋云 言此者는 美畜(휵)產得其所라

箋云：이렇게 말한 것은 畜產이 제자리를 찾았음을 찬미한 것이다.

爾牛來思하니 其耳濕濕이로다

네 소가 오니
귀가 살짝살짝 움직이는도다

【傳】 呞(시)而動에 其耳濕濕然이라

새김질하고 움직이니 그 귀가 살짝살짝 움직이는 것이다.

【疏】 傳'黃牛黑脣曰犉' ○ 正義曰：釋畜云"黑脣曰犉." 傳言黃牛者, 以言黑脣, 明不與(深)〔身〕[1]色同. 而牛之黃者衆, 故知是黃牛也. 某氏亦曰"黃牛黑脣曰犉."

1) (深)〔身〕：저본에는 '深'으로 되어 있으나, 阮元의 校勘記에 의거하여 '身'으로 바로잡았다.

傳의 〔黃牛黑脣曰犉〕

○ 正義曰 : ≪爾雅≫ 〈釋畜〉에 "입술이 검은 소를 犉이라고 한다."라고 하였다. 毛傳에서 黃牛라고 한 것은 입술이 검다고 말함으로써 몸의 털빛과 같지 않음을 밝힌 것이다. 소 중에 누런 놈은 많으므로 황우임을 알 수 있다. 某氏 또한 말하기를 "털빛이 누렇고 입술이 검은 소가 犉이다."라고 하였다.

【疏】 ○ 箋'女宣王'至'如古' ○ 正義曰 : 以'誰謂'是發問之辭. '三百維群', '九十其犉', 是報答之語, 故知宣王汲汲於其數, 詩人歌此以解之也. 羊三百頭爲群, 故一群有三百, 不知其群之有多少也. 犉者九十頭, 直知犉者有九十, 亦不知其不犉者之數也. 以一群三百, 直犉者九十. 則羊多牛衆, 故云足如古之法也.

○ 箋의 〔女宣王〕에서 〔如古〕까지

○ 正義曰 : '누가 말하는가〔誰謂〕'라는 것은 의문을 제기하는 말이고, '삼백 마리로 무리를 지었다.〔三百維群〕', '입술이 검은 누런 소가 구십 마리다.〔九十其犉〕'라는 것은 대답하는 말이므로, 宣王이 牛羊의 숫자를 회복하는 데에 급급하였음을 알 수 있으니, 시인이 이 시를 노래하여 그 마음을 풀어준 것이다. 양 300마리가 群(무리)이므로 1群에 300마리가 있으나 그 群이 얼마나 있는지는 모른다. 犉이 90마리라는 것은 단지 犉이 90마리가 있다는 것만 알 수 있고 또한 犉이 아닌 소들의 수는 모르는 것이다. 1群이 300마리이고 단지 犉이 90마리이니, 양이 많고 소도 많으므로 '충분함이 옛날의 법과 같다.'라고 말하는 것이다.

或降于阿하며 **或飮于池**하며 **或寢或訛**로다

언덕에서 내려오기도 하며
못에서 물을 마시기도 하며
자기도 하고 움직이기도 하도다

【傳】 訛는 動也라

訛는 '움직이다'이다.

【箋】 箋云 言此者는 美其無所驚畏也라

箋云 : 이렇게 말을 하는 것은 놀라고 두려워하는 것이 없음을 찬미한 것이다.

爾牧來思하니 **何蓑何笠**이며 **或負其餱**로소니

너의 牧人이 오니
도롱이를 입고 삿갓을 쓰고
마른 밥을 지고 오니

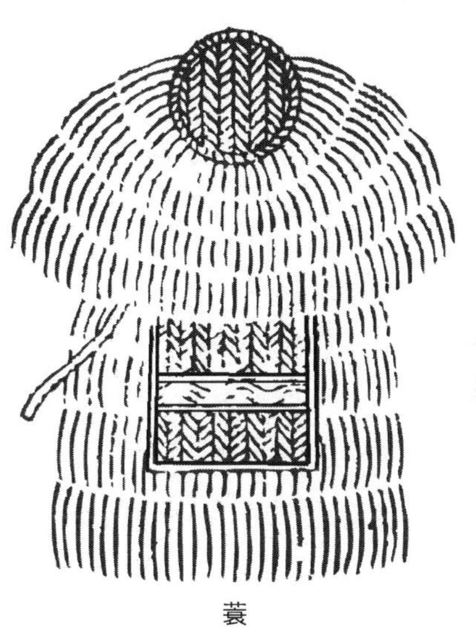
蓑

【傳】 何는 揭也라 蓑所以備雨요 笠所以禦暑라

何는 '메다'이다. 도롱이는 비를 대비하는 것이고, 삿갓은 더위를 막는 것이다.

【箋】 箋云 言此者는 美牧人寒暑飮食有備라

箋云 : 이렇게 말을 하는 것은 牧人이 추위와 더위에 음식 준비를 하였음을 찬미한 것이다.

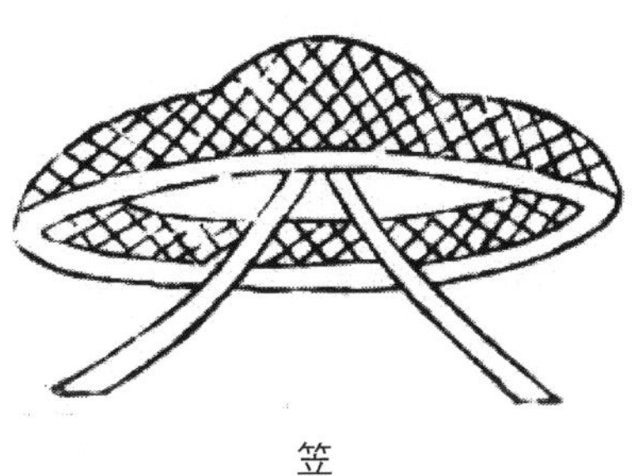
笠

三十維物이라 **爾牲則具**로다

서른 마리를 단위로 牛羊의 색깔이 다르니
너의 犧牲이 갖추어졌도다

【傳】 (黑)〔異〕[1)]毛色者三十也라

1) (黑)〔異〕: 저본에는 '黑'으로 되어 있으나, 阮元의 校勘記에 의거하여 '異'로 바로잡았다.

털색이 다른 牛羊이 서른 마리이다.

【箋】 箋云 牛羊之色異者三十이면 則女之祭祀에 索則有之라

箋云 : 털색이 다른 牛羊이 서른 마리이면 네가 제사 지낼 때 찾으면 바로 가질 수 있다.

【疏】傳'蓑所以'至'禦暑' ○ 正義曰：蓑唯備雨之物. 笠則元以禦暑, 兼可禦雨, 故良耜傳曰 "笠所以禦暑雨也." 既夕禮亦有蓑笠, 注俱以爲禦雨. 不以笠禦暑者, 以彼蓑笠同稾車[1)]所載. 稾車, 潦車也, 爲雨而設, 故不同也.

1) 稾車：槁車, 稾車로 된 판본이 있으며 뜻은 散車(조잡한 수레), 潦車(지붕이 있는 수레)이다. 《儀禮》〈既夕禮〉에 "稾車에 蓑笠을 싣는다.〔稾車載蓑笠〕"라고 하였고, 鄭玄 注에 "稾는 散과 같다. 散車는 시골에는 사용하는 조잡한 수레이고 蓑笠은 비에 대비하는 복장이다.〔稾猶散也 散車以田以鄙之車 蓑笠備雨服〕"라고 하였다.

傳의 〔蓑所以〕에서 〔禦暑〕까지

○ 正義曰：도롱이는 단지 비에 대비하는 물건이다. 삿갓은 원래 더위를 막는 물건인데 비를 막는 것도 겸하므로, 〈周頌 良耜〉의 "삿갓을 가볍게 젖혀 쓰다.〔其笠伊糾〕"의 笠에 대하여 毛傳은 "笠은 더위와 비를 막는 것이다."라고 하였다. 《儀禮》〈既夕禮〉에도 역시 '蓑笠'이란 글이 있으며, 鄭玄 注에 "蓑와 笠은 모두 비를 막는 것이다."라고 하였다. 삿갓을 더위를 막는 것이라고 하지 않은 것은 정현 注에 "蓑와 笠을 모두 稾車에 싣는다. 稾車는 潦車이니 비 때문에 설치한 것이다."라고 하였으므로 같지 않은 것이다.

【疏】○ 傳'異毛色者三十' ○ 正義曰：經言'三十維物', 則每色之物, 皆有三十, 謂青赤黃白黑, 毛色別異者, 各三十也. 祭祀之牲, 當用五方之色, 故箋云 '汝之祭祀, 索則有之.'

○ 傳의 〔異毛色者三十〕

○ 正義曰：經文에서 '牛羊의 색깔이 서른 가지나 된다.〔三十維物〕'라고 한 것은 牛羊의 각각 색깔마다 모두 서른 마리가 있는 것이니, 青・赤・黃・白・黑으로 털색이 다른 牛羊이 각각 서른 마리라는 것이다.

제사에 올리는 犧牲은 당연히 五方의 색을 사용하므로 鄭箋에서 '네가 제사 지낼 때 찾으면 바로 가질 수 있다.'라고 한 것이다.

爾牧來思하니 **以薪以蒸**이며 **以雌以雄**이로다

너의 牧人이 오니

굵은 나무와 잔가지를 취하며

암놈 잡고 수놈도 잡는도다

【箋】箋云 此言牧人有餘力하여 則取薪蒸하고 搏禽獸以來歸也라 麤曰薪이요 細曰蒸이라

箋云 : 여기서는 牧人이 여력이 있어 땔감도 가져오고 짐승을 잡아서 오는 것을 말한 것이다. 굵은 땔나무를 薪이라 하고, 잔가지 땔나무를 蒸이라고 한다.

爾羊來思하니 **矜矜兢兢**이며 **不騫不崩**이로소니

너의 양이 오니
굳세고 강건하며
허약하지도 병들지도 않았으므로

【傳】矜矜兢兢은 以言堅彊也라 騫은 虧也라 崩은 群疾也라

矜矜兢兢은 굳세고 강건함을 말하는 것이다. 騫은 허약하다는 뜻이다. 崩은 떼거리로 병든다는 뜻이다.

麾之以肱하니 **畢來旣升**이로다

팔로 지휘하니
모두 와서 우리로 올라가도다

【傳】肱은 臂也라 升은 升入牢也라

肱은 '팔'이다. 升은 우리로 올라가 들어가는 것이다.

【箋】箋云 此言擾馴從人意也라

箋云 : 여기서는 牛羊을 길들여 사람의 뜻을 따르도록 함을 말한 것이다.

【疏】傳'騫, 虧' ○ 正義曰 : 定本亦然, 集注虧作曜.

傳의 〔騫 虧〕
○ 正義曰 : ≪五經定本≫ 역시 같고, ≪毛詩集注≫에는 虧가 曜로 되어 있다.

牧人乃夢하니 **衆維魚矣**며 **旐維旟**[1]**矣**로다

1) 旐維旟 : 旐는 거북과 뱀을 그린 깃발이며, 旟는 송골매를 그린 깃발이다.

牧人이 꿈을 꾸니
사람들이 물고기를 잡고 있으며
旐와 旟를 보았도다

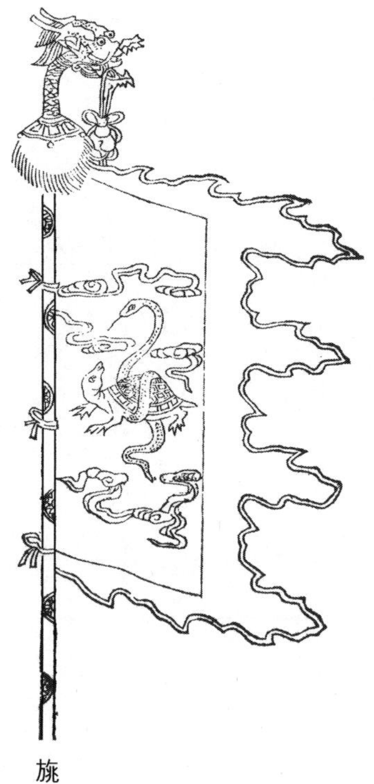
旐

【箋】 箋云 牧人乃夢見人衆相與捕魚하고 又夢見旐與旟하니 占夢之官이 得而獻之於宣王하여 將以占國事也라

箋云 : 牧人이 꿈속에서 사람들이 서로 물고기를 잡는 것을 보았고, 또 꿈에서 旐와 旟을 보았는데 占夢官이 얻어 宣王에게 바쳐서 國事를 점치려고 하였다.

大人占之하니 **衆維魚矣**는 **實維豐年**이요

大人이 점을 치니
사람들이 물고기를 잡는 것은
실로 풍년이 들 조짐이요

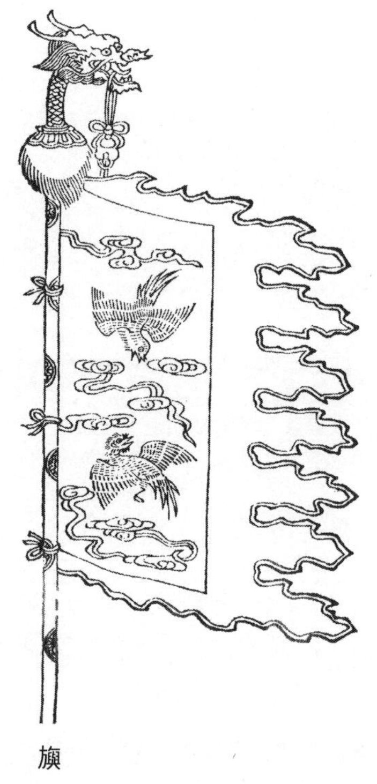
旟

【傳】 陰陽和則魚衆多矣라

陰陽이 조화를 이루면 물고기가 많아진다.

【箋】 箋云 魚者는 庶人之所以養也라 今人衆相與捕魚하고 則是歲熟相供養之祥也라 易中孚曰 豚魚吉이라하니라

箋云 : 물고기는 일반 백성이 부모를 봉양하는 물건이다. 지금 사람들이 서로 물고기를 잡고 풍년이 들면 공양할 수 있는 상서로운 조짐이다. 《周易》 中孚卦(䷼)에 “돼지와 물고기에게까지 미치면 吉하다.”라고 하였다.

旐維旟矣는 **室家溱溱**이로다

旐와 旟를 본 것은
집안이 번창할 조짐이로다

【傳】 溱溱은 衆也니 旐旟는 所以聚衆也라

溱溱은 '많다'이다. 旐와 旟는 사람들을 모으는 것이다.

【箋】 箋云 溱溱은 子孫衆多也라

箋云：溱溱은 자손이 많다는 것이다.

【疏】 '牧人'至'溱溱' ○ 正義曰：牧人所牧既服, 乃復爲王興夢. 夢見衆人維相與捕魚矣, 又夢見旐維旟矣. 牧人既爲此夢, 以告占夢之官, 占夢之官又獻之於王, 王乃令以大(夫)〔人〕[1] 占夢之法占之. 夢見衆維魚矣者, 實維豐年, 是歲熟相供養之祥. 夢見旐維旟矣者, 室家溱溱, 是男女衆多之象. 歲熟民滋, 是國之休慶也.

1) (夫)〔人〕: 저본에는 '夫'로 되어 있으나, 阮元의 校勘記에 의거하여 '人'으로 바로잡았다.

經의 〔牧人〕에서 〔溱溱〕까지

○ 正義曰：牧人이 방목하는 일에 힘을 쏟은 다음에 다시 왕을 위하여 꿈을 꾸었다. 꿈에서 사람들이 서로 물고기를 잡는 것을 보았고, 또 꿈에서 旐와 旟를 보았다. 목인이 이런 꿈을 꾼 다음에 占夢官에게 알렸으며, 점몽관이 또 왕에게 아뢰자, 왕이 大人에게 명하며 꿈을 점치는 방법으로 점을 치도록 하였다.

꿈에서 사람들이 물고기를 잡는 것을 보았다는 것은 실로 풍년의 조짐이니, 이 해에 풍년이 들어 부모를 공양할 수 있는 祥瑞이다. 꿈에서 旐와 旟를 본 것은 집안이 번창할 조짐이니, 이것은 남녀가 많아질 징후이다. 농사가 풍년이 들고 백성이 많아지니 이것이 바로 나라의 아름다운 경사이다.

【疏】 ○ 箋'牧人'至'國事' ○ 正義曰：知者, 以下云"大人占之", 是王使占之, 明有所由, 得達於王. 夢事, 夢官所掌, 明本牧人既作此夢, 不知吉凶, 以問占夢之官. 占夢知其爲國之祥, 故獻之也. 占夢職曰“歲終獻吉夢於王. 王拜受之.” 彼所獻者, 謂天下臣民有爲國夢者, 其官得而獻之, 非占夢之官身自夢也, 故知此(以)[1]占夢之官得而獻之. 所夢是年豐歲熟民衆之祥, 故知以占國事.

1) (以) : 저본에는 '以'가 있으나, 阮元의 校勘記에 의거하여 衍文으로 처리하였다.

○ 箋의 〔牧人〕에서 〔國事〕까지

○ 正義曰 : 이를 알 수 있는 것은 아래 4장에서 '大人이 점을 쳤다.〔大人占之〕'라고 하였기 때문이다. 이것은 왕이 시켜서 점을 치도록 한 것이니, 명백히 이유가 있으므로 왕에게 보고할 수 있었던 것이다. 꿈과 관련된 일은 占夢官이 관장하니, 본래 牧人이 이런 꿈을 꾸었지만 길흉을 모르므로 점몽관에게 물은 것이다. 점몽관이 꿈을 점쳐 그 꿈이 나라의 상서로운 조짐임을 알았기 때문에 보고한 것이다.

≪周禮≫ 〈春官 占夢職〉에 “12월에 왕에게 吉夢을 보고하면 왕이 절을 하고 받는다.”라고 하였다. 점몽관이 보고한 것은 천하의 臣民이 나라를 위해 꿈을 꾼 것을 말하니, 점몽관이 얻어서 보고한 것이지 점몽관 자신이 꿈을 꾼 것은 아니므로 이 꿈은 점몽관이 얻어서 보고한 것임을 알 수 있고, 꿈은 풍년이 들고 백성이 많아질 상서로운 조짐이므로 이것으로 國事를 점친 것을 알 수 있다.

【疏】 ○ 傳'陰陽'至'衆(夢)〔多〕[1]' ○ 正義曰 : 以魚麗(리)之義言之, 太平而萬物盛多, 故知陰陽和. 經言'衆維魚矣', 乃謂捕魚者多. 傳云 '魚多'者, 言由魚多, 故捕者衆, 解人共捕之意.

1) (夢)〔多〕 : 저본에는 '夢'으로 되어 있으나, 阮元의 校勘記에 의거하여 '多'로 바로잡았다.

○ 傳의 〔陰陽〕에서 〔衆多〕까지

○ 正義曰 : 〈小雅 魚麗〉의 뜻으로 말하면 태평한 시대에는 만물이 풍성하고 많으므로 음양이 조화를 이룬 것을 알 수 있다. 시 본문에서 '사람들이 물고기를 잡는다.〔衆維魚矣〕'라고 한 것은 물고기를 잡는 사람이 많음을 말하는 것이다.

毛傳에서 '물고기가 많다.'라고 한 것은, 물고기가 많기 때문에 물고기를 잡는 사람이 많음을 말한 것으로, 사람들이 모두 물고기를 잡는다는 뜻으로 풀이한 것이다.

【疏】 ○ 箋'魚者'至'豚魚吉' ○ 正義曰 : 魚者, 庶民之所以養者. 以庶民不得殺犬豕, 維捕魚以食之, 是所以養也. 歲穀不熟, 則無以相養, 會衆人相與捕魚, 則是歲熟相供養之祥. 引易中孚卦曰 "豚魚吉"者, 孟子曰 "七十者可以食雞豚." 豚魚俱是養老之物, 故引之以證魚可供養也. 彼注[1]云"三辰在亥,[2] 亥爲豕. 爻失正, 故變而從小, 名言豚耳. 四辰在丑, 丑爲鱉蟹. 鱉蟹, 魚之微者, 爻得正, 故變而從大, 名言魚耳. 三體兌, 兌爲澤. 四上値天淵, 二・五皆坎爻, 坎爲水. 二侵澤 則豚利, 五亦以水灌淵則魚利. 豚魚以喩小民也, 而爲明君賢臣恩意所供養, 故吉." 如彼注意, 以豚魚喩小民. 與此乖者, 以彖云 "豚魚吉, 信及豚魚." 喩則澤及民. 觀彖爲說, 此則斷章取義, 故不同也.

1) 彼注 : 鄭玄의 ≪周易≫ 주석인데, 宋나라 王應麟의 ≪周易鄭康成注≫에 보인다.

2) 三辰在亥 : 3爻의 辰은 亥에 있다. 鄭玄 易學의 특징은 爻辰說로 乾卦 六爻와 坤卦 六爻를 十二時辰과 배합하여 天文과 人事를 설명한 것이다. 건괘 六爻와 곤괘 六爻와 12辰의 배합은 다음과 같다.

乾			坤		
━	戌	9월	╍	巳	4월
━	申	7월	╍	卯	2월
━	午	5월	╍	丑	12월
━	辰	3월	╍	亥	10월
━	寅	1월	╍	酉	8월
━	子	11월	╍	未	6월

○ 箋의 〔魚者〕에서 〔豚魚吉〕까지

○ 正義曰 : 물고기는 일반 백성이 〈부모에게〉 공양하는 것이다. 일반 백성은 개와 돼지를 죽일 수 없기 때문에 단지 물고기를 잡아서 먹고 이것으로 공양하는 것이다. 그 해에 곡식이 익지 않아 공양할 수 없으면 사람들을 모아 서로 함께 물고기를 잡는데, 이것이 풍년이 들어 공양할 수 있는 상서로운 조짐이다. ≪周易≫ 中孚卦(䷼)에 "믿음이 돼지와 물고기에게까지 미치면 길하다."라는 것을 인용한 것은, ≪孟子≫ 〈梁惠王 上〉에서 "70세 된 사람이 닭고기와 돼지고기를 먹을 수 있다."라고 하였기 때문이다. 돼지와 물고기는 모두 노인을 공양하는 것이므로 중부괘를 인용하여 물고기로 공양할 수 있음을 증명한 것이다.

중부괘에 대한 鄭玄 注에 "3爻의 辰이 亥에 있고, 亥는 豕이다. 효가 정도를 잃었으므로 변하여 小를 따르니 돼지라고 부를 뿐이다. 4효의 辰은 丑에 있고, 丑은 鱉蟹이다. 鱉蟹는 물고기 가운데 미미한 것인데 효가 정도를 얻었으므로 변하여 大를 따르고 물고기라고 부를 뿐이다. 3효의 體는 兌이고, 兌는 澤이다. 4효가 위로 올라가 天淵에 닿고, 2효와 5효는 모두 坎爻이며 坎은 水이다. 2효가 澤을 침범하니 돼지가 이롭고, 5효 또한 물이 못으로 흘러가니 물고기가 이롭다. 돼지와 물고기는 백성을 비유하며, 明君과 賢臣의 은혜로 공양을 받기 때문에 길하다."라고 하였다.

정현 주석의 의미와 같다면 돼지와 물고기는 백성을 비유한다. 여기와 괴리가 있는 것은 중부괘 彖辭에 "돼지와 물고기가 길하다고 한 것은 그 믿음이 돼지와 물고기에 미쳤기 때문이다.〔豚魚吉 信及豚魚也〕"라고 하였는데 은택이 백성에 미치는 것을 비유한 것이다. 정현은 彖辭를 보고 설을 만들었으며, 여기서는 斷章取義하였기 때문에 같지 않은 것이다.

無羊四章이니 **章八句**라

〈無羊〉 4章이니 章마다 8句이다.

鴻鴈之什十篇이니 **三十二章**이요 **二百三十句**라

鴻鴈之什 10篇이니 32章이고 230句이다.

毛詩注疏 卷第十二(十二之一)

唐 國子祭酒 上護軍 曲阜縣 開國子 孔穎達 奉勅撰

節南山之什詁訓傳 第十九

○ 陸曰：從此至何草不黃은 凡四十四篇이니 前儒申毛는 皆以爲幽王之變小雅라하고 鄭以十月之交以下四篇은 是厲王之變小雅어니와 漢興之初에 師移其篇次하고 毛爲詁訓하여 因改其第焉이라

○ 陸德明이 말하였다. “이 시에서부터 〈何草不黃〉까지 모두 44편이니, 예전의 儒者 申公과 毛亨은 모두 幽王의 變小雅라고 여겼다. 그러나 鄭玄은 〈十月之交〉 이하 4편은 厲王의 變小雅였으나, 漢나라가 흥성하던 초기에 악사인 師가 그 편차를 옮기고 모형이 ≪毛詩詁訓傳≫을 지으면서 그 차례를 고쳤다고 여겼다.”

節南山(절남산)

【序】 節南山은 家父刺幽王也라

〈節南山〉은 家父가 幽王을 풍자한 시이다.

【箋】 家父는 字니 周大夫也라

家父는 字이니 周나라 大夫이다.

【疏】 ‘節南山(十章上六章章八句下四章章四句)’至‘幽王’ ○ 正義曰：家父・吉甫, 詩辭自有名字. 其餘有名者, 他書傳記有之. 左傳引桑柔, 謂之“周芮良夫之詩”, 是也, 故敍得據之而言. 其不言者, 皆不知也. 或云大夫者, 止知是大夫所作, 不得姓名, 故不言也. 頌及風・(頌)〔雅〕[1)]正經, 唯公劉等三篇言召康公以外, 皆不言作者姓名. 外傳

謂棠棣爲周文公之詩[2)], 思文爲周文公之頌, 則二篇周公作也. 外傳尙得言之, 敍者不容不知, 蓋以正詩天下同心歌詠, 故例不言耳. 公劉三篇言戒成王, 戒須有主, 不得天下共戒, 故特見(현)召康公耳. 又諸言姓名爵諡者, 皆是王朝公卿大夫. 綿蠻謂士爲微臣, 不言姓名, 蓋以士位卑微, 名不足錄也. 推此則太子之傅及寺人譚大夫不言姓名, 亦爲微也. 又變風唯七月・鴟鴞言周公所作, 其餘皆無作者姓名, 亦以諸侯之大夫位比天子之士官位亦微, 故皆無見姓名者也. 唯魯人作頌非常, 特詳其事, 言行父請周, 史克作頌[3)]耳. 不然, 豈變風十有二國, 其詩百有餘篇, 作者不知一人也.

1) (頌)〔雅〕: 저본에는 '頌'으로 되어 있으나, 阮元의 校勘記에 의거하여 '雅'로 바로잡았다.
2) 周文公之詩 : 周文公은 곧 周公 旦을 말한다.
3) 行父請周 史克作頌 : 魯頌譜에 "季孫行父請命于周 而史克作是頌"이라고 되어 있다.

序의 〔節南山〕에서 〔幽王〕까지

○ 正義曰 : 家父와 尹吉甫는 詩語에 본래 이름과 字가 있었다. 그 나머지 이름만 있는 경우는 다른 책의 주석인 傳과 記에 있다. ≪春秋左氏傳≫에서 ≪詩經≫ 〈大雅 桑柔〉를 인용하면서, "周나라 芮良夫의 詩이다."라고 하였으니 이것이다. 그러므로 序에서 그것을 근거로 말할 수 있다. 〈傳과 記에서〉 언급하지 않은 것은 모두 알 수 없다.

간혹 大夫라고 말한 것은 단지 이 시가 대부가 지은 것임을 알 뿐 姓名을 찾을 수 없으므로 말하지 않은 것이다. 頌・風・雅의 正經 중 오직 〈公劉〉 등 3편에서 召康公을 말한 것 이외에는 모두 작자의 성명을 말하지 않았다. ≪春秋外傳≫(國語)에서 "≪詩經≫ 〈小雅 棠棣〉는 周文公의 詩이다."라 하고, 또 "〈頌 思文〉은 주문공의 頌이다."라고 하였으니, 두 편은 周公이 지은 것이다. ≪춘추외전≫에서도 오히려 말할 수 있었으니 序를 쓴 자가 모를 수 없다. 그러나 正經의 詩는 천하 사람이 같은 마음으로 노래하였기 때문에 으레 말하지 않았을 뿐이다. 〈공류〉 3편에서는 "成王을 경계한 시이다."라고 말했으니, 경계할 때는 반드시 주체가 있어야 하니 천하가 함께 경계할 수는 없다. 그러므로 특별히 소강공을 드러내었을 뿐이다.

또 姓・이름・작위・시호를 여러 번 말한 경우는, 모두 王廷의 공・경・대부이다. 〈綿蠻〉의 序에서 士를 일컬어 微臣이라 하고 姓名을 말하지 않은 것은, 士가 지위가 낮고 보잘것없어서 이름을 기록하기에 충분하지 않았기 때문이다. 이것을 미뤄보면, 太子의 사부 및 寺人과 譚大夫에 대해 성명을 말하지 않은 것도 역시 지위가 보잘것없기 때문이다.

또 變風에서는 오직 〈〈豳風〉의〉 〈七月〉과 〈鴟鴞〉에서만 周公이 지은 시라 했고, 그 나머지는 모두 작자의 성명이 없으니, 또한 제후의 대부 지위를 천자의 士와 비교하면 官位가 또한 미천하므로 모두 성명을 드러낸 경우가 없다. 오직 〈제후국인〉 魯나라 사람이 〈천자의 시인〉 頌을 짓는 것은 정상적인 법이 아니기 때문에 특별히 그 일을 자세히 기술해서, "계손행보가 周나라에 요청해서 史官 克이 이 頌을 지은 것이다."라고 말했을 뿐이다. 그렇지 않다면 어째서 변풍인 12國風에 실린 시가 100여 편인데, 작자를 한 사람도 알 수 없겠는가?

【疏】 ○ 箋'家父, 字, 周大夫' ○ 正義曰：卒章傳已云"家父, 周大夫." 但不言家父是字. 此辨其字, 因言其官, 所以(國)〔箋〕[1]傳重也. 知字是大夫者, 以春秋之例, 天子大夫則稱字. 桓十五年"天王使家父來求車", 以字見經文與此同, 故知此字亦是大夫也. 桓(七)〔十五〕[2]年上距幽王之卒七十五歲, 此(言)〔詩〕[3]不知作之早晚, 若幽王之初, 則八十五年矣. 韋昭[4]以爲平王時作, 此言不廢, 作在平・桓之世, 而上刺幽王. 但古人以父爲字, 或累世同之. 宋大夫有孔父者, 其父正考父, 其子木金父. 此家氏或父子同字父, 未必是一人也. 雲漢序云"仍叔", 箋引桓五年"仍叔之子來聘", "春秋時, 趙氏世稱孟, 智氏世稱伯, 仍氏或亦世字叔也." 自桓五年, 上距宣王之卒七十六歲, 若當初年, 則百二十年矣. 引之以證仍叔是周大夫耳, 未必是一人也. 瞻仰箋亦引隱七年"天王使凡伯來聘". 自隱七年, 上距幽王之卒五十六歲. 凡國伯爵, 爲君皆然, 亦不知其人之同異也. 但知板與瞻仰俱是凡伯所作, 二者必是別人. 何則. 板已言"老夫灌灌"・"匪我言耄", 則不得下及幽王時矣. 瞻仰之箋引春秋, 亦證凡伯爲天子大夫耳[5]. 此三文皆年月長遠, 竝應別人, 故箋不言, 是也. 其意不以爲一人矣. 故板不引春秋, 至瞻仰而引之, 及此不引春秋, 皆注有詳略, 無義例也.

1) (國)〔箋〕: 저본에는 '國'으로 되어 있으나, 阮元의 校勘記에 의거하여 '箋'으로 바로잡았다.
2) (七)〔十五〕: 저본에는 '七'로 되어 있으나, 阮元의 校勘記에 의거하여 '十五'로 바로잡았다.
3) (言)〔詩〕: 저본에는 '言'으로 되어 있으나, 阮元의 校勘記에 의거하여 '詩'로 바로잡았다.
4) 韋昭 : 204~273. 삼국시대 吳나라의 政治家이자 史學者이다. 자는 弘嗣이다. 저서로 ≪國語注≫・≪論語注≫・≪孝經注≫ 등이 있다.

5) 但知板與瞻仰俱是凡伯所作……亦證凡伯爲天子大夫耳 : 〈板〉의 鄭箋에서는 "凡伯은 周나라와 같은 姓이고, 周公의 후손이다.〔凡伯周同姓 周公之胤也〕"라고 하였고, 〈瞻仰〉의 鄭箋에서는 "범백은 天子의 大夫이다. ≪春秋≫ 隱公 7년 겨울에, 天王이 범백을 사신으로 보내 〈魯나라로〉 와서 방문하였다.〔凡伯天子大夫也 春秋魯隱公七年冬 天王使凡伯來聘〕"라고 해서, 범백이 다른 사람임을 밝혔다.

○ 箋의〔家父 字 周大夫〕

○ 正義曰 : 마지막 장의 毛傳에서 이미 "家父는 周나라 大夫이다."라고 하였으나, 다만 家父가 字라고 하지 않았을 뿐이다. 여기에서 그의 字임을 분명히 밝히고 이어서 그 관직을 말한 것은, 鄭箋과 모전의 내용이 중복되기 때문이다. 字가 大夫의 字임을 알 수 있는 것은 ≪春秋≫의 용례에 天子의 대부는 字를 말하기 때문이다. 桓公 15년에 "天王이 家父를 魯나라에 사신으로 보내 수레를 요구하게 하였다.〔天王使家父來求車〕"라고 하였는데, 字가 經文에 보이는 것이 이 시에서와 같으므로, 이 시의 字 역시 대부의 字라는 것을 알 수 있다.

그러나 노나라 환공 15년은 幽王이 죽은 해와 75년 차이가 나므로, 이 시가 지어진 시기를 알 수 없지만 만약 幽王 초기라고 한다면 家父의 나이는 85세가 된다. 따라서 韋昭는 平王 때 지어진 시라고 하였는데 이 말은 버릴 수 없으니, 시가 지어진 것은 平王과 桓王 때이며 위로 유왕을 풍자한 시이다. 다만 古人은 父로 字를 지어 간혹 여러 세대가 함께 사용하기도 했다. 宋나라 대부 가운데 孔父라는 자가 있었는데, 그 아버지는 字가 正考父이고 그의 아들은 字가 木金父이다. 이 시의 家氏도 아마 父子가 父라는 字를 함께 사용한 경우일 것이니, 반드시 한 사람은 아닐 것이다.

〈雲漢〉의 小序에서는 〈작자를〉 '仍叔'이라고 하였는데, 鄭箋에서는 ≪春秋左氏傳≫ 桓公 5년의 "〈천왕이〉 仍叔의 아들을 노나라에 사신으로 보내 와서 聘問하게 하였다.〔仍叔之子來聘〕"라는 구절을 인용해서, "春秋시대에 趙氏는 대대로 孟이라고 칭하였고 智氏는 대대로 伯이라고 칭하였으니, 仍氏도 아마 대대로 叔을 字로 썼을 것이다."라고 하였다. 魯 桓公 5년부터 위로 宣王이 죽은 해와는 76년 차이가 나므로, 만약 宣王의 초년에 해당한다면 仍叔은 120살이 된다. 鄭玄은 이것을 인용해서 잉숙이 주나라 대부라는 사실을 증명하였을 뿐이니, 반드시 한 사람인 것은 아니다.

〈大雅 瞻仰〉의 鄭箋에서도 ≪春秋≫ 은공 7년의 "천왕이 凡伯을 노나라에 사신으로 보내와서 빙문하게 하였다.〔天王使凡伯來聘〕"라는 구절을 인용하였다. 은공 7년은 위로 幽王이 죽은 해와 56년 차이가 난다. 여기서 凡은 나라이고 伯은 爵인데 임금이 된 자는 모두 그렇게 칭하였으니, 또한 그 사람이 같은지 다른지 알 수 없고, 다만 〈大雅 板〉과 〈瞻仰〉은 모두 범백이 지은 시이지만 두 사람이 반드시 다른 사람이라는 사실을 알 수 있을 뿐이다. 어째서인가? 〈板〉에서는 이미 "늙은 사람이 정성을 다했다.〔老夫灌灌〕"라 하고 "내 말은 노망이 들어서 하는 말이 아니다.〔匪我言耄〕"라고 하였으니, 아래로 유왕 때까지 미칠 수 없다. 따라서 〈첨앙〉의 鄭箋에서 ≪춘추≫를 인용한 것도 범백이 천자의 대부라는 사실을 증명하기 위한 것일 뿐이다.

이 3편 시의 문장은 모두 年月이 오래되었으니 모두 다른 사람이어야 한다. 그러므로 鄭箋에서는 말하지 않았으니 옳다. 그 뜻은 한 사람이라고 여기지 않은 것이다. 그러므로 〈판〉에서는 ≪춘추≫를 인용하지 않았으나 〈첨앙〉에 이르러서는 ≪춘추≫를 인용하였고, 이 시에 미쳐서는 ≪춘추≫를 인용하지 않았으니, 모든 注에는 상세함과 소략함의 차이는 있으나 의미와 체제의 차이는 없다.

節彼南山은 **維石巖巖**이로다

우뚝 솟은 저 남산은
돌이 겹겹이 쌓였구나

【傳】 興也라 節은 高峻貌요 巖巖은 積石貌라

興이다. 節은 '높고 험준한 모양'이다. 巖巖은 '돌이 쌓여 있는 모양'이다.

【箋】 箋云 興者는 喩三公之位가 人所尊嚴이라

箋云 : 興이라고 한 이유는 三公의 지위가 사람들이 존귀하게 여기는 자리임을 비유했기 때문이다.

赫赫師尹은 **民具爾瞻**이로다 **憂心如惔**하며 **不敢戲談**이로다

빛나는 태사 윤씨는
백성이 모두 살펴보는구나
근심스러운 마음 불에 타는 듯하며
감히 장난치며 이야기하지 못하는구나

【傳】 赫赫은 顯盛貌라 師는 大(태)師이니 周之三公也라 尹은 尹氏니 爲大師라 具는 俱요 瞻은 視라 惔은 燔也라

赫赫은 '현달하고 융성한 모양'이다. 師는 太師이니 周나라의 三公이다. 尹은 尹氏이니 태사가 되었다. 具는 '함께'이고, 瞻은 '살펴보다'이다. 惔은 '불에 타다'이다.

【箋】 箋云 此言尹氏니 女居三公之位하여 天下之民俱視女之所爲하여 皆憂心如火灼爛之矣라 又畏女之威하여 不敢相戲而(言)〔談〕[1]語라하니라 疾其貪暴하고 脅下以刑辟也라

1) (言)〔談〕: 저본에는 '言'으로 되어 있으나, 阮元의 校勘記에 의거하여 '談'으로 바로잡았다.

箋云 : 이것은 尹氏를 말한 것이니, '네가 삼공의 지위에 자리해서 천하의 사람들이 네가 하는 행동을 모두 살펴보고 모두 근심스러운 마음이 마치 불에 타는 듯하였다. 또 너의 위엄을 두려워해서 감히 서로 장난치며 이야기하지 못한다.'라고 한 것이다. 그의 탐욕과 포악함을 천하의 사람들이 싫어하고, 그가 형벌로써 아랫사람을 위협했기 때문이다.

國既卒斬이어늘 何用不監고

나라가 이미 다 멸망하거늘
어찌해서 감찰하지 않는가

【傳】 卒은 盡이요 斬은 斷이라 監은 視也라

卒은 '다하다'이고, 斬은 '끊어지다'이다. 監은 '살피다'이다.

【箋】 箋云 天下之諸侯(曰)〔日〕[1]相侵伐하여 其國已盡絶滅이어늘 女何用爲職하여 不監察之오

1) (曰)〔日〕: 저본에는 '曰'로 되어 있으나, 阮元의 校勘記에 의거하여 '日'로 바로잡았다.

箋云 : 천하의 제후들이 날마다 서로 침략하고 정벌해서, 그 나라들이 이미 다 멸망하거늘 너는 어떻게 직분을 수행하기에 그들을 감찰하지 않느냐고 한 것이다.

【疏】'節彼'至'不監' ○ 正義曰：節然高峻者，彼南山也．山旣高峻，維石巖巖然，故四方皆遠望而見之．以興赫赫然顯盛者，彼太師之尹氏也．尹氏爲太師旣顯盛，處位尊貴，故下民俱仰汝而瞻之．汝旣爲天下所瞻，宜當行德以副之．今天下見汝之所爲，皆憂心如被火之燔灼然，畏汝之威，不敢相戲而談語，是失於具瞻矣．又天下諸侯之國日相侵伐，其國已盡絶滅矣，汝何用爲職而不監察之．國見絶滅，罪汝之由也．然節與巖巖一也，言節先擧形之高大，乃言'維石巖巖'，見其視之貌狀．言'民具爾瞻'，雖與'維石巖巖'相對，而巖巖無視汝之文，具瞻少(酋)〔尊〕[1]嚴之狀，互相發見，故箋云'喩三公之位，人所尊嚴'．則巖巖然有瞻之狀，因'赫赫'已有尊之義，而'具瞻'爲下視，所以便而互．集注及定本皆作'高嚴'．

1) (酋)〔尊〕：저본에는 '酋'로 되어 있으나，阮元의 校勘記에 의거하여 '尊'으로 바로잡았다．

經의 〔節彼〕에서 〔不監〕까지

○ 正義曰：우뚝 솟아서 높고 험준한 것은 저 南山이다．산이 이미 높고 험준한데 돌이 겹겹이 쌓여 있기 때문에 사방에서 모두 멀리 우러러 본다．이것으로 '빛나게 현달하고 융성한 자는 저 太師 尹氏이다．윤씨는 태사가 되어서 이미 현달하고 융성해서 존귀한 지위에 자리하고 있기 때문에 아래 백성이 모두 너를 우러러 보고 있다.'라는 것을 비유하였다．

네가 이미 천하 사람들이 우러러보는 사람이 되었으니，덕을 베풀어 부응해야 마땅하다．그러나 '지금 천하 사람이 네가 하는 행동을 보고 모두 근심스러운 마음이 마치 불에 타는 듯하며，너의 위엄을 두려워해서 감히 서로 장난치며 이야기하지 못한다.'라고 하였으니，이것은 많은 사람이 우러러보는 마음에 실망을 준 것이다．

또 천하의 제후국이 날마다 서로 침략하고 정벌해서，'그 나라들이 이미 다 멸망하거늘 너는 어떻게 직분을 수행하기에 그들을 감찰하지 않는가'라고 해서，제후국이 멸망 당하는 것이 네가 원인임을 탓하는 것이다．

그러나 '節'은 '巖巖'과 같은 의미인데，節을 말해서 먼저 형세가 높고 크다는 것을 거론하고 곧이어 '維石巖巖'을 말해서 멀리서 보이는 형상을 표현하였다．'民具爾瞻'이라고 말한 것은 비록 '維石巖巖'과는 서로 짝이 되지만 巖巖에는 너를 살펴본다는 문장의 뜻이 없고 '具瞻'에는 존엄의 표현이 적은데，서로 보완해 뜻을 드러내기 때문에 鄭箋에서 '三公의 지위가 사람들이 존귀하게 여기는 자리임을 비유한 것이다.〔喩三公之位

人所尊嚴]'라고 말한 것이다. 그러니 겹겹이 쌓여 있다는 것에도 우러러 본다는 표현이 있고, '赫赫'에 이미 존중의 뜻이 있기 때문에 '具瞻'이 아래 백성이 보는 것이 되니, 편리하게 서로 보완하는 문장이 되는 것이다. ≪毛詩集注≫와 ≪五經定本≫에는 모두 '高嚴'으로 되어 있다.

【疏】 ○ 傳'師, 太師' ○ 正義曰：尙書周官云 "太師・太傅・太保, 玆惟三公", 故知太師, 周之三公也. 下云 '尹氏太師', 是尹氏爲太師也. 孝經注以爲冢宰之屬者, 以此刺其專恣, 是三公用事者, 明兼冢宰以統群職.

○ 傳의 〔師 太師〕

○ 正義曰：≪尙書≫ 〈周官〉에서 "太師・太傅・太保 이 세 관직이 三公이다."라고 하였기 때문에 태사가 周나라 삼공이란 것을 알 수 있다. 아래 장에서 '尹氏太師'라고 하였으니, 이것이 "尹氏가 太師가 되었다."라는 것이다. ≪孝經≫의 注에서 "冢宰의 무리〔冢宰之屬〕"라고 한 것은 이것으로 그들이 권력을 전횡한 것을 풍자했기 때문이다. 이것이 삼공이 권력을 전횡할 수 있는 것이니, 총재를 겸해서 여러 관직을 통솔했다는 것을 밝힌 것이다.

【疏】 ○ 箋'此言'至'刑辟' ○ 正義曰：此'民具爾瞻'一句, 上與'維石岩岩'相對爲興, 又與'憂心如惔'爲發端, 由瞻見其惡, 所以憂心, 故知'視汝之所爲皆憂心也'. '如惔'之字, 說文作炎, 訓爲小(熟)〔爇〕[1]也. 灼, 炙燒也. 爛, 火熟也. 皆火燒之事, 故云 '如火灼爛之矣'. 不敢者, 畏辭. 旣憂復畏, 故言'又畏汝之威, 不敢相戲而談語'也. '疾其貪暴, 脅下以刑辟'者, 言其有二事也. 疾其貪暴, 所以憂心. 脅下以刑辟, 故不敢戲談. 所以不敢者, 畏其威耳. 故知不敢, 明是脅下以刑辟之罪也. 不敢戲爲刑罪, 明所憂者刑罰之(成)〔威〕[2], 貪暴可知.

1) (熟)〔爇〕：저본에는 '熟'으로 되어 있으나, 阮元의 校勘記에 의거하여 '爇'로 바로잡았다.

2) (成)〔威〕：저본에는 '成'으로 되어 있으나, 阮元의 校勘記에 의거하여 '威'로 바로잡았다.

○ 箋의 〔此言〕에서 〔刑辟〕까지

○ 正義曰：여기에서의 '民具爾瞻' 한 句는 위의 구 '維石巖巖'과 서로 짝이 되어서 비

유가 되고, 또 '憂心如惔'과 함께 해석의 단서가 되니, 멀리서 그의 악행을 살펴보는 것으로 말미암아 근심스런 마음이 생기는 것이다. 그러므로 '네가 하는 행동을 보고 모두 근심스런 마음이 생겼다.'라고 한 것임을 알 수 있다.

'如惔'의 惔자는 ≪說文解字≫에 𤆓자로 되어 있으며 그 뜻은 '조금 타다'라고 하였다. 灼은 '불에 태우다'의 뜻이고, 爛은 '불에 데다'의 뜻이니, 모두 불에 타는 일이기 때문에 '마치 불에 타는 듯하다.'라고 한 것이다.

'감히 하지 못한다'라고 한 것은 두려워하는 말이다. 이미 근심스러운데다가 또 두려웠기 때문에, '또 너의 위엄을 두려워해서 감히 서로 장난치며 이야기하지 못한다.'라고 한 것이다.

'그의 탐욕과 포악함을 천하의 사람들이 싫어하고, 그가 형벌로써 아랫사람을 위협했기 때문이다.'라고 한 것은 거기에 두 가지 일이 있음을 말한 것이다. 그의 탐욕과 포악함을 싫어하기 때문에 근심스러운 마음이 생긴 것이고, 형벌로 아랫사람을 위협하기 때문에 감히 장난치며 이야기하지 못한 것이니, 감히 하지 못한 것은 그의 위협을 두려워한 것일 뿐이다. 그러므로 감히 못한다는 것은 형벌로써 아랫사람을 위협한 죄를 밝힌 것임을 알 수 있고, 또 감히 장난쳐서 형벌 받을 죄를 짓지 않는다는 것이 백성이 근심하는 것이 형벌의 위협이며 〈尹氏가〉 탐욕스럽고 포학하다는 것을 알 수 있음을 밝힌 것이다.

【疏】 ○ 箋'天下'至'察之' ○ 正義曰：國者, 諸侯之辭. '卒斬', 盡滅之稱. 故云 '天下諸侯日相侵伐, 其國已盡絶滅矣'. 汝何用爲職者, 責之, 言汝爲三公, 更何所主. 唯諸侯耳. 何以不監察之, 而令相伐也. 如是, 則尹氏又爲王官之伯, 分主東西, 得專征專殺, 故言'何用爲職'也. 雨無正云 "斬伐四國", 箋云 "天下諸侯於是更相侵伐, 謂厲王時也." 沔水箋云 "諸侯出兵, 妄相侵伐, 謂宣王時也." 則諸侯徵伐久矣. 而論語注以爲, "平王東遷, 諸侯始專征伐"者, 幽·厲雖殘虐無道, 尙能治諸侯. 但明不燭下, 致使擅相伐滅, 故詩人擧以爲刺. 至於平王微弱, 不能禁制, 諸侯專行征伐, 無所顧忌, 故論語之注以征伐自諸侯出, 從平王爲始也. 言'卒斬'者, 甚言之耳. 若實盡滅, 則誰滅之乎.

○ 箋의 〔天下〕에서 〔察之〕까지

○ 正義曰：國이란 諸侯를 가리키는 말이다. '卒斬'은 다 멸망한 것을 일컫는 말이다. 그러므로 '천하의 제후들이 날마다 서로 침략하고 정벌해서, 그 나라들이 다 멸망

하였다.'라고 한 것이다.

'너는 어떻게 직분을 수행하기에'라고 한 것은 그를 책망하는 것이니, '너는 三公이 되어서 다시 주관하는 것이 무엇이냐? 오직 제후를 감찰하는 일뿐인데 어찌해서 제후를 감찰하지 않아 서로 정벌하게 하는가?'라고 말한 것이다. 이와 같다면 윤씨 또한 王廷의 관원 중에서 우두머리가 되어, 천하를 東西로 나누어서 다스리며 마음대로 정벌하고 마음대로 죽일 수 있었다. 그러므로 '어떻게 직분을 수행하기에'라고 한 것이다.

〈小雅 雨無正〉에서 "사방의 나라를 정벌하였다.〔斬伐四國〕"라고 하였는데, 鄭箋에서 "천하의 제후가 이때 다시 서로 침략하고 정벌하였다."라고 한 것은 厲王 때를 말한 것이고, 〈小雅 沔水〉의 鄭箋에서 "제후가 군대를 동원해서 함부로 서로 침략하고 정벌하였다."라고 한 것은 宣王 때를 말한 것이니, 제후가 서로 정벌한 지가 오래되었다. ≪論語≫ 〈季氏〉의 注에서 "平王이 동쪽으로 천도하자, 제후들이 마음대로 정벌하기 시작하였다."라고 하였으니, 幽王과 厲王이 비록 잔인하고 포학하며 道가 없었더라도 오히려 제후를 다스릴 수 있었고, 다만 총명이 아랫사람을 살피지 못해서 마음대로 서로 정벌하고 멸망시키는 지경에 이르게 된 것일 뿐이다. 그러므로 시인이 이것을 거론해서 풍자로 삼은 것이다. 평왕이 미약해져 제후를 제압하지 못하자, 제후들이 마음대로 정벌을 행하여 망설이는 것이 없었다. 그러므로 ≪논어≫ 〈계씨〉의 "정벌이 제후에게서 나왔다.〔征伐自諸侯出〕"라는 구절을 주석하면서, "평왕 때부터 시작되었다."라고 하였다.

'다 멸망한다.〔卒斬〕'라고 한 것은 심하게 말한 것일 뿐이다. 만약 정말로 다 멸망했다면 누가 그들을 멸망시킨 것인가?

節彼南山은 有實其猗로다

우뚝 솟은 저 남산은
그 골짜기에 초목이 가득하구나

【傳】 實은 滿이요 猗는 長也라

實은 '가득하다'이고, 猗는 '자라다'이다.

【箋】 箋云 猗는 倚也라 言南山旣能高峻하고 又以草木平滿其旁倚之畎谷하여 使之齊均也라

箋云 : 猗는 '의지하다'이다. '남산이 이미 높고 험준한 형세를 이룰 수 있었고, 다시 초목으로 그 곁에 의지해 있는 골짜기를 고루 채워 가지런하게 한다.'라고 말한 것이다.

赫赫師尹은 **不平謂何**리오

빛나는 태사 윤씨는
공평하지 않으니 어찌 하리오

【箋】 箋云 責三公之不均平이 不如山之爲也라 謂何는 猶云何也라

箋云 : 三公이 공평하지 않은 것이 산이 고루 가지런한 것보다 못하다고 책망한 것이다. 謂何는 '어찌 하리오'라고 말한 것과 같다.

天方薦瘥하여 **喪亂弘多**로다

하늘이 이제 역병 거듭 내려
죽음과 재난이 크고 많구나

【傳】 薦은 重이요 瘥는 病이라 弘은 大也라

薦은 '거듭하다'이고, 瘥는 '병'이다. 弘은 '크다'이다.

【箋】 箋云 天氣方今又重以疫病하여 長幼相亂而死喪이 甚大多也라

箋云 : 하늘의 기운이 이제 다시 역병을 거듭 내려, 어른과 아이가 서로 혼란에 빠져 죽는 이가 매우 많다.

民言無嘉어늘 **憯莫懲嗟**하니라

백성의 말에 경사스런 일이 없거늘
재앙을 그치게 한 적이 없으니 아 어찌하겠는가

【傳】 憯은 曾也라

憯은 '일찍이'이다.

【箋】 箋云 懲은 止也라 天下之民이 皆以災害相弔唁하며 無一嘉慶之言이어늘 曾無以恩德止之者니 嗟乎奈何라

箋云 : 懲은 '그치다'이다. '천하의 백성이 모두 재해로 말미암아 서로 위로하며 한 마디도 좋은 말이 없거늘, 일찍이 은덕을 베풀어 그 재앙을 멈춘 적이 없으니, 아! 어찌할까.'라고 한 것이다.

【疏】 '節彼'(事)〔至〕[1]'懲嗟' ○ 毛以爲"節然而高峻者, 彼南山也. 既高峻矣, 而又滿之使平均者, 以其草木之長茂也. 以興赫赫然而盛者, 彼太師之官也. 太師既尊盛矣, 而有益之使平均者, 以用衆士之智能也. 刺尹氏專己, 不肯用人, 以至於不平. 故又責師尹, 汝居位爲政不平, 欲云何乎. 以汝不平, 天應以災. 下民非直畏汝刑辟, 天氣方今又重下以疫病, 使民之死喪禍亂甚大多也. 由此喪凶, 下民之言, 無一嘉慶者, 皆是相弔之辭. 汝尹氏及時在位, 曾無以恩德止此喪亂者, 嗟乎, 可奈何. 既無止之, 禍災未歇, 故嗟而閔之. '赫赫師尹'一句, 上與'節彼南山'相對爲興, 又與下'不平謂何'爲發端. 言山之能均平, 反刺尹氏之不平." ○ 鄭唯'有實其猗'爲異. 言"山既高峻, 有以草木平滿其傍倚之畎谷, 使之齊均", 以興尹氏既爲尊顯, 亦當以政教養育其天下民庶, 使之齊均, 當如山之所爲爲異. 餘同.

1) (事)〔至〕: 저본에는 '事'로 되어 있으나, 阮元의 校勘記에 의거하여 '至'로 바로잡았다.

經의 〔節彼〕에서 〔懲嗟〕까지

○ 毛亨은 "우뚝이 높고 험준한 것은 저 남산이다. 이미 높고 험준한데, 다시 가득 채워 고루 가지런하게 하는 것은 그곳의 초목이 자라 무성하기 때문이다. 이것으로 빛나게 성대한 자는 저 태사의 관직이니, 태사의 관직은 이미 존귀하고 융성한데, 거기에 더해 고루 가지런하게 하는 것은 여러 士의 지혜와 능력을 쓰기 때문임을 비유하였다. 그래서 尹氏가 자기 마음대로 하고 다른 사람을 등용하기를 좋아하지 않아서 공평하지 않은 지경에 이르게 되었음을 풍자한 것이다. 그러므로 다시 태사 윤씨를 질책하여, '너는 관직을 차지하고 정사를 행하면서 공평하지 않으니, 무슨 말을 하겠는가. 네가 공평하지 않아서 하늘이 재앙으로 응한 것이다. 아래 백성이 너의 형벌을 두려워할 뿐만 아니라, 하늘의 기운도 이제 거듭해서 역병을 내려 백성이 죽음을 맞거나 재난을 겪는 일이 매우 많다. 이 죽음과 재난으로 말미암아 아래 백성이 하는 말

에 한 마디도 경사스런 일은 없고 모두 서로 위로하는 말이다. 너 윤씨가 이때 직위를 맡고 있었으나 일찍이 은덕을 베풀어 이 죽음과 재난을 그치게 한 적이 없었으니, 아! 어찌할 수 있겠는가.'라고 한 것이니, 이미 그것을 그치게 한 적이 없어 재앙이 쉬지 않으므로 탄식하면서 근심한 것이다. '赫赫師尹' 한 구는 위의 '節彼南山'과 상대가 되어 비유를 일으키고, 다시 아래 구의 '不平謂何'와 해석의 단서를 만든다. 남산이 고루 가지런해질 수 있음을 말해서, 도리어 윤씨가 공평하지 않다는 것을 풍자한 것이다." 라고 여긴 것이다.

○ 鄭玄은 다만 '有實其猗'를 毛亨과 다르게 해석하였다. 말하자면, "산이 이미 높고 험준한데, 초목으로 그 산을 의지하는 골짜기를 고루 채워 가지런하고 평평하게 하였다."라는 것이다. 이것으로 '윤씨는 이미 존귀하고 현달하게 되었으니, 또한 정치와 교화로써 천하의 백성을 기르고 가르쳐 남산이 한 것처럼 고루 가지런하게 해야 한다.'는 것을 비유했다고 여긴 것이 다르다. 나머지는 같다.

【疏】 ○ 傳'猗, 長' ○ 正義曰：以'綠竹猗猗'是草木長茂之貌, 故爲長也. 王肅云 "南山高峻, 而有實之, 使平均者, 以其草木之長茂也. 師尹尊顯, 而有益之, 使平均者, 以用衆士之智能. 刺今專己, 不肯用人, 以至於不平也." 傳意或然.

○ 傳의 〔猗 長〕

○ 正義曰：〈《衛風 淇奧》편의〉 '綠竹猗猗'가 草木이 자라 무성한 모습이기 때문에, 猗를 '長(자라다)'이라고 풀이하였다. 王肅은 "남산이 높고 험준한데 그곳을 채워 고루 가지런하게 하는 것은 그곳의 초목이 자라 무성하기 때문이고, 태사 윤씨가 존귀하고 현달하게 되었는데 거기에 더하여 고루 가지런게 하는 것은 여러 士의 지혜와 능력을 사용하기 때문이다. 그러나 지금 윤씨는 자기 마음대로 하고 다른 사람을 등용하기를 좋아하지 않아서 공평하지 않은 지경에 이르게 되었음을 풍자한 것이다."라고 말하였다. 毛傳의 뜻도 아마 그런 듯하다.

【疏】 ○ 箋'猗倚'至'齊均' ○ 正義曰：箋以言'有實其猗', 是猗爲山之所實之處, 故以爲倚, 言山傍而倚近山者也. 山傍近山, 唯𡿨谷耳, 能實𡿨〔谷〕[1], 唯草木也, 故知'以草木平滿其傍之𡿨谷, 使之齊均也.' 山高以比三公, 𡿨谷以比下民, 言山能以草木實𡿨谷, 反喩三公不能以政敎均下民也. 草木之生而云山者, 山出雲雨, 能生草木故也. 言

'平滿'者, 謂山俱以雨露潤之, 均平而生, 皆徧滿其中, 故言'齊均'也. 匠人注云 "壟中曰甽." 說文云 "甽, 小流也." 言水小不能自通, 須人甽引之, 則甽是壟中小水之名, 因此而山谷通水之處亦名爲甽. 禹貢曰 "羽甽夏翟." 鄭注云 "羽山之谷." 是也. 定本云 "又以草土平滿其傍倚之山", 以木爲土, 恐非.

1) 〔谷〕: 저본에는 '谷'이 없으나, 阮元의 校勘記에 의거하여 보충하였다.

○ 箋의 〔猗倚〕에서 〔齊均〕까지

○ 正義曰 : 鄭箋에서는 '有實其猗'를 말한 것에서 猗는 산에서 채워지는 곳이 되기 때문에 '倚(의지하다)'라고 풀이하였으니, 山의 곁에 있으면서 산을 의지하며 가까이 있는 것'을 말한다. 산의 곁에 있으면서 산 가까이 있는 것은 오직 골짜기 뿐이고, 골짜기를 채울 수 있는 것은 오직 草木뿐이다. 그러므로 '초목으로 그 곁에 의지해 있는 골짜기를 고루 채워 가지런하게 한다.'라고 한 것임을 알 수 있다.

산이 높은 것으로 三公을 비유하고 골짜기로써 아래 백성을 비유한 것이니, 산은 초목으로써 골짜기를 채울 수 있음을 말해서, 반대로 삼공인 윤씨가 정치와 교화로써 아래 백성을 공평하게 할 수 없다는 것을 일깨운 것이다. 〈골짜기에서〉 초목이 자라는데 山이라고 말한 이유는 산에서 구름과 비를 내어서 초목을 자라게 할 수 있기 때문이다. '고루 가득 채운다'고 말한 것은 산이 비와 이슬을 갖춰서 초목을 적셔 고루 가지런하게 자라서 모두 그 안을 두루 채우기 때문이다. 그러므로 '가지런하게 한다'라고 말했다.

≪周禮≫ 〈匠人〉의 鄭玄 注에서 "밭이랑 가운데 있는 것을 밭도랑이라고 한다."라 하고, ≪說文解字≫에는 "甽은 '물의 양이 적은 도랑'이다."라고 하였으니, 물의 양이 적어 스스로 흘러갈 수 없어서 반드시 사람이 물이 흘러가도록 끌어내야 하는 곳을 말한다. 그런즉 甽은 밭이랑 가운데 있는 작은 도랑의 이름이다. 이 때문에 산골짜기에서 물이 통하는 곳도 甽이라고 이름한 것이다. ≪尙書≫ 〈禹貢〉의 "우산 골짜기의 여름철 꿩〔羽甽夏翟〕"에 대해 정현의 注에서 '羽甽'을 "우산의 골짜기〔羽山之谷〕"라고 한 것이 이것이다. ≪五經定本≫에는 "다시 풀과 흙으로써 그 곁에서 의지하는 산을 고루 채웠다."라고 해서, 草木의 木를 土로 썼는데 옳지 않은 듯하다.

【疏】 ○ 傳'薦, 重. 瘥, 病' ○ 正義曰 : '薦'與荐, 文異義同. 釋言云 "荐, 再也." 再是重之義也. "瘥, 病", 釋詁文.

○ 傳의 〔薦重 瘥病〕

○ 正義曰 : '薦'은 荐과 글자 모양은 다르지만 의미는 같다. ≪爾雅≫ 〈釋言〉에서 "荐은 '거듭하다'이다."라고 하였는데, 再는 '重(거듭하다)'의 뜻이다. "瘥는 '병'이다"라고 한 것은 ≪爾雅≫ 〈釋詁〉의 문장이다.

【疏】 ○ 箋'天氣'至'大多' ○ 正義曰 : 此喪亂連文, 喪者, 死亡之名, 云亂則爲未死, 是疫病也, 故云 '天氣方今又重以疫病, 長幼相亂.' 言長之與幼, 皆得疫病, 相交亂不少, 因此以致死, 故云 '死喪甚大多也'. 喪與亂相將, 由亂以致喪, 故鄭分解之. 言重者, 尹氏旣脅下以刑辟, 上天又加之災禍, 是重也.

○ 箋의 〔天氣〕에서 〔大多〕까지

○ 正義曰 : 여기서 喪(죽음)과 亂(혼란)은 연결된 문장이다. 喪이란 것은 死亡을 이르는 말이니, 亂이라고 말하였으면 아직 죽지 않은 것이 되니 이것이 역병이다. 그러므로 '하늘의 기운이 이제 다시 역병을 거듭 내려 어른과 아이가 서로 혼란에 빠졌다.'라고 하였다. 말하자면, 어른이 아이와 함께 모두 역병에 걸려 서로 함께 혼란에 빠진 자가 적지 않았고, 이로 말미암아 죽음에 이르렀기 때문에 '죽은 이가 매우 많았다.'라고 한 것이다. 喪과 亂은 함께하지만 혼란으로 말미암아서 죽음에 이르기 때문에 鄭玄은 구분해서 해석하였다. '거듭하다'라고 말한 것은 尹氏가 이미 형벌로써 아래 백성을 위협했는데 하늘이 또 재앙을 더하였으니, 이것이 거듭한 것이다.

【疏】 ○ 箋'天下'至'奈何' ○ 正義曰 : 文承死喪之下, 而云 '無嘉', 故知'以災害相弔唁, 無一嘉慶之言'. '弔'謂弔死, '唁'謂唁生, 故服虔云 "弔生曰唁", 皆是相痛傷之名也. 死而相弔, 自是其常, 而以刺尹氏者, 以災害死喪, 皆政教所致焉. 以政失而致, 則政善亦消, 但在位之臣無行善者, 故責云 '曾無恩德止之者.' 曾無者, 廣辭, 言在位皆然, 非獨尹氏也. '嗟乎'者, 歎辭. 民皆死亡, 非徒嗟歎, 故爲作者嗟之, 無可奈何.

○ 箋의 〔天下〕에서 〔奈何〕까지

○ 正義曰 : 經文이 '死喪' 아래에 이어져 있고 '無嘉'라고 하였기 때문에, '재해로 말미암아 서로 위로하고 한 마디도 경사스런 말이 없다.'라는 것을 알 수 있다. '弔'는 죽은 사람을 불쌍히 여기는 것을 말하고, '唁'은 살아남은 사람을 위로하는 것을 말하므로, 服虔은 "살아남은 사람을 위문하는 것을 唁이라 한다.〔弔生曰唁〕"라고 하였으니,

모두 서로 마음 아파하고 슬퍼하는 일을 이르는 명칭이다.

죽었을 때 서로 위로하는 것은 본래 일상적인 현상인데 이것으로 윤씨를 풍자한 이유는 재해로 죽는 것이 모두 정치와 교화가 초래한 것이기 때문이다. 정치가 잘못되어 재해를 초래하였으니 정치의 좋은 효과 또한 사라진다. 다만 직위를 맡고 있는 신하로서 좋은 정치를 시행하는 자가 없기 때문에 '일찍이 은덕을 베풀어 그 재앙을 멈출 자가 없다.'라고 책망하였다. '曾無'라는 것은 넓은 의미의 말이니, 직위를 맡은 신하들이 모두 그렇다고 말한 것이지 윤씨 홀로 그렇다는 것은 아니다. '嗟乎'라는 것은 감탄사이다. 백성이 모두 죽고 없으니, 단지 탄식할 뿐만이 아니기 때문에, 작자가 그것을 탄식하고 어찌할 수 없다고 한 것이다.

尹氏大(태)師니 **維周之氐**라 **秉國之均**이요 **四方是維**하여 **天子是毗**하고 **俾民不迷**어늘

尹氏는 太師이니
周나라의 비녀장이라
나라의 공평을 유지하고
사방을 단속 제어해서
천자를 보필하고
백성이 미혹되지 않게 해야 하거늘

【傳】 氐는 本이요 均은 平이라 毗는 厚也라

氐는 '근본'이요, 均은 '공평'이다. 毗는 '두터이 하다'이다.

【箋】 箋云 氐는 當作桎鎋[1]之桎이라 毗는 輔也라 言尹氏作大師之官하여 爲周之桎鎋하니 持國政之平하고 維制四方하여 上輔天子하고 下敎化天下하여 使民無迷惑之憂라하니 言任至重이라

1) 桎鎋 : 비녀장이다. 비녀장은 바퀴가 벗어나지 않도록 굴대 머리 구멍에 끼워 고정하는 큰 못이다. 여기서는 중요한 역할을 하는 자리의 의미이다.

箋云 : 氐는 '桎鎋(비녀장)'의 桎이 되어야 한다. 毗는 '보좌하다'이다. '尹氏가 태사 관

직에 올라 周나라의 비녀장이 되었으니, 國政을 공평하게 유지하고 사방을 단속 제어해서, 위로는 천자를 보좌하고 아래로는 천하의 백성을 교화하여 백성이 미혹되는 근심이 없게 해야 한다.'라고 말한 것이니, 임무가 매우 중요함을 말한 것이다.

不弔昊天이여 不宜空我師니라

좋지 않구나 하늘이여
우리 백성을 곤궁케 하지 마소서

【傳】弔는 至요 空은 窮也라

弔는 '지극하다'이고, 空은 '곤궁하다'이다.

【箋】箋云 至猶善也니 不善乎昊天이라하여 愬之也라 不宜使此人居尊官하여 困窮我之衆民也라

箋云 : 至는 善과 같으니 '좋지 않구나! 하늘이여.'라고 하며 하소연한 것이다. 또 이런 사람을 존귀한 관직에 자리하게 해서 우리 백성을 곤궁하게 하는 것은 마땅하지 않다고 한 것이다.

【疏】'尹氏'至'我師' ○ 毛以爲"見天災及民, 故歸咎執政, 責之云"尹氏汝今爲太師之官, 維是周之根本之臣, 秉持國之正平, 居權衡之任, 四方之事是汝之所維制, 天子之身是汝之所崇厚. 言汝職維持四方, 尊崇天子. 其尊重如此, 施行教化, 當使下民無迷惑之憂, 何爲專行虛政, 以脅下也. 尹氏政既不善, 訴之於天, 言尹氏爲政, 實不善乎. 昊天. 不宜使此人居位, 以窮困我天下之衆民." ○ 鄭唯氐爲桎鎋, 毗爲輔爲異, 餘同.

經의 〔尹氏〕에서 〔我師〕까지

○ 毛亨은 "하늘에서 내린 재앙이 백성에게 미친 것을 보았기 때문에, 정권을 잡고 있는 사람에게 허물을 돌려 책망하기를 '尹氏여! 너는 지금 태사의 관리가 되었으니 周나라의 근본이 되는 신하이기 때문에 나라의 공평함을 유지하고 균형을 잡는 임무를 맡았고 사방의 일을 네가 단속 제어해서 천자를 숭상해서 도와야 한다.'라고 한 것이다. 말하자면 너의 직분은 사방을 단속하고 유지해서 천자를 존숭하는 것이다. 그

지위가 높고 중요한 것이 이와 같으니 교화를 베풀어서 아래 백성이 미혹되는 근심이 없게 하는 것이 마땅한데, 어찌해서 쓸데없는 정치를 마음대로 행해서 아래 백성을 위협하는가? 윤씨의 정치가 이미 좋지 못하므로 백성이 하늘에 하소연하여, '윤씨가 정치를 시행하는 것이 진실로 좋지 않구나! 昊天이여. 이 사람이 지위를 차지하게 해서 우리 천하의 백성을 곤궁하도록 하는 것은 마땅하지 않습니다.'라고 말하였다."라고 여긴 것이다.

○ 鄭玄은 다만 氐를 '비녀장'이라 하고 毗를 '보좌하다'라고 한 것이 毛亨의 해석과 다르고, 나머지는 같다.

【疏】 ○ 傳'氐本'至'毗厚' ○ 正義曰：毛讀從邸，若四圭(爲)〔有〕邸[1]，故爲本，言是根本之臣也. 以毗爲毗益，故爲厚，亦由輔弼使之厚. 義與鄭同，但言輔天子，於辭爲便，故易之.

1) 四圭(爲)〔有〕邸：≪周禮≫〈春官 典瑞〉에 나오는 구절이다. 四圭는 하늘에 제사를 지낼 때 사용하는 禮器로서 중앙에 둥근 벽옥이 있고 사면에 날카롭게 나온 圭가 붙어 있다. 圭의 뿌리 부분이 벽옥에 붙어 있으므로 邸를 근본으로 해석하였다.
저본에는 '爲'로 되어 있으나, 阮元의 校勘記에 의거하여 '有'로 바로잡았다.

○ 傳의 〔氐本〕에서 〔毗厚〕까지

○ 正義曰：毛亨은 〈≪周禮≫〈春官 典瑞〉의〉 "四圭有邸"처럼 〈氐를〉 邸로 읽었기 때문에 '本(근본)'이라고 하였으니, '근본이 되는 신하'라는 말이다. 毗를 '유익하게 도와주다'라고 여겼기 때문에 '두터이 하다'라고 하였으니, 또한 보필해서 두터이 하는 것이다. 의미가 鄭玄과 같으나 다만 '天子를 보좌하다'라고 말하면 말에 있어서는 편리하므로 정현이 바꿨다.

【疏】 ○ 箋'氐當'至'之桎' ○ 正義曰：孝經鉤命決云 "孝道者，萬世之桎鎋." 說文解字云 "桎，車鎋也[1].", 則桎是鎋之別名耳. 以鎋能制車，喻大臣能制國，故以大師之官爲周之桎鎋也. 易傳者，以天子爲周之本，謂臣爲本，則於義不允，故易之.

1) 說文解字云……車鎋也：현존하는 ≪說文解字≫에는 이 내용이 없다.

○ 箋의 〔氐當〕에서 〔之桎〕까지

○ 正義曰：≪孝經緯≫〈鉤命決〉에는 "효도라는 것은 만세의 비녀장이다."라고 하였

고, ≪說文解字≫에는 "梐은 '수레의 비녀장'이다."라고 하였으니, 梐은 비녀장의 다른 명칭일 뿐이다. 비녀장으로 수레를 통제할 수 있으므로, 대신이 나라를 통제하는 것을 비유하였다. 그러므로 태사의 관직을 周나라의 비녀장으로 여긴 것이다. 鄭玄이 毛傳의 주석을 바꾼 이유는 천자가 주나라의 근본이 되니, 신하를 근본이라고 말한다면 의미에 있어서 합당하지 않으므로 바꾼 것이다.

弗躬弗親이면 **庶民弗信**하고 **弗問弗仕**면 **勿罔君子**리니

몸소 하지 않고 직접 행하지 않으면
서민이 〈恩澤을〉 믿지 않고
묻지 않고 살피지 않으면
끝내 君子를 속일 것이니

【傳】 庶民之言不可信하고 勿罔上而行也라

〈임금은〉 일반 백성의 말을 믿어서는 안 되고, 〈일반 백성은〉 윗사람을 속이고 행동해서는 안 된다.

【箋】 箋云 仕는 察也라 勿은 當作末이라 此言王之政不躬而親之면 則恩澤不信於衆民矣요 不問而察之면 則下民末罔其上矣라

箋云 : 仕는 '살피다'이다. 勿은 마땅히 '末(끝내)'이 되어야 한다. 여기에서는 '왕의 정치는 몸소 직접 실행하지 않으면 은택이 백성에게 믿음을 주지 못하고, 묻고 살피지 않으면 백성이 끝내 그 윗사람을 속이게 된다.'라고 말한 것이다.

式夷式已[1]하고 **無小人殆**하소서

1) 已 : 毛亨은 '已'로 읽었고, 정현은 '已'로 읽었다. 이 시의 해석은 鄭箋을 따라 해석했으므로 '已'로 번역하였다.

공평하고 직접 행하는 이를 등용하고
소인을 가까이 하지 마소서

【傳】式은 用이요 夷는 平也라 用平則已니 無以小人之言至於危殆也라

式은 '등용하다'이고, 夷는 '공평함'이다. 공평한 이를 등용하면 〈백성의 속이는 마음이〉 그치게 되니, 소인의 말을 써서 위태로움에 이르게 하지 말라고 말한 것이다.

【箋】箋云 殆는 近也라 爲政當用平正之人하되 用能紀理其事(也)〔者〕[1]니 無小人近호라

1) (也)〔者〕: 저본에는 '也'로 되어 있으나, 阮元의 校勘記에 의거하여 '者'로 바로잡았다.

箋云：殆는 '가까이하다'이니, 정치를 할 때는 공평하고 정직한 사람을 등용하되 해당 사무를 잘 처리할 수 있는 자를 등용해야 하니, 소인을 가까이하지 말라고 한 것이다.

瑣瑣姻亞면 則無膴仕호라

보잘것없는 사돈과 동서라면
높은 자리에 오르게 하지 말라

【傳】瑣瑣는 小貌라 兩婿相謂曰亞라 膴는 厚也라

瑣瑣는 '작은 모양'이다. 사위끼리 서로 부르기를 亞(동서)라고 한다. 膴는 '두터이 하다'이다.

【箋】箋云 婿之父曰姻이라 瑣瑣昏姻은 妻黨之小人이니 無厚任用之라 置之大位면 重其祿也라

箋云：사위의 아버지를 姻이라 한다. 보잘것없는 인척은 처가의 소인이니 그들을 두터이 임용하지 말아야 한다. 그들을 중대한 자리에 앉히면 祿을 많이 주어야 하기 때문이다.

【疏】'弗躬'至'膴仕' ○毛以爲"尹氏不可任, 欲令王親爲政, 故責王, 言王爲政, 由不躬爲之, 不親行之, 故天下庶民之言不可信也. 又責下民, 言王爲政, 雖不監問之, 不察理之, (必)〔汝〕[1]天下之民勿得欺罔其上之君子也. 又敎王息此民之欺罔, 言王但用平正之人爲官, 則下民欺罔之心用自消止矣. 王必須用賢人, 無用小人之言, 以至於危殆. 言小人不可任用也. 又戒之云, 非但疏外小人不可用, 雖瑣瑣然昏姻親亞之小人,則當無得厚任以事, 置之大位, 重其祿食. 言親而不賢, 亦不可任也. 疾時親黨亂政, 故戒之. 躬與親, 一也, 問與察, 一也. 但累文以丁寧之, 言躬親, 明有施爲, 言問察, 明亦躬親. 直以彼不可信, 由於不親, 雖不察問, 不得欺罔. 各隨事而爲文耳." ○ 鄭以爲"尹氏旣不可委任, 王若政敎不躬, 不親行之, 則庶民不信於王之恩澤. 以尹氏之虐, 謂王所爲, 故不信也. 若民俗不問, 不察觀之, 則民皆末罔其上之君子. 王非直親須問察, 又當用平正之人, 用己身親理政事之人, 無得用小人而親問之." 餘同.

1) (必)〔汝〕: 저본에는 '必'로 되어 있으나, 阮元의 校勘記에 의거하여 '汝'로 바로잡았다.

經의 〔弗躬〕에서 〔膴仕〕까지

○ 毛亨은 "尹氏는 임명해서는 안 되기 때문에 왕에게 직접 정치를 하기를 바랐다. 그러므로 왕을 책망하기를 '왕께서 정치를 할 때 몸소 하지 않고 직접 시행하지 않기 때문에, 천하 일반 백성의 말을 믿어서는 안 됩니다.'라고 말하였다. 또 아래 백성을 책망하기를 '왕께서 정치를 행할 때 비록 감독해서 묻지 않고 살펴서 다스리지 않더라도 너희 천하의 백성은 윗자리의 군자를 속여서는 안 된다.'라고 하였다.

또 왕에게 이 백성의 속임수를 그치도록 하며 아뢰기를 '왕께서 다만 공평하고 정직한 사람을 등용해서 관리로 삼으면 아래 백성의 속이려는 마음이 저절로 사라져 그치게 될 것입니다. 왕께서는 반드시 현명한 사람을 등용하고 소인의 말을 채용해서 위태로운 지경에 이르지 않도록 하십시오.'라고 하였으니, 소인을 임용해서는 안 된다고 말한 것이다.

또 경계시키기를 '관계가 소원한 소인을 등용하지 말아야 할 뿐만 아니라, 비록 보잘것없는 인척과 동서 관계의 소인이라도 중요한 임무를 주어 일을 시키고 높은 자리에 앉혀 그 봉록을 많이 주어서는 안 됩니다.'라고 하였으니, 친하더라도 현명하지 않으면 또한 임명해서는 안된다고 말한 것이다. 당시에 친척의 무리가 정치를 어지럽히는 것을 싫어했기 때문에 경계한 것이다.

躬과 親은 같은 뜻이고, 問과 察도 같은 뜻이다. 다만 글자를 거듭 써서 간곡하게 표현한 것이다. 즉 躬과 親을 말해서 시행할 일이 있음을 밝히고, 問과 察을 말해서 역시 직접 행해야 함을 밝혔다. 다만 〈임금이〉 저 백성의 말을 믿지 말아야 하는 것은 〈백성이〉 직접 시행하지 않았기 때문이고, 비록 〈임금이〉 살피고 묻지 않더라도 〈백성이〉 윗사람을 속일 수 없는 것이니, 각각 일에 따라서 문장을 지었을 뿐이다."라고 여긴 것이다.

○ 鄭玄은 "윤씨는 이미 임무를 맡길 수 없으니, 왕께서 만약 정치와 교화를 몸소 행하지 않고 직접 실행하지 않으면 서민들이 왕의 은택을 믿지 않는다. 왜냐하면 윤씨의 포악함을 왕이 행한 것이라고 여기기 때문에 믿지 않는 것이다. 또 만약 백성의 풍속을 묻지 않고 그것을 살피지 않으면 백성이 모두 끝내 그 윗자리의 군자를 속이게 된다. 왕은 직접 묻고 살펴야 할 뿐만 아니라 또 공평하고 정직한 사람을 등용해야 하고, 자신이 직접 정사를 처리하는 사람을 등용해야지 소인을 등용해서 직접 그에게 묻지 말아야 한다."라고 여겼다. 나머지는 같다.

【疏】 ○ 傳'庶民'至'而行' ○ 正義曰：君民之所以相信者, 由君親行政, 民親受教, 故得相信也. 今王不親爲政, 委任小人, 施政於民, 不以實告, 故庶民之言亦不可信也. 勿者, 禁人之辭. 既言民不可信, 因責民之欺罔, 故云'勿得罔上而行.' 上即經之君子也.

○ 傳의 〔庶民〕에서 〔而行〕까지

○ 正義曰：임금과 백성이 서로 믿는 이유는 임금이 직접 정치를 시행하고 백성이 직접 가르침을 받아들여 서로 믿을 수 있기 때문이다. 그런데 지금 왕이 직접 정치를 시행하지 않고 소인에게 위임해서 백성에게 정치를 시행하게 하니, 〈소인이〉 실제 상황을 고하지 않으므로 서민의 말이라고 하는 것도 믿어서 안 되는 것이다. 勿이란 것은 다른 사람에게 금지하는 말이다. 이미 백성의 말을 믿어서 안 된다고 말하고, 이어서 백성이 속이는 것을 꾸짖었기 때문에 '윗사람을 속이고 행동하지 말라.'고 말한 것이다. 여기에서의 上은 곧 經文의 '君子'이다.

【疏】 ○ 箋'勿當'至'上矣' ○ 正義曰：箋以此篇主刺仕上, 非責民之辭, 故知'勿當爲末'也. 知躬親爲恩澤者, 以王身所爲而行於衆民, 唯恩澤耳. 且上章疾尹氏貪暴以致災, 故知躬親爲恩澤也. 易傳者, 以疾尹氏, 使王親之, 明欲令王施政教以及下, 不宜言其不可信也. 且言庶民不信於王, 其文自明, 不當橫加不可, 故易之. 言'末罔其上'者, 謂若不問察, 則明不燭下, 下之善惡, 上所不知. 下民知上不知, 則末略欺罔其上而不畏之. 言躬親施其恩澤, 問察亦須躬親, 互相明也.

○ 箋의 〔勿當〕에서 〔上矣〕까지

○ 正義曰：鄭箋에서는 이 시가 벼슬하는 윗사람을 풍자하는 내용을 主로 한 것이고 백성을 책망하는 말이 아니라고 여겼다. 그러므로 '勿은 마땅히 「末」이 되어야 한다.'

라고 한 것임을 알 수 있다.

躬과 親이 恩澤을 베푼 것임을 알 수 있는 이유는 왕이 몸소 행하는 것이면서 백성에게 시행하는 것은 오직 은택뿐이기 때문이다. 또 위 장에서 尹氏가 탐욕스럽고 포악해서 재앙을 초래한 것을 싫어한다고 했기 때문에, 왕이 몸소 직접 행하는 것이 은택이 된다는 것을 알 수 있다.

毛傳의 해석을 바꾼 이유는, 윤씨를 싫어해서 왕에게 직접 시행하도록 한 것이라면, 왕에게 정치와 교화를 베풀어 은택이 아래 백성에게 미치기를 바란 것임을 밝힌 것이니, '〈백성의 말을〉 믿으면 안 된다.'라고 말하는 것은 마땅하지 않고, 또 '庶民이 王을 믿지 못한다.'라고 말하면 그 문장은 저절로 분명해지니, 터무니없이 '안 된다'라고 해서는 마땅하지 않기 때문에 바꿨다.

'끝내 그 윗사람을 속이게 된다.'라고 말한 것은, 만약 묻고 살피지 않으면 임금의 총명이 아래 백성을 비출 수 없으니, 아래 백성의 선악을 윗사람이 모르게 되는 것이다. 아래 백성이 아는데 윗사람이 모르면 끝내 그 윗사람을 속이면서도 두려워하지 않는다. 말하자면 몸소 직접 그 은택을 베풀고, 묻고 살피는 것도 역시 몸소 행해야 하니, 서로 〈보완해서〉 그 뜻을 밝힌 것이다.

【疏】 ○ 箋'殆近'至'人近' ○ 正義曰：易傳者, 以上文欲王躬親爲政, 則宜爲己身之己, 不宜爲已止也. 下文戒王勿厚任親戚, 欲令用賢去惡, 宜爲勿近小人, 不當遠言小人之行終至危殆, 故易之也. '無小人之近', 猶言無近小人.

○ 箋의 〔殆近〕에서 〔人近〕까지

○ 正義曰：鄭玄이 毛傳을 바꾼 이유는, 윗 문장에서 왕이 몸소 정치를 행하기를 바랐으니, '式已'의 已는 마땅히 己身의 己가 되어야지, '그치다'는 뜻의 已가 되는 것은 마땅하지 않기 때문이다.

아래 문장에서 〈后妃의〉 친척을 높은 지위에 임용하지 말라고 왕에게 경계한 것은 현자를 등용해서 악을 제거하기를 바란 것이니, 소인을 가까이하지 말라고 하는 것이 마땅하지, 먼 훗날 소인의 행동이 끝내 위태로운 지경에 이를 것이라고 말하는 것은 마땅하지 않으므로 바꾼 것이다. '無小人之近'은 소인을 가까이하지 말라고 말하는 것과 같다.

【疏】○ 傳'瑣瑣'至'曰亞' ○ 正義曰：釋訓云 "瑣瑣, 小也." 舍人曰 "瑣瑣, 計謀褊淺之貌." 是'小貌'也. '兩婿相謂爲亞', 釋親文. 劉熙釋名[1]云 "兩婿相謂曰亞者, 言每一人取姊, 一人取妹, 相亞次也. 又竝來女氏, 則姊夫在前, 妹夫在後, 亦相亞也."

1) 劉熙釋名：劉熙는 後漢의 경학자, 훈고학자이다. 자는 成國이고 北海郡 사람이다. 저서로는 《釋名》·《諡法》·《孟子注》 등이 있다. 그중 《석명》은 《逸雅》라고도 하며, 단어의 뜻을 풀이하고 해설한 訓詁字書다. 모두 8권으로 되어 있다. 체제는 《爾雅》를 모방하였으며, 釋天·釋地 등 27類로 나누어 기술하였다. 단어의 음성학적 측면에서 字義의 유래를 추구해서, 단어의 유래를 밝히고 당시 단어의 발음과 고대의 발음을 연구하는 데 중요한 학술자료이다.

○ 傳의 〔瑣瑣〕에서 〔曰亞〕까지

○ 正義曰：《爾雅》〈釋訓〉에서 "瑣瑣는 '작다'이다."라고 하였는데, 그 注疏에서 舍人은 "瑣瑣는 도모하는 것이 좁고 얕은 모양이다."라고 하였으니, 이것이 '작은 모양'이다. '사위끼리 서로 부르기를 亞라고 한다.'라고 한 것은 《이아》〈釋親〉의 문장이다. 劉熙의 《釋名》에서는 "'사위끼리 서로 부르기를 亞라고 한다.'라고 한 것은 항상 한 사람이 언니에게 장가들고 다른 한 사람이 여동생에게 장가들면, 서로 차례가 생기기 때문이다. 또 함께 여자의 집안에 오면 언니의 남편이 앞사람이 되고 여동생의 남편이 뒷사람이 돼서, 역시 서로 차례가 생기기 때문이다."라고 하였다.

【疏】○ 箋'婿之'至'其祿' ○ 正義曰：'女子子之夫爲婿, 婿之父爲姻', 釋親文. 幽王前取申后而黜之, 未必用其親戚. 褒姒, 褒人所獻, 未必爲親戚可任. 幽王耽淫女色, 寵之者蓋多, 女寵必私多謁請. 小人則婦言是用. 姻亞者, 或其餘嬪妾之家, 不必專是二后之親也. 但據夫而言, 妻爲正稱, 故鄭總言'妻黨之小人', 其中亦容妾黨也. 言'無厚任之', 卽'置之大位, 重其祿', 是也. 如此, 則幽王厚於昏姻矣. 而角弓云 "兄弟昏姻, 無胥遠矣"者, 以王者志不及遠, 唯同類相愛. 昏姻諂佞者進用, 故此戒之, 賢德者疏遠, 故彼刺之. 詩者, 誌也, 各有以發.

○ 箋의 〔婿之〕에서 〔其祿〕까지

○ 正義曰：'딸의 남편을 婿라고 하고, 사위의 아버지를 姻이라고 한다.'라는 것은 《爾雅》〈釋親〉의 문장이다.

幽王이 먼저 申后를 아내로 맞이했다가 쫓아내었으니 반드시 그녀의 친척을 등용한 것은 아니다. 褒姒는 褒나라 사람이 바친 사람이니 반드시 임용할 만한 친척이 되는 것은 아니다. 유왕은 여색을 즐겨 빠져들었으니 총애를 받는 자가 많았다. 그리고 총애받는 여자에게는 반드시 사사로이 찾아가서 요청하는 일이 많았을 것이다. 소인은 부녀자의 말을 따른다. 經文의 '姻亞'란 것은 아마도 〈신후와 포사를 제외한〉 그 나머지 嬪妾의 가문 사람이지, 오로지 두 왕후의 친척은 아닐 것이다. 다만 남편을 기준으로 말하면 妻가 바른 호칭이 되기 때문에, 鄭玄은 총괄해서 '처가의 소인'이라고 말한 것이다. 그러나 그 안에는 또한 첩의 무리도 포함되어 있다.

'그들을 두터이 임용하지 말아야 한다.'라고 말한 이유는 곧 '그들을 중대한 자리에 앉히면 祿을 많이 주어야 하기 때문이다.'라고 한 것이 이것이다. 이와 같다면 유왕은 인척에게 후하게 한 것이다. 그러나 〈小雅 角弓〉에서 "형제와 인척은 서로 멀리하지 말아야 한다.〔兄弟昏姻 無胥遠矣〕"라고 한 이유는 왕이 된 자의 뜻이 먼 곳에 있는 자에게 미치지 못하고 오직 같은 무리로서 서로 사랑하는 자에게 있었기 때문이다. 인척으로 아첨하는 자를 등용했기 때문에 이 시(節南山)로 경계하였고, 현명하고 덕이 있는 사람을 소원하게 대했기 때문에 저 시(角弓)로 풍자한 것이다. 시라는 것은 사적으로 기록하는 것이니, 각각 표현할 수 있다.

昊天不傭하여 **降此鞠**訩하고
昊天不惠하여 **降此大戾**샷다

昊天이여 윗사람이 공평하지 않아서
이렇게 송사가 많은 풍속이 내려왔고
호천이여 온순하지 않아서
이렇게 크게 분쟁하는 습속이 내려왔습니다

【傳】 傭은 均이라 鞠은 盈이요 訩은 訟也라

傭은 '공평하다'이다. 鞠은 '무성하다'이고, 訩은 '송사하다'이다.

【箋】 箋云 盈猶多也라 戾는 乖也라 昊天乎라 (師)〔尹〕[1]氏爲政不均하여 乃下此多訟之俗하고 又爲不和順之行하여 乃下此乖爭之化라 病時民傚爲之하여 愬之於天이라

1) (師)〔尹〕: 저본에는 '師'로 되어 있으나, 孔穎達의 疏와 문맥에 의거하여 '尹'으로 바로잡았다.

箋云 : 盈은 '多(많다)'와 같다. 戾는 '사이가 어긋나다'이다. '昊天이여! 윤씨가 정치를 하는 것이 공평하지 않아서 이렇게 송사가 많은 풍속으로 떨어졌고, 또 온순하지 않은 행동을 해서 이렇게 분쟁하는 습속이 내려왔습니다.'라고 한 것이다. 이때 백성이 그것을 본받아 행동하는 것을 시인이 마음 아파해서 하늘에 하소연한 것이다.

君子如屆면 **俾民心闋**하고 **君子如夷**면 **惡**(오)**怒是違**하리라

군자가 정성을 지극히 하면
백성의 마음이 그치고
군자가 행동이 공평하면
미움과 노여움이 사라지리라

【傳】 屆는 極이라 闋은 息이라 夷는 易라 違는 去也라

屆는 '지극히 하다'이다. 闋은 '그치다'이다. 夷는 '공평하다'이다. 違는 '사라지다'이다.

【箋】 箋云 屆는 至也라 君子는 斥在位者니 如行至誠之道면 則民鞫訩之心息이요 如行平易之政이면 則民乖爭之情去라 言民之失은 由於上이니 可反復也라

箋云 : 屆는 '지극하다'이다. 君子는 지위에 있는 자를 가리키니, '군자가 만일 지극히 정성스러운 도를 행하면 송사를 많이 하려는 백성의 마음이 그치고, 군자가 공평한 정치를 행하면 분쟁하려는 백성의 마음이 사라질 것이다.'라고 한 것이다. 이는 백성의 잘못은 윗사람에게서 말미암으니, 되돌릴 수 있다는 것을 말한 것이다.

【疏】 '昊天'至'是違' ○ 正義曰 : 此又本尹氏之惡訴之, 云 "昊天乎. 卽由尹氏爲政不均, 乃下此多訟之俗. 昊天乎. 尹氏之行, 又不和順, 乃下此大乖爭之化. (無)[1]民之所(不)[2]爲, 〔無不〕[3]皆化於上也. 民旣化上(上爲惡亦當效上)[4]爲惡, 亦當化上爲善. 汝在位君子, 如行至誠之道, 使民多訟之心息. 汝在位君子, 如行平易之政, 使民惡(오)怒之情去. 言易可反復, 何不行化以反之.

1) (無) : 저본에는 '無'가 있으나, 阮元의 校勘記에 의거하여 衍文으로 처리하였다.
2) (不) : 저본에는 '不'이 있으나, 阮元의 校勘記에 의거하여 衍文으로 처리하였다.
3) 〔無不〕: 저본에는 '無不'이 없으나, 阮元의 校勘記에 의거하여 '無不'을 보충하였다.
4) (上爲惡亦當效上) : 저본에는 '上爲惡亦當效上'이 있으나, 阮元의 校勘記에 의거하여 衍文으로 처리하였다.

經의 〔昊天〕에서 〔是違〕까지

○ 正義曰 : 이 章 역시 尹氏의 악행에 근거해서 하소연하며, "昊天이여! 곧 尹氏가 정치를 행한 것이 공평하지 않아서 이렇게 송사가 많은 풍속으로 떨어졌습니다. 호천이여! 윤씨의 행동이 또 온화하지 않아서 이렇게 크게 분쟁하는 습속이 내려왔습니다."라고 하였으니, 백성이 하는 행동은 모두 윗사람에게 영향을 받지 않는 것이 없다는 것이다.

백성이 이미 윗사람의 영향을 받아서 나쁜 행동을 하였으니, 또한 마땅히 윗사람에게 영향을 받아서 선한 행동을 해야 한다. 그러므로 "너희 지위에 있는 군자가 만일 지극히 정성스러운 도를 시행하면 송사를 많이 하려는 백성의 마음을 그치게 할 수 있고, 너희 지위에 있는 군자가 만일 공평한 정치를 행하면 미워하고 노여워하는 백성의 마음을 없어지게 할 수 있을 것이다."라고 하였으니, 말하자면 '쉽게 되돌릴 수 있는데, 어찌해서 敎化를 행하여 되돌리지 않는가?'라고 반문한 것이다.

【疏】 ○ 傳'傭均. 鞫盈'. ○ 箋'盈猶'至'於天' ○ 正義曰 : "傭, 均"·"訩, 訟", 釋言文. "鞫, 盈", 釋詁文. 盈者必多, 故箋轉之云 '盈猶多也.' 由不惠而降戾乖, 故知非疾也. 在上不均, 故下亦不均, 至於多獄訟也. 在上不順, 故下亦不和, 至於乖爭也. 此皆民效爲之. 自上而下, 故言降也. 獄訟至於公, 乖爭出於私, 二者亦相類. 訟則貴無訟[1], 偏惡其多, 爭則小猶可恕, 唯恨其大, 故經言'鞫訩'·'大戾'.

1) 則貴無訟 : ≪論語≫ 〈顔淵〉에 "송사를 다스리는 것은 나도 다른 사람과 같지만, 반드시 송사가 일어나지 않도록 해야 한다.〔聽訟 吾猶人也 必也使無訟乎〕"라고 한 말에 근거하였다.

○ 傳의 〔傭均 鞫盈〕과 箋의 〔盈猶〕에서 〔於天〕까지

○ 正義曰 : "傭은 '공평하다'이다."라고 하고 "訩은 '송사하다'이다."라고 한 것은 ≪爾雅≫ 〈釋言〉의 문장이고, "鞫은 '무성하다'이다."라고 한 것은 ≪이아≫ 〈釋詁〉의 문장

이다. 盈이라는 것은 '반드시 많다'는 뜻이므로, 鄭箋에서 이를 바꾸어서 '盈猶多也'라고 하였다. 온화하지 않아서 분쟁이 내려왔기 때문에, 질병이 아님을 알 수 있다.

윗사람이 공평하지 않기 때문에 아랫사람도 공평하지 않게 되어 송사를 많이 하는 지경에 이르렀고, 윗사람이 온순하지 않았기 때문에 아랫사람 역시 화목하지 않게 되어 분쟁하는 지경에 이르렀다. 이것은 모두 백성이 윗사람을 본받아 행하는 것이니, 위에서부터 내려왔기 때문에 '내려오다'라고 말하였다.

獄訟은 공적인 일에서 이르고 분쟁은 사적인 일에서 나오지만, 두 가지는 역시 서로 비슷한 종류이다. 송사는 곧 송사가 일어나지 않도록 하는 것을 귀하게 여기므로 송사가 많이 일어나는 것을 매우 싫어하고, 분쟁은 작으면 오히려 용서할 수 있으므로 오직 분쟁이 큰 것을 유감으로 여긴다. 그러므로 經文에서 '송사가 많다〔鞠訩〕', '분쟁이 크다〔大戾〕'라고 말했다.

【疏】 ○ 箋'屆至'至'反復' ○ 正義曰：釋詁云 "屆・極, 至也." 俱得爲至, 故箋竝訓之, 不言"極猶至"也. 此詩雖主疾尹氏爲惡, 而在位亦然. 既言尹氏傷化敗俗, 明其欲令在位者反之, 故知'君子斥在位者.' 知鞠訩心息者, 以文承上經, 事相充配, 下云惡怒, 是乖爭, 故知心息是鞠訩也. 言民心不言鞠訩, 言惡怒不言民心, 互相明也. 爲惡乖則已成, 可息而去之, 是'可反復也.'

○ 箋의 〔屆至〕에서 〔反復〕까지

○ 正義曰：≪爾雅≫ 〈釋詁〉에서 "屆와 極은 '至(다하다)'이다."라고 하였으니, 모두 '다하다'의 뜻이 될 수 있다. 그러므로 鄭箋에서는 〈毛傳의 '屆, 極'을〉 아울러 뜻풀이하고 "極은 至와 같다."라고 말하지 않았다.

이 시는 비록 尹氏의 악행을 미워하는 것이 주요 내용이지만 지위에 있는 자도 그렇게 행동했다. 이미 윤씨가 교화를 해치고 풍속을 어지럽혔다고 말했기 때문에, 지위에 있는 자에게 그것을 되돌리게 하려는 바람을 밝혔다. 그러므로 '君子는 지위에 있는 자를 가리킨다.'라고 한 것임을 알 수 있다.

송사를 많이 하려는 마음이 그침을 알 수 있는 것은 이 문장이 위의 經文을 이어받아 일이 서로 보충되고 짝이 되며, 아래 경문의 '惡怒'가 '乖爭'이기 때문에 '마음이 그치는 것〔心息〕'이 '송사를 많이 하려는 것〔鞠訩〕'임을 알 수 있다. 즉 '民心'이라 말하고 '鞠訩'이라 말하지 않고, '惡怒'라고 말하고 '民心'이라고 말하지 않는 것은 서로 보완해서 그 뜻을 밝힌 것이다.

나쁜 행동과 분쟁을 하는 일이 이미 이루어졌으나 그것을 그치게 하고 사라지게 할 수 있으니, 이것이 '되돌릴 수 있다는 것이다.'

不弔昊天이여 **亂靡有定**이요

式月斯生하여 **俾民不寧**이노라

憂心如酲하니 **誰秉國成**이리오

좋지 않구나 하늘이여
혼란은 그치게 할 자가 없고
달마다 곧 생겨나서
백성을 편안치 않게 하네
근심스러운 마음 술병 난 듯하니
누가 나라를 평안하게 할 것인가

【傳】 病酒曰酲이라 成은 平也라

술병이 난 것을 酲이라 한다. 成은 '평안하다'이다.

【箋】 箋云 弔는 至也요 至猶善也라 定은 止요 式은 用也라 不善乎昊天이여 天下之亂無肯止之者라 用月此生은 言月月益甚也라 使民不得安하여 我今憂之가 如病酒之酲矣라 觀此君臣하니 誰能持國之平乎아 言無有也라

箋云 : 弔는 '至'이고, 至는 '善(좋다)'과 같다. 定은 '그치다'이고, 式은 '~로써'이다. '좋지 않구나! 하늘이여. 천하의 어지러움은 그치게 할 자가 없다. 달마다 이것이 생겨난다.'라고 한 것은 달마다 더욱 심해진다고 말한 것이다. 또 '백성이 평안함을 얻도록 하지 못해서 내가 지금 그것을 근심하는 것이 마치 술병 난 듯 괴롭다. 이들 임금과 신하를 살펴보니 누가 나라의 평안을 지탱할 수 있겠는가?'라고 한 것은, 〈평안을 지탱할 수 있는 신하와 임금이〉 없다고 말한 것이다.

不自爲政하여 卒勞百姓로다

스스로 정사를 돌보지 않아
끝내 백성을 수고롭게 하는구나

【箋】箋云 卒은 終也라 昊天不自出政教면 則終窮苦百姓이라 欲使昊天出圖書하여 有所授命하여 民乃得安이라

箋云：卒은 '끝내'이다. '昊天이 스스로 政敎를 내지 않으면 끝내 백성을 곤궁하고 괴롭게 한다.'라고 한 것이니, 호천에게 河圖와 洛書를 내려 天命을 주어서 백성이 평안을 얻을 수 있게 하기를 바란 것이다.

【疏】'不弔'至'百姓' ○ 正義曰：此章箋具, 而下二句毛氏無傳, 則不必如鄭欲天出圖・書授命也. 蓋言王身不自爲政教, 終勞苦我百姓. 王肅云"言政不由王出也."

經의 〔不弔〕에서 〔百姓〕까지

○ 正義曰：이 장에 鄭箋이 갖춰져 있으나 아래 두 구에는 毛亨이 傳을 붙인 것이 없으니, 반드시 鄭箋처럼 하늘에게 河圖와 洛書를 내려 天命을 주기를 바란 것이라고 해석할 필요가 없다. 대체로 '왕이 몸소 스스로 정치와 교화를 베풀지 않아서 끝내 우리 백성을 수고롭게 하였다.'라고 말한 것이다. 王肅은 "정치가 왕에게서 나오지 않았음을 말한 것이다."라고 말하였다.

【疏】○ 傳'病酒曰酲' ○ 正義曰：說文云"酲, 病酒也. 醉而覺." 言既醉得覺, 而以酒爲病, 故云'病酒'也.

○ 傳의 〔病酒曰酲〕

○ 正義曰：≪說文解字≫에서 "酲은 술 때문에 병든 것이며, 취했다가 깨는 것이다."라고 하였으니, 술에 취하고 나서 깰 수 있으나 술로 인해서 병이 난 것이기 때문에 '술 때문에 병이 난 것'이라고 하였다.

【疏】○ 箋'昊天'至'得安' ○ 正義曰：知責昊天而不自出政教者, 四章・五章以君臣之惡訴之天也. 又曰 '亂靡有定', 言君臣不能定亂也. 又曰 '誰秉國成', 言君臣不能持國平也. 君臣已言竝不能, 乃云 '不自爲政', 是(今)〔令〕[1]昊天之辭. 且此章發首云 '不弔昊天', 末言'不自爲政', 明是欲使天自下爲政也, 故云 '欲使昊天出圖·書, 有所授命'也. 以王者將興, 天必命之, 若湯·武也. 圖·書者, 卽中候[2]說堯·舜及周公所授河圖·洛書是也. 彼所授者, 非旣受乃王, 皆先王乃受之, 與此不同者. 此所受, 若湯得黑烏, 文王得丹書[3]之類, 皆先有名籙, 故擧圖·書以言之. 王肅以爲"禮, '人臣不顯諫'. 諫猶不顯, 況欲使天更授命. 詩皆獻之於君, 以爲箴規. 包藏禍心, 臣子大罪, 況公言之乎." 王基理之曰 "臣子不顯諫者, 謂君父失德尙微, 先將順風喩. 若乃暴亂, 將至危殆, 當披露下情, 伏死而諫焉. 待風議而已哉. 是以西伯戡黎'祖伊奔告於王曰「天已訖我殷命.」' 古之賢者切諫如此. 幽王無道, 將滅京周, 百姓怨王, 欲天有授命. 此文陳下民疾怨之言, 曲以感寤, 此正與祖伊諫(皆同義忠臣殷勤之)〔同, 皆忠臣殷勤之義〕[4], 何謂非人臣宜言哉. 肅不譏尙書祖伊之言, 而怪家父邪.

1) (今)〔令〕: 저본에는 '今'으로 되어 있으나, 阮元의 校勘記에 의거하여 '令'으로 바로잡았다.
2) 中候: ≪尙書中候≫를 말한다. 讖緯書의 한 종류로서 漢나라 때 지어졌다.
3) 湯得黑烏 文王得丹書: 湯이 동쪽으로 가다가 洛水에 이르러 帝堯의 社壇을 살펴보고, 璧을 낙수에 던지고 물러나서 서 있자 누런 물고기 두 마리가 뛰어오르고 黑烏가 그 뒤를 따라와서 사단에 머물다가 黑玉으로 변하였는데, 흑옥에 붉은 글씨로 "夏나라 桀이 무도하니 湯이 桀을 대신해 임금이 될 것이다."라고 쓰여 있었다고 한다. 또 周나라 文王이 西伯이 되었을 때 붉은색 새가 丹書를 물고 그의 집 문안으로 들어와 天命을 주었는데, 그 뒤에 아들 武王이 商나라를 멸하고 주나라를 세웠다고 한다.
4) (皆同義忠臣殷勤之)〔同皆忠臣殷勤之義〕: 저본에는 '皆同義忠臣殷勤之'로 되어 있으나, 阮元의 校勘記에 의거하여 '同皆忠臣殷勤之義'로 바로잡았다.

○ 箋의 〔昊天〕에서 〔得安〕까지

○ 正義曰: 昊天이 스스로 政敎를 내지 않음을 책망한 것임을 아는 이유는, 4장과 5장이 임금과 신하의 악행을 가지고 하늘에 하소연한 것이기 때문이다. 게다가 經文에서 '혼란은 그치게 할 자가 없다.〔亂靡有定〕'라고 한 것은 임금과 신하가 혼란을 그치게 할 수 없음을 말한 것이고, 또 '누가 나라를 평안하게 할 것인가.〔誰秉國成〕'라고 한 것은 임금과 신하가 나라의 평안을 유지할 수 없음을 말한 것이다. 임금과 신하에 대해 이미 〈혼란을 그치게 하는 것과 나라의 평안을 유지하는 것을〉 모두 잘할 수 없다고 말했으니, 곧 '스스로 정사를 돌보지 않았다.〔不自爲政〕'라고 한 것은 호천에게 요청하는 말이다.

또 이 장의 첫머리에 '좋지 않구나 하늘이여'라고 표현했는데, 마지막 부분에 '스스로 정사를 돌보지 않았다.'라고 말하였으니, 하늘에게 스스로 天命을 내려 정치를 행하기를 바란 것이 분명하다. 그러므로 '호천에게 河圖와 洛書를 내려 천명을 주는 일이 있기를 바란 것이다.'라고 하였다.

湯王과 武王처럼 왕이 될 자가 일어나려고 할 때는 하늘이 반드시 천명을 내려준다. 하도와 낙서라는 것은 ≪尙書中候≫에서 '堯와 舜 및 周公에게 내려준 하도와 낙서'라고 말한 것이 이것이다. 저 ≪상서중후≫에서 내려준 것은 받고 나서 왕이 된 것이 아니라 모두 선왕이 받은 것이니 이 시와 같지 않다. 여기에서 받은 것은 탕왕이 黑鳥를 얻고 文王이 丹書를 얻은 것과 같은 종류이니 모두 먼저 〈하늘이 제왕이 될 자에게 내려주는 징조인〉 名籙이 있었다. 그러므로 하도와 낙서를 들어 말한 것이다.

王肅은 "≪禮記≫ 〈曲禮 下〉에서 '신하는 임금의 잘못을 드러내어 諫諍하지 않는다.'라고 하였으니, 간쟁하는 것도 오히려 드러내지 않는데 하물며 하늘에게 거듭 천명을 내려주기를 바라겠는가? 또 詩는 모두 임금에게 바쳐져 경계로 삼는 것이고, 나쁜 마음을 품는 것은 신하된 자의 큰 죄인데, 하물며 공공연히 말하겠는가?"라고 여겼다.

王基가 그것을 정리해서 말하기를 "'신하가 임금의 잘못을 드러내어 간쟁하지 않는다.'라고 한 것은, 임금의 과실이 아직 미미해서 먼저 부드러운 말로 권하여 깨우치게 하는 것을 말한다. 〈그러나 임금이〉 난폭한 경우에는 앞으로 위태로워지게 될 것이니, 마땅히 심정을 다 드러내어 죽음을 무릅쓰고 간쟁을 해야지, 완곡히 간언하기를 기다리겠는가. 이 때문에 ≪尙書≫ 〈西伯戡黎〉에서 '祖伊가 왕에게 달려가서 「하늘이 이미 우리 은나라 국운을 끊었습니다.」라고 아뢰었다.'라고 하였으니, 옛날의 현자도 이같이 간절하게 간쟁하였다. 幽王이 無道하여 京周를 멸망시킬 듯하므로 백성이 王을 원망하여 하늘이 명을 내려주기를 바란 것이다. 이 문장은 아래 백성이 임금을 미워하고 원망하는 말을 진술해서 곡진하게 느끼고 깨닫게 한 것이니, 이것이 바로 祖伊가 간쟁한 것과 같이 모두 충신이 정성스럽게 간쟁하는 의리이다. 어찌 신하가 마땅히 해야 할 말이 아니라고 하겠는가. 왕숙은 ≪상서≫의 祖伊의 말에 대해서는 나무라지 않았으면서 家父만 괴이하게 여기는가."라고 하였다.

駕彼四牡하니 **四牡項領**이라

저기 네 마리 수말에 멍에 씌우니
네 마리 수말이 목이 굵구나

【傳】項은 大也라

項은 '굵다'이다.

【箋】箋云 四牡者는 人君所乘駕니 今但養大其領이나 不肯爲用이라 喩大臣自恣하여 王不能使也라

箋云 : 四牡는 임금이 타는 수레에 멍에를 메는 말이다. 지금 다만 그 말의 목을 굵게 키웠으나 사용하기를 바라지 않는다. 이것으로 大臣이 제멋대로 행동하여 왕이 부릴 수 없다는 것을 비유하였다.

我瞻四方하니 **蹙蹙靡所騁**이로다

내 사방을 쳐다보니
토지 영토가 줄어 말달릴 곳이 없구나

【傳】騁은 極也라

騁은 '극에 달하다'이다.

【箋】箋云 蹙蹙은 縮小之貌라 我視四方土地하니 日見侵削於夷狄蹙蹙然하여 雖欲馳騁이나 無所之也라

箋云 : 蹙蹙은 '줄어든 모양'이다. '내가 사방의 토지를 살펴보니, 날마다 오랑캐에게 침략당해 토지가 줄어들어 비록 끝까지 말달리고 싶으나 갈 곳이 없다.'라는 것이다.

【疏】'駕彼'至'所騁' ○ 正義曰 : 言當所乘駕者, 彼四牡也. 今四牡但養大其領, 不肯爲用. 以興王所任使者, 彼大臣也. 今大臣專己自恣, 不爲王使也. 臣既自恣, 莫肯憂國, 故夷狄侵削日更益甚, 云"我視四方土地, 蹙蹙然至(俠)〔狹〕[1], 令我無所馳騁之地", 以臣不任職, 致土地侵削, 故責之也.

1) (俠)〔狹〕: 저본에는 '俠'으로 되어 있으나, 阮元의 校勘記에 의거하여 '狹'으로 바로잡았다.

經의 〔駕彼〕에서 〔所騁〕까지

○ 正義曰 : 말하자면 '타는 수레에 멍에를 매야 할 말은 저기 네 마리의 수말인데, 지금 네 마리 수말은 다만 그 목을 굵게 키웠으나 사용하려고 하지 않는다.'라고 하였으니, 이것으로 왕이 임명해서 부릴 자는 저기 대신인데, 지금 대신이 제멋대로 행동하여 왕이 부릴 자로 삼지 않는다는 것을 비유하였다.

신하가 이미 제멋대로 하면서 나라를 근심하려 하지 않는다. 그러므로 오랑캐가 침략해서 영토를 빼앗는 일이 날마다 거듭되고 더욱 심해져, "내가 사방의 토지를 살펴보니, 토지가 줄어들어 협소해져서 내가 끝까지 말달릴 곳이 없게 하였다."라고 하였으니, 신하가 맡은 직무를 다하지 못해서 토지가 침략당해 줄어드는 지경에 이르게 되었으므로 그를 책망한 것이다.

【疏】 ○ 傳'項, 大'. ○ 箋'養大'至'能使' ○ 正義曰 : 以領已是項, 文不宜重, 故以項爲大. 箋以爲'養大其領', 申傳說也. 馬雖大項, 由人駕馭. 言'不肯爲用'者, 以馬當用之, 今養而不駕, 是爲自恣也.

○ 傳의 〔項 大〕와 箋의 〔養大〕에서 〔能使〕까지

○ 正義曰 : 領은 이미 '목'의 뜻이 있으니 문장을 중복하는 것은 마땅하지 않다. 그러므로 項을 '大(굵다)'로 해석하였다. 鄭箋에서는 '그 목을 굵게 키웠다.'라고 하였으니, 毛傳의 설을 거듭 풀이한 것이다. 말은 비록 목이 굵더라도 사람이 부리는 대로 움직인다. '사용하기를 바라지 않는다.'고 말한 것은 말을 마땅히 써야 하는데 지금 길러놓고 멍에를 씌우지 않으니, 이것은 제멋대로 행동하기 때문이다.

【疏】 ○ 傳'騁, 極'. ○ 箋'馳騁無所之' ○ 正義曰 : 箋言馳騁無所極至, 是與傳同, 但傳文略耳.

○ 傳의 〔騁 極〕과 箋의 〔馳騁無所之〕

○ 正義曰 : 鄭箋에서 "말달리고 싶으나 끝까지 갈 곳이 없다."라고 말한 것은 毛傳과 같다. 다만 모전은 문장이 간략할 뿐이다.

方茂爾惡에는 **相爾矛矣**러니

네가 한창 악행을 저지를 적엔
너의 창을 보더니

【傳】茂는 勉也라

茂는 '힘쓰다'이다.

【箋】箋云 相은 視也라 方爭訟自勉於惡之時엔 則視女矛矣라 言欲戰鬪相殺傷矣라

箋云：相은 '보다'이다. '한창 송사를 다투며 악행을 저지르기에 스스로 힘쓸 때는 너의 창을 바라보았다.'라고 한 것이니, 싸우며 서로 다치게 하고 죽이기를 바랐다는 말이다.

旣夷旣懌이면 如相醻矣로다

기쁘고 한가해지면
서로 술을 권하는 것 같구나

【傳】懌은 服也라

懌은 '한가하다'이다.

【箋】箋云 夷는 說(열)也라 言大臣之乖爭은 本無大讐하여 其已相和順而說이면 則如賓主飮酒相醻酢也라

箋云：夷는 '기쁘다'이다. 대신들의 분쟁에는 본래 큰 원수가 없어서, 서로 온순해져 기쁘고 한가해지면 마치 손님과 주인이 술을 마실 때 서로 술잔을 주고받는 것과 같다고 말한 것이다.

【疏】'方茂'至'醻矣' ○ 正義曰：此說大臣無常. 言大臣方爭訟勉力成汝相與爲惡之時, 則各自視汝之戈矛, 欲用此矛矣, 以相殺傷也. 旣已和悅, 旣以懌服, 則如賓主之飮酒者相醻酢矣. 言相惡(오)旣深, 和解又疾, 皆是無常小人, 故使政敎亂也. 箋'本無大讐', 集(本)〔注〕[1)]云大辨. 〔辨〕[2)]是爭, 義亦得通也.

1) (本)〔注〕: 저본에는 '本'으로 되어 있으나, 阮元의 校勘記에 의거하여 '注'로 바로잡았다.
2) 〔辨〕: 저본에는 '辨'이 없으나, 阮元의 校勘記에 의거하여 보충하였다.

經의 〔方茂〕에서 〔酬矣〕까지

○ 正義曰 : 이 章은 大臣이 일관성이 없음을 설명한 것이다. 말하자면 '대신이 한창 송사를 다투며 힘써서 너와 함께 악행을 저지를 때는 각자 너희들의 창을 보고 이 창을 써서 서로 다치게 하고 죽이기를 바랐다. 그러나 화해하고 나서 기뻐서 따르게 되면 마치 손님과 주인이 술을 마실 때 서로 술잔을 주고받는 것과 같다.'라고 한 것이니, 서로 미워하는 것도 심하고 화해하는 것도 빠르니, 모두 일관성이 없는 小人이기 때문에 정치를 어지럽혔다고 말한 것이다.

鄭箋에서 '本無大讐'라고 말한 것에 대하여, ≪毛詩集注≫에는 "大辨(크게 논쟁하다)"이라고 했는데 辨은 '다투다'는 뜻이니, 이것도 의미가 통할 수 있다.

昊天不平하여 我王不寧이로되
不懲其心하고 覆怨其正이로다

昊天이여 〈尹氏가〉 공평하지 않아서
우리 임금이 평안하지 않은데
그 마음가짐을 반성하지 못하고
도리어 바른 것을 원망하는구나

【傳】 正은 長也라

正은 '우두머리'이다.

【箋】 箋云 昊天乎아 師尹爲政不平하여 使我王不得安寧이로다 女不懲止女之邪心하고 而反怨憎其正也라

箋云 : '昊天이여! 태사 尹氏가 정치를 하는 것이 공평하지 않아서 우리 왕을 평안할 수 없게 하였다. 그런데 너 윤씨는 네 사악한 마음을 반성하여 그치지 않고, 도리어 바른 것을 원망하고 증오하는구나.'라고 한 것이다.

【疏】'昊天'至'其正' ○ 毛以爲"尹氏爲惡, 訴之於天, 言"昊天乎. 師尹爲政不平, 致使我王不得安寧. 汝師尹不懲止其心, 乃反邪僻妄行. 故下民皆怨其君長, 由師尹行惡而致民怨也." ○ 鄭唯下句爲異, 餘同.

經의 〔昊天〕에서 〔其正〕까지

○ 毛亨은 "尹氏가 악행을 저질러서 하늘에 호소하며, '昊天이여! 태사 尹氏가 정치를 행하는 것이 공평하지 않아서 우리 왕이 평안할 수 없는 지경에 이르게 하였다. 그런데 너 태사 윤씨는 그 마음을 반성해서 그치지 않고 도리어 사악하게 어긋난 행동을 하였다. 그러므로 아래 백성이 모두 그 임금과 우두머리를 원망하였으니, 태사 윤씨가 악행을 저지른 것으로 말미암아 백성이 원망하는 지경에 이르게 되었다."라고 여긴 것이다.

○ 鄭箋은 오직 아래 句(覆怨其正)의 해석만 毛傳과 다르고 나머지는 같다.

【疏】 ○ 傳'正, 長' ○ 正義曰 : 釋詁文. 此傳甚略, 王肅述之曰 "覆猶背也. 師尹不定其心, 邪僻妄行, 故下民皆怨其長." 今據爲毛說.

○ 傳의 〔正 長〕

○ 正義曰 : 〈"正은 長이다."라고 한 것은〉 ≪爾雅≫ 〈釋詁〉의 문장이다. 이 장의 毛傳은 매우 간략하여 王肅이 부연하여 서술하기를 "覆은 '背(배반하다)'와 같다. 太師 尹氏가 그 마음을 바로잡지 않고 사악하게 어긋난 행동을 했다. 그러므로 아래 백성이 모두 그 우두머리를 원망하였다."라고 하였는데, 지금 이것을 근거하여 毛亨의 설로 여겼다.

家父作誦하여 以究王訩이로다

가보가 시를 지어
왕의 송사를 다 구명하였다

【傳】 家父는 大夫也라

家父는 大夫이다.

【箋】 箋云 究는 窮也라 大夫家父作此詩하여 而爲王誦也라 以窮極王之政所以致多訟之

本意라

箋云：究는 '다하다'이다. 대부인 家父가 이 시를 지어 왕을 위해 읊조린 것이다. 이로써 왕의 정치에 송사가 많아지게 된 근본적인 뜻을 끝까지 구명하였다.

式訛爾心하여 以畜(휵)萬邦호라

이에 네 마음을 바꿔서
만방을 기르라

【箋】 箋云 訛는 化라 畜은 養也라

箋云：訛는 '바꾸다'이다. 畜은 '기르다'이다.

【疏】 '家父'至'萬邦' ○ 正義曰：作詩刺王, 而自稱字者, 詩人之情, 其道不一. 或微加諷諭, 或指斥愆咎, 或隱匿姓名, 或自顯官字, 期於申寫下情, 冀上改(悞)〔悟〕[1]而已. 此家父盡忠竭誠, 不憚誅罰, 故自載字焉. 寺人孟子[2]亦此類也.

1) (悞)〔悟〕：저본에는 '悞'로 되어 있으나, 阮元의 校勘記에 의거하여 '悟'로 바로잡았다.
2) 寺人孟子：〈小雅 巷伯〉에 보인다. 幽王이 暗愚하여 참소가 성행하자, 참소의 화가 미천한 신분의 寺人에게까지 미쳤기 때문에 寺人 孟子가 유왕을 풍자하여 읊은 것이다. 이 詩의 序에 참소하는 사람이 寺人을 참소하니, 寺人이 참소의 화가 장차 巷伯에까지 미칠 것을 근심하였기 때문에 지은 것이라고 보았다.

經의 〔家父〕에서 〔萬邦〕까지

○ 正義曰：시를 지어서 왕을 풍자하면서 스스로 字를 일컬은 경우는 시인의 마음에 그 道가 같지 않기 때문이다. 어떤 경우에는 은근하게 풍유를 하고 어떤 경우에는 죄과를 지적하며, 어떤 경우에는 성명을 감추고 어떤 경우에는 스스로 官字를 드러내기도 하니, 아랫사람의 마음을 펴서 서술해 윗사람이 허물을 깨달아 고치기를 바라는 것에 기약할 뿐이다. 이 家父는 충성을 다하고 처벌당하는 것을 꺼리지 않기 때문에 스스로 字를 기록하였다. 寺人 孟子도 이와 같은 부류이다.

節南山十章이니 六章章八句요 四章章四句라

〈節南山〉 10章이니, 6章은 章마다 8句이고 4章은 章마다 4句이다.

正月(정월)

【序】正月은 大夫刺幽王也라

〈正月〉은 대부가 幽王을 풍자한 시이다.

正月繁霜이니 我心憂傷이어늘

정월에도 많은 서리가 내리니
내 마음 근심스럽고 아프거늘

【傳】正月은 夏之四月이라 繁은 多也라

正月은 '夏나라 4월'이다. 繁은 '많다'이다.

【箋】箋云 夏之四月은 建巳之月이라 純陽用事而霜多라 急恒寒若之異가 傷害萬物이라 故心爲之憂傷이라

箋云 : 夏나라의 4월은 〈북두칠성의 자루가 동남쪽인 巳 방향을 가리키는 달인〉 建巳之月이다. '純陽이 제철을 만나서 서리가 많이 내린다. 임금이 성급하면 날씨가 항상 추운 이변이 〈따라〉 만물을 상하게 한다. 그러므로 내 마음이 그 때문에 근심스럽고 아픈 것이다.'라고 한 것이다.

民之訛言이 亦孔之將이로다

백성의 거짓말이 해를 끼치는 것도 매우 크구나

【傳】將은 大也라

將은 '크다'이다.

【箋】箋云 訛는 僞也라 人以僞言相陷入하여 使王行酷暴之刑하여 致此災異라 故言亦甚大也라

箋云 : 訛는 '거짓'이다. 사람들이 거짓말로 서로 모함해 임금이 혹독한 형벌을 시행

하게 만들어서 이러한 재앙과 이변을 초래하였다. 그러므로 '또한 매우 크다.'라고 한 것이다.

念我獨兮로다 **憂心京京**하니 **哀我小心**이라가 **癙憂以痒**호라

생각해보니 나 홀로 근심하는구나
근심하는 마음이 떠나지 않으니
나의 소심함을 슬퍼하다가
근심하여 병이 들었노라

【傳】 京京은 憂不去也라 癙・痒은 皆病也라

京京은 '근심이 떠나지 않는 것'이다. 癙와 痒은 모두 '병들다'이다.

【箋】 箋云 念我獨兮者는 言我獨憂此政也라

箋云 : '念我獨兮'라는 것은 '나 홀로 이런 정사를 근심한다.'라고 말한 것이다.

【疏】 '正月'(十三章, 上八章章八句, 下五章章六句) ○ '正月'至'以痒' ○ 正義曰 : 時大夫賢者, 睹天災以傷政教. 故言正陽之月而有繁多之霜, 是由王急酷之異, 以致傷害萬物, 故我心爲之憂傷也. 有霜由於王急, 王急由於訛言, 則此民之訛言爲害亦甚大矣. 害旣如此, 念我獨憂此政兮. 憂在於心, 京京然不能去. 哀憐我之小心所遇, 痛憂此事, 以至於身病也. 憂之者, 以王信訛言, 百姓遭害, 故所以憂也.

序의 〔正月〕

○ 經의 〔正月〕에서 〔以痒〕까지

○ 正義曰 : 당시에 大夫 가운데 현명한 자가 하늘이 내린 재앙을 보고 정치와 교화가 잘 이루어지지 않음을 슬퍼하였다. 그러므로 "正陽의 月인데도 많은 서리가 내렸다."라고 말하였으니, 이것은 왕이 성급하고 혹독한 정치에 따른 이변으로 말미암아서 만물에 해를 입히는 데 이른 것이다. 그러므로 내 마음이 그 때문에 근심스럽고 아픈 것이다. 서리가 내린 것은 왕의 성급함에서 말미암았고, 왕의 성급함은 백성의 거짓말에서 말미암았으니, 이것이 백성의 거짓말이 해를 끼침이 또한 매우 큰 것이다.

그 해가 이미 이와 같아서 '생각해보니 나 홀로 이런 정치를 근심한다. 근심이 마음에서 생겨 끊이지 않아 떠날 수 없으니, 나의 소심함에 마주한 현실을 슬퍼하고 이 일을 통렬히 근심해서 몸에 병이 나는 지경에 이르렀다.'라고 하였다. 근심하는 것은 왕이 거짓말을 믿어서 백성이 해를 겪게 되었기 때문에 근심하는 것이다.

【疏】 ○ 傳'正月, 夏之四月' ○ 正義曰：以大夫所憂, 則非常霜之月. 若建寅正月, 則固有霜矣, 不足憂也. 昭十七年"夏(七)〔六〕[1]月甲戌朔, 日有食之". 左傳曰 "祝史請所用幣, 平子禦之, 曰'止也. 唯正月朔, 慝未作, 日有食之, 於是乎有伐鼓用幣, 其餘則否.' 太史曰'在此月也.'" 經書'六月', 傳言'正月', 太史謂之"在此月", 是周之六月爲正月也. 周六月是夏之四月, 故知"正月, 夏之四月也". 謂之正月者, 以乾用事, 正純陽之月. 傳稱"慝未作", 謂未有陰氣, 故此箋云 '純陽用事'也. 若然, 易稽覽圖云 "正陽者, 從二月至四月, 陽氣用事時也." 獨以爲四月者, 彼以卦之六爻, 至二月大壯用事, 陽爻過半, 故謂之正陽, 與此異也.

1) (七)〔六〕: 저본에는 '七'로 되어 있으나, 阮元의 校勘記에 의거하여 '六'으로 바로잡았다.

○ 傳의 〔正月 夏之四月〕

○ 正義曰 : 大夫가 근심한 것은 통상적으로 서리가 내리는 달이 아니기 때문이다. 만약 〈북두칠성의 자루가 寅 방향을 가리키는〉 建寅의 正月이라면 본래 서리가 내리는 일이 있으니, 근심할 것이 없다.

그러나 ≪春秋≫ 昭公 17년에 "여름 6월 초하루 갑술일에 일식이 발생하였다."라고 하였는데, ≪春秋左氏傳≫에서 "祝史가 〈社에 사용할〉 幣帛을 청하자 季平子가 그것을 막으면서 '그만두십시오. 다만 正月 초하루는 아직 陰氣가 일어나지 않은 때이니, 이날 일식이 일어나면 이때는 북을 치고 폐백을 바치는 禮가 있어야 하지만, 그 외에는 그렇게 하지 않습니다.'라고 하였다. 그러자 太史가 '그달이 이달입니다.'라고 하였다."라고 하였다. ≪춘추≫ 經文에 '六月'이라고 쓰여 있는데, ≪춘추좌씨전≫에서는 '正月'이라 말하였고, 태사가 그것을 "이달이 그 달입니다."라고 하였으니, 이것이 周나라의 6월이 〈6爻가 모두 陽(☰)인 正陽月인〉 정월이 되는 것이다. 주나라 6월은 夏나라 4월이다. 그러므로 '正月은 夏나라 4월이다.'라고 한 것임을 알 수 있다.

그것을 경문에서 '正月'이라고 한 것은, 乾卦가 제철을 만난 때가 바로 純陽의 달이기 때문이다. ≪춘추좌씨전≫에서 '慝未作'이라 한 것은 "아직 음기가 일어나지 않았다."라는 것을 말한다. 그러므로 이 章의 鄭箋에서 '純陽이 제철에 만났다.〔純陽用事〕'라고 한 것이다. 만약 그렇다면 ≪易緯稽覽圖≫에서 "정양이란 것은 2월에서 4월까지 陽氣가 제철을 만난 때이다."라고 하였는데 여기서 유독 4월이라고 한 것은, ≪역위계람도≫에서는 괘의 6爻가 2월 大壯卦(䷡)가 제철을 만났을 때에 이르러 陽爻가 반을 넘어서기 때문에, 그것을 '正陽'이라고 한 것이니, 여기와는 다르다.

【疏】 ○ 箋'(憂)〔夏〕[1]之'至'憂傷' ○ 正義曰：'急恒寒若', 洪範咎徵文也. 彼注云"急, 促也, 若, 順也. 五事[2]不得, 則咎氣而順之." 言由君急促太酷, 致常寒之氣來順之, 故多霜也. 反常謂之異. 時不當有霜而有霜, 是異也. 四月之時, 草木已大, 故言'傷害萬物'也. 鄭駁異義與洪範五行傳皆云"非常曰異, 害物曰災." 則此傷害萬物, 宜爲災而云異者, 災・異對則別, 散則通. 故莊二十五年左傳曰"凡天災有幣無牲." 彼爲日食之異而言災也, 此以非時而降謂之異, 據其害物, 又謂之災. 下箋云'致此災異', 是義通, 故言之異.

1) (憂)〔夏〕: 저본에는 '憂'로 되어 있으나, 鄭箋에 의거하여 '夏'로 바로잡았다.

2) 五事 : 통치자가 수양해야 할 다섯 가지 일이다. 즉 몸가짐은 공손하고〔貌恭〕, 말은 조리 있게 하며〔言從〕, 보는 것은 분명하게 하고〔視明〕, 듣는 것은 분명하게 들으며〔聽聰〕, 생각은 깊이 하는 것〔思睿〕이다.

○ 箋의 〔夏之〕에서 〔憂傷〕까지

○ 正義曰：'急恒寒若'은 ≪尙書≫ 〈洪範〉 '咎徵'의 문장이다. 그 注에 "急은 '독촉하다'이고, 若은 '따르다'이다. 五事가 적합하지 않으면 근심스러운 기운이 뒤따른다."라고 하였다. 말하자면 임금이 급하고 혹독함으로 말미암아 항상 추운 기운이 따라오는 지경에 이르게 되었으므로 서리가 많이 내리는 것이다.

常道에 어긋나는 것을 '異(이변)'라고 한다. 이때 서리가 내리는 것이 마땅하지 않은데 서리가 내리니, 이것이 이변이다. 4월의 시기는 풀과 나무가 매우 무성하기 때문에 '만물을 상하게 한다.'라고 말한 것이다. 鄭玄의 ≪駁異義≫와 ≪洪範五行傳≫에는 모두 "일상적이지 않은 것을 異라고 하고, 만물을 해치는 것을 災라고 한다."라고 하였다. 그렇다면 이 鄭箋에서 '만물을 상하게 하였다.'라고 하였으니, 마땅히 災라고 해야 하는데 異라고 말한 것은 災와 異는 對文할 경우에는 다르지만 散文할 경우에는 서로 통하기 때문이다. 그러므로 ≪春秋左氏傳≫ 莊公 25년에 "하늘이 내린 재앙에는 폐백만 바치고 희생을 바치지 않는다.〔凡天災有幣無牲〕"라고 하였다. ≪춘추좌씨전≫에서는 日食의 異(이변)가 일어났는데 '災'라고 말하고, 이 시에서는 제때가 아닌데 서리가 내린 것을 異라고 말했는데, 그것이 만물을 해친 것에 근거하여 또 災라고 말한 것이다. 아래의 鄭箋에서 '致此災異'라고 한 것도 뜻이 통하기 때문에 異라고 말했다.

【疏】 ○ 箋'人以'至'甚大' ○ 正義曰：此承繁霜之下, 故知甚大, 謂以訛言致霜爲大也. 小人以訛言相陷, 王不能察其眞僞, 因發大怒而行此酷暴之刑, 由此急酷, 故天順以寒氣, 而使盛夏多霜, 是霜由訛言所致也.

○ 箋의 〔人以〕에서 〔甚大〕까지

○ 正義曰 : 이 구절은 繁霜의 아래에 이어졌기 때문에, '매우 크다'라는 것이 거짓말로 말미암아 서리의 이변을 초래한 것을 크다고 여긴 것임을 알 수 있다.

'소인이 거짓말로 서로 모함했으나 왕이 그 진위를 살필 수 없었다. 이 때문에 크게 화를 내어 이 혹독한 형벌을 시행했다. 왕의 이 성급함과 혹독함으로 말미암기 때문에 하늘이 추운 기운을 따르게 하여 무더운 여름에 많은 서리를 내린 것이다.'라고 하였으니, 이것이 서리가 거짓말로 말미암아 내리게 된 것이다.

父母生我여 **胡俾我瘉**잇가 **不自我先**이며 **不自我後**로다

부모님이 우리 천하 사람을 낳으심이여
어찌 나를 병들게 하는가
나보다 앞에 있지도 않으며
나보다 뒤에 있지도 않는구나

【傳】 父母는 謂文武也라 我는 我天下요 瘉는 病也라

父母는 文王과 武王을 말한 것이다. 我는 '우리 천하 사람'이고, 瘉는 '병들다'이다.

【箋】 箋云 自는 從也라 天使父母生我로되 何故不長遂我하여 而使我遭此暴虐之政而病고 此何不出我之前하고 居我之後가 窮苦之情에 苟欲免身이라

箋云 : 自는 '로부터'이다. '하늘이 부모에게 나를 낳게 하였는데, 무슨 까닭으로 나를 길러주지 않아서 내가 이런 포학한 정치를 만나 병들게 되었는가. 이것이 어찌하여 내 앞에서 나오지 않고 내 뒤에 있지 않은가.'라고 한 것이니, 곤궁하고 괴로운 마음에 진실로 禍를 면하기를 바란 것이다.

好言自口하며 莠言自口하니

좋은 말도 입으로 하고 나쁜 말도 입으로 하니

【傳】 莠는 醜也라

莠는 '나쁘다'이다.

【箋】 箋云 自는 從也라 此疾訛言之人이라 善言從女口出이요 惡言亦從女口出이라 女口一(爾)〔耳〕[1]로되 善也惡也同出其中하니 謂其可賤이라

1) (爾)〔耳〕 : 저본에는 '爾'로 되어 있으나, 阮元의 校勘記에 의거하여 '耳'로 바로잡았다.

箋云 : 自는 '로부터'이다. 이 구절은 거짓말하는 사람을 미워한 것이다. '좋은 말도 네 입으로부터 나오고 나쁜 말도 역시 네 입으로부터 나온다.'라고 한 것이다. 네 입은 하나일 뿐인데 좋은 말과 나쁜 말이 함께 그 입에서 나오니, 그것이 천하게 여길만하다고 말한 것이다.

憂心愈愈하니 是以有侮노라

근심하는 마음 초조하니
이 때문에 모욕을 받는구나

【傳】 愈愈는 憂懼也라

愈愈는 '근심하고 두려워하다'이다.

【箋】 箋云 我心憂政如是하니 是與訛言者殊塗라 故用是見侵侮也라

箋云 : 내 마음에 정치를 근심하는 것이 이와 같으니, 이것은 거짓말을 하는 자와

길을 달리했기 때문에, 이로써 〈거짓말을 하는 자에게〉 모욕을 받은 것이다.

【疏】'父母'至'有侮' ○ 毛以爲"文武爲民之父母, 而令天生我天下之民, 今何爲不令天長育我, 而使我遭此暴虐之政以致病也. 又此病〔不從〕[1]我之先, 不從我之後, 而今適當我身乎, 訴之文武也. 此暴虐之政, 由訛言所致, 故疾此訛言之人云"有美好之言從汝口出, 有醜惡之言亦從汝口出, 汝口一耳, 而善惡固出其口, 甚可憎賤也. 大夫既見王政酷暴, 憂心愈愈然, 與此訛言者殊塗, 爲訛言者所疾, 是以有此見侵侮於己也." ○ 鄭唯以爲訴天, 使父母生我, 我謂大夫作詩者爲異. 餘同.

1)〔不從〕: 저본에는 '不從'이 없으나, 阮元의 校勘記에 의거하여 보충하였다.

經의 〔父母〕에서 〔有侮〕까지

○ 毛亨은 "〈이 章은〉 '문왕과 무왕은 백성의 부모가 되어, 하늘이 우리 천하의 백성을 낳게 했는데 지금은 어찌해서 하늘이 우리 백성을 길러주게 하지 않고 우리가 이 포학한 정치를 만나 병드는 데 이르게 하였는가. 또 이 병이 우리 앞에서 생기지도 않고 우리 뒤에서 생기지도 않아, 지금 우리가 화를 당하게 하는가.'라고 한 것이니, 문왕과 무왕에게 하소연하는 것이다.

또 이 포학한 정치는 거짓말로 말미암아서 생겨난 것이기 때문에, 이 거짓말을 한 사람을 싫어해서 '좋은 말도 네 입에서 나올 때가 있고 나쁜 말도 네 입에서 나올 때가 있다. 네 입은 하나일 뿐인데 좋은 말과 나쁜 말이 진실로 그 입에서 나오니, 매우 미워하고 천하게 여길 만하다.'라고 하였다.

大夫가 왕의 정치가 포학한 것을 보고 '근심하는 마음에 초조하니, 이 거짓말을 하는 자와 길을 달리해서 거짓말을 하는 자에게 미움을 받았기 때문에, 이렇게 자신의 몸에 모욕을 받은 것이다.'라고 하였다."라고 여긴 것이다.

○ 鄭玄은 오직 '하늘에 하소연한 것'과 '부모에게 나를 낳게 한 것'과 '我는 시를 지은 大夫라고 한 것'만이 毛亨의 해석과 다르다. 나머지는 같다.

【疏】○ 傳'父母'至'天下' ○ 正義曰 : 以文武受命爲明王, 作萬民父母, 故尙書曰"天將有立民父母."[1] 謂天子作民父母, 民窮則宜告之. 又以父母爲文武也. 文武爲天下父母, 故"我, 我天下." 作者擧天下之心爲之怨刺, 不專爲己, 故謂天下爲我也.

1) 天將有立民父母 : 현행본 ≪尙書≫에는 해당 내용이 없다. ≪十三經注疏正字≫의 注에는 僞泰誓의 문장이라고 하였다.

○ 傳의 〔父母〕에서 〔天下〕까지

○ 正義曰 : 文王과 武王이 천명을 받아 明哲한 王이 되어 모든 백성의 부모가 되었다. 그러므로 ≪尙書≫에서 "하늘이 백성의 부모를 세우려고 한다."라고 한 것은, 天子는 백성의 부모가 되니 백성이 곤궁하면 마땅히 그에게 아뢰어야 한다는 것을 일컫는다. 또 부모를 문왕과 무왕으로 여긴 것이다. 문왕과 무왕이 천하의 부모가 되었기 때문에, "我는 '우리 천하 사람'이다."라고 한 것이다. 시를 지은 자는 천하 사람의 마음 때문에 원망하고 풍자한 것이지, 오로지 자기를 위한 것이 아니라는 것을 거론했기 때문에 천하 사람을 일컬어 我라고 하였다.

【疏】 ○ 箋'天使'至'免身' ○ 正義曰 : 上言'念我獨兮', 因此而告天, 是先訴己身, 未及論天下也. 文・(王)〔武〕[1]雖受命之王, 年世已久. 遇今時之虐政, 訴上世之哲(氏)〔王〕[2], 非人情也, 故知訴'天使父母生我'也. 上章言王急酷, 故'此(病遭暴)〔遭暴虐〕[2]之政而病'也. 以所願不宜, 願免之而已, 乃云 '不自我先, 不自我後'. 忠恕者, 己所不欲, 勿施於人, 況以虐政推於先後, 非父祖則子孫, 是'窮苦之情, 苟欲免身'.

1) (王)〔武〕 : 저본에는 '王'으로 되어 있으나, 阮元의 校勘記에 의거하여 '武'로 바로잡았다.
2) (氏)〔王〕 : 저본에는 '氏'로 되어 있으나, 阮元의 校勘記에 의거하여 '王'으로 바로잡았다.
3) (病遭暴)〔遭暴虐〕 : 저본에는 '病遭暴'으로 되어 있으나, 阮元의 校勘記에 의거하여 '遭暴虐'으로 바로잡았다.

○ 箋의 〔天使〕에서 〔免身〕까지

○ 正義曰 : 위 구절에서 '생각해보니 나 홀로 근심하는구나〔念我獨兮〕'라고 말했기 때문에 이를 근거해서 하늘에 호소한 것이니, 이것은 먼저 자기 자신에 대해 하소연하고 미처 천하를 논하는 것에 이르지 못한 것이다. 文王과 武王이 비록 천명을 받은 왕이지만 세월이 이미 오래되었다. 지금 포학한 정치를 만났는데, 옛날의 명철한 왕에게 하소연하는 것은 인정이 아니다. 그러므로 '하늘이 부모에게 나를 낳게 하였다.'라고 하소연한 것임을 알 수 있다.

위의 문장에서 왕의 성급하고 혹독한 정치를 말했기 때문에, 여기에서는 '왕의 포학한 정치를 만나 병이 들었다.'라고 하였다.

원하는 것이 마땅치 않아 그것에서 벗어나고 싶었을 뿐이어서, 곧 '나보다 앞에 있지 않으며 나보다 뒤에 있지도 않는구나.'라고 하였다. 忠恕라는 것은 자기가 바라지 않는 것을 다른 사람에게 베풀지 않는 것이고, 게다가 포학한 정치가 앞뒤로 미뤄지면 아버지나 할아버지가 아니면 아들과 손자에게 행해지게 된다. 이 때문에 '곤궁하고 괴로운 마음에 진실로 화를 면하기를 바란 것이다.'라고 하였다.

憂心慘慘하니 念我無祿이로다

마음에 근심이 있어 울적하니
생각건대 우리 백성이 없구나

【傳】 慘慘은 憂意也라

慘慘은 근심스러워 생각하는 것이다.

【箋】 箋云 無祿者는 言不得天祿이니 自傷値今生也라

箋云 : 無祿이란 하늘의 복록을 받지 못했다고 말한 것이니, 지금 세상을 만나 태어난 것을 스스로 상심한 것이다.

民之無辜가 幷其臣僕이라

죄 없는 백성이 함께 臣僕이 되었구나

【傳】 古者有罪는 不入於刑이면 則役之圜土하여 以爲臣僕이라

옛날에 죄를 지은 자는 형벌에 처하지 않으면 圜土(감옥)에서 노역을 시켜 臣僕(노예)으로 삼았다.

【箋】 箋云 辜는 罪也라 人之尊卑有十等이니 僕第九요 臺第十이라 言王旣刑殺無罪하고 幷及其家之賤者하니 不止於所罪而已라 書曰 越茲麗刑幷制라하니라

箋云 : 辜는 '죄'이다. 사람의 신분에는 10등급이 있으니, 僕은 9등급이고, 臺는 10등급이다. 말하자면 왕이 죄가 없는 사람을 형벌로써 죽이고 나서 아울러 집안의 천한 자에게도 미쳤으니, 죄가 없는 자를 처벌하는 데 그치지 않았을 따름이다. ≪尙書≫ 〈呂刑〉에서 "이에 형벌을 받을 자를 처벌하고 죄가 없는 자까지 아울러 제재하였다."라고 한 것이다.

哀我人斯하니 **于何從祿**이리오

슬프구나 우리가 이와 같으니
어느 곳에서 복록을 받으리오

【箋】 箋云 斯는 此라 于는 於也라 哀乎라 今我民人見遇如此하니 當於何從得天祿이라야 免於是難이리오

箋云 : 斯는 '이것'이다. 于는 어조사이다. '슬프구나. 지금 우리 백성이 이와 같은 상황을 만나게 되었으니, 어느 곳에서 하늘의 복록을 받아야 이 어려움에서 벗어날 수 있을까?'라고 한 것이다.

瞻烏爰止하니 **于誰之屋**이리오

까마귀가 머문 곳을 보니
누구의 집에 머무를까

【傳】 富人之屋은 烏所集也라

부유한 사람의 집은 까마귀가 모이는 곳이다.

【箋】 箋云 視烏集於富人之(室)〔屋〕[1]하여 以言今民亦當求明君而歸之라

1) (室)〔屋〕 : 저본에는 '室'로 되어 있으나, 阮元의 校勘記에 의거하여 '屋'으로 바로잡았다.

箋云 : 까마귀가 부유한 사람의 집에 모인 것을 보고서, 이것으로 지금 백성도 마땅히 현명한 군주를 구해서 그에게 귀의해야 한다고 말한 것이다.

【疏】'憂心'至'之屋' ○ 毛以爲"詩人言我憂在於心慘慘然. 我所以憂者, 念我天下之人無天祿, 謂不得明君, 遭此虐政也. 又言無祿之事, 民之無罪辜者, 亦竝罪之, 以其身爲臣僕, 言動掛網羅, 民不聊生也. 哀乎可哀憐者, 今我民人見遇如此, 於何所從而得天祿乎. 是無祿(世)〔也〕[1]. 此視烏於所止, 當止於誰之屋乎, 以興視我民人所歸, 亦當歸於誰之君乎, 烏集於富人之屋以求食, 喩民當歸於明德之君以求天祿也. 言民無所歸, 以見(현)惡之甚也." ○ 鄭以爲"作者言憂心慘慘然, 念我身之無天祿, 自傷値今生也. 又言無祿之事, 民之無辜罪者, 身旣得罪, 竝其家之臣僕亦罪之. 哀乎. 今我天下之民, 見遇於此, 於何從而得天祿乎." 餘同. 上章毛以我爲天下, 則皆爲天下怨辭也, 鄭以我爲己身, "念我無祿", 自念無祿也. "於何從祿", 乃言天下皆無祿耳. 祿名本出於居官食廩, 得祿者是福慶之事, 故謂福祐爲祿. 雖民無福, 亦謂之無祿也.

1) (世)〔也〕: 저본에는 '世'로 되어 있으나, 阮元의 校勘記에 의거하여 '也'로 바로잡았다.

經의 〔憂心〕에서 〔之屋〕까지

○ 毛亨은 "詩人이 '내 마음에 근심이 있어서 울적하다. 내가 근심하는 이유는 생각해보니 우리 천하의 백성이 하늘의 복록을 받지 못했기 때문이다.'라고 말하였으니, 명철한 군주를 얻지 못해서 이 포학한 정치를 만났다고 한 것이다. 또 복록을 받지 못한 일을 말하면서 '백성 가운데 죄가 없는 이들도 아울러 벌을 받아서 그 자신이 〈노역하는〉 臣僕이 되었기 때문이다.'라고 하였으니, 걸핏하면 법망에 걸려 백성이 제대로 살아갈 수 없음을 말한 것이다. '슬프구나! 슬프고 가엾게 여길만한 것은 지금 우리 백성이 이와 같은 상황을 만나서이니, 어느 곳에서 하늘의 복록을 받으리오?'라고 한 것은 하늘의 복록을 받지 못했기 때문이다. 또 '이때 까마귀가 머문 곳을 보니 마땅히 누구의 집에 머무를까?'라고 한 것은 '우리 백성이 귀의한 곳을 보니 또한 어떤 임금에게 귀의해야 마땅할까?'라는 것을 비유한 것이니, 까마귀가 부유한 사람의 집에 모여 음식을 구하는 것으로, 백성은 마땅히 명철한 德이 있는 임금에게 귀의해서 하늘의 복록을 구해야 한다는 것을 비유하였다. 백성이 귀의할 곳이 없다는 것을 말해 왕의 악행이 심하다는 것을 드러내었다."라고 여긴 것이다.

○ 鄭玄은 "시를 지은 사람이 '근심스러운 마음에 울적하니, 생각건대 나 자신이 하늘의 복록을 받지 못했구나!'라고 말하였으니, 지금 세상을 만나 태어난 것을 스스로 아파한 것이다. 또 복록을 받지 못한 일을 말하면서, '백성 가운데 죄가 없는 자신이 이미 처벌을 받았는데 그 집에서 노역하는 臣僕도 아울러서 벌을 받는구나.'라고 말하

였다. 또 '슬프구나! 지금 우리 천하의 백성이 이러한 상황을 만나게 되었으니, 어느 곳에서 하늘의 복록을 받으리오?'라고 하였다."라고 여겼다. 나머지는 같다.

위의 장에서 모형은 '我'를 '天下'라고 여겼으니 모두 천하의 백성이 원망하는 말이 되고, 정현은 我를 '己身(자기 자신)'이라고 여겼으니 經文의 '念我無祿'은 하늘의 복록을 받지 못한 것을 스스로 생각한 것이다. '於何從祿'은 곧 '천하가 모두 복록을 받지 못했다.'라고 말한 것일 뿐인데, 祿이란 명칭은 본래 관리들의 봉급에서 나왔으니, 祿을 얻는다는 것은 복되고 경사스러운 일이다. 그러므로 '복을 받는 일〔福祐〕'을 祿이라고 하였다. 비록 백성이 복이 없어도 또한 無祿이라고 하였다.

【疏】○ 傳'古者'至'臣僕' ○ 正義曰：此解名罪人爲臣僕之意也. 古者, 據時而道前代之言, 正謂作詩時也. 古有肉刑, 而罪有等級, 重者入於肉刑, 輕者役於圓土. 謂晝則役之, 夜是入圓土. 以圓土表罪之輕者也, 非在圓土而役. 當役之時, 爲臣僕之事, 故號之爲臣僕, 以表其罪名, 非謂恒名臣僕也. 此有罪者當然, 今無罪亦令與有罪同役, 故言竝也. 王肅云"今之王者, 好陷入人罪, 無辜下至於臣僕. 言用刑趣重." 傳意當然也. '役之圓土', 周禮有其事, 大司寇(戰)〔職〕[1]曰"以圓土聚教罷(피)民. 凡害人者, 置之圓土, 而施職事焉, 以明刑恥之. 其能改者, 反於中國, 不齒三年." 司圜職曰"凡害人者, 弗(受)〔使〕[2]冠飾, 而加明刑焉, 任之以事而收教之. 能改者, 上罪三年而舍, 中罪二年而舍, 下罪一年而舍. 其不能改而出圓土者殺. 雖出, 三年不齒." 是不入於刑, 役圓土之事也. 雖不入於刑, 而罪有輕重. 周禮分爲二等, 其已害人者則如此, 未害人者則役諸司空. 重罪唯一期而已. 其坐作之數, 具在司寇. 此圓土罪人, 罪未定之時, 縛於外朝[3], 而與公卿議之. 議定, 乃從其罪. 故易坎卦上六"係用徽纆, 寘于叢棘, 三歲不得, 凶." 鄭云"上乘陽, 有邪惡之罪, 故縛以徽纆, 置於叢棘, 而使公卿以下議之." 是也.

1) (戰)〔職〕: 저본에는 '戰'으로 되어 있으나, 阮元의 校勘記에 의거하여 '職'으로 바로잡았다.
2) (受)〔使〕: 저본에는 '受'로 되어 있으나, 阮元의 校勘記에 의거하여 '使'로 바로잡았다.
3) 外朝 : 周나라 제도로 天子나 諸侯가 조정의 政事를 처리하는 장소를 말한다.

○ 傳의 〔古者〕에서 〔臣僕〕까지

○ 正義曰 : 여기에서는 罪人을 이름해서 '臣僕'이라고 한 뜻을 풀이하였다. '古者'는 당시를 기점으로 해서 이전 시대의 일을 끌어오는 말이니, 바로 '시를 지은 시점'을 일

컫는다. 옛날에는 〈죄인의 신체에 형벌을 가하는〉 肉刑이 있고 罪에는 등급이 있어서, 죄질이 무거운 자는 육형에 처하고 가벼운 자는 圜土(감옥)에서 노역을 시켰다. 생각건대 낮에는 노역을 시키고 밤에는 원토에 들였을 것이니, 원토로써 죄질이 가볍다는 것을 드러낸 것이지 원토에서 노역시켰다는 것은 아니다. 노역에 종사할 당시에 신복의 일을 했기 때문에 신복이라고 불러 그 죄명을 표시한 것이지, 항상 신복이라고 이름했다고 말한 것은 아니다. 죄가 있는 자는 마땅히 그렇게 해야 하지만 지금은 죄가 없는데도 또한 죄가 있는 자와 같이 노역을 시켰기 때문에 經文에서 '함께하다〔竝〕'라고 하였다. 王肅은 "지금 왕이 된 자가 사람을 죄에 빠트리기를 좋아해서 죄도 없이 신복에 떨어지게 되었으니, 형벌을 쓸 때 무겁게 적용했다는 것을 말한 것이다."라고 하였다. 毛傳의 뜻은 당연히 그러하다.

'圜土에서 노역을 시켰다.〔役之圜土〕'라는 것은 ≪周禮≫에 그 일에 관한 기사가 있으니, 〈秋官 大司寇職〉에는 "원토에 유랑민인 罷民을 모아서 교화한다. 사람을 해치는 자는 원토에 가둬놓고 할 일을 나눠주고, 〈죄상을 기록한 판자인〉 明刑을 등에 지고 다니게 하여 수치스럽게 한다. 그중 허물을 고칠 수 있는 자는 國中으로 돌려보내는데 3년 동안은 평민과 동등하게 대우하지 않는다."라고 하였고, 〈秋官 司圜職〉에는 "사람을 해친 자는 관에 冠飾을 하지 못하도록 하고 明刑을 등에 지고 다니게 하며 일로써 책임지게 하고 교화를 받들도록 한다. 허물을 고칠 수 있는 자 가운데 上罪는 3년이 지나서 풀어주고, 中罪는 2년이 지나서 풀어주며, 下罪는 1년이 지나서 풀어준다. 허물을 고쳐서 감옥을 나올 수 없는 자는 죽인다. 비록 감옥에서 나왔더라도 3년 동안은 평민과 동등하게 대우하지 않는다."라고 하였다. 이것이 형벌에 처하지 않으면 감옥에서 노역시킨다는 일이다.

비록 형벌에 처하지 않았더라도 죄에는 경중이 있다. ≪주례≫에서는 두 등급으로 나누어서, 이미 사람을 해친 자는 이처럼 하고 사람을 아직 해치지 않는 자는 〈공사를 관장하는 관리인〉 司空에게 노역을 시키도록 하는데, 重罪도 오직 1년만 복역시킬 뿐이다. 행동을 규제하는 법은 모두 司寇에 달려 있다. 여기서 원토의 죄인은 죄가 아직 확정되지 않았을 때 外朝에 가둬놓고 公卿과 의논해서, 의논이 확정되면 곧 그 죄에 따라 처리한다. 그러므로 ≪周易≫ 坎卦(䷜) 上六에서 "구속할 때 포승을 사용해서 가시나무 숲에 가두는데 3년이 되어도 면하지 못하니, 흉하다."라고 하였는데, 鄭玄 注에서 "陰인 上六이 陽을 타니 사악한 죄가 있다. 그러므로 포승으로 결박해서 가시나무 숲에 가두고 公卿 이하의 벼슬아치에게 논의하게 하였다."라고 하였으니, 바로 이것이다.

【疏】○ 箋'人之'至'幷制' ○ 正義曰：箋以言幷其臣僕，是身旣得罪，復罪及臣僕，故云幷也. 言人之尊卑有十等者，昭七年左傳曰"人有十等，故王臣公，公臣大夫，大夫臣士，士臣皀，皀臣輿，輿臣隸，隸臣僚，僚臣僕，僕臣臺."是十等，僕第九，臺等十. 連言臺者，以顯僕爲賤也. 臣亦賤稱，僖十七年左傳"晉惠公卜，男爲人臣，女爲人妾."孝經曰"不敢失於臣妾."妾是賤者之定名，臣則事人之稱，無定名也，故十等以相次臣，謂得役使者爲臣也. '幷其臣僕'，謂其私家之臣，故云"王旣刑殺無罪，乃幷及其家之賤者，不止於所罪而已."無罪，知(彼)〔被〕[1]刑殺者，尙及其家之賤者，明以重罪加之，故知刑殺也. 引書曰，呂刑文也. 彼注云"越，於也. 玆，此也. 麗，施也. 於此施刑，竝制其無罪者. 則彼苗民淫虐，殺戮無辜，不但刑有罪，亦幷制無罪."與此幷義同，故引之以爲證也. 易傳者，以臣僕非罪人之名，經言幷其臣僕，不言以爲臣僕，其幽王暴虐，乃殺戮無辜，豈但不至於罪以爲臣僕而已，故易之.

1) (彼)〔被〕: 저본에는 '彼'로 되어 있으나, 阮元의 校勘記에 의거하여 '被'로 바로잡았다.

○ 箋의 〔人之〕에서 〔幷制〕까지

○ 正義曰 : 鄭箋에서는 '幷其臣僕'이라고 말한 것으로, 자신이 벌을 받고 나서 다시 형벌이 臣僕에게 미쳤기 때문에 경문에서 '幷(아우르다)'이라고 했다고 여겼다.

'사람의 신분에는 10등급이 있다.〔人之尊卑有十等〕'라고 말한 것은 ≪春秋左氏傳≫ 昭公 7년에 "사람은 10등급의 신분이 있습니다. 그러므로 王은 公을 신하로 삼고, 公은 大夫를 신하로 삼고, 大夫는 士를 신하로 삼고, 士는 皀를 신하로 삼고, 皀는 輿를 신하로 삼고, 輿는 隸를 신하로 삼고, 隸는 僚를 신하로 삼고, 僚는 僕을 신하로 삼고, 僕은 臺를 신하로 삼습니다."라고 했기 때문이다. 이것이 〈사람의 신분에는〉 10등급이 있으니, 僕은 9등급이고 臺는 10등급이라는 것이다. '臺'를 이어서 말한 이유는 '僕'이 미천한 자가 된다는 것을 드러내기 위해서이다. 臣도 역시 賤한 자의 호칭이니, ≪춘추좌씨전≫ 僖公 17년에 "晉나라 惠公이 점을 치니, '아들은 다른 사람의 신하가 되고 딸은 다른 사람의 첩이 될 것이다.'라고 하였다."라고 하고, ≪孝經≫에는 "〈집안을 다스리는 자는〉 그 하인과 첩에게도 감히 실수하지 않는다."라고 하였는데, 妾은 미천한 사람의 정해진 명칭이지만 臣은 다른 사람을 섬기는 자의 호칭으로 정해진 명칭이 없다. 그러므로 10등급을 서로 차례 지으며 臣이라고 하였으니, 부릴 수 있는 자가 臣이 된다고 말한 것이다.

'幷其臣僕'에서 臣은 자기 집의 신하를 말한다. 그러므로 ≪尙書≫ 〈呂刑〉에서 "왕이 죄가 없는 사람을 형벌로써 죽이고 나서 곧 그 집의 미천한 자에게도 아울러 미쳤으니, 죄 없는 자를 처벌하는 데 그치지 않았을 따름이다."라고 하였다.

죄가 없는 자가 형벌로써 죽임을 당했다는 것을 알 수 있는 이유는 오히려 그 집의 미천한 자에게 형벌이 미쳤으니, 분명히 重罪를 그에게 가한 것이기 때문이다. 그러므로 형벌로써 죽임을 당했다는 것을 알 수 있다. 인용한 '書曰'은 ≪尙書≫ 〈呂刑〉의 문장이다. 그 注에서 "'越'은 '於(어조사)'이고, '玆'는 '此(이것)'이며, '麗'는 '施(시행하다)'이니, 이에 형벌을 시행하고 아울러 그 죄가 없는 자까지 다스린 것이다. 저 苗民이 지나치게 포학해서 죄 없는 자를 살육하니 단지 죄가 있는 자를 형벌로 처벌할 뿐만 아니라 또한 아울러 죄가 없는 이들도 제재하였다."라고 하였으니, 여기에서의 幷자와 뜻이 같다. 그러므로 인용해 증거로 삼았다.

毛傳의 해석을 바꾼 이유는 臣僕이 죄인의 명칭이 아닌데, 經文에서 '그 신복을 아울렀다.〔幷其臣僕〕'라고 말하고 '신복으로 삼았다.〔以爲臣僕〕'라고 말하지 않았다고 여겼기 때문이다. 幽王이 포학해 곧 죄가 없는 자를 살육하는데, 어찌 단지 처벌하는데 이르지 않고 신복으로 삼았을 뿐이겠는가? 그러므로 毛傳의 해석을 바꾸었다.

瞻彼中林하니 **侯薪侯蒸**이로다

저 숲속을 보니 굵은 땔나무와 잔 땔나무가 있구나

【傳】 中林은 林中也라 薪・蒸은 言似而非라

中林은 '숲속'이다. 薪과 蒸은 '비슷하지만 다르다'는 것을 말한 것이다.

【箋】 箋云 侯는 維也라 林中大木之處에 而維有薪蒸爾라 喩朝廷宜有賢者로되 而但聚小人이라

箋云 : 侯는 '오직'이다. 숲속 큰 나무가 있는 곳에 오직 굵은 땔나무와 잔 땔나무가 될 작은 나무만 있을 뿐이다. 이것으로 조정에는 마땅히 현자가 있어야 하는데 단지 소인을 모아놓았을 뿐임을 비유하였다.

民今方殆어늘 **視天夢夢**이로다

백성이 한창 위태로워지려는데
왕을 보니 어지럽구나

【傳】 王者爲亂夢夢然이라

왕이 정치를 혼란스럽게 해서 어지러운 것이다.

【箋】 箋云 方은 且也라 民今且危亡이어늘 視王者所爲하니 反夢夢然而亂이로되 無統理安人之意라

箋云 : 方은 '이제 한창'의 뜻이다. 백성이 지금 한창 위태로워 망하려고 하는데 왕이 하는 짓을 보니 도리어 어지럽게 해 혼란스러운데도 통치를 해서 백성을 안정시키려는 뜻이 없다.

旣克有定이라도 **靡人弗勝**이로다

이미 안정시킬 수 있더라도
능멸하지 않는 사람이 없구나

【傳】 勝은 乘也라

勝은 '능멸하다'이다.

【箋】 箋云 王旣能有所定이라도 尙復事之小者爾라 無人而不勝이니 言凡人所定은 皆勝王也라

箋云 : 이 구절은 '왕에게는 이미 안정시킬 방도가 있을 수 있어도 오히려 자질구레한 政事만 다시 행할 뿐이어서 더 낫지 않은 사람이 없다.'라고 한 것이니, 백성을 안정시키는 방도가 모두 왕보다 낫다는 것을 말한 것이다.

有皇上帝여 **伊誰云憎**이리오

임금인 상제여
이와 같으니 누구를 미워하리오

【傳】皇은 君也라

皇은 '임금'이다.

【箋】箋云 伊는 讀當爲緊(예)니 緊猶是也라 有君上帝者는 以情告天也라 使王暴虐如是면 是憎惡(오)誰乎리오 欲天指害其所憎而已라

箋云 : 伊는 마땅히 緊로 읽어야 하니 緊는 '是(이것)'와 같다. '有君上帝'는 이런 실정을 하늘에 알리는 것이다. '가령 왕에게 이같이 포학하게 했다면 누구를 미워해야 하는가.'라고 한 것이니, 하늘이 그들이 미워하는 자를 가리켜 해치기를 바란 것일 뿐이다.

【疏】'瞻彼'至'云憎' ○ 毛以爲"視彼林中, 謂其當有大木, 而維有薪・維有蒸在林, 則似大木而非大木也. 以興視彼朝上, 謂其當有賢者, 而唯有小人. 此小人之在朝, 則似賢人而非賢也. 由朝聚小人而無善政令, 方且危亡矣. 民將危亡, 王當安撫之, 今視王之所爲, 反夢夢然而昏亂, 無統理安民之意也. 王非徒昏亂, 又志在殘虐. 既謂能有所定者, 無事於人, 而不欲乘陵之, 言所定者皆是陵人之事, 爲殘虐也. 王暴如此, 以情訴天, 云"有君上帝, 使王暴虐如此, 維誰憎惡乎." 欲天指害之." ○ 鄭以上二句小別, 具說在箋. 又以"靡人不勝", 謂人皆勝王, 又以伊爲是爲異. 餘同.

經의 〔瞻彼〕에서 〔云憎〕까지

○ 毛亨은 "'저 숲속을 보니 그곳에는 마땅히 큰 나무가 있을 것이라고 생각했지만, 오직 굵은 땔나무와 잔 땔나무만이 숲속에 있으니 큰 나무처럼 보이지만 큰 나무가 아니었다.'라고 하였는데, 이것으로 '저 조정을 보니 마땅히 현자가 있을 것이라고 생각했지만 오직 소인만이 있을 뿐이다. 이 소인이 조정에 있으니 현자처럼 보이지만 현자가 아니었다.'라는 것을 비유하였다.

조정에 소인을 모아놓아 좋은 政令이 없었기 때문에 한창 위태로워 망하려고 하였다. 백성이 위태로워 망하려고 하면 왕은 백성을 위로해야 하는데, 지금 왕이 하는 행동을 보니 도리어 어지럽게 해 혼란스러운데도 통치를 해서 백성을 안정시키려는 뜻이 없다. 왕은 나라를 혼란스럽게 할 뿐만 아니라 또한 잔인하고 포학한 정치에 뜻이 있었다.

이미 안정시킬 방도가 있을 수 있다고 말한 이유는 이유 없이 백성을 괴롭히는 것을 바라지 않기 때문이니, 말하자면 안정시킬 방도가 모두 사람을 능멸하는 일이어서

잔인하고 포학한 것이다.

왕의 포학함이 이와 같아서 그 실정을 하늘에 하소연하기를 '임금인 상제여, 왕이 이처럼 포학하면 누구를 증오해야 합니까?'라고 하였으니, 하늘에게 가리켜 그를 해치기를 바란 것이다."라고 여긴 것이다.

○ 鄭玄은 위의 2句의 해석을 毛亨과 조금 달리했는데, 鄭箋에 모두 갖춰져 있다. 또 '靡人不勝'을 사람이 모두 왕보다 낫다는 것을 말한다고 하였고, 또 伊를 是라고 한 것이 모형의 해석과 다르다. 나머지는 같다.

【疏】 ○ 傳'薪蒸, 言似而非' ○ 正義曰：無羊云 "爾牧來思, 以薪以蒸." 則薪・蒸, 柴樵之名. 言視林中生長之木, 而言"侯薪侯蒸"者, 言於中有爲薪蒸之木, 見(현)其小也. 林者, 大木所處, 今小木在焉, 似大木而非. 喩小人在朝, 似賢人而非. 故云 "言似而非"也.

○ 傳의〔薪蒸 言似而非〕

○ 正義曰：〈小雅 無羊〉에서 "그대의 牧人이 오니 굵은 나무도 취하고 잔가지도 취하네〔爾牧來思 以薪以蒸〕"라고 하였으니, 薪과 蒸은 땔나무의 이름이다. 말하자면 숲속에 자라나는 나무를 보고 '굵은 땔나무와 잔 땔나무가 있구나.'라고 한 이유는, 숲속에 굵은 땔나무와 잔 땔나무가 될 나무가 있다는 것을 말해서 그 나무가 작다는 것을 드러내기 위한 것이다. 숲이란 큰 나무가 자리한 곳인데 지금 그곳에 작은 나무만 있어서 큰 나무처럼 보이지만 그렇지 않다고 하였다. 이것으로 소인이 조정에 있어서 현자처럼 보이지만 그렇지 않다는 것을 비유하였다. 그러므로 "비슷하지만 다르다는 것을 말한 것이다."라고 하였다.

【疏】 ○ 傳'王者'至'夢然' ○ 正義曰：釋訓云 "夢夢, 亂也." 上天無昏亂之事, 故知天斥王也.

○ 傳의〔王者〕에서〔夢然〕까지

○ 正義曰：≪爾雅≫〈釋訓〉에 "夢夢은 '어지럽다'이다."라고 하였다. 하늘에는 혼란스러운 일이 없다. 그러므로 天이 王을 가리킨다는 것을 알 수 있다.

【疏】 ○ 傳'勝, 乘' ○ 正義曰：此傳甚略. 王述之云 "王旣有所定, 皆乘陵人之事, 言殘虐也." 今據爲毛說. 孫毓云 "小人好爲小善, 矜能自臧, 以爲大功. 其所成就, 細碎小事, 凡人所勝而過者, 反以驕人, 是詩所刺幽王也. 若乘陵殘虐之事, 動則有惡, 豈得名之爲'克有定'乎. 箋義爲長."

○ 傳의〔勝 乘〕

○ 正義曰 : 여기의 毛傳은 너무 소략하다. 王肅이 그것을 부연하여 서술하기를 "왕이 이미 안정시킬 방도가 있어도 모두 다른 사람을 능멸하는 일이니, 말하자면 잔인하고 포학한 일이다."라고 하였다. 지금 이것을 근거로 毛亨의 說을 지어냈다.

孫毓은 말하기를 "小人은 작은 선을 행해서 능력을 과시하고 스스로 잘난 체하며 큰 공이라고 여기기를 좋아한다. 그가 성취한 것은 자질구레한 작은 일로 모든 사람이 뛰어넘을 수 있는 것인데 도리어 이것을 가지고 다른 사람에게 교만하니, 이것이 이 시가 幽王을 풍자한 이유다. 능멸하여 잔인하고 포학한 일의 경우 걸핏하면 악행을 저지르게 되니, 어찌 그것을 이름해서 '안정시킬 방도가 있을 수 있다'라고 할 수 있겠는가? 鄭箋의 뜻이 낫다."라고 하였다.

謂山蓋卑로되 爲岡爲陵이리오

산이라 하는 것도 낮다고 여기는데
지금은 언덕과 구릉이 됨에 있어서리오

【傳】 在位非君子요 乃小人也라

지위에 있는 자가 군자가 아니고 곧 소인이다.

【箋】 箋云 此喩爲君子賢者之道로되 人尙謂之卑온 況爲凡庸小人之行이온여

箋云 : 〈이 구절은〉 '군자와 현자의 도를 행해도 사람들은 오히려 낮다고 말하는데, 하물며 평범하고 용렬한 소인의 행동을 하는 자에게 있어서랴?'라는 것을 비유하였다.

民之訛言이로되 寧莫之懲하고

백성이 거짓말을 하는데
어찌해서 징계하지 않고

【箋】箋云 小人在位하여 曾無欲止衆民之爲僞言相陷害也라

箋云 : 이 구절의 뜻은 '소인이 지위를 차지해서 여러 백성이 거짓말하며 서로 모함하여 해치는 것을 그치게 하려고 한 적이 없었다.'라는 것이다.

召彼故老해선 訊之占夢이로다

저 옛 신하들을 불러놓고는
꿈의 길흉을 물어보는구나

【傳】故老는 (召之)〔元老〕[1]라 訊은 問也라

1) (召之)〔元老〕: 저본에는 '召之'로 되어 있으나, 阮元의 校勘記에 의거하여 '元老'로 바로잡았다.

故老는 '원로'이다. 訊은 '묻다'이다.

【箋】箋云 君臣在朝에 侮慢元老하여 召之不問政事하고 但問占夢이라 不尙道德이요 而信徵祥之甚이라

箋云 : 〈이 구절의 뜻은〉 '임금과 신하가 조정에 있으면서 원로를 업신여겨, 그들을 불러놓고 정사를 묻지 않고 다만 꿈의 길흉만을 묻는다.'라는 것이니. 도덕을 숭상하지 않고 길흉의 징조를 깊이 믿은 것이다.

具曰予聖이어늘 誰知烏之雌雄이리오

모두 나는 성인이라고 하거늘
누가 까마귀의 암수를 알 수 있으리오

【傳】君臣俱自謂聖也라

임금과 신하들이 모두 스스로 성인이라고 말한다.

【箋】箋云 時君臣賢愚適同이 如烏雌雄相似하니 誰能別異之乎리오

箋云 : 〈이 구절의 뜻은〉 '당시 임금과 신하들은 현명함과 어리석음이 똑같아 마치

까마귀의 암수가 서로 비슷한 것과 같았다. 그러니 누가 그것을 구별할 수 있으리오?' 라는 것이다.

【疏】'謂山'至'雌雄' ○ 正義曰：謂之爲山者, 人意盍(개)猶以爲卑, 況爲岡爲陵乎. 今所見非高山, 乃岡陵也. 以興行君子之道者, 人意尙謂之爲淺, 況爲小人之行乎. 今在位非君子, 乃小人也. 王旣任小人, 今民之訛僞之言相陷害者, 在位之臣曾無欲以德止之者. 旣不能施德以止訛言, 而愛好鄙碎, 而共信徵祥. 召彼(無)〔元〕[1)]老宿舊有德者, 但問之占夢之事, 言其不尙道德, 侮慢長老也. 又君臣竝不自知, 俱曰我身大聖, 唯各自矜, 而賢愚無別, 譬之於烏, 誰能知其雌雄者.

1) (無)〔元〕: 저본에는 '無'로 되어 있으나, 阮元의 校勘記에 의거하여 '元'으로 바로잡았다.

經의 〔謂山〕에서 〔雌雄〕까지

○ 正義曰 : 산이라고 하는 것도 사람들은 마음속으로 오히려 낮다고 여기는데 하물며 언덕이 되고 구릉이 됨에 있어서랴. 지금 보는 것은 높은 산이 아니라 곧 언덕과 구릉이다. 이것으로 '군자의 도를 행하는 자를 사람들이 마음속으로 오히려 천박하다고 여기는데 하물며 소인의 행동을 하는 자에 있어서랴. 지금 지위에 있는 자는 군자가 아니라 곧 소인이다.'라는 것을 비유하였다.

왕이 이미 소인을 임명해서 지금 백성이 거짓말을 해서 서로 해치는데, 지위에 있는 신하가 덕행을 베풀어서 그것을 그치게 하려고 한 적이 없었다.

이미 덕행을 베풀어서 거짓말을 그치게 할 수 없으면서, 자질구레한 것을 아끼고 좋아해서 함께 길흉의 징조를 믿었다. 그래서 저 오래도록 덕을 쌓은 원로를 불러놓고는 다만 꿈의 길흉만 물었으니, 말하자면 그들은 도덕을 숭상하지 않아서 원로를 업신여긴 것이다.

또 임금과 신하가 모두 자신을 알지 못하고 모두 "나는 위대한 성인이다"라고 말하며 다만 각자 자신을 뽐내서 현명함과 어리석음이 구별되지 않으니, 그들을 까마귀에 비유해서 누가 그 암수를 알 수 있겠냐고 말한 것이다.

謂天蓋高나 **不敢不局**이요

謂地蓋厚나 **不敢不蹐**이라

維號斯言이 **有倫有脊**이어늘

하늘이 높으나 몸을 굽히지 않을 수 없고
땅이 두터우나 조심스레 걷지 않을 수 없네
부르짖는 이 말이 正道가 있고 이치가 있는데

【傳】 局은 曲也라 蹐은 累足也라 倫은 道요 脊은 理也라

局은 '굽히다'이다. 蹐은 두 발을 겹쳐 걷는 것이다. 倫은 '正道'이고, 脊은 '이치'이다.

【箋】 箋云 局蹐者는 天高而有雷霆이요 地厚而有陷淪也라 此民疾苦王政이니 上下皆可畏怖之言也라 維民號呼而發此言은 皆有道理所以至然者니 非徒苟妄爲誣辭라

箋云 : 〈하늘에 닿을까〉 몸을 굽히고 〈땅이 꺼질까〉 두 발을 겹쳐 걷는 이유는 하늘은 높으나 천둥과 벼락이 있고 땅은 두터우나 구덩이가 있기 때문이다. 이 구절은 백성이 왕의 정치를 아파하고 고통스럽게 여긴 것이니, 위아래로 모두 두려워할 만하다는 말이다. 그러나 오직 백성이 부르짖으며 이 말을 한 것은 모두 정도와 이치에 있어서 지극히 옳은 것이 있기 때문이니, 다만 구차하고 망령되이 거짓으로 꾸며서 하는 말이 아니다.

哀今之人은 **胡爲虺蜴**잇가

슬프구나! 지금 사람들은
어찌하여 도마뱀처럼 달아나는가

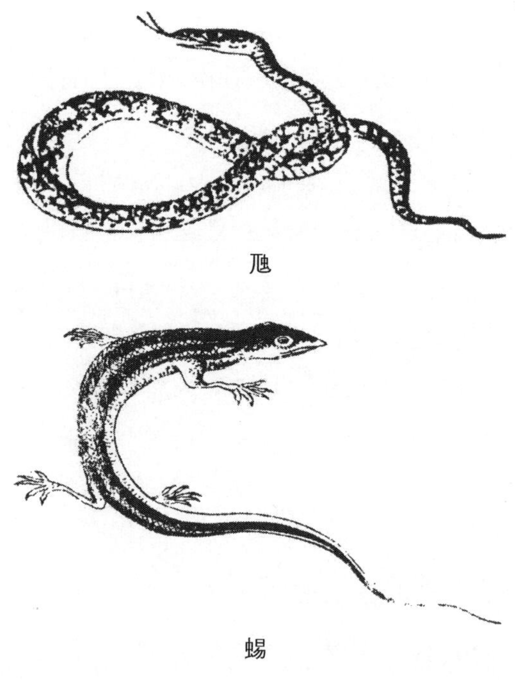

虺

蜴

【傳】 蜴은 螈也라

蜴은 '蠑螈(도마뱀)'이다.

【箋】 箋云 虺蜴之性은 見人則走라 哀哉라 今之人이여 何爲如是가 傷時政也라

箋云 : 도마뱀의 특성은 사람을 보면 달아난다. 〈이 구절의 뜻은〉 '슬프구나! 지금 사람들은 어찌 이같이 행동하는가.'

라는 것이니, 당시의 정치를 상심한 것이다.

【疏】'謂天'至'虺蜴' ○ 正義曰：時人疾苦王政, 歌詠其事, 作者以其有理, 故取而善之. 時有人言, 謂此上天蓋實高矣, 而有雷霆擊人, 不敢不曲其脊以敬之. 以喩己恐觸王之忌諱也. 謂此下地蓋實厚矣, 而有陷溺殺人, 不敢不累其足以畏之. 以喩己恐陷在位之羅網也. 言上下可畏, 如天地然. 此人心疾王政, 不敢指斥, 假天地以比之. 作者善其言, 故云"維我號呼而發此言, 實有道理." 言王政實可畏, 此辭非虛也. 旣上下可畏, 民皆避之, 故言"哀哉. 今之人(可)〔何〕[1]故而爲虺蜴也." 虺蜴之性, 見人則走, 民聞王政, 莫不逃避, 故言爲虺蜴也.

1) (可)〔何〕: 저본에는 '可'로 되어 있으나, 阮元의 校勘記에 의거하여 '何'로 바로잡았다.

經의 〔謂天〕에서 〔虺蜴〕까지

○ 正義曰 : 당시의 사람이 왕의 정치를 고통스럽게 여겨 그 일을 노래하였는데, 작자가 그 노래가 이치에 맞았기 때문에 취해서 좋게 여긴 것이다. 당시에 사람들이 말하기를 "이 위의 하늘은 참으로 높으나 천둥과 벼락이 사람을 치는 일이 있으니 감히 그 등을 굽혀 경외하지 않을 수 없다."라고 하였으니, 이것으로 자신이 왕의 금지 명령을 범할까 두려워하는 것을 비유하였다. 또 "이 아래 땅은 참으로 두터우나 사람을 빠트려 죽이는 일이 있으니, 감히 두 발을 포개고 서서 두려워하지 않을 수 없다."라고 하였으니, 이것으로 지위에 있는 자가 쳐놓은 그물에 빠질까 두려워하는 것을 비유하였다.

말하자면 위아래로 두려워할 만한 것이 하늘과 땅이 그런 것과 같다는 것이다. 이것이 사람이 마음속으로 왕의 정치를 괴롭게 여겨 감히 지적하지 못하고, 하늘과 땅을 빌려서 비유한 까닭이다. 이 시를 지은 자가 그 말을 좋게 여겼기 때문에 "오직 우리가 부르짖으며 이 말을 한 것은 참으로 도리가 있기 때문이다."라고 하였다. 왕의 정치는 진실로 두려워할 만하니 이 말이 빈말이 아님을 말하는 것이다. 이미 상하가 두려워할 만해서 백성이 모두 피하기 때문에 "슬프구나! 지금 사람들은 무슨 까닭으로 도마뱀처럼 행동하는가."라고 말했는데, 도마뱀의 특성이 사람을 보면 달아나니, 백성이 왕의 정치를 들으면 달아나서 피하지 않는 이가 없으므로 "도마뱀처럼 달아난다."라고 말하였다.

【疏】○ 傳'局, 曲. 蹐, 累足' ○ 正義曰：天在上, 身戴天而曲者, 曲身也. 足所以履地, 故知"蹐, 累足." 說文云 "蹐, 小步也." 王述之曰 "言天高, 已不敢不曲身危行, 恐上觸忌諱也. 地厚, 已不敢不累足, 懼陷於在位之羅網也."

○ 傳의 〔局, 曲. 蹐, 累足〕

○ 正義曰：하늘이 위에 있어서 몸이 하늘을 이고 굽힌 것이 曲身이다. 발이 땅을 밟고 있기 때문에 "蹐은 '두 발을 겹쳐 걷는 것'이다."라고 한 것임을 알 수 있다. ≪說文解字≫에서 "蹐은 살금살금 걷는 것이다."라고 하였는데, 王肅이 이어 서술하기를 "말하자면 하늘이 높으나 자기가 감히 몸을 굽혀 신중히 걷지 않을 수 없는 것은 위로 금지 법령을 범할까 두려워해서이다. 땅이 두터우나 자기가 감히 발을 포개고 서지 않을 수 없는 것은 지위에 있는 자가 쳐놓은 법망에 빠질까 두려워해서이다."라고 하였다.

【疏】○ 箋'局蹐'至'陷淪' ○ 正義曰：箋以不敢者, 畏辭, 明有可畏, 故言"天高而有雷霆, 地厚而有陷淪也. 淪, 沒也. 謂地震則有陷沒者.

○ 箋의 〔局蹐〕에서 〔陷淪〕까지

○ 正義曰：鄭箋에서는 〈經文의〉 '不敢'을 두려워하는 말로 여겨서 두려워할 만한 일이 있음을 밝혔기 때문에 "하늘이 높으나 천둥과 벼락이 있고, 땅이 두터우나 구덩이가 있다."라고 말하였다. 〈陷淪의〉 淪은 '沒'이니, 지진이 일어나면 땅이 함몰되는 일이 있음을 말한 것이다.

【疏】○ 傳'蜴, 螈' ○ 正義曰：釋魚云 "蠑螈, 蜥蜴. 蜥蜴, 蝘蜓. 蝘蜓, 守宮也." 李巡曰 "蠑螈, 一名蜥蜴. 蜥蜴名蝘蜓. 蝘蜓名守宮." 孫炎曰 "別四名也." 陸璣疏云 "虺蜴, 一名蠑螈, 〔水〕[1]蜴也. 或謂之蛇醫, 如蜥蜴, 青綠色, 大如指, 形狀可惡." 如陸意, 蜥蜴與螈形狀相類, 水陸異名耳.

1) 〔水〕：저본에는 '水'가 없으나, 阮元의 校勘記에 의거하여 보충하였다.

○ 傳의 〔蜴 螈〕

○ 正義曰：≪爾雅≫ 〈釋魚〉에 "蠑螈은 '蜥蜴(도마뱀)'이고, 蜥蜴은 '蝘蜓'이며, 蝘蜓은 '守宮'이다."라고 하였는데, 〈그 注에서〉 李巡은 "蠑螈의 다른 이름이 蜥蜴이고, 蜥蜴의 다른 이름이 蝘蜓이며, 蝘蜓의 다른 이름이 守宮이다."라고 하였고, 孫炎은 "별도의 네

가지 이름이다."라고 하였다. 陸璣는 ≪毛詩草木鳥獸蟲魚疏≫에서 "虺蜴의 다른 이름이 蠑螈이니 水蜴이다. 혹은 蛇醫라고도 하는데, 蜥蜴과 비슷하고 청록색을 띠며, 크기는 손가락만 하고 모양은 싫어할 만하다."라고 하였다. 만약 육기의 뜻과 같다면 蜥蜴과 螈은 모양이 서로 비슷하며, 물과 땅에 사는 것으로 이름을 달리할 뿐이다.

瞻彼阪田하니 有菀其特이로다

저 가파르고 척박한 곳을 보니
울창하게 우뚝 자란 싹이 있구나

【傳】言朝廷曾無桀臣이라

조정에 뛰어난 신하가 없다는 것을 말하였다.

【箋】箋云 阪田은 崎嶇墝埆之處로되 而有菀然茂特之苗니 喩賢者在閒(한)辟隱居之時라

箋云:阪田은 가파르고 척박한 곳인데 울창하게 무성하고 우뚝한 싹이 있으니, 현자가 한적하고 궁벽한 곳에 은거하는 시대에 살고 있다는 것을 비유한 것이다.

天之扤我엔 如不我克하고

하늘이 나의 싹을 흔들 때는
마치 나의 싹을 이기지 못할 듯이 하고

【傳】扤은 動也라

扤은 '흔들다'이다.

【箋】箋云 我는 我特苗也라 天以風雨動搖我엔 如將不勝我니 謂其迅疾也라

箋云:我는 나의 우뚝 자란 싹이다. '하늘이 바람과 비로써 나의 우뚝 자란 싹을 흔들 때엔 마치 나의 싹을 이기지 못할 듯이 한다.'라고 한 것이니, 바람과 비가 빠르고 세차다는 것을 말한 것이다.

彼求我則(칙)엔 **如不我得**이러니

저 사람이 나를 구할 때는

마치 나를 얻지 못할 듯이 하더니

【箋】 箋云 彼는 彼王也라 王之始徵求我엔 如恐不得我니 言其禮命之繁多라

箋云 : 彼는 '저 왕'이다. '왕이 처음 나를 불러 구할 때는 마치 나를 얻지 못할까 두려워하듯이 하였다.'라고 한 것이니, 〈나를 대우하는〉 禮와 爵命이 융숭했음을 말한 것이다.

執我仇仇하고 **亦不我力**이로다

나를 붙잡아서는 오만하게 대하고

또한 내 공력을 묻지 않는구나

【傳】 仇仇는 猶謷謷也라

仇仇는 '謷謷(오만한 모양)'와 같다.

【箋】 箋云 王既得我엔 執留我하고 其禮待我謷謷然하고 亦不問我在位之功力이라 言其有貪賢之名이로되 無用賢之實이라

箋云 : '왕이 나를 얻고 나서는 나를 붙잡아 두고 나를 예로 대우하는 것이 오만하며 또한 내가 지위에 있을 때의 공력을 묻지 않는다.'라는 뜻이니, 현자를 구한다는 명성은 있으나 현자를 등용하는 실제가 없음을 말한 것이다.

【疏】 '瞻彼'至'我力' ○ 正義曰 : 王政所以爲民疾苦, 由不能用賢. 視彼阪田墝埆之地, 有菀然其茂特之苗. 以興視彼空谷仄陋之處, 有傑然其秀異之賢. 然天之以風雨動搖我特苗, 如將不我特苗之能勝, 言風雨之迅疾也. 以喩(被)〔彼〕[1]王之以禮命以徵召我賢者, 如恐不我賢者之能得. 言禮命之繁多也. 及其得我, 則空執留我, 其禮待我謷謷然, 亦不問我在位之功力. 言小人貴名賤實, 不能用賢, 故政教所以亂也.

1) (被)〔彼〕: 저본에는 '被'로 되어 있고, 阮元의 校勘記에는 毛傳本에만 '彼'로 되어 있다고 하였다. 그러나 經文과 鄭箋에 의거하여 '彼'로 바로잡았다.

經의 〔瞻彼〕에서 〔我力〕까지

○ 正義曰 : 왕의 정치를 백성이 괴롭게 여기는 까닭은 현자를 등용할 수 없었기 때문이다. 그래서 '저 가파른 밭의 척박한 땅을 보니, 울창하게 무성하고 우뚝한 싹이 있다.'라고 하였으니, 이것으로 '저 빈 골짜기의 좁고 궁벽한 곳을 보니 특출하게 우수하고 뛰어난 현자가 있다.'라는 것을 비유하였다.

그러나 '하늘이 바람과 비로써 나의 우뚝 자란 싹을 흔들 때는 마치 나의 우뚝 자란 싹을 이길 수 없을 듯이 한다.'라고 하였으니, 바람과 비가 빠르고 세차다고 말한 것이다. 이것으로 '저 왕이 禮와 爵命으로써 현자인 나를 불러 임용할 때는 마치 현자인 나를 얻을 수 없을까 두려워하듯 하였다.'라는 것을 비유하였으니, 예와 작명이 융숭했음을 말한 것이다.

또 "왕이 나를 얻고 나서는 부질없이 나를 붙잡아 두고 나를 예로 대우하는 것이 오만했으며 또한 내가 지위에 있을 때의 공력을 묻지 않았다."라고 하였으니, 소인은 명성을 귀하게 여기고 실제를 천하게 여겨 현자를 등용할 수 없기 때문에 정치와 교화가 혼란하게 되었음을 말한 것이다.

【疏】 ○ 傳'言朝'至'桀臣' ○ 正義曰 : 毛以詩意取菀苗(此)〔比〕[1]賢者. 不擧原隰之苗, 而言阪田者, 反明朝廷曾無英傑之臣.

1) (此)〔比〕 : 저본에는 '此'로 되어 있으나, 阮元의 校勘記에 의거하여 '比'로 바로잡았다.

○ 傳의 〔言朝〕에서 〔桀臣〕까지

○ 正義曰 : 毛亨은 詩의 뜻으로 무성한 싹을 취해서 賢者에 비유하였다. 평평하고 촉촉한 곳의 싹을 거론하지 않고, 가파르고 척박한 곳의 싹을 말한 것은, 조정에는 뛰어나고 훌륭한 신하가 없다는 것을 반어적으로 밝힌 것이다.

【疏】 ○ 傳'仇仇, 猶謷謷' ○ 正義曰 : 以釋訓云 "仇仇・敖敖, 傲也." 義同, 故猶之. 郭璞曰 "皆傲慢賢者." 定本無猶字.

○ 傳의 〔仇仇 猶謷謷〕

○ 正義曰 : ≪爾雅≫ 〈釋訓〉에 "仇仇와 敖敖는 '오만하다'이다."라고 하였다. 뜻이 같기 때문에 '같다'라고 하였다. 郭璞은 "仇仇와 敖敖는 모두 현자를 오만하게 대우한 것이다."라고 하였다. ≪五經定本≫에는 '猶'자가 없다.

心之憂矣여 **如或結之**로다
今茲之正은 **胡然厲矣**오

마음의 근심이여
마치 맺혀 있는 듯하구나
지금 이 우두머리는
어찌 이렇게도 악행을 저지르는가

【傳】厲는 惡也라

厲는 '악하다'이다.

【箋】箋云 茲는 此요 正은 長也라 心憂가 如有結之者라 憂今此之君臣은 何一然爲惡如是라

箋云 : 茲는 '此(이)'고, 正은 '우두머리'이다. '마음의 근심이 마치 맺힌 것이 있는 듯하다. 지금 이 임금과 신하들은 어찌 한결같이 이처럼 악행을 저지르는가 하며 근심한 것이다.'라고 하였다.

燎之方揚어늘 **寧或滅之**리오

들불이 한창 타오르거늘
누가 끌 수 있으리오

【傳】滅之以水也라

불을 끄는 것은 물로써 한다.

【箋】箋云 火田爲燎라 燎之方盛之時에 炎熾熛怒어늘 寧有能滅息之者라하니 言無有也라 以無有로 喩有之者爲甚也라

箋云 : 밭에 불을 놓는 것을 燎라고 한다. '들불이 한창 성할 때 불길이 드세고 불똥이 일어나거늘 어떻게 그것을 끌 수 있겠는가'라고 하였으니, 없다는 것을 말한 것이다. 없다는 것으로 이런 일이 일어남이 더욱 심하다는 것을 비유하였다.

赫赫宗周는 **褒姒威之**로다

빛나는 周나라는
褒姒가 멸하리라

【傳】 宗周는 鎬京也라 褒는 國也요 姒는 姓也라 威은 滅也라 有褒國之女어늘 幽王惑焉하여 而以爲后라 詩人知其必滅周也라

1) (戍)〔戌〕: 저본에는 '戍'로 되어 있으나, 阮元의 校勘記에 의거하여 '戌'로 바로잡았다.

宗周는 '鎬京'이다. 褒는 '나라 이름'이고, 姒는 '姓'이다. 威은 '멸하다'이다. 褒나라의 여자가 있었는데 幽王이 그녀에게 미혹되어 왕후로 삼았다. 시인이 그녀가 반드시 周나라를 멸망시킬 줄 안 것이다.

【疏】 '心之'至'威之' ○ 正義曰 : 詩人見朝無賢者, 言我心之憂矣, 如有結之者. 言憂不離心, 如物之纏結也. 所以憂者, 今此之君臣, 爲人之長, 何一然爲惡如是矣. 言君臣俱惡, 無所差別也. 君臣惡極, 國將滅亡. 言燎火方奮揚之時, 炎熾熛怒, 寧有能滅息之者. 以喩宗周方隆盛之時, 王業深固, 寧有能滅亡之者. 言此二者皆盛, 不可滅亡也. 然此燎雖熾盛, 而水能滅之, 則水爲甚矣. 以興周國雖盛, 終將褒姒滅之, 則褒姒惡甚矣. 此二文互相發明, 見難之而能, 所以爲甚也. 故傳曰"滅之者, 以水." 以反之. 於時宗周未滅, 詩人明得失之迹, 見(현)微知著, 以褒姒淫妬, 知其必滅周也.

經의 〔心之〕에서 〔威之〕까지

○ 正義曰 : 詩人이 조정에 현자가 없는 것을 보고 '내 마음의 근심이 마치 맺힌 것이 있는 듯하다.'라고 말하였으니, 근심이 마음에서 떠나지 않는 것이 마치 물건이 얽혀 있는 것 같다는 말이다.

근심하는 까닭을 '지금 이 임금과 신하들이 백성의 우두머리가 되어서 어찌 한결같이 이처럼 악행을 저지르는가!'라고 한 것이니, 임금과 신하가 모두 악행을 저질러 다를 것이 없다는 말이다.

임금과 신하의 악행이 극에 치달아 나라가 멸망하게 되었다. 그래서 '들불이 세차게 타오를 때는 불길이 드세고 불똥이 일어나는데 어찌 그것을 끌 수 있겠는가?'라고 하였다. 이것으로 '종주국 周나라가 한창 융성할 때는 왕업이 매우 견고하니, 어찌 멸망

시킬 수 있는 수 있겠는가!'라고 하는 것을 비유하였다. 즉 이 두 가지는 모두 융성해서 멸망시킬 수 없다는 것을 말하였다.

그러나 들불이 비록 세차게 타오르더라도 물이 끌 수 있으니 물의 기세가 더 심하다. 이것으로 '周나라가 비록 융성하더라도 마침내 褒姒가 멸망시킬 것이니 褒姒의 악이 더 심하다.'라는 것을 비유하였다. 이 두 문장은 서로 보충해서 밝히는 것이니, 〈들불을 끄는 것이〉 어려운데 해결할 수 있는 것은 더 심하기 때문임을 드러낸 것이다. 그러므로 毛傳에서 '불을 끄는 것은 물로써 한다.'라고 해서 반대로 표현하였다. 당시에는 周나라가 아직 멸망하지 않았으나 시인이 정치 득실의 자취에 밝아 미세한 현상을 보고도 앞으로 나타날 일을 알았다. 그러므로 포사의 음란함과 시샘 때문에 그녀가 반드시 주나라를 멸망시킬 줄 안 것이다.

終其永懷어늘 **又窘陰雨**로다

끝까지 행하면 오래 근심해야 하거늘
다시 장맛비에 근심이 계속되리라

【傳】窘은 困也라

窘은 '괴로워하다'이다.

【箋】箋云 窘은 仍也라 終王之所行은 其長可憂傷矣요 又將仍憂於陰雨라 陰雨喻君有泥陷之難이라

箋云 : 窘은 '계속하다'이다. '왕이 행하는 것을 끝까지 하면 오래도록 근심하고 아파할 만한데, 또 계속하여 장맛비에 근심할 것이다.'라는 것이다. 陰雨는 임금이 곤경에 빠지는 어려움이 있다는 것을 비유한 것이다.

其車旣載하고 **乃棄爾輔**로다

그 수레에 짐을 싣고 나서
이에 네 덧방나무를 버렸도다

【傳】大車重載하고 又棄其輔[1)]로다

1) 輔 : 바퀴의 덧방나무이다. 무거운 짐을 실을 때 바퀴에 덧대어 바큇살의 힘을 돕는 나무를 말한다.

큰 수레에 무거운 짐을 싣고 다시 그 수레의 덧방나무를 버린 것이다.

【箋】箋云 以車之載物로 喩王之任國事也요 棄輔로 喩遠賢也라

箋云 : 수레에 물건을 신는 것으로 왕이 국사를 맡긴 것을 비유하고, 덧방나무를 버리는 것으로 현자를 멀리하는 것을 비유하였다.

載輸爾載하여 將伯助予로다

네 짐을 깨뜨리고 나서
우두머리에게 나를 도와달라고 요청하는구나

【傳】將은 請이요 伯은 長也라

將은 '요청하다'이고, 伯은 '우두머리'이다.

【箋】箋云 輸는 墮(휴)也라 棄女車輔면 則墮(휴)女之載어늘 乃請長者見助라 以言國危而求賢者면 已晩矣라

箋云 : 輸는 '망가지다'이다. '네 수레의 덧방나무를 버리면 네 짐을 망가뜨리게 되는데 그제야 우두머리에게 요청해서 도와 달라고 한다.'라고 한 것이니, 이것으로 나라가 위태로워지고 나서 현자를 구하면 이미 늦게 된다는 것을 말하였다.

【疏】'終其永'至'助予' ○ 毛以爲"此及下章, 皆以商人之載大車展轉爲喩. 言王之爲惡, 無心變改. 若終王之所行, 其長可哀傷矣. 王行旣可哀傷, 又將至於傾危, 猶商人涉路, 旣有疲勞, 又將困於陰雨. 商人之遇陰雨, 則有泥陷之難, 王行之至傾危, 必有滅亡之憂, 故以譬之. 商人慮有陰雨, 宜用輔以佐車, 今其車旣載重矣, 乃棄爾之車輔, 反令車載溺也. 以喩王政慮有傾危, 宜用賢以治國, 今其旣有大政矣, 乃棄汝之賢人, 反令國政亂也. 車旣棄輔, 又遇陰雨, 則隳敗. 汝之車載旣隳敗, 然後請長者助我, 則晩矣.

以喻國旣棄賢, 又遇傾危, 則滅亡汝之國. 國家旣滅矣, 然後求賢人佐己, 則亦晩矣. 王何不及其未敗, 用賢自輔乎." ○ 鄭唯以窘爲仍憂於陰雨爲異. 餘同.

經의 〔終其永〕에서 〔助予〕까지

○ 毛亨은 "이 장과 아래 장은 모두 상인의 큰 수레에 짐을 싣고 여러 곳을 돌아다니는 것으로 비유를 삼았다. 말하자면 왕이 악행을 저지르면서 허물을 고칠 마음이 없는 것이다.

만약 왕이 행하는 것을 끝까지 하면 오래도록 슬퍼하고 아파할 만하다. 왕의 행동이 이미 슬퍼하고 아파할 만한데 다시 위태로운 상황에 이르게 되는 것이, 상인이 길을 가느라 이미 피로한데 다시 장맛비에 괴로운 상황에 이르게 되는 것과 같다. 상인이 장맛비를 만나면 진흙탕에 빠지는 어려움이 있게 되고, 왕의 행동이 위태로운 상황을 만나면 반드시 나라가 멸망할 근심이 있게 된다. 그러므로 그것으로 비유하였다.

상인은 장맛비가 내릴까 염려스러우면 마땅히 덧방나무를 써서 수레를 보조하게 해야 하는데, 지금 그 수레에 이미 무거운 짐을 싣고 나서 곧 네 수레의 덧방나무를 버려 도리어 수레의 짐을 망가지게 하였다. 이것으로 왕의 정치가 위태로운 형세에 있을까 염려스러우면 마땅히 현자를 써서 나라를 다스리게 해야 하는데, 지금 나라에 이미 큰 정사를 두고 곧 네 현인을 버려 도리어 나라의 정사를 혼란하게 한 것을 비유하였다.

수레에 덧방나무를 버리고 나서 다시 장맛비를 만나면 이미 짐이 망가진다. 그러므로 '네 수레의 짐이 망가지고 난 뒤에 우두머리에게 나를 도와 달라고 요청하면 늦는다.'라고 하였는데, 이것으로 '나라에 현자를 버리고 나서 다시 위태로운 상황을 만나면 네 나라를 멸망시킬 것이다. 나라가 멸망하고 난 이후에 현자를 구해서 자기를 돕게 하면 역시 늦는다.'라는 것을 비유하였다. 왕은 어째서 패망하기 전에 현자를 등용해서 자신을 보좌하게 하지 않는가?"라고 여긴 것이다.

○ 鄭玄은 오직 窘을 '계속해서 장맛비에 근심할 것이다.'라고 한 것이 毛亨의 해석과 다르다. 나머지는 같다.

【疏】○ 傳'大車'至'其輔' ○ 正義曰 : 考工記車人爲車有大車, 鄭以爲平地載任之車, 駕牛車也. 尙書云 "肇牽車牛, 遠服賈." 用是大車, 駕牛車也. 此以商事爲喩, 而云 '旣載', 故知是大車也. 又爲車, 不言作輔, 此云 '乃棄爾輔', 則輔是可解脫之物, 蓋如今人縛杖於輻, 以防輔(事)〔車〕[1]也.

1) (事)〔車〕 : 저본에는 '事'로 되어 있으나, 阮元의 校勘記에 의거하여 '車'로 바로잡았다.

○ 傳의 〔大車〕에서 〔其輔〕까지

○ 正義曰 : ≪周禮≫ 〈考工記 車人〉에는 車에 大車가 있다고 하였는데, 그 注에서 鄭玄은 "평지에서 짐을 싣는 수레"라고 하였으니 소에게 멍에를 매는 수레이다. ≪尙書≫ 〈酒誥〉에 "비로소 수레와 소를 끌고 멀리 가서 장사하였다."라고 하였는데, 이 큰 수레를 사용했으니 소에게 멍에를 메는 수레이다. 이 구절에서는 상인의 일을 비유로 삼았는데 '짐을 싣고 나서'라고 하였기 때문에, 이 수레가 큰 수레라는 것을 알 수 있다. 또 수레를 만들 때 輔(덧방나무)를 만들었다고 말하지 않았으나, 여기에서 '乃棄爾輔'라고 하였으니 輔는 해체할 수 있는 물건이다. 요즘 사람들이 바큇살에 나무막대기를 묶어서 수레를 보호하게 하는 것과 같다.

【疏】 ○ 箋'輸, 墮' ○ 正義曰 : 隱六年, 鄭人來輸[1]平. 公羊傳曰 "輸平猶隳成. 何言隳成. 敗其成." 昭四年左傳曰 "寡君將隳幣焉." 服虔云 "隳, 輸也." 是訓輸爲隳壞之義, 子路將隳三都是也. 定本隳作墮.

1) 輸 : 현행본 ≪春秋≫에는 '渝'로 되어 있다.

○ 箋의 〔輸 墮〕

○ 正義曰 : ≪春秋≫ 隱公 6년에 "鄭人이 와서 魯나라와의 우호관계를 파기하였다.〔鄭人來輸平〕"라고 하였는데, ≪春秋公羊傳≫에서 "輸平은 '隳成'이라고 한 것과 같다. 隳成은 무엇을 말하는가? 그들이 이뤄놓은 우호관계를 폐기하는 것이다."라고 하였다. 또 ≪春秋左氏傳≫ 昭公 4년에 "우리 임금께서는 장차 禮幣를 폐기하려고 하십니다."라고 하였는데, 그 注에서 服虔은 "隳는 '輸(폐기하다)'이다."라고 하였다. 이 예문들은 輸를 '폐기하다〔隳壞〕'의 뜻으로 풀이한 것이다. ≪춘추좌씨전≫ 定公 12년에 子路가 〈三家가 자신들의 식읍에 세운〉 費邑, 郈邑, 成邑 세 도성을 무너뜨리려고 했다고 한 것이 이것이다. ≪五經定本≫에는 隳가 '墮'로 쓰여 있다.

無棄爾輔하여 **員**(운)**于爾輻**이요

네 덧방나무를 버리지 말아
네 바큇살을 돕고

【傳】員은 益也라

員은 '돕다'이다.

屢顧爾僕하면 **不輸爾載**하여

자주 너의 마부를 돌봐주면
너의 짐을 망가뜨리지 않아서

【箋】箋云 屢는 數(삭)也라 僕은 將車者也라 顧猶視也니 念也라

箋云 : 屢는 '자주'이다. 僕은 '수레를 모는 자'이다. 顧는 '視(돌아보다)'와 같으니 '염려하다'이다.

終踰絶險이로되 **曾是不意**잇가

마침내 험한 곳을 넘을 수 있을텐데
어찌 생각하지 않느냐

【箋】箋云 女不棄車之輔하고 數(삭)顧女僕하면 終(是用)〔用是〕[1)]踰度陷絶之險이로되 女(不曾)〔曾不〕[2)]以是爲意乎아 以商事喩治國也라

1) (是用)〔用是〕: 저본에는 '是用'으로 되어 있으나, 阮元의 校勘記에 의거하여 '用是'로 바로잡았다.
2) (不曾)〔曾不〕: 저본에는 '不曾'으로 되어 있으나, 阮元의 校勘記에 의거하여 '曾不'로 바로잡았다.

箋云 : '네가 수레의 덧방나무를 버리지 말고 자주 너의 마부를 돌봐주면, 마침내 이로써 빠지거나 끊어진 위험한 곳을 넘어갈 수 있을 텐데 너는 어찌 이것을 생각하지 않느냐?'라는 것이다. 상인의 일로써 나라 다스리는 일을 비유하였다.

【疏】'無棄'至'不意' ○ 正義曰：此連上章以商事爲喩, 但反之, 敎王求賢耳. 言此商人載大車, 當無棄爾之車輔, 益於爾之輪轉, 以喩王之治天下, 當無棄爾之賢佐, 益於爾之國事也. 商人旣不棄輔, 又數(삭)顧念爾將車之僕. 汝能若是, 則輔(車)〔益〕[1]輻, 僕能勤御, 則得不隳敗爾之車載. 以喩王旣不棄賢, 又善禮遇爾執政之相, 王能如此用賢, 益於國家, 相能幹職, 則得不傾覆爾之王業. 商人留輔顧僕之故, 終用逾度陷絶之險, 汝商人何得曾不以是輔僕爲意乎. 喩王用賢禮相之故, 終用是得濟免禍害之難, 汝何得曾不以是賢相爲意乎. 敎王之用賢敬臣也. 箋雖不言以僕喩相, 但輔益輻(以)〔似〕[2]賢益國, 則僕將車自然似相執政也. '終逾絶險', 報上'又窘陰雨', 以陰雨爲終久及難之事, 故鄭以窘爲仍.

1) (車)〔益〕: 저본에는 '車'로 되어 있으나, 阮元의 校勘記에 의거하여 '益'으로 바로잡았다.
2) (以)〔似〕: 저본에는 '以'로 되어 있으나, 阮元의 校勘記에 의거하여 '似'로 바로잡았다.

經의 〔無棄〕에서 〔不意〕까지

○ 正義曰 : 이 장은 위의 장을 이어서 상인의 일로 비유하였다. 다만 그것을 반대로 표현해서 王에게 賢者를 구하도록 했을 뿐이다.

말하자면 이 상인이 큰 수레에 짐을 실었을 때는 마땅히 네 수레의 덧방나무를 버리지 말아 네가 짐을 실어 나르는 데 도움이 되게 해야 한다. 이것으로 '왕이 천하를 다스릴 때는 마땅히 너의 현명한 보좌를 버리지 말아 네가 나라를 다스리는 데 도움이 되게 해야 한다.'라는 것을 비유하였다.

상인이 덧방나무를 버리지 말고 또 자주 네 수레를 모는 마부를 돌봐줘야 하니, 네가 이같이 할 수 있으면 덧방나무는 바큇살에 도움이 되고 마부는 부지런히 수레를 몰 수 있어서, 네 수레에 실린 짐을 망가뜨리지 않을 수 있다. 이것으로 '왕이 현명한 보좌를 버리지 말고 또 네 나라의 정치를 담당하는 재상을 잘 예우해야 하니, 왕이 이처럼 할 수 있으면 현자를 등용하는 것은 나라에 도움이 되고, 재상은 직책을 주간할 수 있으면 네 왕업을 무너트리지 않을 수 있다.'라는 것을 비유하였다.

또 상인이 덧방나무를 남겨두고 마부를 돌봐주기 때문에 마침내 빠지거나 끊어진 위험한 곳을 넘어갈 수 있을 텐데 너 상인은 어찌해서 이 덧방나무와 마부를 마음에 두지 않느냐라고 하였는데, 이것으로 '왕이 현자를 등용하고 재상으로 예우하기 때문에 마침내 禍와 재앙의 어려움에서 벗어날 수 있는데, 왕은 어찌해서 이 현자와 재상을 마음에 두지 않을 수 있느냐?'라고 한 것을 비유해서 왕이 현자를 등용하고 신하를 공경하도록 하였다.

鄭箋에서 비록 마부로 재상을 비유하였다고 말하지 않았으나 다만 덧방나무가 바큇살을 돕는 것이 현자가 나라를 돕는 것과 비슷하니, 그렇다면 마부가 수레를 모는 것도 자연히 재상이 정사를 맡는 것과 비슷하다. '終逾絶險(마침내 매우 험한 곳을 넘을 수 있을 것이다)'라는 것은 위의 장의 '又窘陰雨(다시 장맛비에 근심이 계속되리라)'와 호응하니, '陰雨'를 오랫동안 어려움에 미치는 일로 여겼기 때문에 鄭玄은 '窘'을 '仍(계속하다)'이라고 하였다.

魚在于沼나 亦匪克樂이로다

潛雖伏矣나 亦孔之炤로다

물고기가 연못에 있으나
또한 즐길 곳이 아니며
물속에 잠겨 숨었으나
또한 매우 밝구나

【傳】沼는 池也라

沼는 '연못'이다.

【箋】箋云 池는 魚之所樂而非能樂하고 其潛伏於淵이나 又不足以逃하니 甚炤炤易見이라 以喩時賢者在朝廷이나 道不行無所樂이요 退而窮處나 又無所止也라

箋云 : 연못은 물고기가 즐거워하는 곳이지만 즐길 수 있는 곳이 아니고, 연못에 잠겨 숨어 있으나 또한 도망칠 수 없으니 매우 밝아서 잘 보이기 때문이다. 이것으로 '당시 현자가 조정에 있으나 도가 행해지지 않아 즐거워할 곳이 없고, 물러나 은거했으나 또한 그쳐 머물 곳이 없다.'라는 것을 비유하였다.

憂心慘慘하여 念國之爲虐하노라

근심하는 마음 울적해서
나라가 포악한 것을 염려하네

【傳】慘慘은 猶戚戚也라

慘慘은 '戚戚(근심하고 슬퍼하는 모양)'과 같다.

【疏】'魚在'至'爲虐' ○ 正義曰：上章教王求賢，而王不能用，故此章言賢者不得其所．魚在於沼池之中，爲人所驚駭，不得逸遊，亦非能有樂．退而潛處，雖伏於深淵之下，亦甚於炤炤然易見，不足以避網罟之害，莫知所逃也．以興賢者在於朝廷之上，爲時所陷害，不得行道，意非能有樂．退而隱居，雖遁於山林之中，又其姓名聞徹，不足以遇苛虐之政，莫知所於．已爲之憂，而心中慘慘然，念國之爲虐也．言王政暴虐，賢人困厄，己所以憂也．

經의〔魚在〕에서〔爲虐〕까지

○ 正義曰：위의 장에서 왕에게 현자를 구하게 하였으나 왕이 등용할 수 없었기 때문에, 이 장에서는 현자가 제자리를 얻지 못한 것을 말하였다.

물고기가 연못 속에 있으나 사람들에게 놀라서 편안하게 노닐 수 없으니 또한 즐길 수 있는 곳이 아니고, 물러나 잠수해서 비록 깊은 연못 아래에 숨었으나 또한 매우 밝아서 잘 보이기 때문에 그물의 해를 피할 수 없으니 달아날 곳을 알 수 없다. 이것으로 '현자가 조정에 있으나 당시 사람에게 모함을 받아서 도를 시행할 수 없으니 마음에 즐길 수 있는 곳이 아니고, 물러나 은거해서 비록 산림 속에 숨었으나 또한 그 성명이 사방에 알려져 가혹한 정치를 받아들일 수 없으니 머물 곳을 알 수 없다.'라는 것을 비유하였다.

'몸소 그 때문에 근심스러워 마음속이 울적해서 나라가 포학한 것을 염려하였다.'라는 것은 왕의 정치가 포학해서 현인이 매우 곤궁해져 몸소 근심한 것을 말한다.

彼有旨酒하고 又有嘉殽로되

저 소인은 맛있는 술이 있고

또 좋은 안주가 있으나

【傳】言禮物備也라

예물이 갖추어졌음을 말한 것이다.

【箋】箋云 彼는 彼尹氏大(태)師也라

箋云 : 彼는 저 尹氏 太師이다.

洽比其隣이요 昏姻孔云이어늘

그 가까운 자와 친근하게 지내고
인척과 매우 우애롭거늘

【傳】洽은 合이요 隣은 近이라 云은 旋也라 是言王者不能親親以及遠이라

洽은 '합하다'이고, 隣은 '가깝다'이다. 云은 '베풀다'이다. 이것은 왕이 가까운 자를 친하게 예우해서 관계가 먼 사람에게까지 미칠 수 없음을 말한 것이다.

【箋】箋云 云猶友也라 言尹氏富로되 〔獨〕[1]與兄弟相親友爲朋黨也라

1) 〔獨〕: 저본에는 '獨'이 없으나, 阮元의 校勘記에 의거하여 보충하였다.

箋云 : 云은 '友(우애롭다)'와 같다. 尹氏가 부유하지만 다만 형제들과 서로 친밀하고 우애로워 붕당을 만들었음을 말한 것이다.

念我獨兮하니 憂心慇慇이로다

내가 홀로 고립된 것을 생각하니
근심스러운 마음이 아프구나

【傳】慇慇然痛也라

근심스러워 아파하는 것이다.

【箋】箋云 此賢者孤特自傷也라

箋云 : 이것은 현자가 홀로 고립된 것을 스스로 아파한 것이다.

【疏】'彼有'至'慇慇' ○ 毛以爲"言幽王彼有旨酒矣, 又有嘉善之殽矣, 禮物甚備足矣, 唯知以此禮物協和親比其隣近之左右, 與妻黨之昏姻甚相與周旋而已, 不能及遠人也. 王既不能及遠人, 國家將有危亡, 故念我獨憂王此政兮, 憂心慇慇然痛也." ○ 鄭以爲, 時權臣奢富, 親戚相黨, 故言彼尹氏有旨酒, 又有嘉殽, 會比其隣近兄弟及昏姻, 甚相與親友爲朋黨也. 彼小人如此, 念我無祿而孤獨兮, 憂心慇慇然孤特自傷耳.

經의 〔彼有〕에서 〔慇慇〕까지

○ 毛亨은 "幽王에게는 저 맛있는 술이 있고 또 좋은 안주가 있어서 예물이 매우 잘 갖춰져 있으나, 오직 이 예물로써 그가 가까이하는 측근만 화합해서 친근하게 지내고 혼인한 처가의 일족들과 매우 서로 잘 대접할 줄만 알 뿐이고, 관계가 먼 사람에게 미치지는 못하였음을 말한 것이다. 왕이 이미 관계가 먼 사람에게 미칠 수 없어서 나라가 위태로워 망할 조짐이 있었기 때문에, 나 홀로 왕의 이런 정치를 근심하는 것을 생각하니 근심스러운 마음이 은은하게 아프다."라고 여긴 것이다.

○ 鄭玄은 "당시 권세가 있는 신하가 지나치게 부유해서 친척이 서로 무리를 지었기 때문에 '저 尹氏는 맛있는 술이 있고 또 좋은 안주가 있으나, 가까운 형제와 인척을 모아 친하게 지내고 매우 서로 친밀하고 우애로워 붕당을 만들었다. 저 소인이 이처럼 행동하는데 내가 봉록이 없이 홀로 외로운 것을 생각하니 근심스러운 마음에 은은히 고립되어 스스로 아파할 따름이다."라고 여겼다.

【疏】 ○ 箋'彼, 彼尹氏大師' ○ 正義曰 : 此與上篇非一人所作, 而以彼爲尹氏者, 以尹氏官爲太師. 上篇刺其專政, 則幽王之臣奢富朋黨者, 唯尹氏耳, 故知"彼, 彼尹氏"也.

○ 箋의 〔彼 彼尹氏大師〕

○ 正義曰 : 이 시와 위의 詩篇은 한 사람이 지은 것이 아닌데, 彼를 尹氏로 생각한 이유는 윤씨의 벼슬을 太師라고 했기 때문이다. 위의 시에서는 그의 독단적인 정치를 풍자하였으니, 幽王의 신하 중에 지나치게 부유하고 붕당을 만들 자는 오직 윤씨일 뿐이다. 그러므로 "彼는 '저 尹氏'이다."라고 말한 것임을 알 수 있다.

【疏】 ○ 傳'言王'至'及遠' ○ 正義曰 : 傳解昏姻相親, 乃是美事, 而以爲刺者, 言幽王唯知親比隣近昏姻而已, 不能以此親親之情而及於遠人. 故王肅云 "言王但以和比其隣近左右, 與昏姻其親友而已, 不能親親以及遠."

○ 傳의 〔言王〕에서 〔及遠〕까지

○ 正義曰 : 毛傳에서 인척들과 서로 친하게 지낸다고 해석한 것은 아름다운 일인데

풍자한 시로 여긴 이유는 말하자면 幽王이 오직 가까이하는 측근, 인척들과 친근하게 지낼 줄만 알 뿐이고, 이렇게 친한 사람을 친근하게 대하는 마음으로 관계가 먼 사람에게 미칠 수 없기 때문이다. 그러므로 王肅은 "왕은 다만 가까이하는 측근과 화합해서 친근하게 지내고, 인척과 친밀하고 우애로울 뿐, 친할 사람을 친근하게 대하는 마음으로 관계가 먼 사람에게 미칠 수 없음을 말한 것이다."라고 하였다.

佌佌(차차)**彼有屋**하고 **蔌蔌**(속속)**方有穀**이어늘

보잘것없는 소인이 저렇게 집을 소유하고
천박한 자가 한창 봉록을 소유하려 하거늘

【傳】 佌佌는 小也라 蔌蔌은 陋也라

佌佌는 '보잘것없다'이다. 蔌蔌은 '천박하다'이다.

【箋】 箋云 穀은 祿也라 此言小人富하고 而窶陋將貴也라

箋云 : 穀은 '봉록'이다. 이 구절은 소인이 부유하고 천박한 자가 장차 귀하게 될 것임을 말한 것이다.

民今之無祿이로되 **天夭是椓**이로다

백성이 지금 하늘의 복록이 없는데
하늘이 화를 내려 해치는구나

【傳】 君夭之하고 在位椓之라

임금이 재앙을 내리고 지위에 있는 자가 그들을 해쳤다.

【箋】 箋云 民於今而無祿者는 天以薦瘥夭殺之라 是王者之政又復椓破之니 言遇害甚也라

箋云 : 백성이 지금 복록이 없는 것은 하늘이 거듭 역병을 내려 죽이려고 했기 때문이라고 한 것이다. 이는 왕의 정치가 또다시 그들을 때려 해쳤기 때문이니, 해를 입은 것이 심하다는 것을 말한 것이다.

哿矣富人이나 **哀此惸獨**이로다

부자들은 괜찮으나
이 외로운 자들은 불쌍하구나

【傳】 哿는 **可**라 **獨**은 **單也**라

哿는 '괜찮다'이다. 獨은 '외롭다'이다.

【箋】 **箋云 此言王政如是**하여 **富人已可**나 **惸獨將困也**라

箋云 : 이 구절은 '王政이 이와 같아서 부자들은 이미 괜찮으나 외로운 자들이 곤궁하게 될 것이다.'라고 말한 것이다.

【疏】 '佌佌'至'惸獨' ○ 毛以爲"佌佌然之小人, 彼已有室屋之富矣, 其蔌蔌窶陋者方有爵祿之貴矣, 王者厚斂重賦, 寵貴小人, 故使得如此也. 哀此下民, 今日之無天祿, 而王夭害之, 在位又椓譖之, 是其困之甚也. 王政如此, 雖天下普遭其害, 可矣富人, 猶有財貨以供之. 哀哉. 此單獨之民, 窮而無告, 爲上夭椓, 將致困病, 故甚可哀也." ○ 鄭唯'天夭是椓'爲異. 餘同.

經의 〔佌佌〕에서 〔惸獨〕까지

○ 毛亨은 "보잘것없는 소인은 저렇게 부유한 집을 소유하였고, 옹졸하고 천박한 자는 한창 귀한 벼슬과 봉록을 가지려고 하니, 이것은 왕이 그 재물을 과중하게 거두고 세금을 무겁게 매겨 소인을 총애하고 귀하게 대우했기 때문이다. 그러므로 이와 같은 것을 얻을 수 있었다. 이 아래 백성을 슬프게 여기는 이유는 지금 하늘의 복록도 없는데 왕이 피해를 주고 지위에 있는 자가 또 참소하고 헐뜯어서 그 괴로움이 심하기 때문이다. 왕의 정치가 이와 같아서 비록 천하의 사람이 그 해를 두루 당하더라도, 부자들은 괜찮은데 오히려 재화를 가지고 공급해준다. 슬프다! 이 외로운 백성은 곤궁해도 고할 곳이 없는데 윗사람이 재앙을 내려서 장차 어렵고 병들게 될 것이기 때문에 매우 슬퍼할 만하다."라고 여긴 것이다.

○ 鄭玄은 오직 '天夭是椓'을 毛亨의 해석과 다르게 했을 뿐이다. 나머지는 같다.

【疏】 ○ 傳'君夭之, 在位椓之' ○ 正義曰 : 毛以天斥王者, 故爲'君夭之'. 天旣爲君, 故椓爲在位也.

○ 傳의 〔君夭之 在位椓之〕

○ 正義曰 : 毛亨은 天이 王을 가리키는 것으로 여겼다. 그러므로 '임금이 재앙을 내린다.'라고 하였다. 天가 이미 '임금의 행동'이 되었기 때문에, 椓은 '지위에 있는 자의 행동'이 된다.

【疏】 ○ 箋'民於'至'害甚' ○ 正義曰 : 箋以夭是蒙殺之辭, 宜天之所爲, 故云天以薦瘥夭殺之. 夭旣爲天, 則椓爲王者, 故云王者又椓破之, 謂農時而役, 厚斂其財, 人以財盡, 猶椓使破壞然. 椓如椓杙之椓, 謂打之也.

○ 箋의 〔民於〕에서 〔害甚〕까지

○ 正義曰 : 鄭箋은 夭가 죽임을 당하는 말이니 마땅히 하늘이 하는 것이라고 여겼다. 그러므로 하늘이 거듭 역병을 내려서 죽였다고 하였다. 夭가 이미 '하늘의 행위'가 되면 椓은 '왕이 된 자의 행위'가 된다. 그러므로 "왕이 된 자가 다시 때려서 해쳤다.〔王者又椓破之〕"라고 하였으니, 그것은 '농사를 지을 때 부역을 시키고 그 재물을 과중하게 거둬들여 사람이 재물을 다해도 오히려 때려서 해를 끼친 것이다.'라는 것을 일컫는다. 椓은 '말뚝을 때리다〔椓杙〕'의 椓이니, 그들을 때리는 것을 말한다.

正月十三章이니 **八章**은 **章八句**요 **五章**은 **章六句**라

〈正月〉 13章이니, 8章은 장마다 8구이고 5章은 장마다 6구이다.

附錄

〔附 錄〕

1.≪毛詩正義 7≫ 參考書目

◇ 底本

- ≪毛詩正義≫, 阮元(淸) 校刻, 十三經注疏(淸 嘉慶刊本), 中華書局, 2009.

◇ 주요 참고본

- ≪毛詩正義≫, 十三經注疏整理委員會 整理, 北京大學出版社, 2000.

◇ 十三經注疏

- ≪周易正義≫, 阮元(淸) 校刻, 十三經注疏(淸 嘉慶刊本), 中華書局, 2009.
- ≪尙書正義≫, 阮元(淸) 校刻, 十三經注疏(淸 嘉慶刊本), 中華書局, 2009.
- ≪周禮注疏≫, 阮元(淸) 校刻, 十三經注疏(淸 嘉慶刊本), 中華書局, 2009.
- ≪儀禮注疏≫, 阮元(淸) 校刻, 十三經注疏(淸 嘉慶刊本), 中華書局, 2009.
- ≪禮記正義≫, 阮元(淸) 校刻, 十三經注疏(淸 嘉慶刊本), 中華書局, 2009.
- ≪春秋左傳正義≫, 阮元(淸) 校刻, 十三經注疏(淸 嘉慶刊本), 中華書局, 2009.
- ≪春秋穀梁傳注疏≫, 阮元(淸) 校刻, 十三經注疏(淸 嘉慶刊本), 中華書局, 2009.
- ≪春秋公羊傳注疏≫, 阮元(淸) 校刻, 十三經注疏(淸 嘉慶刊本), 中華書局, 2009.
- ≪論語注疏≫, 阮元(淸) 校刻, 十三經注疏(淸 嘉慶刊本), 中華書局, 2009.
- ≪爾雅注疏≫, 阮元(淸) 校刻, 十三經注疏(淸 嘉慶刊本), 中華書局, 2009.
- ≪孟子注疏≫, 阮元(淸) 校刻, 十三經注疏(淸 嘉慶刊本), 中華書局, 2009.
- ≪孝經注疏≫, 阮元(淸) 校刻, 十三經注疏(淸 嘉慶刊本), 中華書局, 2009.

◇ 原典 및 字典類

- ≪經典釋文≫, 陸德明(唐), 文淵閣四庫全書 182, 商務印書館, 1983.
- ≪文獻學大辭典≫, 趙國璋・潘樹廣 主編, 廣陵書社, 2005.

- 《本草綱目》, 李時珍(明), 文淵閣四庫全書 772~773, 商務印書館, 1983.
- 《四庫全書總目提要》, 紀昀(淸) 總纂, 孟蓬生 外 點校, 河北人民出版社, 2000.
- 《四庫提要辨證》, 余嘉錫, 雲南人民出版社, 2004.
- 《說文解字》, 許愼(後漢), 文淵閣四庫全書 223, 商務印書館, 1983.
- 《說文解字注》, 段玉裁(淸), 上海古籍出版社, 2011.
- 《詩經講義》, 丁若鏞(朝鮮), 韓國文集叢刊 282, 民族文化推進會, 2002.
- 《詩經講義補遺》, 丁若鏞(朝鮮), 韓國文集叢刊 282, 民族文化推進會, 2002.
- 《詩經原始》, 方玉潤(淸) 撰, 李先耕 點校, 中華書局, 2006.
- 《王力古漢語字典》, 王力, 中華書局, 2005.
- 《前漢書》, 班固(後漢), 文淵閣四庫全書 249~250, 商務印書館, 1983.
- 《周禮正義》, 孫詒讓(淸), 續修四庫全書 82~84, 上海古籍出版社, 1995.
- 《中國官制大辭典》, 兪鹿年, 黑龍江人民出版社, 1998.
- 《中國歷代人名大辭典》, 張撝之外 主編, 上海古籍出版社, 1999.
- 《中國歷史紀年表》, 方時銘, 上海人民出版社, 2007.
- 《中國歷史大事典》, 張海鵬 主編, 山東大學出版部, 2000.
- 《春秋考徵》, 丁若鏞(朝鮮), 韓國文集叢刊 283, 民族文化推進會, 2002.
- 《春秋傳服氏注》, 服虔(後漢), 續修四庫全書 117, 上海古籍出版社, 1995.
- 《漢書補注》, 王先謙(淸), 上海古籍出版社, 2008.
- 《韓詩外傳》, 韓嬰(前漢), 영인본, 學民文化社, 1999.
- 《漢詩原流字典》, 谷衍奎, 華夏出版社, 2003.
- 《漢語大詞典》, 羅竹風 主編, 漢語大詞典出版社, 1995.

◇ 單行本類

- 《經學歷史》, 皮錫瑞(淸), 河洛圖書出版社, 1974.
- 《古代漢語》, 王力, 中華書局, 2004.
- 《國語全譯》, 黃永堂 譯注, 貴州人民出版社. 1995.
- 《論鄭玄詩譜的貢獻》, 王洲明, 人民文學出版社, 1986.
- 《毛詩・尙書》, 漢文大系, 新文豐出版有限公司, 1996.
- 《毛詩李黃集解》, 李樗(宋)・黃櫄(宋), 編錄者 未詳, 文淵閣四庫全書, 臺灣商務印書館, 1982.
- 《毛詩傳箋通釋》, 馬瑞辰(淸) 撰, 陳金生 點校, 中華書局, 2004.

- ≪毛詩鄭箋≫, 鄭玄(後漢), 中華書局, 1979.
- ≪說文解字今釋≫ 上・下, 湯可敬, 岳鹿書社, 2002.
- ≪詩經名物新證≫, 揚之水, 北京古籍出版社, 2000.
- ≪詩經研究史概要≫, 夏傳才, 淸華大學出版社, 2007.
- ≪詩三家義集疏≫, 王先謙(淸), 中華書局, 1987.
- ≪詩集傳≫, 朱熹(宋), 臺灣中華書局, 1973.
- ≪鄭玄詩箋例釋≫, 周國瑞, 殷都學刊, 1989.

◇ 硏究論著 및 飜譯書

〔韓國〕

- 〈≪四書集註≫의 ≪詩經≫引用詩 註解와 ≪詩集傳≫註解 比較研究〉, 박순철, ≪中國人文科學≫ 50집, 2012.
- 〈鄭衆의 ≪草木鳥獸, 皆興辭≫ 考察 : ≪毛詩傳≫・≪鄭箋≫과 ≪孔疏≫를 中心으로〉, 安性栽, ≪중국학≫ 39집, 2011.
- 〈鄭玄 ≪毛詩鄭箋≫ 釋例와 詩經學上의 貢獻〉, 李康範, ≪시경연구≫ 1집, 1999.
- 〈조선 실학시대 君臣間의 학문활동 : ≪詩經講義≫를 통해 본 正祖와 丁若鏞의경우〉, 한예원, ≪남명학연구≫ 6집, 2003.
- 〈朱熹 ≪詩集傳≫ 〈북풍〉 新舊傳 비교 연구(上)〉, 李再薰, ≪中國語文論叢≫ 26집, 2004.
- 〈韓國 經學研究의 回顧와 展望〉, 최석기, ≪大東漢文學≫ 19집, 2003.
- 〈한국의 시경론〉, 李炳燦, 단국대학교 박사학위논문, 2001.
- 〈≪韓詩外傳≫에 관한 고찰〉, 宋熹準, ≪중국어문학≫ 40집, 2002.
- ≪詩經≫의 음악성에 대한 조선시대 학자들의 논의와 활용〉, 김수경, ≪中國語文論叢≫ 5집, 2012.
- ≪詩經集傳≫, 成百曉 譯註, 傳統文化研究會, 1999.
- ≪漢文學과 詩經論≫, 沈慶昊, 一志社, 1999.
- ≪春秋左氏傳≫, 鄭太鉉 譯註, 傳統文化研究會, 2014.

〔中國〕

- ≪經學歷史≫, 皮錫瑞(淸), 河洛圖書出版社, 1974.

• ≪古代漢語≫, 王力, 中華書局, 2004.
• ≪國語全譯≫, 黃永堂 譯注, 貴州人民出版社. 1995.
• ≪論鄭玄詩譜的貢獻≫, 王洲明, 人民文學出版社, 1986.
• ≪毛詩・尙書≫, 漢文大系, 新文豐出版有限公司, 1996.
• ≪毛詩李黃集解≫, 李樗(宋)・黃櫄(宋), 編錄者 未詳, 文淵閣四庫全書, 臺灣商務印書館, 1982.
• ≪毛詩傳箋通釋≫, 馬瑞辰(淸) 撰, 陳金生 點校, 中華書局, 2004.
• ≪毛詩鄭箋≫, 鄭玄(後漢), 中華書局, 1979.
• ≪說文解字今釋≫ 上・下, 湯可敬, 岳鹿書社, 2002.
• ≪詩經名物新證≫, 揚之水, 北京古籍出版社, 2000.
• ≪詩經硏究史概要≫, 夏傳才, 淸華大學出版社, 2007.
• ≪詩三家義集疏≫, 王先謙(淸), 中華書局, 1987.
• ≪詩集傳≫, 朱熹(宋), 臺灣中華書局, 1973.
• ≪鄭玄詩箋例釋≫, 周國瑞, 殷都學刊, 1989.

〔日本〕

• ≪毛詩の文獻學的硏究ー出土文獻との比較を中心に≫, 藪敏裕, 汲古書院, 2020
• ≪毛詩正義譯注≫1, 岡村繁, 中國書店, 1986.
• ≪毛詩正義硏究≫, 田中和夫, 白帝社, 2003
• 〈毛詩正義引書索引〉, 野間文史, 廣島大學大學院文學硏究科論集 66卷 特輯號 1, 廣島大學大學院文學硏究科, 2006
• ≪毛詩注疏譯注 小雅≫1~3, 田中和夫, 白帝社, 2010/2013/2019.
• ≪詩經興詞硏究≫, 福本郁子, 硏文出版, 2012.

〔英美〕

• *A Guide to Chinese Literature,* Wilt L. Idema, University of Michigan Press, 1997.
• *Book of Songs (Shi-Jing) : A New Translation of Selected Poems from the Ancient Chinese Anthology,* James Trapp, Amber Books Limited, 2021.
• *Chinese Theories of Reading and Writing : A Route to Hermeneutics and Open Poetics,* Ming Dong Gu, State University of New York Press, 2005.

- *Love and War in Ancient China : Voices from the Shijing,* William S-Y. WANG, City University of Hong Kong Press, 2013.
- *The Book of Songs,* Arthur Waley, Routledge, 2005.
- *The Language of the Book of Songs,* W.A.C.H. Dobson, University of Toronto Press, 1968.
- *The Making of Early Chinese Classical Poetry,* Stephen Owen, Harvard University Asia Center, 2006.
- *The Shaping of the Book of Songs : From Ritualization to Secularization,* Zhi Chen, Institut Monumenta Serica, 2007.

◇ 도판 자료

- ≪毛詩名物圖說≫, 徐鼎(淸), 辛卯年刊本.
- ≪毛詩品物圖攷≫, 岡元鳳(日) 纂輯, 新世紀出版社, 1975.
- ≪三才圖會≫, 王圻(明) 外, 上海古籍出版社, 2005.
- ≪宋板六經圖≫, 未詳, 1987.
- ≪新政三禮圖≫, 聶崇義(宋), 康熙 12年(1673) 通知堂刊本.
- ≪五經圖彙≫, 松本幻憲(日) 編, 寬政 3年(1791) 刊本.
- ≪禮器圖≫ - 漢文大系本.
- ≪六經圖≫ - 四庫全書本.
- ≪六經圖考≫ - 禮耕堂重訂本.
- ≪陸氏草木鳥獸蟲魚疏圖解≫, 淵在寬(日), 安永 8年(1779) 京都書肆刊本.

◇ 電子文獻 및 Web DB

- CD-ROM 中國基本古籍庫
- 동양고전종합DB (http://db.cyberseodang.or.kr)
- 상우천고 (http://www.s-sangwoo.kr)
- 이체자정보검색 (http://db.itkc.or.kr/DCH/)
- 電子版 文淵閣四庫全書, 上海古籍出版社.
- 한국고전종합DB (http://db.itkc.or.kr)

2. ≪毛詩正義 7≫ 參考圖版 目錄 및 出處

(24) 〈權(권)〉, 孫家鼐(淸) 等, ≪欽定書經圖說≫ / 133

(25) 〈檀(단)〉, 徐鼎(淸) 編, ≪毛詩名物圖說≫ / 144

(26) 〈鶴(학)〉, 岡元鳳(日) 纂輯, ≪毛詩品物圖攷≫ / 148

(27) 〈樗(저)〉, 徐鼎(淸) 編, ≪毛詩名物圖說≫ / 179

(28) 〈蓫(축)〉, 岡元鳳(日) 纂輯, ≪毛詩品物圖攷≫ / 181

(29) 〈莞(관)〉, 松本幻憲(日) 編, ≪五經圖彙≫ / 213

(30) 〈簟(점)〉, 松本幻憲(日) 編, ≪五經圖彙≫ / 213

(31) 〈蓑(사)〉, 松本幻憲(日) 編, ≪五經圖彙≫ / 231

(32) 〈笠(립)〉, 聶崇義(宋), ≪三禮圖≫ / 231

(33) 〈旐(조)〉, 鄂爾泰(淸) 外 撰, ≪欽定周官義疏≫ / 234

(34) 〈旟(여)〉, 鄂爾泰(淸) 外 撰, ≪欽定周官義疏≫ / 234

(35) 〈虺(훼)〉, 岡元鳳(日) 纂輯, ≪毛詩品物圖攷≫ / 298

(36) 〈蜴(척)〉, 岡元鳳(日) 纂輯, ≪毛詩品物圖攷≫ / 298

3. ≪毛詩正義≫ 總目次

QR코드를 스캔하면 ≪毛詩正義≫ 總目次를 볼 수 있습니다.

≪毛詩正義≫ 總目次

4. ≪毛詩正義≫ 解 題

QR코드를 스캔하면 ≪毛詩正義≫ 解題를 볼 수 있습니다.

≪毛詩正義≫ 解 題

責任飜譯者

林在完

成均館大 漢文學科 碩·博士科程 卒業
翰林大 泰東古典硏究所(芝谷書堂) 修了
삼성미술관 Leeum 首席硏究員
翰林大 泰東古典硏究所 硏究教授
國史編纂委員會 漢文講師(現)

論文 및 譯書
論文 〈浦渚 趙翼의 四書學 硏究〉
譯書 ≪세 분 선생님의 편지글 三賢手簡≫, ≪조선시대 문인들의 초서 편지글≫,
≪정조대왕의 편지글≫, ≪대각등계집≫
共譯 ≪三經淺見錄≫, ≪爾雅注疏≫, ≪省齋集≫, ≪剛齋集≫, ≪明谷集≫
編書 ≪옛 편지 낱말사전≫

共同飜譯者

金明煥

韓國學中央硏究院 國文學科 博士課程 卒業
翰林大 泰東古典硏究所(芝谷書堂) 修了
泰東古典硏究所 硏究員
檀國大 東洋學硏究所 硏究員
韓國國學振興院 硏究員
楊平文化院 學藝士(現)

論文 및 譯書
論文 〈西溪 朴世堂의 詩經思辨錄 硏究〉 등
譯書 ≪兵經百字≫, ≪健元陵丁字閣重修都監儀軌≫,
≪파수록 : 옛 선비들의 심심타파≫, ≪古今名人讀書法≫ 등

懸　吐

吳圭根

江原 平昌 大化 出生
南山 鄭鑽 先生, 祖父 鳳西 先生, 家親 硏靑 先生에게 受學
民族文化推進會 國譯硏修院 卒業
　　　　　　　 國譯硏修院 講師 歷任
傳統文化硏究會 古典硏修院 講師 歷任
　　　　　　　 理事(現)

譯書 및 校勘標點

譯書　≪朝鮮王朝實錄 ≪宣祖實錄≫, ≪光海君日記≫, ≪中宗實錄≫
　　　≪白湖全書≫, ≪順菴集≫, ≪承政院日記≫(高宗祖) 등
校勘標點 ≪韓國文集叢刊≫

十三經注疏
譯註 毛詩正義 7 32,000원

2022년 12월 30일 초판 발행
2023년 02월 28일 초판 2쇄

企劃編輯 東洋古典飜譯編輯委員會
飜譯研究管理 南賢熙
傳 毛亨 箋 鄭玄 疏 孔穎達
責任飜譯 林在完
共同飜譯 金明煥
懸 吐 吳圭根
潤 文 朴勝珠
校 訂 郭成龍 李孝宰
出 版 白俊哲 郭成龍
裝 幀 김진디자인

發 行 人 朴洪植

發 行 處 社團法人 傳統文化研究會
서울시 종로구 삼일대로 428 낙원빌딩 411호
전화 : (02)762-8401 전송 : (02)747-0083
전자우편 : juntong@juntong.or.kr
사이버書堂 : cyberseodang.or.kr
온라인서점 : book.cyberseodang.or.kr
등록 : 1989. 7. 3. 제1-936호

인쇄처 : 한국법령정보주식회사(02-462-3860)
총 판 : 한국출판협동조합(070-7119-1750)

ISBN 979-11-5794-548-1 94140
978-89-91720-93-0 (세트)

※ 이 책은 2022년도 교육부 고전문헌 국역지원사업 지원비에 의해 초판(비매품) 간행.

전통문화연구회 도서목록

新編 基礎漢文敎材

新編 四字小學·推句	고전교육연구실 編譯	11,000원
新編 啓蒙篇·童蒙先習	고전교육연구실 編譯	11,000원
新編 明心寶鑑	李祉坤·元周用 譯註	15,000원
新編 擊蒙要訣	咸賢贊 譯註	12,000원
新編 註解千字文	李忠九 譯註	13,000원
新編 原文으로 읽는 故事成語	元周用 編譯	15,000원
新編 唐音註解選	權卿相 譯註	22,000원

漢文讀解捷徑시리즈

漢文독해 기본패턴	고전교육연구실 著	15,000원
四書독해첩경	고전교육연구실 著	20,000원
한문독해첩경 文學篇	朴相水 李和春 李祉坤 元周用 著	15,000원
한문독해첩경 史學篇	朴相水 李和春 李祉坤 元周用 著	15,000원
한문독해첩경 哲學篇	朴相水 李和春 李祉坤 元周用 著	15,000원

東洋古典國譯叢書

大學·中庸集註 - 개정증보판	成百曉 譯註	10,000원
論語集註 - 개정증보판	成百曉 譯註	27,000원
孟子集註 - 개정증보판	成百曉 譯註	30,000원
詩經集傳 上·下	成百曉 譯註	各 35,000원
書經集傳 上·下	成百曉 譯註	各 35,000원
周易傳義 上·下	成百曉 譯註	各 40,000원
小學集註	成百曉 譯註	30,000원
古文眞寶 後集	成百曉 譯註	32,000원

五書五經讀本

論語集註 上·下	鄭太鉉 譯註	各 25,000원
孟子集註 上·下	田炳秀·金東柱 譯註	各 30,000원
大學·中庸集註	李光虎·田炳秀 譯註	15,000원
小學集註 上·下	李忠九 外 譯註	各 25,000원
詩經集傳 上·中·下	朴小東 譯註	各 30,000원
書經集傳 上·中·下	金東柱 譯註	各 30,000원
周易傳義 元·亨·利·貞	崔英辰 外 譯註	各 30,000원
詳說古文眞寶大全後集 上·下	李相夏 外 譯註	各 32,000원
春秋左氏傳 上·中·下	許鎬九 外 譯註	各 36,000원~38,000원
禮記 上·中·下	成百曉 外 譯註	各 30,000원

東洋古典譯註叢書

〈經部〉

十三經注疏		
周易正義 1~4	成百曉·申相厚 譯註	各 30,000원~40,000원
尙書正義 1~7	金東柱 譯註	各 25,000원~36,000원
毛詩正義 1~7	朴小東 外 譯註	各 32,000원~37,000원
禮記正義 1~2, 中庸·大學	李光虎 外 譯註	各 20,000원~30,000원
論語注疏 1~3	鄭太鉉·李聖敏 譯註	各 25,000원~40,000원
孟子注疏 1~3	崔彩基·梁基正 譯註	各 30,000원
孝經注疏	鄭太鉉·姜珉廷 譯註	35,000원
周禮注疏 1~3	金容天·朴禮慶 譯註	各 29,000원~34,000원
春秋左傳正義 1	許鎬九 外 譯註	27,000원
春秋左氏傳 1~8	鄭太鉉 譯註	各 18,000원~35,000원
禮記集說大全 1~4	辛承云 外 譯註	各 25,000원~40,000원
東萊博議 1~5	鄭太鉉·金炳愛 譯註	各 25,000원~35,000원
韓詩外傳 1~2	許敬震 外 譯註	各 29,000원~33,000원
說文解字注 1~3	李忠九 外 譯註	各 32,000원~38,000원

〈史部〉

思政殿訓義 資治通鑑綱目 1~22	辛承云 外 譯註	各 18,000원~35,000원
通鑑節要 1~9	成百曉 譯註	各 18,000원~40,000원
唐陸宣公奏議 1~2	沈慶昊·金愚政 譯註	各 35,000원~45,000원
貞觀政要集論 1~4	李忠九 外 譯註	各 25,000원~32,000원
列女傳補注 1~2	崔秉準·孔勤植 譯註	各 30,000원~38,000원
歷代君鑑 1~4	洪起殷·全百燦 譯註	各 32,000원~35,000원

〈子部〉

孔子家語 1~2	許敬震 外 譯註	各 35,000원/36,000원
管子 1~3	李錫明·金帝蘭 譯註	各 30,000원~32,000원
近思錄集解 1~3	成百曉 譯註	各 25,000원/35,000원
老子道德經注	金是天 譯註	30,000원
大學衍義 1~5	辛承云 外 譯註	各 26,000원~30,000원
墨子閒詁 1~6	李相夏 外 譯註	各 32,000원~38,000원
說苑 1~2	許鎬九 譯註	各 25,000원
世說新語補 1~5	金鎭玉 外 譯註	各 29,000원~40,000원
荀子集解 1~7	宋基采 譯註	各 25,000원~38,000원
心經附註	成百曉 譯註	35,000원
顏氏家訓 1~2	鄭在書·盧暻熙 譯註	各 22,000원/25,000원
揚子法言 1	朴勝珠 譯註	24,000원
列子鬳齋口義	崔秉準·孔勤植·權憲俊 共譯	34,000원
二程全書 1~5	崔錫起·姜導顯 譯註	各 30,000원~38,000원
莊子 1~4	安炳周·田好根 共譯	各 25,000원~30,000원
政經·牧民心鑑	洪起殷·全百燦 譯註	27,000원
韓非子集解 1~5	許鎬九 外 譯註	各 32,000원~38,000원
武經七書直解		
孫武子直解·吳子直解	成百曉·李蘭洙 譯註	35,000원
六韜直解·三略直解	成百曉·李鍾德 譯註	26,000원
尉繚子直解·李衛公問對直解	成百曉·李蘭洙 譯註	26,000원
司馬法直解	成百曉·李蘭洙 譯註	26,000원

〈集部〉

古文眞寶 前集	成百曉 譯註	30,000원
唐詩三百首 1~3	宋載卲 外 譯註	各 25,000원~36,000원
唐宋八大家文抄 韓愈 1~3	鄭太鉉 譯註	各 22,000원/28,000원
〃 歐陽脩 1~7	李相夏 譯註	各 25,000원~35,000원
〃 王安石 1~2	申用浩·許鎬九 共譯	各 20,000원/25,000원
〃 蘇洵	李章佑 外 譯註	25,000원
〃 蘇軾 1~5	成百曉 譯註	各 22,000원
〃 蘇轍 1~3	金東柱 譯註	各 20,000원~22,000원
〃 曾鞏	宋基采 譯註	25,000원
〃 柳宗元 1~2	宋基采 譯註	各 22,000원
明淸八大家文鈔 1 歸有光·方苞	李相夏 外 譯註	35,000원
〃 2 劉大櫆·姚鼐	李相夏 外 譯註	35,000원
〃 3 梅曾亮·曾國藩	李相夏 外 譯註	38,000원

東洋古典新譯

당시선	송재소·최경렬·김영죽 편역	22,000원
손자병법	성백효 역주	14,000원
장자	안병주·전호근·김형석 역주	13,000원
고문진보 후집	신용호 번역	28,000원
노자도덕경	김시천 역주	15,000원
고문진보 전집 上·下	신용호 번역	각 22,000원
신식 비문척독	빅상수 번역	25,000원

동양문화총서

동양사상 해설과 원전	정규훈 外 저	22,000원
화합의 길 《중용》 읽기	금장태 저	20,000원
호설과 시장	신용호 저	20,000원

문화문고

경전으로 본 세계종교 그리스도교	이정배 편저	10,000원
〃 도교	이강수 편역	10,000원
〃 천도교	윤석산·홍성엽 편저	10,000원
〃 힌두교	길희성 편역	10,000원
〃 유교	이기동 편저	10,000원
〃 불교	김용표 편저	10,000원
〃 이슬람	김영경 편역	10,000원
논어·대학·중용 / 맹자	조수익·박승주 공역	각 10,000원
소학	박승주·조수익 공역	10,000원
십구사략 1~2	정광호 저	각 12,000원
무경칠서 손자병법·오자병법	성백효 역	10,000원
〃 육도·삼략	성백효 역	10,000원
〃 사마법·울료자·이위공문대	성백효 역	10,000원
당시선	송재소·최경렬·김영죽 편역	10,000원
한문문법	이상진 저	10,000원
한자한문전통교재	조수익·이성민 공역	10,000원
士小節 선비 집안의 작은 예절	이동희 편역	12,000원
儒學이란 무엇인가	이동희 저	10,000원
동아시아의 유교와 전통문화	이동희 저	13,000원
현대인, 동양고전에서 길을 찾다	이동희 저	10,000원
100자에 담긴 한자문화 이야기	김경수 저	12,000원
우리 설화 1~2	김동주 편역	각 10,000원
대한민국 국무총리	이재원 저	10,000원
백운거사 이규보의 문학인생	신용호 저	14,000원